GEIST DES ABENDLANDES

CHRISTLICHE GEISTESWELT

Herausgegeben von

WALTHER TRITSCH

Band I

DIE VÄTER DER KIRCHE

VERLAG WERNER DAUSIEN

CHRISTLICHE GEISTESWELT
Band II: DIE WELT DER MYSTIK
Herausgegeben von Walther Tritsch
© Holle-Verlag, Baden-Baden
VERLAG WERNER DAUSIEN · HANAU · 1986
ISBN 3-7684-0623-7

INHALT

VORWORT 7

EINLEITUNG 8

I. DIE LOSLÖSUNG AUS DER UMWELT DER ANTIKE

Einführung 25

DIE DIDACHÉ 26
    Die Lehre des Herrn durch die Apostel

KLEMENS VON ROM 31
    Der heilige Klemens an die Korinther

IGNATIUS VON ANTIOCHIA 36
    Brief an die römische Christengemeinde

AUS DEN MÄRTYRERAKTEN 39
    Martyrium des heiligen Polykarp

II. DIE WIEDERAUFNAHME DER ALTEN ERBSCHAFT

Einführung 45

DER HEILIGE IRENÄUS 48
    Aus der Schrift gegen die Häretiker

TERTULLIAN 69
    Über die Geduld
    Über den Götzendienst
    Auszüge aus dem zweiten Buch »An die Heidenvölker«
    Vom Zeugnis der Seele
    Aufforderung zur Keuschheit

KLEMENS VON ALEXANDRIEN 100
    Die Mahnrede an die Heiden
    Aus den »Teppichen« des Klemens von Alexandrien

ORIGENES 129
    Vom Gebet
    Aus der Schrift gegen Celsus

III. KAMPF GEGEN RÜCKFÄLLE IN MAGISCHES DENKEN

Einführung 175

HIPPOLYT VON ROM 176
    Widerlegung aller Häresien

ZYPRIANUS 186
    Aus dem »Leben und Leiden des Caecilius Cyprianus« von Pontius
    Aus Zyprians Buch über die Sterblichkeit

LAKTANTIUS 194
    Das Schöpfungswerk Gottes
    Aus den »Göttlichen Unterweisungen«
    Aus den »Todesarten der Verfolger«

EUSEBIUS VON CÄSAREA 204
    Aus der Kirchengeschichte

INHALT

IV. DIE EPIPHANIE

Einführung 227

ATHANASIUS 229
    Aus den Reden gegen die Arianer

BASILIUS DER GROSSE 239
    Brief an Eustathius von Sebaste
    Brief an Athanasius von Alexandrien
    Brief an Papst Damasus
    Brief an Gregor von Nazianz
    Brief an die Bischöfe Italiens und Galliens
    Aus der Predigt über die Habsucht
    Aus der Predigt über die Reichen
    Aus der »Predigt zur Zeit der Hungersnot«

GREGOR VON NAZIANZ 252
    Brief an Basilius
    Brief an den jüngeren Gregor (von Nyssa)
    Aus der ersten Rede über das Osterfest
    Gesang an Gott
    An die eigene Seele

GREGOR VON NYSSA 260
    Gib uns heute unser tägliches Brot
    Aus dem Gespräch mit Makrina über Seele und Auferstehung

HILARIUS VON POITIERS 274
    Aus den zwölf Büchern über die Dreieinigkeit

DER HEILIGE AMBROSIUS 284
    Aus dem Hexameron

EPIPHANIOS VON SALAMIS 294

V. DIE ERLÖSUNG

Einführung 299

DER HEILIGE HIERONYMUS 300
    Einleitung zum Leben des heiligen Paulus, des ersten Einsiedlers
    Aus der »Beständigen Jungfrauenschaft Mariens«
    Aus dem Dialog gegen die Pelagianer

AUGUSTINUS 307
    Über die Dreieinigkeit Gottes
    Aus einer Predigt Augustins

AUSKLANG 317

ANHANG 319

VORWORT

Unter all den zahlreichen Übertragungen altchristlicher Texte fand ich immer wieder die der Köselschen Kirchenväterbibliothek am verläßlichsten — wenn auch freilich nicht immer am elegantesten übersetzt. Für Augustin ist die Übertragung nach Urs von Balthasar die unvergleichlich schönste.

Mir blieb nur übrig, mich an diese Vorbilder möglichst anzulehnen, denn man kann es selten besser machen. Und wenn ich auch durchaus selbständig verfahren bin, wie ich mußte, so möchte ich doch sagen: Was man an meinen eigenen Übertragungsversuchen hier etwa zu loben fände, will ich nur diesen Vorbildern zu verdanken haben — und was daran zu tadeln ist, verantworte ich allein.

Walther Tritsch

EINLEITUNG

Die christliche Geisteswelt kann nicht in ähnlichem Sinne dargestellt werden wie etwa die deutsche, französische, spanische oder wie andere nationale Geisteswelten. Auch nicht wie die Welt des Humanismus oder gar wie die Welt der industriellen Gesellschaft, von denen an keinem Ort und in keinem Zeitpunkt die gesamten Geisteskräfte einer Zivilisation geformt werden konnten. Die christliche Geisteswelt umfaßt wirklich das ganze Abendland, sie hat es gestaltet, in allen seinen sozialen Schichten und Überlagerungen, sie hat auch die Haltung der Nichtchristen verwandelt, sie ist eine wesentliche Voraussetzung unserer gesamten Geschichte — und sie reicht noch sehr weit über dieses Abendland hinaus.

Zur Zeit des Hochmittelalters wäre es wenig sinnvoll gewesen, Dokumente aus dem allumfassenden Absolutum der christlichen Geisteswelt auszuwählen, um sie irgendeiner anderen, äußeren, also heidnischen Geisteswelt gegenüberzustellen. Denn damals gab es — außer Häretikern, Juden, Sarazenen, die man wohl als Feinde, kaum aber als Vollmenschen ansah — innerhalb des Abendlands schlechthin nichts, was nicht vom Christentum her bewegt worden wäre. Sogar die hermetisch abgeschlossen und abgesondert gehaltene Welt des Alten Bundes mußte damals Züge annehmen, die nur durch die sie umgebende christliche Welt erklärbar sind.

Seit dem fünfzehnten Jahrhundert begannen Humanismus, Rationalismus, Szientismus, Nationalismus und Sozialismus sich Schritt für Schritt vom Christentum loszulösen, aber auch von ihnen kann nicht ausgesagt werden, daß sie sich ohne das Christentum zu dem entwickelt hätten, was sie nun wurden. Dennoch beginnt seit damals innerhalb des Abendlands eine spezifisch christliche Geisteswelt sich von anderen geistigen Kräften abzugrenzen, die nicht christlich sind oder die den eigenen christlichen Ursprung verleugnen oder sich doch von ihm mehr und mehr entfernen. Erst seit damals umfaßt die christliche Geisteswelt nicht mehr das ganze Abendland.

Ebenso bettete sich die Geisteswelt des Frühchristentums in den Jahrhunderten seines ersten Auftretens und Ringens mit anderen Welten zunächst mitten hinein in die noch bestehende Zivilisation, in die Welt der Spätantike und des Hellenismus, die noch immer Blüten trug. Und dann kamen die Eroberervölker, die eines nach dem anderen, meist auf mehr oder minder barbarische Weise — mehr aus Wunderglauben als aus Heilshoffnung —, das Kreuz annahmen, durch dessen menschenverwandelnde Kraft die alte Welt nur langsam verglomm.

Nur von da her — also von einem »noch nicht ganz« und von einem »nicht mehr ganz« — vermögen wir auch für die Zeit des triumphalen, universal gewordenen Christentums spezifisch christliche Züge und Kräfte zu unterscheiden und sie aus anderen Zügen und Kräften auszusondern, die uns dann weniger spezifisch christlich dünken und uns daran erinnern, daß es jenes »noch nicht« tatsächlich einst gab und daß es dieses »nicht mehr« tatsächlich bald geben sollte.

Demgemäß gliedert sich die christliche Geisteswelt in drei deutlich voneinander zu sondernde Zeitalter, die verhältnismäßig einheitlich strukturiert und — wenn auch keineswegs einheitlich — selbst als besondere Geisteswelten zu bezeichnen sind. Man kann sie getrennt ansprechen.

I. Sie beginnt mit den »Vätern der Kirche«, wobei es nicht nötig ist, zwischen lateinischer und griechischer, byzantinischer, alexandrinischer, syrischer, armenischer Patristik scharf zu unterscheiden. Immer sind es Stimmen großer Kirchengestalter, die das Glaubensgebäude der christlichen Geisteswelt in stetem Kampf gegen andere Geisteselemente aufrichten. Sie müssen sich gegen Orient und Okzident, gegen Magie und Rationalismus, gegen Gnosis und Rigorismus, gegen das antike oder jüdische, westlich erhärtende oder östlich aufweichende Weltgefühl immer wieder behaupten, bis endlich das Christentum karolingischer Prägung seine gesamte Umwelt zu gestalten vermag, »Heiden« nur noch als Barbaren kennt, sich von Byzanz absetzt und im ganzen Abendland triumphiert.

II. Sie setzt sich dann in der »Welt der Scholastik« fort, oder vielmehr, sie erneuert sich in ihr gemäß einem völlig anderen Lebenswillen. Gewiß, immer noch geht es um den Glauben, um Dogmen, um Bewährung, um den Sinn des Leidens, um Erlösung und Nachfolge Christi. Aber was die ersten Kirchenväter bewegte, war trotz ihres vielfach freudig auf sich genommenen Märtyrertums, trotz aller Eremiten und Mönche, trotz aller Erlösungslehren und Dogmenkämpfe dennoch weniger das Leiden Christi als seine gottmenschliche Mittlerrolle gewesen; von Polykarp, dem »Contra Haereticos« des Irenäus, über Origens, die Stromata des Klemens von Alexandrien, die Kämpfe des Athanasios, Chrysostomos, Hilarius von Poitier, die großen Kappadokier, Ambrosius von Mailand, Cyrill von Alexandrien bis zu Sankt Augustins »Civitas Dei« — und schließlich auch noch bis hin zu Sankt Anselms »Cur Deus Homo« — hatte die Geister immer wieder diese im ganzen Schöpfungsplan unvermeidliche urwesentliche Mittlerrolle bewegt, ohne die (wie der Pseudoareopagite sagt und wie noch fast sechs Jahrhunderte später Anselm gläubig wiederholt) »Gott den Menschen auf ewig verborgen geblieben wäre, denn Menschen können das Unendliche ohne den Mittler überhaupt nicht erfassen, und alle offenbarenden Erscheinungen sind immer vom Sohne ausgegangen«. Doch die alte Welt des Gesetzes habe das Wesen der Liebe nie ganz erschließen können.

Ganz anderes bewegt die Welt der Scholastik: Sie beginnt, sich noch mehr von der alten Namensmagie des Ostens abzulösen mit der Frage, ob Gott die Welt der Dinge geschaffen habe, die wir dann nachträglich so benennen, oder ob Gott uns Gewalt über die Dinge gibt, indem Er — der am Anfang das Wort gezeugt hat — uns die Namen der Dinge offenbart. Gott hat vielleicht zuerst nur die Namen geschaffen, die Ideen der Dinge, die Muster der Dinge, ihre Modelle, und aus diesen Vorbildern haben sich dann erst nach dem Willen Gottes die Einzeldinge dieser Welt wohl so ergeben, wie die göttliche Vorsehung es gewollt hatte. Sind also die Ideen eine von Gott erschaffene Ursache aller Wirklichkeit, sind sie Namen voll magischer Realität, die eine Erfüllung erwirken können? Oder sind sie etwa von uns aus der Mannigfaltigkeit der Dinge erst nachträglich durch unsere Sinnsuche herausgelesen, nur Schall und Rauch, nur »Voces«, nur ein Echo unseres abstrahierenden Verstandes — nur unsere eigene Stimme?

Dieser Universalienstreit beginnt schon kurz vor Sankt Anselm, der in seinem begriffsrealistischen Gottesbeweis die innere Erfahrung des Menschen zum Sprechen bringen wollte und so erst den eigentlichen — späten — Schlußstein

einer Welt der Kämpfe um Dogmen und Glaubensinhalte, einer Welt der Kämpfe gegen die alte Namensmagie und damit auch für die christliche Patristik den Schlußstein gesetzt hat; dieser Streit bricht mit Roscelin los, und mit Abälard, wird dann in der »Summa Theologiae« des heiligen Thomas von Aquin mit höchster Autorität geschlichtet (nicht ohne daß Sankt Thomas selbst dabei in Gefahr geriet, als Ketzer exkommuniziert und verfolgt zu werden): Gott habe uns in der Ratio der Welt einen festen Maßstab für Seine Schöpfung gegeben, noch über alle Namen, Ideen, Muster – ja über alle Wunder hinaus, einen Sinn, darin wir immer nur Ihn zu suchen und nur Ihn wiederzufinden vermögen: Sonst wird das Instrument der Ratio in unseren Händen blind.
Und doch setzt sich dieser Universalienstreit auch noch nach Sankt Thomas fort, bis zum Cusaner, ja bis Kant, bis ... – im Grunde, was ist der heutige Gegensatz der Ontologen und der Existentialisten anderes?

III. Aber seit Nikolaus von Cues ist unser menschliches Bild des Alls anders geworden, und in jeder Generation seither wandelt es sich von neuem, während es bis dahin unverändert und starr viele Jahrhunderte lang das All der Schöpfung und des Alten Bundes geblieben war. Und da das Bild des Alls ein immer wieder anderes wird, muß sich auch die menschliche Vorstellung von göttlicher Allmacht – die sich doch auf ebendieses All bezieht – immer wieder mitverändern. So kämpft und verteidigt sich seither die christliche Geisteswelt wieder gegen andere und immer wieder andere Welten bis heute, und bis heute erlangt sie ihre alte, volle Geschlossenheit und Ruhe nur in der Welt der christlichen Mystik wieder, wenn sie sich von aller Theologie und von allen Theologen in Einfalt abgewendet hat, um durch fromme Versenkung zu Gott zurückzufinden.

Dieses sind die drei Zeitalter des Christentums: drei verschiedene Geisteswelten, von denen die erste hauptsächlich der irdischen Offenbarung des Überirdischen, die zweite hauptsächlich der Lehre des Erlösers und Seinen Zeichen und Wundern, die dritte hauptsächlich der schlichten Nachfolge Christi zugewandt blieb. Doch in der Heiligung des Leidens, in der willigen Hinnahme der

Kreuzeslast, im treuen Bewahrenwollen des Geistes, der Lehren, der Sakramente stimmen sie stets überein.

Aus den Hunderten von Bänden und Schriften, die uns von den Kirschenvätern des Jahrtausends der Dogmensuche hinterlassen worden sind, angefangen von der Apostelzeit bis zum Beginn der Scholastik, hier einen schmalen Band auszuwählen und aus kleinen Bruchstücken zusammenzusetzen, müßte notwendig zu Willkür und zur Täuschung des Lesers führen, wenn der Auswählende nicht sachgemäß und ehrlich zuvor auf die Perspektive seiner Schau hinwiese und so die Absicht seiner Auswahl klar herausstellte. Denn echte Objektivität besteht, so glaube ich, nicht in angeblicher oder vorgetäuschter Standpunktlosigkeit — so etwas würde nur Chaos stiften —, sondern in der Erkenntnis und Berücksichtigung der Schranken, die der eingenommene Standort bedingt, in der Nennung und Analyse, Bewertung und Begrenzung dieses Standorts, von dem aus man gewisse Erscheinungen deutlicher, andere undeutlich sieht und noch andere überhaupt nicht erblicken und noch weniger beschreiben kann, ohne den Ausgangspunkt für die gewählte Perspektive zuvor verlassen zu haben.

Der hier eingenommene Beobachtungsstand ist aber nicht der des christlichen Dogmas oder der christlichen Lehre oder der Kirche, sondern der christlichen Geisteswelt, so daß das Blickfeld noch etwas mehr umfaßt als die Dogmen und Lehren und Kirchen: Es soll auch die Art des Bodens sichtbar werden, auf dem solches gedieh. In den Augen derer, die nur auf die Dogmen achten wollen, ohne Rücksicht auf Veränderung des Sinnes, den die Menschen verschiedener Zeiten mit den gleichen Wörtern verbinden, könnte dann das Dogma durch den Geist, in welchem es jeweils von Menschen gedacht wurde, historisch relativiert scheinen, aber das wäre dann ein Mißverständnis, denn jeder ernsthaft von Menschen gesuchte Sinn ist — oder wird doch — ein Absolutes im Hinblick auf Gott.

Der eingenommene Standpunkt ist auch nicht etwa ein literarisch-ästhetischer, obwohl besonders schöne, dichte, dichterisch anmutende Stellen gelegentlich auch um ihrer Form willen ausgewählt worden sind, wenn ihr Gehalt einer solchen Form wirklich entsprach.

EINLEITUNG

Es kann auch nicht die Absicht sein, hier etwa einen personalistischen Standort aufzusuchen, von dem aus jede einzelne Stimme so voll zur Geltung käme, daß alle Sondereigenschaften der Persönlichkeit jedes einzelnen Autors darin deutlich fühlbar würden. Nur bei den Sternen allererster Größe ist so etwas wenigstens versucht worden, die anderen mischen ihre begleitenden Stimmen im Chor ihrer Zeugenschaft.

Die Aufmerksamkeit des Lesers soll also durchaus auf die Gesamtentfaltung des christlichen Geistes in den ersten fünf Jahrhunderten unserer christlichen Zeitrechnung gelenkt werden und auf die Auseinandersetzungen dieses christlichen Geistes mit der Antike, mit dem Alten Testament, mit den Einflüssen der östlichen Mystik und der westlichen Skepsis, also mit dem alten, magischen Namenszauber, mit der transzendenten Gerechtigkeitsidee des wägenden und vergeltenden Allrichters, mit Beschwörungsformeln von Bauern und Züchtern, mit dem gewitzten Wissen von Kaufleuten, dem törichten oder gerissenen Geschwätz der Schönredner, dem ahnungslosen Folgern oder weisen Wissen der Philosophen. Das ist es, wogegen der christliche Geist immer wieder zu kämpfen hat, besonders in diesen ersten Jahrhunderten des Ringens um seine Form; aus diesem bald hellen, bald allzutrüben Grund muß er sich aussondern und abheben, aus diesem bald sumpfig-üppigen, aber haltlosen, bald steinigen und knochentrockenen Boden steigen die beiden großen Gegenkräfte auf, fiebrig-phantastisch die eine, hart und stiernackig die andere: alles vertauschender Wunderglaube, allauflösende Selbstzerknirschungs- und Selbstauflösungsgier jener Sonderart des morgenländischen Geistes, vor der alles von Gott uns Verhängte immer nur Schicksal, immer nur ein unbedingtes, blind waltendes Fatum bleibt; und unersättlicher Tätigkeitsdrang, Umsturzdrang, Erobererdrang, Rechthaber- und Besserwisserdrang jener Sonderart des abendländischen Geistes, der alles von Gott uns Verhängte immer nur weise Absicht und Vorsehung ist und für so manchen dann zur unbedingt ihm selbst blind gehorchenden Dienerin wird. Daß die göttliche Vorsehung unsere Herrin und Dienerin zugleich sei, weil es immer unser eigenes Handeln ist, das auf die Gnade antworten muß, und daß menschliches Handeln niemals sinnlos vor Gott werden kann, aber auch niemals sinnvoll ohne Gott, das hatten die Kirchenväter dieser christlichen Geisteswelt angesichts solcher Gegenkräfte durch die Schrift zu lehren und durch die Tat zu leben. Erschwert wird eine solche Auswahl von Zeugnissen aus diesen frühen Jahrhunderten — deswegen ist sie in solcher Zusammenfassung so selten versucht worden — durch die Verwirrung, die sich des ernsthaft und kritisch Lesenden und Forschenden oft bemächtigt, wenn er zunächst überall, in über hundert dicken Textbänden — von der Sekundärliteratur zu schweigen — anscheinend immer dasselbe findet. Immer nur dies eine in Hunderten von Variationen: Wir allein haben den echten Gott, und die anderen sind Söhne des Satans. Um sich dann sofort immer wieder untereinander in abertausend Variationen zu streiten: Wie können wir widerspruchslos aussagen, daß ein sterblicher Mensch zugleich der unsterblich-unerschaffene Gott war? Wie wurde der ewige unerschaffene Gott in einem sterblichen Menschen offenbar? Und die menschliche Seele — wie kann sie ewig sein oder vielmehr durch Auferstehung ewig werden, da sie doch etwas Geschaffenes ist, also etwas Endliches, Bewegtes, das vor der Erschaffung des eigenen Wesens noch gar kein Sein hatte — so daß sie nur in der Zeit existiert? Schon der heidnische Grieche Anaximander hatte erkannt, hatte es mit aller Gewißheit als Grundsatz aller überhaupt denkbaren Grundsätze ausgesprochen, daß alles, was einen Anfang hat, auch nicht ohne Ende zu bleiben vermag, weil es Halbewigkeiten mit Anfang in der Zeit, aber ohne Ende in der Zeit ganz gewiß nicht geben kann und weil jedes aus dem Unendlichen der Gottheit Ausgesonderte und Ausgesandte für ebendies Ausgesondertsein — für dies Eintreten in die Endlichkeit — »Buße zahlen muß mit seinem Untergang nach der Ordnung der Zeit«. Immer wieder wurde dieser Satz den gläubigen Christen entgegengehalten — er hat den Kampf und die endgültige Formulierung der Urewigkeitslehre des Sohnes und der Heiligen Dreifaltigkeit nicht unerheblich beeinflußt. Aber auch die in Ewigkeit geretteten Seelen müssen dann außerhalb der Zeit stehen. Und wenn es doch mehr ist als nur die Seele, wenn es auch der Körper ist, der wiederauferstehen soll? Gerade dies schien bei den »Heiden«

im damals nicht minder verbreiteten Satz des Hesiod Unterstützung zu finden, der die Griechen gelehrt hatte, daß das Schicksal für uns zugleich Herr und Diener ist, d.h., daß kein menschliches Handeln je ganz und gar vorbestimmt sein kann ohne Freiheit, aber auch keines jemals ganz Willkür zu bleiben vermag ohne Verantwortung, so daß es doch irgendwie ewig sein muß und in jeder menschlichen Tat das Gegenspiel von Wille und Schicksal tragisch wiederzufinden ist. Diese beiden Sätze Anaximanders und Hesiods bestimmten seit Jahrhunderten wie Orakelsprüche das abendländische Denken für die Gebildeten und wurden mit Entfaltung der griechischen Geisteswelt zur Grundhaltung des spezifisch abendländischen Menschen überhaupt — aber die Menschen des Morgenlands (und die Sklaven und Überschichteten des Abendlands) nahmen an dieser Grundhaltung nicht teil; ihnen waren gerade diese beiden Grundsätze nicht bekannt.

Darum, wenn das Christentum nicht eine Sekte für morgenländisch schwärmende und zaubernde Wundermänner und Büßer bleiben wollte, wenn die Kirche Christi wirklich die ganze abendländische Menschheit erfassen, läutern, erlösen sollte, wenn durch die beiden grundlegenden Verwandlungsopfer der Erstgeburt — durch die befreiende Tat des Patriarchen, das Isaak-Opfer des Alten Bundes, und durch die erlösende Tat des Herrn, das Opfer auf Golgatha — wirklich die ganze Menschheit gesegnet werden sollte, wie es die Propheten verkündet hatten, dann mußte sich die Christenheit zunächst mit diesen beiden Gegensätzen befassen, das Ewige mit dem Einmal und Jetzt und Hier, das Unendliche mit dem Irdischen, das Schicksal und die Vorsehung mit dem Gewicht menschlicher Verantwortlichkeit und die Vorbestimmung und Gnade mit der Freiheit zu vereinen wissen. Es mußte die beiden Grundsätze des Anaximander und des Hesiod zwar zunächst leugnen — was für die Menschen des Abendlands unvollziehbar ist, solange sie Menschen des Abendlands bleiben wollen —, aber nur, um dann auf höherer Ebene das Credo quia absurdum zu überwinden und diese selben abendländischen Grundsätze gerade im Christentum beide als dennoch erfüllt zu erkennen und beide als erfüllt auch durch die Tat zu erweisen.

Durch die hier ausgewählten Texte kommt mehr oder minder deutlich zum Ausdruck, wie sehr die Christen der ersten Jahrhunderte nicht nur äußerlich um ihren Glauben haben ringen müssen, sondern auch innerlich, und wie sehr jeder einzelne, immer nur unterstützt vom Glaubenshunger der eigenen Lebensangst — oder von der Gnade — gegen den mitleidlosen Unglauben des eigenen Verstandes einen verzweifelten, weil immer wieder im Kopf aussichtslosen und doch im Herzen stets siegreich gewonnenen Kampf durchgefochten hat; einige von ihnen könnten vielleicht sogar vermuten lassen, daß die Einwände nicht nur ihrer Gegner, sondern ihrer eigenen Hirne nie geruht, aber auch die Gewißheiten ihrer Herzen trotzdem nie geschwankt haben und daß deshalb ihre Stimmen sich manchmal so schrill überschlugen.

Es läßt sich genau verfolgen, wie an den entgegengehaltenen Einwänden vor allem des Judentums, aber auch des griechisch-abendländischen Denkens und Forschens — und Forderns — allmählich die Klärung des christlichen Dogmas erfolgt ist. Denn das christliche Glaubensbekenntnis von Nizäa (325) und auch alle noch später von der katholischen Kirche als bindend erkannten Dogmen bis heute sind eine siegreiche Coincidentia oppositorum; sie sind die Erfüllung der Forderung, daß die ganze Welt vom Einzig-Ewigen Allschöpfergott — durch Sein »Wort« — erschaffen sei und daß kein Gott sein kann außer Ihm — und daß trotzdem Christus, zugleich Logos und Menschensohn, diesem Gott wesensgleich sei; daß die göttliche Vorsehung vollkommen und allmächtig — und daß trotzdem das Handeln des Menschen frei sei und sinnträchtig und schicksalschaffend; und daß Gottes Allmacht und Güte vollkommen und unerschöpflich und die Göttliche Gnade allgegenwärtig und mit Göttlicher Allgerechtigkeit vereinbar sei — auch angesichts einer unvollkommenen, in ihrer Freiheit bösen Welt.

Das Ergebnis dieses langwierigen Kampfes ist die Irenäische, Cyrillische, Augusteische Umschreibung des Glaubens an die Heilige Dreifaltigkeit, wie sie durch die katholische Kirche seit dem Nizänum immer klarer festgehalten worden ist. In den folgenden Jahrhunderten hat sich dann auch das Mariendogma allmählich daraus abgeklärt.

EINLEITUNG 17

Und doch, so wird, so muß jeder Christ einwenden und auch jeder Ungläubige eingestehen, ist in alledem nichts zu finden, was nicht schon in den ersten Sätzen des Johannes-Evangeliums längst ausgesagt worden war. Aber das Johannes-Evangelium ist um mindestens einige Jahrzehnte später entstanden als die drei anderen Evangelien. Es spiegelt in seinen Einleitungssätzen schon eine innere Gewißheit, die nicht mehr so naiv ist wie die seiner Vorgänger, eine dogmatisch durchdachte Gewißheit, die sich bereits an den Einwänden geformt hat, denn siegreich begegnet es ihnen allen und nimmt sie alle vorweg. Trotzdem ist der von den Philologen festgestellte Umstand einer späteren Abfassungszeit des Johannes-Evangeliums keineswegs eine erforderliche Annahme, um diese Entwicklung so verstehen zu können. Denn die Persönlichkeit dessen, der das vierte Evangelium niederschrieb, ist in jedem einzelnen Satz eine so sehr überragende, daß wir wohl annehmen können, die Abklärung an den Einwänden der jüdischen und der abendländischen Außenwelt — also die Entwicklung, zu der die Kirchenväter drei Jahrhunderte gebraucht haben — konnte in dem Evangelisten Johannes schon innerhalb von drei Jahren vollendet und vorweggenommen sein. Vielleicht hat er diese Einwände gehört und bedacht, noch ehe sie ausgesprochen werden konnten. Aber als er begnadet niederschrieb »Im Anfang war das Wort«, hatte er sie bedacht.

Jedenfalls wird für uns Spätgeborene die Einsicht in den Kampf der Kirchenväter und in ihr Ringen mit den Einwänden des Juden- und Griechentums immer das beste Mittel bleiben, um uns an den tiefsten Sinn des Dogmas von der Heiligen Dreifaltigkeit — das im Eingang zum Johannes-Evangelium bereits enthalten ist — etwas näher heranzutasten, als es uns sonst möglich wäre.

So gesehen, gliedert sich dieser langwierige, anfangs fast eintönig anmutende Kampf in sehr deutliche, sehr sinnvolle Abschnitte, in leidenschaftliche Taten und Entscheidungen, in eine Geschichte der christlichen Verwandlung des Abendlands und der abendländischen Verwandlung — oder Behauptung — des Christentums für die jeder einzelne Akt bezeichnend und unverwechselbar und hinreißend wird; diese einzelnen Akte gilt es hier aus der Fülle aller auf uns gekommenen Zeugnisse herauszulösen.

Eines wird dadurch besonders deutlich: Die so oft von vielen gelehrten Philosophen, Philologen, Historikern, Theologen — besonders von protestantischen Theologen — ausführlich belegte Behauptung, daß unter manchen dieser gläubigen Kirchenväter immer wieder der Neuplatonismus herumgeisterte und auch die Gnosis bei manchen von ihnen zu argen Begriffsverwirrungen geführt habe — diese Behauptung, die (zumindest im Hinblick auf die drei großen Kappadokier) besonders von Harnack vertreten wurde, irrt doch vielleicht an Wesentlichem vorbei. Im Gegenteil, die Begriffs- und Gedankenwelt von Neuplatonismus einerseits und von Gnosis andererseits hat auch bei den großen Kappadokiern, genau wie beim Pseudoareopagiten, gerade dazu gedient — wie schließlich schon seit Bardenhewer, Stiglmayr, Gandillac, Urs von Balthasar und Daniélou immer stärker betont wird —, die Lehre vom Allschöpfergott um so deutlicher vor solchen Hintergründen abzuheben. Gegen ein nur begrifflich gedachtes Primum Movens oder Absolutissimum oder nur formales Initial-Eins des angeblich ewigen und allzeit notwendigen Weltalls sollte um so stärker die Einzigkeit dieses »wirklichen« Allschöpfergotts offenbar werden, auch — und gerade — durch die Begriffswelt der Neuplatoniker. Das wurde von katholischer Seite schon immer gezeigt. Auch Klebba wies in seiner Irenäus-Ausgabe von 1912 darauf hin: »Zwischen den Neupythagoräern, der Gnosis und den Kirchenvätern gähnt die große Kluft entgegengesetzter Weltanschauungen.«

Gerade gegenüber den mehr abstrusen Ableitungen, hierarchisierten Abstufungen und Ineinanderschachtelungen von sukzessive weltschaffenden Gottesgeschöpfen, die nach den Lehren der Gnosis von der eigenschaftslos — absoluten Unendlichkeit bis zur begrenzten, zeitlich und kreatürlich beschränkten Sündenwelt eine ganze Kette von Stufenleitern an Stelle der einzigen Brücke bilden sollte, haben die Kirchenväter zu zeigen vermocht, daß ebendiese notwendige Brücke allein mit dem Erlöser und Gottessohn der ganzen Menschheit von Gott geschenkt worden sei, seit Anbeginn: Er ist der ganz und gar unendliche, zeitlose Gott und zugleich ganz und gar zeitliche, sterbliche, endliche Mensch, der wirklich und wesentlich litt und wirklich und wesentlich liebte. Er, nur Er allein — so lehrten sie —, ist die Brücke zwischen dem ungeschaffenen Absoluten und der von Ihm gewollten Welt der endlichen Geschöpfe.

So aber wird aus dem »Credo quia absurdum« Tertullians ein tieferes »Credo quia necesse est«, wie wir es bei Gregor, beim Pseudoareopagiten, und zuletzt noch bei Sankt Anselm wiederfinden: nämlich das Erkennen des einzigartigen Sinns, das der ganzen Menschheit mit dem Christentum gestiftet und aufgegeben worden ist — das Offenbarwerden des notwendigen Sinns, ohne den es auch keinen Sinn des menschlichen Lebens und der göttlichen Liebe gibt.

Mit anderen Worten: In den Schriften der großen Kirchenväter ist niemals ein echt neuplatonisches und auch nie ein gnostisches Denken zu finden, wohl aber bedienten sich diese Bischöfe manchmal gern der neuplatonischen oder der gnostischen Begriffswelt, um deren eigene Tür zum Christentum zu öffnen und um gerade in dieser Begriffswelt den christlichen Gegensatz zu griechischem Denken in vivo zu zeigen, kurz, um am Maßstab der christlichen Haltung die ganze Sinnlosigkeit, ja Unmöglichkeit sowohl neuplatonischer wie auch gnostischer Denkvoraussetzungen deutlich zu machen. Wie hätten sie auch Menschen, die durch solche Begriffswelt erzogen und vorgeprägt waren, auf andere Weise zum Christentum führen können? Etwa durch Wunderglauben und Höllenfurcht? Das überließen sie ihren Missionaren, die über Land zogen, um für alle, denen das Bildungsgut der antiken Geisteswelt verschlossen geblieben war, für Sklaven und Handwerker, Hintersassen und Metöken, Primitive und Barbaren, die frohe Botschaft zu predigen, also für Menschen, deren Um und Auf und Alles die Hoffnung auf Lohn und die Furcht vor Strafe und die Erwartung übernatürlicher Eingriffe bleibt, samt der Kunst, solche Eingriffe vielleicht durch Gebet und Opfer beeinflussen zu können.

Sie selbst fuhren fort, gegen Neuplatonismus und Gnosis zu kämpfen — und dennoch blieb hinter solchen Schleiern der Satz des Anaximander und des Hesiod der wahre Grund für das Ringen dieser Kirchenväter um die rechte Formulierung der Heiligen Dreifaltigkeit. Wenn es vielleicht wahr ist, daß nur solche, denen jene beiden Sätze unbekannt und unverständlich blieben oder die sie wieder vergessen haben, wirklich »wie die Kinder« sind und allein wie die Kinder glauben, so können aus ihnen gewiß gute Christen werden, bessere Christen wahrscheinlich als aus jenen, die sich am Baum der Erkenntnis übersättigt hatten und die das Denken zur Anmaßung verführt hat statt zur Liebe. Das wußten die alten Kirchenväter. Sie wußten aber auch, daß die Menschheit nicht nur aus Kindern besteht und daß es schlimm um sie stünde, wenn es nur Kinder und Priester gäbe. Darum wurden sie auch nicht müde, ihren Glauben mit ihrem Denken in Einklang zu bringen — gerade weil sie wußten und es selbst so genau erfahren hatten, daß Denken nichts ist ohne die Liebe — und daß die Liebe ohne Denken oft in die Irre geht.

In sieben deutlich voneinander sich abhebende Großabschnitte sind hier die Texte der alten Kirchenväter eingeordnet worden; sie entsprechen den sieben tatsächlich von den Vätern der Kirche geleisteten Großtaten:

I. Zuerst bewirkten sie für die aus der antiken Welt hinzutretenden Gläubigen deren Loslösung aus dieser antiken Umwelt. Die ersten Bekenner und die ersten Märtyrer zeigten allen, die es sehen wollten — und auch den anderen —, daß das Maß der Dinge nicht in den Dingen selbst ist und daß es auch nicht in den Menschen sein kann, denn — was wäre eine Welt ohne Gott?

II. Dann zeigten sie den Katechumenen und den Neophyten, was die Erbschaft aus dem Alten Testament bedeutete: Die Vorstellung des biblischen Schöpfergotts ist mit keinem »ordnenden Urprinzip einer ewigen Materie«, mit keinem »Geist«, mit keiner bloßen »ersten Ursache«, mit keinem bloß »ältesten Gott« und keinem »allerersten Ur-Eins« vergleichbar, durch das sich die antiken Völker ihre unerschaffene Welt bewegt dachten, und die Transzendenz der Gerechtigkeit bedingt eine grundsätzlich andere Haltung der Menschen zu diesem echten Urschöpfergott, der sich in der Bibel offenbart hat, den aber ein Hirn, das nach »ewigen« und nur durch einen Gott »bewegten« Urstoffen zu suchen gewohnt ist, nicht einmal zu denken vermag. Wie kann man also diesen Urgott — an Stelle des Urstoffes — überhaupt denkbar machen? Nicht durch Erkenntnis, »Gnosis«, sondern nur durch tätig liebende Antwort auf wunderwirkende Gnade wird der Mensch in Wahrheit zum Ebenbild seines Schöpfers und jedes Schöpfertums schlichthin.

III. Schwer war allerdings der Kampf der Kirchenväter gegen die Rückfälle in magische Vorstellungen nach den Lehren der Gnostiker, Manichäer, Wundermänner, gegen den mächtigen Einfluß der Zauberer und Illuminaten aus dem Osten, gegen die rationalen Aufspalter Gottes nach den gefährlichen Lehren eines Paul von Samosate, eines Arius und bald der ärgeren Arianer im Westen und gegen die mystischen Auswege in der Art von symbolischen Theologien und Zeichendeutungen, wie sie in Alexandrien blühten.

IV. Endlich, nach dem Siege der Bekenntnisformel von Nizäa vermochten die Kirchenväter den Gläubigen auch die Epiphanie zu zeigen: Jedes Endliche kann auf ein Unendliches hinweisen, aber nur durch die Gnade vermögen wir das einzusehen. Und nur durch den Mittler — ganz und gar Gott und für uns ganz und gar Mensch geworden — können wir solche Gnade überhaupt denken, erhoffen, erbitten, erwirken.

V. Das Leichteste war vielleicht, aber auch das Bedeutsamste — das Größte —, die Erlösung zu lehren, die Auferstehung nach dem Tod, überhaupt das ewige Leben der Seele, eine Hoffnung, der viele Vorstellungen aus der Welt des Altertums bereitwillig entgegenkamen — so bereitwillig, daß die aufklärungshungrigen Rationalisten unseres neunzehnten Jahrhunderts aus dieser Bereitwilligkeit die ganze Erlösungslehre »erklären« zu können glaubten, weil sie den Unterschied der Sinngebung nicht merkten, um dessen Klarstellung sich gerade die alten Kirchenväter so sehr bemüht hatten. Zugleich war es aber für die Kirchenväter auch das Schwierigste gewesen, diese Erlösung aus einer bloßen Buße für die Endlichkeit (wie die Antike sie verstanden hatte) oder für die Sünde (wie sie im Osten verstanden wurde) oder für die schicksalgegebene Unzulänglichkeit der Menschen (wie die gebildeten Mysterienbesucher gern glaubten) zu einer Buße und Erlösung im Dienst der Gnade, der Willensfreiheit und der menschlichen Tatverantwortung umzugestalten, also den alten Gedanken des Opferns vor Gott in eine tatsächliche Teilnahme der Menschen am tatsächlich dargebrachten Gottesopfer umzukehren.

VI. Und nicht zuletzt war die große mystische Brücke zu schlagen, für viele viele kommende Jahrhunderte, vom lehrenden Christentum, das unser Denken verwandelt, zum angreiferisch kämpfenden Christentum, das unsere Seelen verwandelt — und zum triumphierenden Christentum der späteren Zeit, das die Träume und Wünsche der Menschen bestimmt.

VII. Nur so war auch die Brücke zum Christentum der inneren Erfahrung zu erreichen, zum Christentum der Entsagung, der schlichten Zeugenschaft und Nachfolge, wie schon die ersten Kirchenväter sie erlebt hatten, die aber bewußt und sichtbar und sagbar zu machen nur den späteren gelang.

Die ausgewählten Texte aus den Schriften der Kirchenväter, die den hier genannten Abschnitten VI und VII entsprechen, sind in den zweiten Band der »Christlichen Geisteswelt« hinübergenommen worden. Sie bilden einen Wesensbestandteil der »Christlichen Mystik«.

I

DIE LOSLÖSUNG
AUS DER UMWELT
DER ANTIKE

Das Verdeutlichen der Lehre und ihre Loslösung aus der unmittelbar sie umgebenden und umdräuenden Welt der Antike, der griechischen Sinnenfreude und Geistesfreude, der römischen Macht- und Ordnungsfreude: das ist die erste Aufgabe der Jünger oder vielmehr der jungen Christengemeinden, die sich um Apostel und um Apostelschüler scharen. »Eure Tugenden sind nicht Tugenden in unseren Augen, sondern Laster, eure Weisheit ist für unser Wissen keine Weisheit, eure Reichtümer und euer Glanz entsprechen nicht unseren Vorstellungen vom allein wesentlichen Besitz und Glanz.« Das mußte vor allem gesagt und gezeigt werden.

Dementsprechend befassen sich die ältesten Texte der Kirchenväter 1. mit der »Lehre«, der Didaché, deren ältestes uns erhaltenes Fragment den Anfang dieses Abschnitts bildet, 2. mit den ersten Streitigkeiten um den allein wahren Inhalt dieser Lehre und um die Personen, welche diese Wahrheiten würdig vertreten sollen, wie der hier im Auszug wiedergegebene Brief des heiligen Papstes Klemens (91–99) an die darin uneinigen Korinther zeigen kann, 3. mit Zurückweisungen und Verspottungen antiker, »heidnischer« Lehren. Aber die Verfolgungen der Christen durch die Vertreter der antiken Umwelt haben auch die Bekennerbereitschaft und Bekennerpflicht und den Bekennermut zur ersten unter den christlichen Tugenden gemacht; von dieser Bekennerwelt künden die Proben aus dem Martyriologium, die Briefe der heiligen Ignatius und Polykarp.

DIE DIDACHÉ

Der ursprüngliche Titel der Didaché lautet: »Die Lehre des Herrn, durch die zwölf Apostel, an die Heiden.« Sie ist die älteste aller überlieferten Kirchenordnungen, ihre ersten sechs Kapitel geben einfach den Wortlaut der Ansprache des Taufenden an die Täuflinge wieder, wie sie von den Aposteln überliefert worden war — ohne den Anspruch zu erheben, von den Aposteln selbst so niedergeschrieben worden zu sein. Doch stammt dieser Text — darüber stimmen heute die meisten Forscher frühchristlicher Schriften überein (obwohl man ihn anfänglich für eine Fassung aus dem vierten Jahrhundert hatte ansehen wollen) — tatsächlich aus den letzten Jahrzehnten des ersten christlichen Jahrhunderts; sein Gepräge großer Altertümlichkeit ist nicht gekünstelt, sondern echt ... so kommt hier z.B. den Wanderlehrern, Aposteln und prophetischen Predigern noch eine viel größere Bedeutung für die christlichen Gemeinden zu als den Bischöfen und Diakonen, während z.B. bereits im Klemens-Brief die Priester und in den Ignatius-Briefen die Bischöfe schon ungleich wichtiger geworden sind.[1]

Der vollständige Text der Didaché ist erst im Jahr 1875 durch den Metropoliten Philotheos Bryennios von Nikomedien in der Jerusalemer Handschrift aufgefunden und veröffentlicht worden; er stimmt mit den bis dahin bekannten Bruchstücken aus Zitaten der Kirchenväter genau überein. Es gibt auch eine alte lateinische Übersetzung, die J. Schlecht in einer Münchener Handschrift des elften Jahrhunderts aufgefunden und 1900 veröffentlicht hat.[2]

DIE LEHRE DES HERRN DURCH DIE APOSTEL

I. Es gibt zwei Wege. Der eine führt zum Leben, der andere zum Tode. Der Unterschied zwischen ihnen ist groß.

I., 2. Dies ist der Weg des Lebens: Du sollst deinen Gott lieben, der dich erschaffen hat. Und du sollst deinen Nächsten lieben wie dich selbst. Und alles, von dem du willst, daß man es dir nicht tue, das tue auch du keinem anderen.

---

[1] Vgl. Bardenhewer, ebenso F. Zeller, »Die apostolischen Väter«, München, 1918.
[2] Erste deutsche Übersetzung F. Zeller, München, 1918.

I., 3. In diesen Worten ist auch die folgende Lehre mit enthalten: Segnet die, welche euch fluchen, und betet für eure Feinde. Kasteit euch für die, die euch verfolgen. Denn welche Gnade, wenn ihr nur die liebt, die euch lieben! Tun nicht auch die Heiden dasselbe? Ihr aber sollet lieben, wo ihr gehaßt werdet, und sollt überhaupt keinen Feind haben....

III., 1. Flieh, mein Kind, vor allem Bösen. Fliehe alles, was dem Bösen ähnlich ist. Gib dem Zorn keinen Raum, denn der Zorn führt zum Mord. Sei auch nicht eifersüchtig. Sei nie böse oder auch nur reizbar, denn das alles führt zu Mordtaten.

Sei nicht lüstern, mein Kind, denn die Lüsternheit führt zur Unzucht. Vermeide freche Scherze und freche Blicke — all das führt zu Ehebruch.

Deute nicht am Vogelflug herum, mein Kind, denn das führt zu Götzendienst. Wende dich ab von Beschwörungen, von Sterndeuterei, Zeichendeuterei, Zauberei. Versuche nicht einmal, hinzuschauen, wünsche nicht einmal, solchen Künsten zuzuhören, denn aus alledem entsteht Götzendienst.

Sei kein Lügner, mein Kind, denn die Lüge führt auf alle Abwege. Sei weder geldgierig noch ruhmsüchtig, denn aus alledem entsteht Diebstahl.

Sei nicht mürrisch, mein Kind, denn unwirsche Laune führt zu Lästerungen. Sei nicht frech, nicht vorlaut, nicht boshaft, denn aus alledem entstehen nur Reden der Vermessenheit. Du sollst vielmehr sanftmütig sein, mein Kind, denn die Sanftmütigen werden das Erdreich besitzen. Du sollst Langmut üben, mein Kind, und immer barmherzig sein, stets ohne Falsch, ruhig und gut — du sollst allzeit auf die Worte achten, die du gehört hast, und vor ihrem Sinn zittern.

Du sollst dich nicht selbst erhöhen, mein Kind, und deiner Seele keinerlei Übermut verstatten. Nie soll dein Herz mit den Hochmütigen gemeinsame Wege gehen, immer sollst du mit den Gerechten und Demütigen zusammen wandeln.

Was dir Schlimmes auch zustoßen mag, mein Kind, nimm es als ein Gutes auf — du kennst ja nie die Absichten Gottes und weißt nur gewiß, daß ohne Gott nichts geschieht.

IV., 1. Mein Kind, Tag und Nacht gedenke dessen, der dir Gottes Wort verkündet. Ehre ihn wie den Herrn — denn der Herr ist bei dem, der Seine Herrlichkeit verkündet.

IV., 5. Sei nicht wie einer, der zum Nehmen seine Hände weit hinstreckt, zum Geben aber sie geschlossen hält.... Wende dich nicht von den Bedürftigen ab, teile stets alles mit deinem Bruder und nenne nichts dein Eigentum; denn da ihr die unvergänglichen Güter unter euch teilet, um wieviel mehr solltet ihr nicht die vergänglichen miteinander teilen?

Ziehe deine Hand nicht von deinem Sohn zurück oder von deiner Tochter: Unterweise sie stets — und von Kindheit an — in den Wegen des Herrn. Gib auch deinem Knecht oder deiner Magd, die auf denselben Gott hoffen, deine Befehle nicht in Bitterkeit; sie könnten sonst einmal ihre Furcht vor Gott ablegen, der über euch beiden herrscht....

IV., 13. ....Bewahre, was dir überliefert wurde, tue nichts hinzu, nimm nichts hinweg. Bekenne deine Fehltritte offen. Komm nie zum Gebet mit schlechtem Gewissen. Dies alles ist der Weg des Lebens.

VI., 1. Achte darauf, daß dich niemand vom geraden Weg dieser Lehre hinweglocke und dich nichts anderes lehre, als was Gott dich lehrt. Wenn du das ganze Joch des Herrn zu tragen vermagst, wirst du vollkommen sein. Gelingt es dir nicht, so leiste wenigstens, was in deinen Kräften steht....

IX., 1. Bezüglich der Eucharistie sollt ihr es folgendermaßen halten: Sprecht vor dem Kelch: »Wir danken Dir, unser Vater, für den heiligen Weinstock Davids, Deines Knechtes, den Du uns zu erkennen gabst durch Jesus, Deinen Knecht. Dir sei die Ehre in Ewigkeit.« Und sprecht über das gebrochene Brot: »Wir danken Dir, unser Vater, für das Leben und für die Erkenntnis, die Du uns gabest durch Jesus, Deinen Knecht. Dir sei die Ehre in Ewigkeit. Und wie dieses gebrochene Brot auf den Bergen zerstreut war und, zusammengebracht, eines wurde, so möge Deine Gemeinde von den Enden der Erde zusammengebracht werden, heim in Dein Reich, weil Dein ist alle Ehre und Macht durch Jesus Christus in Ewigkeit.« Aber keiner darf essen, keiner darf trinken von eurer

Eucharistie, wenn er nicht auf den Namen des Herrn getauft ist. Denn auch hierauf bezieht sich der Ausspruch des Herrn: »Ihr sollt das Heilige nicht den Hunden geben.«

Wenn ihr aber also gelabt worden seid, dann saget auch also euren Dank: »Dir, Heiliger Vater, danken wir für Deinen heiligen Namen, dessen Wohnung Du in unseren Herzen bereitet hast, und wir danken Dir für die Erkenntnis und für den Glauben und für die Unsterblichkeit, die Du uns offenbartest durch Jesus, Deinen Knecht. Dir sei die Ehre in Ewigkeit. Du allein, allmächtiger Herr, hast alles erschaffen um Deines Namens willen, Du hast den Menschen Speise und Trank gegeben, damit sie sich daran erlaben und Dir danken; uns aber hast Du eine geistige Speise geschenkt, einen geistigen Trank und ein ewiges Leben durch Deinen Knecht. . . . . Dein ist die Macht und die Ehre in Ewigkeit — es komme die Gnade und vergehe die Welt, Hosianna dem Gotte Davids.«

Ist einer rein und heilig, so soll er kommen. Ist er's nicht, so soll er sich zuvor bekehren. Maran Atha, Unser Herr komme zum Gericht. Amen.

XI. Wer immer zu euch kommt, und er lehrt euch all das hier Ausgesprochene, den nehmet bei euch auf. Trägt er euch aber eine andere Lehre vor, so ist er ein verkehrter Lehrer und spricht zur Vernichtung unsere Gemeinde; höret nicht auf ihn. Nur wenn er zur Mehrung der Gerechtigkeit und Erkenntnis des Herrn wirklich beiträgt, dann nehmet ihn auf, als wäre er der Herr selbst. In Betreff der Apostel und Propheten sollt ihr es genau entsprechend den Vorschriften des Evangeliums halten: Jeder Apostel, der zu euch kommt, soll aufgenommen werden wie der Herr selbst. Er soll aber nicht länger bei euch bleiben als einen Tag. Wenn es dringend not tut, auch noch einen zweiten. Doch wenn er drei Tage bleibt, dann ist er ein falscher Prophet.

Wenn der Apostel wieder aufbricht, soll er nur Brot mitnehmen, als Wegzehrung gerade hinreichend bis zu seiner nächsten Einkehr. Wenn er aber Geld verlangt, dann ist er ein falscher Prophet.

Den Propheten, der im Geiste redet, sollt ihr nicht prüfen und nicht richten, denn jede Sünde wird vergeben werden, diese Sünde aber nicht. . . .

Und doch ist nicht jeder, der im Geiste redet, ein echter Prophet. Nur der ist es, der die Lebensweise des Herrn in allem auf sich genommen hat....

XII. Jeder, der zu euch im Namen des Herrn kommt, soll zunächst aufgenommen werden, dann aber sollt ihr ihn prüfen, um ihn kennenzulernen und um euren Verstand anzuwenden, daß er das Echte vom Unechten zu unterscheiden lerne. Wenn der Ankömmling nur durchreist, helfet ihm, soviel ihr könnt, er soll bei euch nicht länger bleiben als nötig. Wenn er sich aber bei euch niederlassen will, dann soll er auch arbeiten, um zu essen. Wenn er kein Handwerk versteht, dann sorget nach eurer Einsicht dafür, daß nicht ein fauler Christ unter euch weile. Will er nicht arbeiten, so ist er einer von denen, die mit ihrem Christentum Geschäfte machen wollen — und vor denen hütet euch.

XIII. Jeder wahre Prophet, der sich bei euch niederlassen will, ist seines Brotes wert, und so ist auch ein wahrer Lehrer genau wie ein Arbeiter seines Brotes wert. Du sollst daher von Kelter und von Tenne, von Rindern und von Schafen die Erstlinge nehmen und sie den Propheten geben, denn diese sind eure Priester. Wenn ihr aber keinen Propheten habt, gebet es den Armen.

Wenn du Brot bäckst, nimm den Anschnitt und gib gemäß dem Gesetz. Ebenso, wenn du einen Wein- oder Ölkrug anbrichst....

XIV. Am Tage des Herrn sollt ihr euch versammeln. Dann brechet das Brot und saget Dank, nachdem ihr zuvor eure Sünden bekannt habet, damit euer Opfer rein sei. Doch wer immer mit einem seiner Freunde einen Streit hat, der finde sich nicht bei euch ein; zuerst soll er hingehen und sich mit dem andern versöhnen, damit euer Opfer nicht entweiht werde...

XVI. Wachet für euer Leben, lasset eure Lampen nicht ausgehen, und der Gurt um eure Lenden soll sich nicht lockern, seid vielmehr immer bereit — denn ihr wisset nicht die Stunde, in der unser Herr kommt....

KLEMENS VON ROM

DER HEILIGE KLEMENS AN DIE KORINTHER

Vor der Entdeckung des griechisch geschriebenen Urtextes dieses Briefes in derselben Jerusalemer Handschrift, die den Barnabas-Brief und die Didaché enthält, war nur eine von G. Morin veröffentlichte, wohl aus dem zweiten Jahrhundert stammende Übersetzung in das damalige Vulgärlatein bekannt, nach einer Handschrift des elften Jahrhunderts. Ferner gibt es, aus dem vierten Jahrhundert, eine koptische Übersetzung dieses Briefes, dessen Verfasser Klemens von Rom ist – also der erste christliche Briefschreiber, »dessen Name, Stand und Lebenszeit wir festlegen können«[1]. *Gemäß den Angaben des Irenäus war Klemens der dritte römische Bischof nach dem Apostel Petrus, nach Linus und Anaclet, und Tertullian berichtet, daß er einer von denen gewesen sei, die der Apostel noch selbst zum Priester geweiht habe. Neun Jahre lang, vom zwölften Regierungsjahr Domitians bis zum dritten Jahr Trajans – also von 92 bis 101 –, hat Klemens die Kirche Roms als Bischof geleitet. Aus dieser Zeit stammt auch der Brief, den er als berufenes Haupt der Kirche an die untereinander in Streit geratenen Korinther schrieb.*

Die Kirche Gottes, die zu Rom in der Fremde lebt, an die Kirche Gottes, die zu Korinth in der Fremde lebt. Den Berufenen, die nach dem Willen Gottes durch unseren Herrn Jesus Christus geheiligt worden sind. Gnade sei euch und Friede in reicher Fülle, die der allmächtige Gott euch durch Jesus Christus gewähren möge.

I., 1. Wegen plötzlich einander Schlag auf Schlag folgender Leiden und Drangsale, die uns selbst schwer trafen, glaubten wir, Brüder, ein wenig zuwarten zu dürfen, ehe wir unsere Aufmerksamkeit den bei euch so lebhaft verhandelten Dingen zuwandten: Wir meinen, Geliebte, euern Streit, diesen für Auserwählte Gottes so unpassenden Streit, diesen fremdartigen, ruchlosen, unseligen Streit, den ein paar verwegene und allzu hitzige Leute bei euch bis zur Weißglut angefacht haben, bis zu solchem Unverstand, daß euer guter Ruf, euer hochgerühmter und bei allen Menschen beliebter Name dadurch in hohem Grade beschimpft wurde....

---

[1] F. Zeller.

VII., 1. Dies, meine Geliebten, schreiben wir euch keineswegs nur zu eurer Ermahnung, sondern wohl auch zu unserer eigenen Beherzigung — befinden wir uns doch auf ebendemselben Kampfesfeld und sehen, daß der gleiche Streit auch uns auferlegt ist. Darum lasset uns die leeren und eitlen Nebengedanken weit von uns abtun und uns allein der ruhmvollen und heiligen Regel zuwenden, wie sie uns die heilig uns anvertraute Lehre übermittelt hat. Sehen wir also zu, was schön, erfreulich und angenehm in den Augen unseres Schöpfers sein mag. Blicken wir auf das Blut Christi hin, erkennen wir, wie kostbar es auch für Gott ist, für Seinen Vater, da es doch, für unser Heil vergossen, der ganzen Welt tatsächlich die Gnade der Reue bringt. Betrachten wir die lange Folge aller Geschlechter, und erkennen wir, daß der Herr jedem Geschlecht eine Gelegenheit zur Buße gab....

XLII. Das Evangelium ist uns von den Aposteln verkündet worden, so wie sie es einst von unserem Herrn Jesus Christus empfangen haben. Jesus Christus aber ist unmittelbar von Gott gesandt, so daß beides, die Sendung Christi und die der Apostel durch Ihn, demnach in aller Ordnung geschehen ist, um den Willen Gottes auszuführen. So empfingen sie alle ihre Aufträge, so wurden sie durch die Auferstehung unseres Herrn Jesus Christus in ihrer Gewißheit bestätigt, so sahen sie sich gefestigt, im Glauben an das Wort Gottes bestärkt, und so zogen sie dann hinaus, vom Heiligen Geist ganz erfüllt, und predigten, daß das Reich Gottes nahe sei.

Als sie so in vielen Städten und vielen Ländern predigten, setzten sie überall ihre Erstbekehrten — nach vorangegangener Prüfung im Geiste — zu Bischöfen und Diakonen der zukünftigen Gläubigen ein. Dies war nichts Neues.... so sagt schon die Schrift (Is. 60, 17): Deine Bischöfe will ich dir geben in Frieden und deine Diakonen in Gerechtigkeit (*episkopous: Klemens benützt hier die Tatsache, daß die Christen für »Bischof« dasselbe Wort gebrauchen wie die Septuaginta für »Vorsteher einer Stadtgemeinde«*).

XLIV. Auch unsere Apostel sahen voraus — unser Herr Jesus Christus hatte sie darauf aufmerksam gemacht —, daß um die Bischofswürde vielfach Streit entstehen könnte. Und nur in dieser genauen Kenntnis, die sie vorauserhalten hatten, setzten sie die oben Genannten zu Bischöfen ein und gaben ihnen den Auftrag, dafür zu sorgen, daß nach ihrem Tod andere erprobte Männer ihnen in ihrem Dienst nachfolgen könnten.

Darum ist es nach unserer Ansicht ein Unrecht, solche von jenen selbst ausgezeichneten Männer oder deren jeweils von ihnen unter der Zustimmung der ganzen Gemeinde auserwählte und eingesetzte Nachfolger, die das Hirtenamt Christi in Demut, ohne Tadel, ohne Eigennutz, ohne Fehl und in Ruhe verwaltet haben, von ihrem heiligen Amt abzusetzen, zumal wenn ihnen lange Zeit hindurch von allen nur Gutes nachgesagt worden ist. Das wird für uns keine geringe Sünde sein, makellose Männer aus ihrem Bischofsamt zu vertreiben, in welchem sie ihre Opfer stets heiligmäßig darbrachten. Da sind ja die Priester seligzupreisen, die ihren Lebensweg bereits durchlaufen und die vollendete, an Früchten reiche Auflösung schon erreicht haben; die brauchen wenigstens nicht mehr zu fürchten, daß man sie von ihrem Platz verdrängt...

XLV. Streitsüchtig scheint ihr mir, Brüder, und eifersüchtig dazu. Kennt ihr nicht mehr die Dinge, die zum Heil nötig sind? Ihr habt die heiligen Schriften genau durchforscht, die echten, die wirklich vom Heiligen Geist eingegeben worden sind. Ihr wißt, dort steht nichts Unrechtes. Nichts Verkehrtes kann in ihnen geschrieben worden sein. Nun, dort werdet ihr nirgends finden, daß Gerechte abgesetzt worden sind und daß es heilige Männer waren, die sie absetzten. Gewiß, Gerechte wurden verfolgt — aber von Bösen, sie wurden eingekerkert, aber von Gottlosen, sie wurden gesteinigt, aber von Missetätern, sie wurden getötet — aber von solchen, die von verbrecherischer, sündhafter Eifersucht zum Bersten voll waren. Und das haben sie dann mit rühmlicher Geduld ertragen.

Was sollen wir dazu sagen, Brüder? Wurde Daniel etwa von Gottesfürchtigen in die Löwengrube geworfen? Oder Anasias, Azarias, Misael — wurden die etwa von Leuten, die sich dem erhabenen und heiligen Dienst des Allerhöchsten geweiht hatten, in den Feuerofen befördert?...

Warum herrscht Streit unter euch, weswegen seid ihr in Zorn und Zwiespalt geraten, worüber tobt ihr in Gegensatz und in Krieg? Etwa darum, weil wir **einen** Gott haben, **einen** Christus, **einen** Geist der Gnade, der über uns ausgegossen wurde, und weil es in Christo nur **eine** Berufung gibt? Weshalb reißen und zerren wir die Glieder Christi auseinander? Worüber sind wir uneins gegen den eigenen Leib — und wieso gehen wir so weit in der eigenen Torheit, daß wir vergessen: wir sind nur die Glieder eines einzigen Leibes? Denket an die Worte unseres Herrn Jesus: »Wehe jenem Menschen, besser wäre für ihn, daß er nicht geboren worden wäre, als daß er einem meiner Auserwählten Ärgernis gibt....«

XLVII. Nehmet den Brief des seligen Paulus zur Hand, des Apostels. Was hat er euch da gleich im Anfang seiner Predigt geschrieben? Er war wahrhaftig vom heiligen Geist angeregt, als er euch über sich selbst belehrte, und über Kephas, und über Apollo — denn auch damals war es euch eingefallen, Parteien gegeneinander zu bilden. Aber jene Parteiungen von damals trugen euch geringere Schuld ein, denn ihr ergriffet immerhin Partei für Apostel, denen ein gutes Zeugnis von allen gegeben war, und für einen Mann, den sie selbst noch erprobt hatten.

Jetzt aber — beherziget doch! — seht selbst, was für Leute euch verführt haben und wer die Erhabenheit eurer so weit berühmten Bruderliebe herabgewürdigt hat. Eine Schande ist das, Geliebte, eine große Schmach in Christo, ein Schlag gegen jeden heiligen Wandel, wenn man hören muß, wie die festgegründete, uralte Kirche von Korinth wegen einer oder einer anderen Person sich gegen ihre eigenen Priester empört! Und diese Kunde ist nicht nur zu uns gedrungen. Auch die Andersgesinnten sehen es, hören davon — so daß durch eure Schuld der heilige Name des Herrn mit in eure Schmach gezogen wird. Und für euch selbst entstehen dadurch ernste Gefahren.

XLVIII. Darum wollen wir schleunigst diesen Übelstand beseitigen. Wir wollen vor unserem Herrn in Demut niederfallen, wir wollen Ihn unter Tränen anflehen, daß Er sich mit uns in Gnaden versöhne, uns wieder gegenseitige Bruderliebe eingebe, uns zum erhabenen Wandel der Heiligen wieder zurückführe....

L. Geliebte, ihr sehet, wie groß und wunderbar die Liebe ist. Niemand kann ihre Vollkommenheit darstellen. Wer wäre fähig, in der Liebe vollkommen befunden zu werden — es sei denn, Gott erachte jemanden solcher Gnade für würdig? Flehen und beten wir daher um Sein Erbarmen, daß wir fürder in Liebe uns vor Ihm bewähren, ohne menschliche Parteiungen, frei von Tadel....

IGNATIUS VON ANTIOCHIA

Als dritter Bischof von Antiochien (gemäß den Verzeichnissen des Origenes, Eusebius, Hieronymus — letzterer vermutet, Ignatius sei ein direkter Schüler des Evangelisten Johannes gewesen,) wurde Ignatius unter Trajan zum Tode verurteilt. Er verfaßte auf der Reise nach Rom sieben Briefe, »die wir heute als Kleinod altchristlicher Demut, altchristlichen Glaubens und tiefer Frömmigkeit verehren«.[1]

BRIEF AN DIE RÖMISCHE CHRISTENGEMEINDE

Ignatius, auch Theophorus genannt, an die Kirche, die Gottes Barmherzigkeit erfahren hat: In der Herrlichkeit des höchsten Vaters und Jesu Christi, Seines einzigen Sohnes, ist sie geliebt und erleuchtet nach dem Willen dessen, der alles Seiende gewollt und erschaffen hat, sowie nach der Liebe Jesu Christi, unseres Gottes. Sie führt den Vorsitz am Orte des römischen Bezirks, sie ist Gottes würdig, ehrwürdig, preiswürdig, lobwürdig — sie verdient ihren Erfolg und Vorrang als keusche Vorsteherin des Liebesbunds. In ihr ruht das Gesetz Christi, sie führt den Namen des Vaters, und auch ich grüße sie im Namen Jesu Christi, des Sohnes ...

IV. An alle Kirchen schreibe ich es, denn allen will ich mitteilen, daß ich gern für Gott sterbe, und daß ihr es nicht verhindern sollt. Ich flehe zu euch, euer Wohlwollen möge mir keine Schwierigkeiten machen. Lasset mich eine Speise der wilden Tiere werden, denn durch sie ist es mir möglich, zu Gott zu kommen. Brotkorn Gottes bin ich, und durch die Zähne der Tiere will ich gemahlen werden. Dann erst werde ich als reines Brot Christi erfunden werden können. Ich bitte euch, schmeichelt doch lieber den Tieren, damit sie mir zum Grabe werden und nichts von meinem Körper übriglassen, damit ich niemandem lästig falle, wenn ich entschlafen bin.

Dann erst werde ich in Wahrheit ganz und gar ein Jünger Jesu Christi sein — wenn die Welt auch meinen Leib nicht mehr sehen kann. Betet für mich zu Christus, damit ich durch diese Werkzeuge zum Opfer für Gott angenommen und als solches für würdig befunden werde.

Aber nicht wie Petrus oder wie Paulus befehle ich es

[1] So der Herausgeber und Übersetzer F. Zeller.

euch — jene waren Apostel des Herrn, ich bin nur ein Verurteilter. Jene waren frei — ich bin zur Stunde nur noch ein Sklave. Doch wenn ich erst ausgelitten habe, dann werde ich ein Freigelassener Jesu Christi sein und werde in Ihm auferstehen als ein Freier. Für den Augenblick lerne ich, in Fesseln wunschlos zu bleiben.

V. Auf dieser Fahrt von Syrien bis nach Rom habe ich auch schon einen Tierkampf zu bestehen. Zu Wasser und zu Lande, bei Tag und bei Nacht bin ich an zehn Leoparden gefesselt — das heißt an eine Abteilung römischer Soldaten. Diese da werden sogar auf empfangene Wohltaten hin noch schlimmer. Unter ihren Grausamkeiten werde ich immer besser geschult. Aber gerechtfertigt bin ich deshalb doch nicht.

Ich will mich auf die Tiere freuen, die in Rom für mich bereitgehalten werden, und ich bete, sie möchten sich wild auf mich stürzen. Ich will sie locken, scharfmachen, sie sollen mich alsogleich aufzehren und nicht etwa vor mir aus Furcht zurückschrecken, wie dies bei einigen vorgekommen sein soll. Wenn sie widerspenstig sind und mich nicht wollen, werde ich sie mit Gewalt dazu zwingen.

Vergebt mir. Ich weiß, was zu meinem Vorteil ist. Jetzt erst beginne ich, ein Jünger zu sein. Niemand von den Sichtbaren oder von den Unsichtbaren möge sich um mich bemühen. Ich will zu Jesus Christus gelangen. Verbrannt oder gekreuzigt, von wilden Tieren zerrissen und gefressen werden oder zerschnitten, geviertteilt, in allen Knochen zerschlagen werden oder die Glieder verrenkt und verzerrt oder den ganzen Körper zerquetscht und zermalmt bekommen — alles soll gut sein, alle bösen Plagen des Teufels mögen über mich herfallen, damit ich zu Jesus Christus gelange.

Die Enden der Erde werden mir nichts nützen, noch auch alle Königreiche dieser Welt. Für mich ist es besser, durch den Tod zu Christus Jesus zu kommen, statt König zu werden über alle Grenzen dieser Erde hinaus. Ihn, der für uns gestorben ist, suche ich; Ihn, der unseretwegen auferstanden ist, will ich — mir steht die neue Geburt bevor. Verzeihet mir, Brüder, hindert mich nicht....

VIII. Nicht mehr nach Menschenart will ich leben — und dieser Wunsch geht mir in Erfüllung, wenn ihr nur wollt. Erweiset mir guten Willen, damit auch ihr guten Willen findet. Glaubet diesen hingeschriebenen Buchstaben, ich bitte euch. Jesus Christus wird euch kundtun, daß ich die Wahrheit sage — so erfahret es von dem keiner Lüge fähigen Mund, durch den uns der Vater die Wahrheit verkünden ließ.

Betet für mich, damit ich mein Ziel erreiche. Ich habe euch ja gar nicht dem Fleische nach geschrieben — ich schreibe euch nur entsprechend dem Willen Gottes. Wenn ich leide, habt ihr es gut mit mir gemeint — wenn ich verworfen werde, habet ihr mich gehaßt. Gedenket in eurem Gebet der Kirche von Syrien, deren Hirte an meiner Statt Gott ist. Jesus Christus allein wird ihr Bischof sein — und eure Liebe....

Meine Seele grüßt euch und die Liebe der Kirchen, die mich im Namen Jesu Christi aufgenommen haben, nicht wie einen bloß Durchreisenden. Denn auch solche, die von dem Wege, den ich dem Fleische nach zurücklegen muß, sehr weit entfernt wohnen, haben mir von Stadt zu Stadt das Geleit gegeben.

X. Dieses Schreiben lasse ich euch von Smyrna aus zukommen, durch die lobenswürdigen Epheser. Außer vielen anderen ist auch Krokus bei mir, der mir teure. Denen, die vor mir zur Ehre Gottes aus Syrien nach Rom gekommen sind, saget, ich sei nicht mehr fern.... Ich schrieb euch dies am 24. August. Lebet wohl bis ans Ende und immer in der Geduld Christi.

AUS DEN MÄRTYRERAKTEN

Acta primorum martyrum sincera et selecta.[1]

MARTYRIUM DES HEILIGEN POLYKARP

Von allen erhaltenen der älteste Märtyrerbericht, gleich nach dem Tode des Heiligen verfaßt.[2]
Griechisch: »Die Kirche Gottes zu Smyrna an die Kirche Gottes zu Philomelium und an sämtliche Gemeinden der Gläubigen....« (etwa um 156).

An euch, Brüder, dieser Bericht über das, was sich hier soeben zugetragen hat mit den Märtyrern und besonders mit dem seligen Polycarpus, dessen Zeugnis gleichsam ein Siegel der Verfolgung aufgedrückt und diese beendet hat.
Denn alles, was vorherging, war von solcher Art, daß es uns schien, als ob uns der Herr noch einmal das Schauspiel Seines Martyriums hätte vor Augen führen wollen, so wie es das Evangelium erzählt....
....Keiner von ihnen schrie oder stöhnte, sie alle bewiesen uns, daß in der Stunde der Peinigung die edelmütigen Bekenner Christi fern vom Fleische weilten, oder besser gesagt, daß der Herr bei ihnen stand....
...Der edle Germanicus kämpfte mit hervorragender Standhaftigkeit gegen die wilden Tiere. Als ihn der Prokonsul überreden wollte und sagte, er habe Mitleid mit seinem Alter, da reizte der Unbeugsame den Löwen gewaltsam gegen sich selbst, um schneller von diesem gottlosen und ungerechten Leben befreit zu werden.
Hierdurch geriet das ganze Volk in Raserei über die heldenmütige, gottesfürchtige Sekte der Christen und schrie: »Weg mit diesen Gottlosen! Fort! Vor allem ergreife man den Polykarp!«
....Einer aber, ein Phrygier namens Quintus, geriet in Angst beim Anblick der Bestien. Er hatte sich freiwillig dem Gericht gestellt und auch einige andere dazu veranlaßt. Doch gerade er ließ sich von den wiederholten Aufforderungen des Prokonsuls schließlich doch bewegen, schwor ab und opferte. Darum, Brüder, loben wir

[1] Paris, 1689, übersetzt vom Th. Ruinart, 6 Bände, Wien, 1831; vgl. auch Dr. G. Rauschen, München, 1913, Kösel
[2] Vgl. Funk, Patres apostolici I, Tübingen, 1901

nicht die, welche sich selbst darbieten; denn dies verlangt ja auch das Evangelium nicht (Matth. 10, 23). Doch der erstaunliche Polykarp hat sich nicht selbst angeboten. Er wollte zwar furchtlos in der Stadt bleiben, als er von der berichteten Szene im Zirkus hörte, aber die meisten beschworen ihn zu fliehen. Da zog er sich auf ein Landgut zurück, das in der Nähe der Stadt lag....

....Als sie ihn in seinem Hause nicht fanden, ergriffen sie zwei seiner jungen Haussklaven, von denen ihn einer auf der Folter verriet. Es war ja unmöglich, daß er verborgen blieb, denn »die Feinde des Menschen sind seine Hausgenossen« (Matth. 10, 36).

Der Irenarch (Friedensrichter) hatte große Eile, ihn zu greifen und in die Rennbahn zu zerren, damit sich dort sein Schicksal erfülle; denn der Friedensrichter trug ja denselben Namen Herodes (wie in der Schrift), und Polycarpus sollte Christi Leidensgefährte werden.... seine Verräter aber sollte die Strafe des Judas ereilen....

....An einem Freitag, zur Stunde der Mahlzeit, zogen die Häscher mit dem jungen Sklaven und einer Abteilung bewaffneter Reiter gegen ihn los wie gegen einen Räuber. Sie kamen an, als sich der Tag schon neigte, und fanden ihn im oberen Stockwerk eines kleinen Hauses. Auch von dort hätte er wohl noch fliehen können, aber er wollte es nicht und sprach: »Der Wille Gottes geschehe mir!«....

Sie waren betroffen, als sie sein hohes Alter merkten, seine Ruhe sahen.... Er aber gab nur Auftrag, man möge ihnen Speise und Trank vorsetzen, soviel sie davon genießen wollten, und bat sie nur, ihm noch eine Stunde zu ungestörtem Gebet zu gewähren....

Als die Zeit des Aufbruchs gekommen war, setzten sie ihn auf einen Esel und brachten ihn so zur Stadt. Es war an einem großen Sabbat....

Im Augenblick, da Polykarp in die Rennbahn eintrat, ertönte eine Stimme von oben: »Mut, Polykarp, halte dich männlich!« Den Redenden sah niemand, die Stimme aber hörten sie alle.

....Der Prokonsul drang noch einmal in ihn: »Schwöre ab, und ich gebe dich frei!« Da entgegnete Polykarp: »Sechsundachtzig Jahre schon diene ich Ihm, und Er hat mir nie ein Leid getan — wie könnte ich meinen Herrn und König und Erlöser lästern?« ....Da erklärte der

Prokonsul: »Ich habe wilde Tiere, denen werde ich dich vorwerfen lassen, wenn du dich nicht besinnst.« Polycarpus antwortete nur: »Laß sie doch kommen! Denn unmöglich ist die Bekehrung vom Besseren zum Schlimmeren....«

Der Prokonsul beharrte: »Wenn du dir aus den Tieren nichts machst, so lasse ich dich vom Feuer verzehren, falls du deine Gesinnung nicht änderst!« Darauf erwiderte Polycarpus mit immer gleicher Ruhe: »Du drohst mir mit einem Feuer, das höchstens eine Stunde brennen kann und dann erlischt. Du kennst eben nicht das Feuer des künftigen Gerichts und der ewigen Strafe, das auf die Gottlosen wartet!«....

Polycarpus war von Mut und Freude wie begeistert, während er so sprach, und er sagte dies und auch noch anderes. Aus seinem Gesicht strahlte innere Gewißheit. Er war nicht aus der Fassung zu bringen, nichts von dem Angedrohten konnte ihn noch erschrecken. Der Prokonsul staunte. Schließlich ließ er seinen Herold in der Rennbahn dreimal verkünden: »Polycarpus hat sich als Christ bekannt....« Da tobte das Volk: »Dieser da ist der Lehrer Asiens, er ist der Zerstörer unserer Götter....«

Auf der Stelle trugen die Volksmassen Holz und Reisig zusammen, aus Werkstätten und aus den Bädern.... Als der Holzstoß errichtet war, legte Polycarpus alle seine Ehrenkleider ab, löste seinen Gürtel und versuchte, auch seine Schuhe auszuziehen.... Als man ihn auch noch annageln wollte, sagte er, das sei vielleicht nicht nötig: »Laßt mich doch so, wie ich bin. Der es mir verleiht, den Feuertod in Ruhe erleiden zu können, wird mir auch die Kraft geben, ohne eure Nägel unbeweglich auf dem Scheiterhaufen auszuharren.«

Sie nagelten ihn also nicht an, sie banden ihn nur fest .... als er sein Gebet beendet hatte, zündeten die Heizer das Feuer an, und gleich loderte die Flamme mächtig empor. Und vor unseren Augen, denen die Gnade geschenkt war, solches zu schauen, damit wir das Geschehene auch anderen verkünden, offenbarte sich ein Wunder Gottes. Das Feuer wölbte sich hoch wie ein vom Winde geschwelltes Segel und umwallte so den Leib des Märtyrers, ohne ihn zu berühren. Er stand in der Mitte, aufrecht, nicht wie bratendes Fleisch, sondern wie Brot, das gebacken wird — oder wie Gold, das man im Schmelzofen reinigt. Auch empfanden wir deutlich einen Wohlgeruch wie von duftendem Weihrauch.

Als die Gottlosen endlich begriffen, daß sein Leib nicht vom Feuer verzehrt werden konnte, riefen sie nach dem Konfektor; dieser eilte herbei und stieß dem ruhig Dastehenden seinen Dolch in die Brust. Und da kam eine so große Menge Blut hervor, daß dadurch das Feuer erlosch....

Der selige Polycarpus, Bischof der rechtgläubigen Christen zu Smyrna, erlitt den Märtyrertod am Zweiten des Monats Xanthikus (23. Februar) unter dem Oberpriester Philippus von Tralles und dem Prokonsulat des Statius Quadratus (im Jahre 156), ergriffen vom Irenarch Herodes, unter der ewig währenden Herrschaft unseres Herrn Jesus Christus. Ihm aller Ruhm, Ihm Ehre und Herrlichkeit, Sein ist der ewige Thron von Geschlecht zu Geschlecht.

II

DIE WIEDERAUFNAHME DER ALTEN ERBSCHAFT

Um den Schöpfergott überhaupt denken zu können — denn sonst vermag man auch nicht, an Ihn zu glauben —, muß zunächst diese unsere Welt überhaupt erst als Schöpfung begriffen werden und nicht, wie im antiken Denken durchweg, als ein zwar veränderliches, aber materiell ewiges Vorhandensein von Stoffen und Kräften. Die Vorstellung einer ewig sich verändernden, vielleicht von irgendwelchen Dämonen oder Göttern weitergetriebenen, aber wesentlich ungeschaffenen Welt läßt für den Allschöpfer keinen Raum, keinen auch nur geistig vorstellbaren Platz. Es war also erste Pflicht der ältesten Kirchenväter — und auch noch der späteren —, in dieser antiken Umwelt zunächst die alttestamentarische Lehre »Im Anfang schuf Gott Himmel und Erde... Und Gott sprach: Es werde Licht...« zu verbreiten, ja überhaupt denkbar zu machen. Erst auf Grund dieses Glaubens an den einen Urschöpfer offenbart die christliche Lehre überhaupt ihren Sinn. Und so sehen wir die großen Kirchenväter des zweiten Jahrhunderts, Irenäus, Tertullian, Klemens von Alexandrien und Origenes, auch wirklich mit dieser Aufgabe stets ihre Lehre beginnen.

Es ist hier nicht der Ort, die Geschichte der menschlichen Vorstellung vom weltschaffenden »Wort Gottes« zu verfolgen. Diese Vorstellung mußte zunächst aus dem alten Umgang mit magischen Formeln herausgelöst werden, aus einem Umgang mit uralten Zauberformeln also, die erst in den Begegnungen der Völker von Akkad und Sumer zum ersten Mal eine wirklich transzendierende Bedeutung erhalten hatten. Denn bei den ersteren ergab sich die Allschöpferqualität aus dem allumfassenden Schutz- und Auftragsbund mit dem Stammesgott, dessen Gerechtigkeit nunmehr erst als jenseitig gedacht werden mußte, um wirklich alles, alles umfassen zu können; bei den letzteren ergab sich dieselbe vorauswissende und vorausentscheidende Allmacht erst aus den seit dieser Begegnung ebenfalls transzendent gedachten Tafeln der Lose, auf denen das Schicksal »geschrieben« stand, durch den, der damit schon alles vorausbestimmt hat, auf die Tontafeln des Himmels eingetragen. Weder der sumerische Glaube an die Allmacht des göttlichen Vorausbestimmers noch der akkadische Glaube an die Allgerechtigkeit des göttlichen Auftraggebers führte, jeder für sich allein, zum Glauben an die Allschöpfung durch das göttliche Wort. Erst in der Begegnung dieser beiden Völker weitete sich ihre Vorstellung vom All zu einer Vielvölkerwelt, bezogen sie beides, Schöpfung und Gerechtigkeit, nicht mehr nur auf den eigenen Stamm, sondern auf die Welt und den Himmel, also auf das All schlechthin. Sie lösten sich vom alten Besprechungszauber und begannen, universal zu denken — und nun erst wurden diese Menschen, oder vielmehr die Begnadeten unter ihnen, für die göttliche Offenbarung reif. Erst die »Lehre« des Alten Bundes brachte die volle, direkte, metaphysische Beziehung des Allgeschehens und der Allmacht zu Gottes absoluter Gerechtigkeit, die nun in der Vorstellung der Gläubigen Alleinherrscherin wurde an Stelle von despotischer Herrenwillkür oder Dämonengnade. Und erst der Neue Bund offenbart das weltenschaffende, aus Liebe zur Menschheit fleischgewordene Wort Gottes, den Logos, als den Sohn außer aller Zeit und von Anbeginn, der als Christus in der Zeit zum Erlöser geworden war.

Den Ausführungen des heiligen Irenäus, so wie sie in seinen fünf Büchern gegen die Häretiker und gegen die »sogenannte Erkenntnis« (Gnosis) zu finden sind, wurde hier verhältnismäßig viel Raum gewährt, wenigstens im Vergleich zu den späteren Kirchenvätern. Denn in ihm und durch ihn zuerst bildete sich allmählich das katholische Dogma aus, in einer Weise, aus der wir — Gläubige wie Ungläubige — unendlich viel lernen können. Und Entscheidendes lernen können. Gerade wenn wir ihn mit den Späteren vergleichen.

Am Widerspruch der Ungläubigen hat sich der Glaube geformt. Kritische Forscher werden im einzelnen zunächst nicht viel anderes finden, als was der Aberglaube anderer schon andernorts zu jener selben Zeit für andere erfunden und behauptet hatte und was daher vom echten Glauben mindestens ebenfalls zu fordern zu jener Zeit unerläßlich war — und völlig natürlich war. Und doch wird gerade dadurch jeder Aberglaube ausgeschlossen und das ganze Glaubensgebäude mit der alten Lehre vom Einzig-Ewigen Gott vereint — und dabei wird jener göttliche Heilsplan von den Menschen entdeckt, für den Irenäus so eindring-

liche Worte findet und ohne den die gesamte Menschheit blind und sinnlos bliebe und durch den allein — in einer natürlichen, aber unerklärlichen, völlig unerwarteten Aufeinanderfolge von unendlich unwahrscheinlichen Fügungen zu einem einzigen, klaren, aber unerhörten, aber rätselhaft geschenkten Sinn — die Berufung des Menschen zu Verantwortung und Würde, zu Freiheit und Opfer und zugleich zu Demut und Liebe verstanden werden konnte.

Gewiß lassen sich — nachträglich — alle die durch den heiligen Irenäus so mühsam Schritt für Schritt erarbeiteten Grunddogmen und Glaubensnotwendigkeiten der Kirche — dieselben, die dann später das Konzil zu Nizäa annehmen und festlegen wird — bereits aus den Einleitungssätzen des Johannes-Evangeliums erkennen, mit denen die katholische Messe schließt: Im Anfang war das Wort, und das Wort war bei Gott. Aber dieser Text ist die entscheidende Überwindung von Gnosis, Neuplatonismus, Judentum, Persertum. Anaximanders Satz über das Unendliche und die Zeit, der Satz des Hesiod über das menschliche Handeln, die Freiheit und das Schicksal und der leidenschaftliche Widerspruch des gesetzesgläubigen Judentums gegen jeden Dualismus, vor allem aber gegen den gotteslästerlichen Halbstrahl, der in der Zeit beginnt und in Ewigkeit nicht enden soll, gegen die Verletzung der Einzigkeit Gottes, also gegen das »Unmögliche« der Botschaft, dies alles zwang die Gläubigen Schritt für Schritt zur Deutung des Johannes, lenkte sie zur rechten Formulierung ihres Glaubens an die Heilige Dreifaltigkeit, an das Zeugende Wort, das außerhalb der Zeit steht, bei Gott war, aber notwendig Fleisch werden und unter uns wandeln mußte, damit das Leben der Menschen erlöst werde, d.h. den Sinn überhaupt wiederfinden könne, der jedem Menschen in Wahrheit aufgegeben ist.

DER HEILIGE IRENÄUS
»Der Friedensmann«

Geboren um 115 in Kleinasien[1], erster Gesamtdarsteller der christlichen Lehre im Sinne der Kirche, Schüler des Polycarpus und der Überlieferung des Papias, von Tertullian »der Mann der großen Erleuchtung«, von Eusebius »Zeuge der Wahrheit« genannt, nach Epiphanius »Streiter voll himmlischer Gnadengaben im Glanz des Heiligen Geistes«. Durch seine erstmalige Zusammenfassung des ganzen von den Aposteln empfangenen Glaubens ist er »der Vater der katholischen Dogmatik« geworden.

Sein Hauptwerk sind die »Fünf Bücher gegen die Häretiker« — eine Widerlegung der Gnosis —, entstanden unter dem Kaiser Commodus (180—192), »in der Zeit politischen Friedens[2]«, er beabsichtigte damit, seinen Freunden wirksame Waffen zur Bekämpfung des Irrglaubens in die Hände zu geben. Seit den Verspottungen der Pliosophen waren kaum ein, zwei Jahrzehnte verflossen, und schon hatte sich das Bild derer, die zu bekämpfen waren, von Grund aus geändert. Jetzt nahmen angebliche Weisheitslehren geheimer Philosophenzirkel immer stärker zwar in der Form vom Christentum entlehnte, aber eben ihrem Wesen nach unchristliche Gedanken an. Sie hatten die Lehre von der Weltschöpfung aus dem Alten Testament aufgegriffen, diese aber dann in ihrem Sinne »verbessert«: Der Urschöpfer des Guten kann nicht selbst der Demiurg dieser bösen, unvollkommenen, entsetzlichen Welt sein — so lehrten sie —, denn das vertrüge sich mit keinerlei Begriff von Allmacht. Eine ganze Reihe von Zwischengliedern und Geistern sei nötig, um so etwas erklärlich zu machen, und nur wer diese Zwischenglieder kennt, ist wahrhaft weise, kann das Böse von sich fernhalten, sich von dem Übel bewahren und hat echte Erkenntnis ...

Kurz, Apollonius von Tyana, Hermes Trismegistos, die griechisch-jüdischen Mystiker- und Symboldeuterschulen Alexandriens hatten auf das junge Christentum ihre Wirkung getan; was im Johannes-Evangelium noch schlichtes Zeugnis der Wahrheit war — die Lehre vom Zeugenden Wort —, ist hier zu schwülstiger Namensakrobatik miß-

---
[1] Vgl. Zahn, Forschungen, VI, 28.
[2] Vgl. Zahn a.a.O.

DER HEILIGE IRENÄUS

braucht, Basilides hatte volle 365 voneinander abgestufte himmlische Sphären für sein phantastisches System göttlicher Kräfte in Anspruch genommen, während Valentin sich mit 30 »Äonen« begnügte (das waren Urgeister, einschließlich Gott-Urvater, dem Sohn, der Liebe, der Vernunft, der Wahrheit, dem Wort, dem Geist, dem Heiligen Geist — und zusammen bildeten sie das »Pleroma«, d.h. die Fülle der Geisterwelt). So war nun eine pseudochristliche Gnosis entstanden, eine Mischung von neuplatonischer Philosophie, persischen Mysterienkulten, jüdischen Schöpfungslehren, alexandrinisch-symbolischen Deutungskünsten — und fehlgedeutetem Johannes-Evangelium. Dagegen mußte sich nun die noch junge, noch schwache, verfolgte christliche Kirche wehren durch Predigt und Schrift und mehr noch durch gute bischöfliche Organisation, so wie echte Ärzte sich gegen die modische Flut von Kurpfuschern, Kräuter-, Watte- und Käseauflegern wehren müssen. Über die Meinung Harnacks und anderer, daß die Beeinflussung gegenseitig gewesen sei und daß auch die Kirche infolge von solchen Auseinandersetzungen so manche dogmatische Formulierung habe verändern müssen, ist hier schon in der Einleitung das Nötige gesagt worden.

Irenäus also bekämpfte diese schwülstige Welt der Geisterbeschwörer und Weisheitsbewahrer, und in diesem Kampf faßte er das echte, von den Aposteln überkommene Glaubensgut klar zusammen. Er war Bischof von Lyon, wo er — angeblich als Märtyrer — im Jahre 202 gestorben ist. Er schrieb auch unter den Kelten ein dunkkes, recht gewundenes, schwieriges Griechisch, das in oft noch dunkleren, wörtlichen Lateinübersetzungen (so der Codex Claramontanus, aus dem neunten Jahrhundert, in Cheltenham) erhalten ist.[1]

AUS DER SCHRIFT GEGEN DIE HÄRETIKER

I., 1. Leute gibt es, die der Wahrheit die Tür weisen, um lieber die Lüge hereinzurufen.... Sie locken viele Menschen auf Irrwege. Als ob sie etwas Höheres und Größeres zu zeigen hätten als Den, der Himmel und Erde

[1] Erste deutsche Übersetzung: Hayd, Kempten, 1872, zweite Klebbe, Münschen, 1912

erschaffen hat und Dem alles, was darinnen zu finden ist, sein Dasein verdankt, lenken sie unter dem Deckmantel einer angeblichen Wissenschaft, die sie »Gnosis« — Erkenntnis — nennen, viele Menschen von der wahren Erkenntnis ab und machen sie blind für den Urheber der Ordnung und Schönheit des Weltalls. Wie Ratgeber leiten sie die Harmlosen auf verschlungene Wege des Suchens durch viele kunstreiche Worte, bis niemand mehr Lüge von Wahrheit zu unterscheiden vermag, und dann stürzen sie die Ratlosgewordenen ins Verderben, treiben sie bis zur Gottlosigkeit, ja zu Lästerungen gegen den Weltenschöpfer selbst.

Vor ihnen uns zu hüten hat der Herr uns befohlen. Darum halte ich es für notwendig, Dich, mein Vielgeliebter, mit diesen »wunderbaren und tiefen Geheimnissen« vertraut zu machen, die kaum jemand fassen kann, es sei denn, er hätte zuvor seinen Verstand verloren. Meine Quellen sind die Kommentare der sogenannten Valentinianer, also die Schüler des Valentinus, aber auch Äußerungen einiger anderer (Gnostiker), mit denen ich persönlich zusammentraf. Teile das getrost allen mit, die bei Dir sind, und ermahne sie, sich vor diesem Abgrund des Unsinns zu hüten....

Du darfst aber bei mir, der ich hier unter Kelten hause, so daß ich mich zumeist mit deren barbarischer Sprache herumschlagen muß, weder große Redekunst noch Kraft des schriftlichen Ausdrucks suchen, denn die habe ich nie geübt, und auch nicht schöne Worte oder verschlungene Dialektik kannst Du von mir erwarten, denn das habe ich nie gelernt....

Die Valentinianer lehren also, in unsichtbaren und unnennbaren Höhen habe es einst einen urvollkommenen Äon gegeben, der vor allem war. Den nennen sie Uranfang, Urvater, Tiefe. Er sei unsichtbar, und niemand könne ihn fassen. Und da er unfaßbar, unsichtbar, ewig und unerzeugt sei, so habe er auch unermeßliche Zeiten lang in tiefster Ruhe verharren können.

Mit diesem Uranfang zugleich habe aber auch die Ennoia angefangen, die sie auch Charis nennen (doch woher kam sie?). Nun sei, so lehren diese Leute, jener Ur-Äon einmal auf den Gedanken verfallen, seine »Tiefe«, Bythos, von sich aus — als Anfang aller Dinge — auszusenden. Und dieser Sproß, den er von sich auszugeben im Sinne gehabt habe, sei von ihm wie ein Samen in den Mutterschoß der bei ihm befindlichen Ennoia oder Charis eingesenkt worden. Durch solche Empfängnis schwanger, habe sie dann den Nous geboren, den Verstand, die Ratio — kurz, etwas, das seinem Erzeuger offenbar ähnlich oder sogar irgendwie gleich gewesen sei, allein imstande, die Größe des Vaters ganz zu erfassen. Diesen Nous also nennen sie wiederum Vater und auch Anfang aller Dinge. Mit ihm zusammen sei auch — als sein Zwilling — die Wahrheit geboren worden oder vielmehr »das Unvergeßbare«: A-Letheia....

Der Nous soll dann weiter den Logos und die Zoe hervorgebracht haben, das Wort und das Leben, und wieder nennen sie auch diese den Vater aller Dinge und die Mutter des gesamten Weltalls. Aus diesen sei dann in ehelicher Verbindung auch der Mensch entstammt und auch die Kirche (als pure Geister, also Äonen)....

Diese acht Äonen, zur Verherrlichung des Vaters hervorgebracht, hätten nun weiter den Vater verherrlichen wollen, und so seien der Verbindung von Logos und Zoe, nach der Erzeugung des Menschen und der Kirche, zehn weitere Äonen entsprossen: Bythios und Myxix, Ageratos und Henosis, Autophyes und Hedone, Akinetos und Synkrasis, Monogenes und Makaria (ihnen allen offenbar genau bekannt: lauter Äonen, also Geister)...

Auch der Mensch habe aber, mit der Kirche, ebenfalls Äonen gezeugt — und deren zwölf hervorgebracht: Parakletos und Pistis, Patrikos und Elpis, Metrikos und Agape, Äinous und Synesis, Ekklesiastikos und Makariotes, Theletos — und Sophie.

Das sind also zusammen dreißig Äonen, die geheimnisvollen, nicht zu verratenden Äonen ihrer Irrlehre... und deswegen, sagen sie, habe der Erlöser (denn Herr wollen sie ihn nicht nennen) auch dreißig Jahre lang ein verborgenes Leben geführt und dadurch das Geheimnis dieser dreißig Äonen angedeutet. Nach ihrer Ansicht weist übrigens auch die Parabel vom Weinberg und den Arbeitern der letzten Stunde auf diese dreißig Äonen in aller Deutlichkeit hin; die einen werden doch zur ersten, die anderen zur dritten, noch andere zur sechsten, zur neunten, schließlich die letzten zur elften Stunde ausgesandt, und die genannten Stunden ergeben, zusammengezählt, eben dreißig! Nichts ist einleuchtender: Das können nach ihnen nur Äonen sein....

I., 6. Der Mensch, so sagen sie, bestehe aus drei Elementen. Das Materielle gehe notwendig zugrunde, da es keine Spur von Unsterblichkeit in sich aufzunehmen vermag. Das Seelische, das zwischen dem Körperlichen und dem Geistigen gelegen ist, gehe dorthin, wohin dieses letztere sich hinneigen wird, das Geistige soll aber durch Vermählung mit dem Seelischen gestaltet, erzogen emporgehoben werden....

Seelisch erzogen werden alle die, welche auf ihre Werke und auf ihren schlichten Glauben bauen und keine vollkommene Erkenntnis besitzen; das sind wir von der Kirche, denen allerdings zur Seligkeit auch gute Werke vonnöten sind. Sie aber, sie brauchen das nicht, sie haben ja die Erkenntnis, sie werden also nicht erst durch gute Werke, sondern schon durch ihre geistige Natur auf jeden Fall selig. Denn wie das Materielle unmöglich selig werden kann, da es der Seligkeit gar nicht fähig ist, genauso könne das Geistige — und dazu rechnen sie sich selbst — unmöglich verdammt werden, welche Taten auch immer es begangen habe; das Gold im Kot bewahre ja auch seine Schönheit....

Daher tun auch die Vollkommensten unter ihnen alles Verbotene ohne Scham.... sie dienen maßlos den Lüsten des Fleisches und behaupten, man müsse eben das Fleisch dem Fleisch und den Geist dem Geiste darbringen.... sie schänden heimlich die Weiber, die sie in ihrer Lehre unterrichten.... und Frauen, in die sie sich verliebt haben, entreißen sie dem rechtmäßigen Gemahl öffentlich und ohne Scheu ... oder sie geben vor, mit ihnen nur wie mit Schwestern verkehren zu wollen, so lange, bis dann die Schwester vom Bruder schwanger geworden ist und man sie dabei ertappt....

.... Sie reden den Unverständigen wortwörtlich vor: Wer in der Welt der Gnosis lebt und kein Weib liebt, so daß dasselbe bezwungen wird, der stammt nicht aus der Wahrheit und kann auch nie zur Wahrheit gelangen. Wer aber aus der Welt der Psyche ist und vom Weibe bezwungen wird, der kann nicht zur Wahrheit kommen, eben weil er der Begierde zum Weib erlegen ist. So behaupten sie, daß uns, den Psychikern, die von dieser Welt sind und nicht von der Welt der Gnosis, auch Enthaltsamkeit und gute Werke unentbehrlich sind, um dadurch an den Ort der Mitte zu gelangen; sie aber, die Geistigen, die Gnostiker, die alle Erkenntnis haben, sind Vollkommene; sie brauchen so etwas nicht ...

I., 9, 1. Auf solche Art betrügen sich die Leute selbst, vergewaltigen die Heiligen Schriften und suchen sie ihren Hirngespinsten um jeden Preis anzupassen.... Ich habe Dir ihre Faseleien nur vorgeführt, damit Du daraus erkennen sollst, wie hinterlistig sie betrügen, wie böse und zugleich wie dumm sie sind.

2. .... aber ihre Schlußfolgerungen sind nichts weiter als Unfug. Wenn Johannes einen allmächtigen Schöpfergott und Christus Jesus als dessen eingeborenen Sohn verkündet, durch den alles gemacht worden ist, und wenn er weiter diesen Sohn als das Wort Gottes bezeichnet, als den Ihm eingeborenen Urheber aller Dinge, und als das wahre Licht, das jeden Menschen erleuchtet, kurz, als den Urheber der Welt — als Den, der in Sein Eigentum eintrat und Fleisch geworden ist und als solches unter uns wohnte —, so verkehren jene offensichtlich den richtigen Sinn; sie unterscheiden den eingeborenen Sohn in Hinsicht auf seinen Ursprung, den sie auch seinen Anfang nennen, vom Heiland; sie lassen den Logos gar einen Sohn des Erstgeborenen sein, und den Christus — also noch einen anderen — zur Wiederherstellung des »Pleroma« ausgezogen sein, also zur Wiederherstellung der Gemeinschaft und Fülle der Geisterwelt! Kurz, sie reißen alle Schriftworte auseinander und von aller Wahrheit los, sie mißbrauchen die Namen und geheimnissen ihre eigenen Erdichtungen und Verschrobenheiten hinein.... Nach ihren Voraussetzungen wäre gar nicht das Wort Fleisch geworden, da es ja nicht einmal aus dem Pleroma herauskam, sondern der Heiland der Weltordnung sei das gewesen, der jünger sein soll als der Logos.... Und doch ist Jesus selbst das Wort Gottes, das Fleisch geworden ist, unter uns wohnte und für uns gelitten hat.... Alle diese Bezeichnungen, das Wort, der Eingeborene, das Leben, das Licht, der Heiland, Christus und der Sohn Gottes, der Fleisch geworden ist, deuten

auf ein und dasselbe, und jene wahnwitzige Achtheit gibt es nicht....

II., 32, 1. Ihre Lehre von der Seelenwanderung ist durch die Tatsache widerlegt, daß sich keine Seele mehr an das erinnern kann, was vordem gewesen ist. Und doch, wenn die Seelen dazu herumgesandt würden, um sich durch Erfahren und Erleiden zu läutern, dann müßten sie sich auch an das Vergangene erinnern können, um das Fehlende nachzuholen und um nicht elend immer wieder dasselbe zu erleiden... (denn ohne Erinnerung gibt es auch keine Läuterung)... die Seele müßte also wissen, wo sie so lange Zeiten verbracht hat, während all der verflossenen Leben — da sie sich sogar der flüchtigen Augenblicke zu erinnern vermag, in denen sie während eines Traumes den Körper verließ....

Um solche Einwände zu widerlegen, hat schon der vielbewunderte Athener Platon — der die Lehre von der Seelenwanderung aus dem Osten einführte — es immerhin für nötig erachtet, so etwas wie einen »Becher der Vergessenheit« zu erfinden.... Ohne jeden Beweis stellte er das Dogma auf, die Seelen würden vor ihrem Eintritt in dieses Leben durch einen Dämon mit Vergessenheit getränkt. Wenn aber das Trinken aus dem Becher der Vergessenheit alle Erinnerung auslöscht — woher weiß denn dann Platon, daß seine Seele aus diesem Becher trank, ehe sie in seinen Körper kam?

....Auch die Propheten haben sehr wohl behalten, was sie in ihren geistigen Visionen von himmlischen Dingen sahen oder hörten. Nach der Ekstase wieder auf die Erde zurückgekehrt, haben sie es den anderen verkündet. Keineswegs hat diese Rückkehr in den Körper bewirkt, daß die Seelen vergaßen, was sie geistig geschaut hatten.... Denn der Leib ist keineswegs stärker als die Seele. Nur von ihr wird er belebt und bewegt.... Der Körper ist einem Werkzeug ähnlich, die Seele können wir mit dem Künstler vergleichen... Wenn sie aber keinerlei Ahnung vom Vergangenen hat und alle ihre Kenntnisse von hienieden existierenden Dingen nur in diesem Leben empfängt, dann war sie auch niemals in anderen Körpern ....Vielmehr hat jeder von uns seine eigene Seele, genau wie er auch vermöge göttlicher Anordnung seinen eigenen Leib empfängt.

II., 34, 1. Daß die Seelen nicht von einem Leib in den anderen hinüberwechseln, sondern fortdauern und sogar den besonderen Charakter des Körpers, zu dem sie gehörten, unverändert weiterbewahren, sich auch der Werke erinnern, die sie hier vollbracht haben und nun nicht mehr ändern können, das lehrte uns mit größter Deutlichkeit der Herr selbst in Seiner Erzählung vom reichen Mann und vom armen Lazarus, der im Schoß Abrahams ruhte (Luc. 16, 19 ff.). Denn in dieser Geschichte wiedererkennt der reiche Mann den Lazarus nach dem Tode. .... Hierdurch ist deutlich gezeigt, daß die Seelen nicht von Körper zu Körper übergehen, sondern ihre menschliche Gestalt beibehalten, um erkannt zu werden, und daß sie in ihrer Fortdauer sich auch irdischer Begebenheiten erinnern....

Könnte aber nicht jemand an dieser Stelle einwenden, es sei ganz unmöglich, daß die Seelen — deren Existenz also erst vor kurzem mit dem Leben begonnen hätte — sehr lange Zeit fortdauern? Denn wenn sie unsterblich sind, dann müssen sie doch auch ungezeugt sein! Haben sie aber einen Anfang genommen durch Zeugung — dann müssen sie auch mit dem Körper sterben!

Darauf ist zu erwidern, daß ohne Anfang und ohne Ende allein der Allerhöchste ist. Nur Gott ist ganz unveränderlich immer derselbe und ewig; alles aber, was von Ihm erschaffen worden ist, alles, was überhaupt gemacht ist, nimmt in der Entstehung seinen Anfang und kann nur gemäß dem Willen des Schöpfers fortdauern.... und weil also Gott allein Leben und Fortdauer verleiht, darum können die Seelen, die zunächst nicht da waren, weiterdauern, wenn Gott es will, daß sie weiterbestehen, und sie werden bleiben, solange Gott solche Existenz und Fortdauer will...

Nicht aus uns nämlich noch aus unserer Natur kommt das Leben; es wird uns gemäß der Gnade Gottes gegeben. Wer das Geschenk des Lebens gut bewahrt und sich dankbar gegenüber seinem Schöpfer erweist, der wird in Ewigkeit die Länge der Tage immer und immer wieder neu empfangen. Wer es aber von sich wirft und seinem Schöpfer undankbar wird — und wer den Geber nicht erkennt und auch nicht seine Gnade —, der beraubt sich selbst der Fortdauer in Ewigkeit. Deshalb spricht der

Herr zu solchen Undankbaren: Wenn ihr nicht einmal im Kleinen treu bleiben konntet, was wird man euch dann noch Großes geben können? (Luc. 16, 11). Wer also dieses kurze irdische Leben Dem, der es gab, mit Undank lohnte, der wird gerechterweise die Länge der Tage in Ewigkeit nicht von Gott empfangen....

II., 35, 1. Außerdem wird der gute Basilides gemäß seiner Lehre wohl gezwungen sein, nicht bloß die geringe Zahl von 365 Himmeln anzunehmen, die alle voneinander abstammen, sondern eine unendliche Menge solcher Himmel, die entstanden wären, entstünden und entstehen müßten, und er wird niemals damit aufhören können, denn wenn überhaupt nach dem Bilde des ersten Himmels aus diesem ein zweiter hervorginge und aus dem zweiten ein dritter usw. — dann müßte doch auch aus unserem sichtbaren Himmel, den er den letzten nennt — warum eigentlich? —, wieder ein anderer hervorgegangen sein oder hervorgehen und aus diesem dann wieder ein anderer, und die Schöpfung als solche dürfte niemals ein Ende nehmen....

Wenn andere darauf hinweisen, daß im Hebräischen mehrere verschiedene Bezeichnungen für Gott gebraucht werden, wie Herr der Heerscharen, Zebaoth, Elohim, Adonai und noch viele andere, und daß sich daraus etwa verschiedene Götter zu ergeben scheinen, so könnten sie sehr wohl wissen, daß dies alles nur immer verschiedene Namen und Bezeichnungen für den oft genug als solchen bezeichneten Einig-Einzig-Ewigen sind. Auch die Verkündigungen der Propheten stimmen mit unseren Ausführungen überein, die Belehrungen des Herrn, die Worte der Apostel, die Predigten der Missionare, die kirchlichen Gesetze: sie alle bekennen den Einig-Einzigen-Ewigen Gott und nie einen anderen....

III., 1, 1. Durch niemand anderen als durch die, von denen das Evangelium bis auf uns gelangt ist, haben wir etwas über Gottes Heilsplan erfahren. Darum sollte, was sie zuerst gepredigt und dann nach dem Willen Gottes uns schriftlich überliefert haben, auch das Fundament und die Grundsäule unseres Glaubens werden. Frevelhaft wäre wohl, zu behaupten, sie hätten gepredigt, bevor sie vollkommene Kenntnis dessen erlangten, was sie künden. Gerade das anzunehmen erfrechen sich aber alle, die es wagen, die Apostel verbessern zu wollen. Nicht eher sind diese ausgezogen, allen die frohe Botschaft zu bringen, bis an die Grenzen der Erde, und den himmlischen Frieden allen Menschen zu verkünden, als bis unser Herr von den Toten auferstanden war und sie alle die Kraft des Heiligen Geistes empfangen hatten. Denn dieser war dann über sie gekommen. Dadurch nur empfingen sie die Fülle von allem und die vollkommene Erkenntnis, und so besitzt auch jeder einzelne von ihnen das Evangelium Gottes....

Sie alle aber lehren uns EINEN Gott als Schöpfer des Himmels und der Erde, wie Ihn Gesetz und Propheten verkündet hatten, und EINEN Christus als den Sohn Gottes. Wenn also jemand ihnen nicht glaubt, dann verachtet er die Mitgenossen des Herrn, verachtet auch Ihn, Christus, den Herrn, und verachtet Ihn, den Vater, und ist durch sich selbst gerichtet, weil er dem eigenen Heil hartnäckig widerstrebt. Aber so tun eben alle Häretiker.

III., 3, 1. Die von den Aposteln in der ganzen Welt verkündete Überlieferung kann jeder in jeder Kirche erfahren, wenn er die Wahrheit erfahren will. Und wir könnten die von den Aposteln eingesetzten Bischöfe der einzelnen Kirchen alle aufzählen und ihre Nachfolger bis auf unsere Tage. Alle diese haben von den Wahngebilden der Häretiker nichts gehört. Und doch: Wenn die Apostel irgendwelche verborgenen Geheimnisse gekannt hätten, die etwa in besonderem, geheimzuhaltendem Unterricht nur den Auserwählten weiterzugeben gewesen wären, den Vollkommenen, den Reinen — dann hätten sie wohl solche Geheimnisse am ehesten jenen übermittelt, denen sie sogar ihre Kirche anvertrauten, den Bischöfen. Ganz vollkommen und untadelig in allem sollten nach ihrem Wunsch gerade diese sein, denen sie ihren Lehrstuhl übergaben und die sie als ihre Nachfolger zurückließen. Denn vom guten oder schlechten Verhalten gerade dieser Männer hing sehr viel für das Wohl und Heil der Ihrigen ab!

III., 3, 3. ....Nachdem also die seligen Apostel die Kirche gegründet und gefestigt hatten, übertrugen sie zur Verwaltung der Kirche das römische Bischofsamt dem Livius. Paulus selbst nennt diesen Livius in einem Brief an Timotheus. Auf Livius folgte Anaclet, nach diesem als dritter erhielt Klemens das Bischofsamt; dieser Klemens hatte noch die Apostel selbst gesehen und mit ihnen persönlich Umgang gehabt, noch mit eigenen Ohren ihre Predigten vernommen, ihren Lehren gelauscht. Überhaupt lebten damals noch viele, denen die Unterweisungen der Apostel selbst noch zuteil geworden waren. Als in jenen Tagen unter den Brüdern in Korinth ein nicht unwesentlicher Kirchenstreit ausgebrochen war, griff die römische Kirche unter diesem Klemens ein: Sie sandte ein sehr nachdrückliches Schreiben an die Korinther, ermahnte sie eindringlich zum Frieden, frischte ihren Glauben auf und umschrieb genau die allein echte Überlieferung, so wie sie dieselbe unmittelbar von den Aposteln empfangen hatte. Sie wiederholte, es gibt einen allmächtigen Gott, nur EINEN, der Himmel und Erde erschaffen hat, der den Menschen gebildet, die Sintflut geschickt, den Abraham berufen hat, der das Volk aus Ägypten geführt, zu Moses gesprochen, das Gesetz gegeben, die Propheten ausgesandt, dem Teufel aber und den gefallenen Engeln das ewige Feuer bereitet hat. Auch daß dieser selbe Einig-Einzige-Ewige Gott es ist, der als Vater unseres Herrn Jesus Christus von den Kirchen verkündet wird, und daß dies als die echte apostolische Überlieferung aufzufassen ist, kann jeder, der es nachlesen will, aus jenem selben Brief entnehmen. Und dieser Brief ist älter als alles, was sich die neuen Falsch- und Fabellehrer über den Weltenschöpfer und Demiurgen und über noch einen anderen Gott, der darüberstehe, so fleißig zusammengelogen haben.

Auf den eben genannten Klemens folgte dann Evaristos, nach diesem kam Alexander, als sechster seit den Aposteln wurde dann Sixtus auf den Bischofsstuhl Roms berufen, sodann Telesphorus, glorreich als Märtyrer, dann Hyginus, dann Pius und schließlich Anicetus. Und nachdem Soter diesem Anicetus gefolgt war, hat jetzt — als zwölfter seit den Aposteln — Eleutherius (175—189) den römischen Bischofsstuhl bestiegen. In dieser Reihenfolge ist die apostolische Überlieferung der Kirche bis auf uns gekommen. Der Beweis muß also als vollkommen geschlossen anerkannt werden, daß es genau derselbe lebensspendende Glaube ist, den die Kirche unmittelbar von den Aposteln empfing, bis jetzt bewahrte, um uns die volle

Wahrheit zu überliefern.... Dasselbe lehrte übrigens auch Polykarp, stets so, wie er es selbst von den Aposteln gehört und der Kirche überliefert hat. Und er hatte es überdies nicht allein bei den Aposteln gelernt, denn ihm war auch noch unmittelbarer Umgang mit vielen anderen vergönnt gewesen, die unseren Herrn Jesus Christus noch gesehen haben, und die Apostel selbst setzten ihn zum Bischof von Smyrna und für ganz Kleinasien ein. Auch ich habe noch diesen Mann in meiner Jugend gesehen, denn er lebte sehr lange und erlitt erst in hohem Greisenalter ein überaus ruhmreiches und denkwürdiges Martyrium. Mit seiner Lehre stimmen alle Kirchen in Asien überein....

III., 3, 4. ....Unter Anicet führte Polykarp bei seinem Aufenthalt in Rom viele Häretiker in die Kirche zurück, indem er predigte, die Wahrheit, die er empfangen habe, stamme unmittelbar und einzig nur von den Aposteln her und es sei genau dieselbe, die von der Kirche direkt überliefert werde. Noch leben die Ohrenzeugen, die ihn selbst erzählen hörten, wie Johannes, der Schüler des Herrn, einst in Ephesus ein Bad nehmen wollte, aber plötzlich, beim Anblick des Cerinth, der zufällig auch dort war, unverrichteterdinge wieder heraussprang, denn — so rief er aus — er müsse fürchten, die Kolonnen der Badeanstalt würden einstürzen, weil ein Feind der Wahrheit sich unter ihnen befinde.... Polykarp antwortete einmal auch dem Marcion, als dieser ihn fragte: »Kennst du mich?«, mit dem Ausruf: »Jawohl, ich kenne dich, du bist der Erstgeborene des Satans!« So groß war also die Furcht der Apostel und ihrer Schüler, auch nur ein Wort mit denen zu wechseln, die es auf die Verdrehung und Schändung der Wahrheit abgesehen hatten.

III., 6, 2. ....Kein anderer also heißt Gott und Herr und wird von uns so genannt als nur jener allerhöchste Einig-Einzige Gott und Herr, der auch zu Moses sprach: »Ich bin, Der ich bin — sage den Söhnen Israels, Der, welcher ist, hat mich zu euch gesandt.« Sein Sohn ist Jesus Christus, unser Herr, der die zu Söhnen Gottes macht, die an Seinen Namen glauben....

III., 16, 1. Einige behaupten aber, Jesus wäre nur ein Gefäß Christi gewesen, Christus sei auf ihn herabgestiegen wie eine Taube, um dann unbegreiflich und unsichtbar wieder in das »Pleroma der Geister« einzugehen, nachdem er den unwandelbaren Vater auf Erden verkündet hatte. Nicht nur die Menschen hätten dies Wiederverschwinden nicht bemerkt, sondern nicht einmal die Mächte und Kräfte des Himmels. Nur dieser Jesus sei der Sohn, Christus aber der Vater — und Christi Vater sei der alleinige Gott. Andere wieder sagen, daß Er nur dem Augenschein nach wirklich gelitten habe, in Wirklichkeit aber leidensunfähig sei.... und die Valentinianer behaupten gar, der verheißene Jesus sei durch Maria hindurchgegangen, und auf ihn sei dann der »obere Erlöser« herabgestiegen, den sie auch Christus nennen, weil er die Namen aller trage, die ihn ausgesandt hätten. Dieser sei es, der dann den Verheißenen an seiner Kraft und an seinem Namen habe Anteil nehmen lassen, damit der Tod durch ihn zerstört und der Vater mit Hilfe des Erlösers, der von oben herabgestiegen war, auch von uns erkannt werde — und den nennen sie Gefäß Christi... so bekennen sie zwar mit der Zunge einen Christus Jesus, spalten ihn aber durch ihre Lehre in unübersehbare Teile auf....

III., 18, 1. ... Somit haben wir klar erwiesen, daß das Wort, welches im Anfang bei Gott war und durch welches alles gemacht worden ist und das schon immer bei dem Geschlecht der Menschen geweilt hat, jetzt — in den letzten Zeiten — mit seinem Geschöpf sich vereinte und zu einem leidensfähigen Menschen wurde gemäß der vom Vater bestimmten Frist. Dadurch ist die Widerrede all derer entkräftet, die behaupten, wenn Christus in der Zeit geboren wurde, so könne Er nicht zugleich vor aller Zeit sein, und es gäbe eine Zeit, in der Er noch nicht war. Nun haben wir aber gerade gezeigt, daß der Sohn Gottes, der schon immer bei dem Vater gewesen ist, eben nicht erst damals seinen Anfang genommen hat...

... Es war unmöglich, den einmal durch Ungehorsam gefallenen Menschen neu zu erschaffen, um ihm dann den Siegespreis zu verleihen, aber ebenso unmöglich war es, daß der in Sünde gefallene Mensch das Heil erlange. Deshalb bewirkte der Sohn dieses beides, der Sohn, der zugleich das Wort Gottes war — er stieg vom Vater hernieder, wurde Fleisch und ging als solches bis in den Tod. So nur wirkte Er unsere Erlösung...

... Wer also die Sünde vernichten und den Menschen von seiner Todesschuld erlösen wollte, der mußte zu dem werden, was jener war, der gesündigt hatte. Denn der Mensch war von der Sünde unterjocht und wurde durch den Tod beherrscht — daher mußte die Sünde von einem überwunden werden, der ganz und gar Mensch war, damit der Mensch vom Tode befreit würde. Wie nämlich durch den Ungehorsam des einen Menschen, der zuerst aus der jungen Erde gebildet worden war, die vielen Sünder wurden, welche ihr Leben alle wieder verloren, so mußten auch durch den Gehorsam des einen, der als Mensch von einer Jungfrau geboren war, die vielen gerechtfertigt werden und ihr Heil erlangen.

Auch schon Moses hatte gesagt: »Gott, wahrhaft sind Seine Werke!« So wurde also das Wort Gottes wahrhaft zu einem Menschen. Wäre Er nicht Fleisch geworden, sondern den Menschen nur als solches erschienen, so hätte Sein Werk nicht wahr sein können. Was Er zu sein schien, das war Er auch: Gott faßte in Sich das alte Menschenbild zusammen, um die Sünde zu vernichten, den Tod niederzuwerfen und den Menschen wahrhaft lebend zu machen. Deswegen sind auch »wahrhaft Seine Werke«.

III., 19, 1. Auch alle jene, die da behaupten, Jesus stamme als bloßer Mensch von Joseph ab, können das ewige Leben nicht finden und verfallen dem ewigen Tode. Denn sie verharren ja in der Knechtschaft des alten Ungehorsams, sie sind mit dem Worte Gottes, des Vaters, noch nicht vereint, und so können sie auch nicht durch den Sohn die Freiheit empfangen — wie der Herr selbst es gesagt hat: »Wenn der Sohn euch erst aus der Knechtschaft befreit haben wird, dann erst werdet ihr wirklich frei sein« (Joh. 8, 36). Solange sie nicht den Emmanuel aus der Jungfrau kennen, berauben sie sich selbst Seines Geschenks, welches das ewige Leben ist, sie empfangen nicht das Wort der Unverweslichkeit, und so verharren sie auch in dem sterblichen Fleisch, sind und bleiben Schuldner des Todes, weil sie die Arznei des Lebens nicht nehmen wollen ...

Dazu nämlich ist das Wort Gottes zu uns gekommen und Mensch geworden und der Sohn Gottes zum Menschensohn, damit der Mensch das Wort Gottes in sich aufnehme und, an Kindes Statt angenommen, zum Sohne Gottes werde. Anders können wir nicht die Unsterblichkeit empfangen als dadurch, daß wir mit dem Unsterblichen vereint werden.

... Aber nur der erkennt Ihn, dem es der Vater im Himmel offenbart hat, damit er einsehe, daß Der, welcher nicht aus dem Willen des Fleisches noch aus dem Willen des Mannes als Mensch und als Menschensohn geboren wurde, Christus der Sohn des lebendigen Gottes ist. Denn daß schlechthin keiner, überhaupt keiner aus den Söhnen Adams jemals Gott genannt oder Herr geheißen werden kann, das haben wir aus den Schriften genügend nachgewiesen.

... Wie Er Mensch war, um versucht zu werden, so ist Er auch das Wort, um verherrlicht zu werden. Das Wort ruhte, damit Er versucht werden könne, verunehrt, geschändet, gekreuzigt werden und sterben könne, es tat sich aber mit dem Menschen in Ihm zusammen, damit Er siegen, ausharren, sich liebreich und gnädig erweisen, auferstehen und in den Himmel auffahren könne. Dieser Sohn Gottes also ist unser Herr und das Wort des Vaters und der Sohn des Menschen. Denn insofern Er sein Dasein aus Maria empfing, die von Menschen stammte und daher selbst ein Mensch war, ist Er der Sohn des Menschen geworden. Und deswegen gab uns auch der Herr selbst das Zeichen, das der Mensch zu verlangen nicht gewagt hatte, weil er gar nicht hoffen konnte, daß eine Jungfrau, die wirklich Jungfrau ist, schwanger werden und einen Sohn gebären könne. Dieser Sohn war der verheißene »Gott mit uns«, stieg herunter auf die Erde, suchte das verlorene Schaf, das doch Sein eigenes Geschöpf war, und stieg wieder in die Höhe, um Seinem Vater den Menschen wiederzubringen, den Er gefunden hatte, und um für ihn zu bitten und stand als erster unter den Toten auf. Und wie das Haupt, so soll auch der ganzu übrige Leib des Menschen, der das Leben empfangen hat, wiederauferstehen nach der für seinen Ungehorsam festgesetzten Zeit der Verdammnis ... denn viele Wohnungen sind bei dem Vater wie auch viele Glieder am menschlichen Körper.

III., 20, 2 .... So groß ist also Gottes Langmut: Der Mensch soll durch alles hindurchgehen, seine sittlichen

Aufgaben selbst erkennen, sich selbst als schwach und sterblich erkennen — und schließlich zur Auferstehung von den Toten gelangen. Er soll durch Erfahrung lernen, woher er erlöst wurde, und immer dankbar gegenüber Gott sein, denn von Ihm hat er das Geschenk der Unsterblichkeit empfangen, und »wem viel vergeben wurde, der liebt mehr« ... Darum nahm Jesus auch die Ähnlichkeit mit dem sündigen Fleisch an, um die Sünde zu verdammen, sie gleichsam aus dem Leben zu verbannen, den Menschen aber zu Seiner Nachfolge aufzurufen ... So machte das Wort Gottes, das im Menschen gewohnt hat, den Menschen fähig, den Vater zu begreifen, und wurde zum Menschensohn, damit der Mensch sich gewöhne, Gott in sich aufzunehmen, und damit Gott wieder im Menschen wohne, nach dem Wohlgefallen des Vaters.

Demgemäß ist der Herr selbst jener als Zeichen unseres Heiles aus der Jungfrau verheißene Emmanuel ... denn nicht aus uns selbst, sondern durch Gottes Hilfe sollen wir gerettet werden. Und darum sollte auch der Erlöser weder bloß Mensch noch ohne Leib wie die Engel sein, »weder Prophet noch Engel, sondern der Herr selbst wird sie erlösen, denn Er liebt sie und schonet ihrer« (Is. 63, 9).

III., 21. 1. ... Falsch ist auch die Deutung derer, die da sagen: »Ein Mädchen wird einen Sohn gebären« (oder gar »eine junge Frau«). So übersetzen es nämlich Theodotion aus Ephesus und Aquilo aus Pontus, beides neubekehrte Juden, und ihnen folgen auch die Ebioniten, die behaupten, Er sei ein natürlicher Sohn Josephs (oder eines anderen Menschen). Damit zerstören sie den großartigen Heilsplan Gottes und vernichten das Zeugnis der Propheten, das Gott selbst ihnen kundgetan hat ... Denn indem Gott sagte: »Höret, ihr vom Hause Davids ...« (Psalm 131, 11), zeigte Er ihnen an, daß aus einer Jungfrau vom Geschlecht Davids jener geboren werden sollte, von welchem Gott verheißen hat ... und Er verhieß es dem Könige David nicht aus der Frucht seiner Lenden oder seiner Nieren, was in den Worten der Schrift immer den zeugenden Mann und das empfangende Weib bezeichnet, sondern ausdrücklich »aus der Frucht seines Leibes«, und das bezeichnet eindeutig die schwangere Jungfrau. Die Schrift schloß also mit den Worten dieser Verheißung die Genitalien des Mannes aus und erwähnt sie nicht — gegen den sonstigen Sprachgebrauch —, da der, welcher geboren werden sollte, nicht aus dem Willen des Mannes kam. Mit Nachdruck wird die Frucht des Leibes betont, um die Geburt dessen zu verkünden, der aus der Jungfrau geboren werden sollte ... Auch Daniel verkündete die Ankunft des Herrn, indem er sagte, daß Er »als ohne die Hand des Menschen losgerissener Stein in diese Welt kommen werde« (Dan. 2, 45): ohne Hand, also nicht durch das Zutun des Joseph, sondern allein ... Wenn Er bloß der Sohn Josephs gewesen wäre, wie hätte Er dann mehr vermocht als Salomon oder David, da Er doch aus demselben Geschlecht war?

III., 22, 1. ... Andererseits glauben jene wieder zuviel, die da behaupten, Jesus habe nichts von der Jungfrau angenommen. Wenn sie das Erbteil des Fleisches aus Ihm ausschließen, so leugnen sie ja auch Seine Ähnlichkeit mit dem Menschen ab ... Hätte Jesus nicht vom Menschen die Wesenheit des Fleisches angenommen, dann wäre Er weder Mensch geworden noch Menschensohn ... und dann hätte auch Sein Leiden und Ausharren nichts Großartiges zu bedeuten. Unwidersprochen bestehen wir alle aus dem Leib, der Erde entnommen, und einer Seele, die von Gott den Geist erhielt. Dasselbe gilt vom Worte Gottes, der in sich Sein Geschöpf wiederholte, und deswegen bekannte Er sich als der Sohn des Menschen und pries die sanftmütigen Seelen ...

III., 23, 7. ... Als letzter Feind aber wird der Tod vernichtet, der zuerst vom Menschen Besitz ergriffen hatte. Deshalb wird nach der Befreiung des Menschen geschehen, was geschrieben steht: »Wo ist, Tod, dein Sieg, wo ist, Tod, dein Stachel?« (1. Kor. 15, 51.) Das hätte aber gar nicht rechtmäßig gesagt werden können, wenn nicht auch jener befreit worden wäre, über den der Tod zuerst geherrscht hat. Seine Rettung erst ist die Vernichtung des Todes. Indem also der Herr den Menschen, den Adam lebendig machte, wurde der Tod vernichtet. Es lügen alle, die seine Rettung bestreiten. Sie glauben nicht, daß das verlorene Schaf wiedergefunden ist. Wäre es aber nicht wiedergefunden, dann wäre immer noch das ganze Menschengeschlecht in Verdammnis. Ein falscher Zeuge also ist der, welcher diese Lehre oder vielmehr diese Blindheit zuerst aufgebracht hat, Tatian, der zum Sammler und Verbreiter aller Häresien geworden ist, gerade dies eine aber aus sich selbst dazutat ... er bedient sich zwar ständig des Paulinischen Wortes »In Adam sterben wir alle« (1. Kor. 15, 22), übersieht aber geflissentlich, daß »wie die Sünde überhandnahm, auch die Gnade überschwenglich wurde« (Röm. 5, 20). Bei diesem klaren Beweis mögen alle erröten ...

III., 25, 2. ... Die Häretiker hielten es auch für unwürdig, daß Gott strafe und richte; sie glaubten, daß sie einen guten Gott ohne Zorn erfunden hätten. Deswegen verbreiteten sie, daß ein anderer Gott richte und wieder ein anderer Gott erlöse, ohne dabei zu bedenken, daß sie gerade dadurch jeden Sinn, jeden Verstand, sowohl für den Richtenden wie auch für den Erlösenden wiederaufheben ... Wenn Marcion Gott in zwei Teile zerlegt und den einen den Guten und den anderen den Gerechten nennt, so zerstört er in beiden gerade die Gottheit! Denn der Richter ist nicht Gott, wenn er nicht zugleich gut ist — nein, das ist kein Gott, dem die Güte abgeht ... Da erweist sich doch Platon als der auch in Frömmigkeit überlegene Geist, da er ein und denselben Gott als den gerechten und guten preist, sich zu ihm bekennt und ihm die Macht über alles zuspricht: »Gott, wie auch das alte Wort sagt, umfaßt Anfang und Ende und Mitte aller Dinge, bringt sie glücklich zustande, und bei Ihm ist auch Gerechtigkeit« (Nomoi IV, 7). Und noch an einer anderen Stelle zeigt er Ihn als den guten Schöpfer: »In dem Guten entsteht niemals Neid auf irgend jemanden« (Tim. VI), wodurch auch er als Anfang und Grund für die Schöpfung des Weltalls die Güte Gottes hinstellt und nicht die Unwissenheit oder einen irrenden Äon oder die Frucht eines Fehltritts ...

IV., 22, 1. In der letzten Zeit aber, da die Fülle der Freiheit gekommen war, »wusch das Wort den Schmutz der Töchter Sions ab« (Is. 4, 4), denn der Herr wusch mit eigenen Händen seinen Jüngern die Füße. Dies ist das Ende des Menschengeschlechts, das Gott zum Erbe hat: So, wie wir im Anfang durch den ersten Menschen in die Knechtschaft gebracht wurden und in die Schuld des Todes kamen, so werden am Ende der Zeit durch den letzten Menschen alle, die von Anfang an seine Schüler waren, abgewaschen, gereinigt, befreit, von aller

Todesschuld ledig gesprochen, und so werden sie in das Leben Gottes eintreten.

IV., 37, 1. Jenes Wort des Herrn, »Wie oft habe ich deine Söhne versammeln wollen, wie eine Henne ihre Küchlein unter ihre Flügel versammelt — und ihr habt es nicht gewollt« (Mt. 23, 37 f.), weist auf das alte Gesetz hin, daß der Wille des Menschen frei ist. Denn frei hat ihn Gott im Anfang erschaffen, mit eigener Macht wie mit eigener Seele, so daß er ohne Zwang von seiten Gottes mit freiem Willen der Einsicht folgen konnte, die Gott ihm gewährte; bei Gott ist kein Zwang ... Er legte in den Menschen wie in die Engel nur eine Gewalt — nur einen Zwang —: zu wählen ...

Wären nämlich schon von Natur die einen gut, die anderen aber schlecht, dann wäre das Gute auch nicht lobenswert ... Wenn also jemand dem Evangelisten nicht folgen will, so steht es ihm frei. Aber es nützt ihm nicht. Der Mensch kann sich für den Ungehorsam gegen Gott entscheiden und für den Verlust des Guten, aber er zieht sich dadurch einen gewaltigen Schaden zu ... Die aber eine gegegenteilige Ansicht vertreten, stellen sich den Herrn als zu schwach vor, so als ob Er nicht durchzusetzen vermöchte, was Er will ... auch wir lieben doch auf sehr verschiedene Weise das, was uns selbst ohnehin zukommt, und das, was wir erst mit vieler Mühe erringen und suchen müssen; weil es aber bei uns steht, Gott mehr zu lieben, hat uns der Herr gelehrt und hat uns der Apostel gezeigt, dies mit Anstrengung selbst zu finden ...

IV., 39, 1. Es empfing also der Mensch die Kenntnis des Guten und Bösen ... Gott aber, der alles voraussieht, hat beiden die passende Wohnung zubereitet, denen, die das unvergängliche Licht suchen, schenkte Er gütig das Licht, das sie begehren, für die anderen, die es verachten und sich von dem Licht abwenden, die seine Strahlen fliehen und gleichsam sich selbst blenden, hält Er die Finsternis bereit, die für die Feinde des Lichtes paßt.

V., 2, 2 . Töricht sind die, welche die Anordnungen Gottes verachten, die Heiligung des Fleisches leugnen und seine Wiedergeburt verwerfen unter dem Vorwand, daß das Fleisch gar nicht der Unvergänglichkeit fähig wäre. Und doch, würde das Fleisch nicht erlöst, dann hätte uns der Herr auch nicht mit Seinem Blute erlöst, noch würde der eucharistische Kelch die Teilnahme an Seinem Leib in Wirklichkeit sein können. Blut stammt nur vom Fleisch ab, also von der Gestalt, welche das Wort Gottes in Wahrheit angenommen hat. Mit Seinem Blut erlöste Er uns, wie auch der Apostel sagt: »Durch Sein Blut haben wir Nachlaß der Sünden« (Kol. 1, 14) ...

V., 3, 3. ... Folglich ist das Fleisch nicht davon ausgeschlossen, eine von Gott geschenkte Kraft oder Weisheit oder Kunst zu empfangen und in sich aufzunehmen. Wenn aber Gottes Kraft, die dem Fleisch das Leben verleiht, in der Schwachheit dieses Fleisches solche Wunder wirkt, dann möchten wir doch von denen belehrt werden, welche behaupten, das Fleisch könne das von Gott verliehene Leben nicht aufnehmen. Sie sollen uns darüber Auskunft geben, ob sie als solche, die jetzt leben und am Leben des Fleisches teilnehmen, diese ihre Behauptung aufstellen oder ob sie dies als gänzlich Leblose tun und sich selbst also für gegenwärtig tot erklären ... Wenn aber schon das gegenwärtige Leben, das doch um so viel schwächer ist als das ewige Leben, dennoch so viel im Fleische vermag, daß es unsere sterblichen Glieder tatsächlich bewegt und belebt, wie sollte dann das ewige Leben, das doch um so vieles stärker ist als dieses jetzige, nicht das Fleisch beleben können, das doch schon gewohnt war, Leben zu tragen? ...

V., 12, 1. Denn wie das Fleisch die Verweslichkeit annehmen kann, so kann es auch die Unverweslichkeit annehmen — wie den Tod, so auch das Leben. Diese folgen aufeinander und können nicht gleichzeitig bestehen, denn das eine wird vom anderen vertrieben. Wenn also der Tod von dem Menschen Besitz ergreift, so vertreibt er das Leben aus ihm ... Noch viel mehr aber vertreibt das Leben, wenn es vom Menschen Besitz ergreift, den Tod und stellt den Menschen lebendig vor Gott hin. Wenn der Tod töten kann, warum soll dann das Leben den Menschen nicht lebendig machen können? »Vernichtet hat Er die Gewalt des Todes«, sagt der Prophet Jesaias (Is. 25, 8). Der Hauch des Lebens, der den Menschen lebendig macht, ist aber etwas anderes als der lebenspendende Geist, der den Menschen geistig macht.

V., 15, 1. ... Daß aber Der, welcher im Anfang den

Menschen erschaffen hat, ihm nach seiner Auflösung in Erde eine zweite Geburt versprochen hat, drückt Jesaias (Is. 26, 19, u. 66, 13 ff.) so aus: »Es werden die Toten wiederauferstehen, aufrichten werden sich, die in den Gräbern liegen, frohlocken werden auch die im Erdreich zerstreuten, wenn der Tau ihnen das Leben wiederbringt..."

Deshalb zeigte der Herr allen seinen Schülern sich und den Vater auf das allerdeutlichste, damit sie keine anderen Götter suchen sollten außer Dem, der den Menschen erschaffen und ihm den Hauch des Lebens geschenkt hat — und damit sie sich nicht bis zu dem Unverstand verirren, über dem Demiurgen einen anderen Vater zu erdichten.

TERTULLIAN

Quintus Septimius Tertullianus Florens, geboren in Karthago als Sohn eines römischen Zenturios der dortigen Garnison, studierte Rhetorik in seiner Vaterstadt. Im Jahre 166 war er schon in Rom, denn er sah beim Triumphzug des Lucius Verus Parthicus die kostbaren Perlen, die von den gefangenen Parthern statt Knöpfen an den Schuhen benützt wurden. Und auch 189 war er noch in Rom, als Fuscianus Stadtpräfekt war und einen Knaben bestrafen ließ, der als Kind vornehmer Römer frühzeitig aus dem Elternhause geraubt, nach Jahren als Sklave unerkannt von seinem eigenen Vater gekauft — und mißbraucht worden war. Das enge Verwandtschaftsverhältnis kam später durch Zufall zutage, und der Vater beging Selbstmord. Diese Familientragödie machte einen tiefen Eindruck auf Tertullian, er sprach und schrieb viel darüber, und es bestätigte ihn in seinem sittlichen Rigorismus.

Denn Tertullian — zweifellos der geistvollste und stilvollendete und vielleicht tiefste unter den lateinisch schreibenden Schriftstellern dieser frühchristlichen Welt (seine Begabung ist nur mit der eines Augustin zu vergleichen) — war ein Rigorist. Als weltlicher Rechtsgelehrter, Sachwalter, Redner und Anwalt erzogen, offenkundig in jener spätantiken Üppigkeit lebend, die in den vornehmen Kreisen damals selbstverständlich war, wurde er gerade durch den Anblick christlicher Märtyrer zum Christentum bekehrt. Ohne jemals Priester zu sein oder Priester werden zu wollen, lebte er strenger und verlangte von sich selbst und von anderen größere Strenge als ein geweihter Priester. Und in seinem hohen Alter verfiel er einer seltsamen Ketzerei — er trat einer Gruppe bei, die, von den Irrlehren eines Montanus verführt, sich durch mystisch-rigoristische Auffassungen von der Christengemeinde selbst ausgeschlossen hatte.

Seit 193 lebte Tertullian als vermögender Privatmann, von allen Geschäften vornehm zurückgezogen, wieder in seiner Vaterstadt Karthago — und schrieb und veröffentlichte. Jetzt erst bekannte er sich zum Christentum.[1]

---

[1] Sein Biograph und Übersetzer H. Kellner (Münschen, 1912) meint hierzu: »Vielleicht ist es der Anblick der Standhaftigkeit gewesen, die der unter Commodus verurteilte und als Märtyrer hingerichtete Senator Apollonius in Rom bewiesen hat und die

Er legte die Toga ab und begnügte sich fortan mit dem Pallium der Philosophen. Er las Hunderte von Büchern, für die ihm seine bisherige Tätigkeit keine Zeit gelassen hatte, studierte das Alte und das Neue Testament genau und erwarb sich als Privatmann die tiefsten theologischen Kenntnisse seiner Zeit.

Zuerst trieb er »theologischen Dilettantismus«, indem er die tiefsten Fragen aus persönlichsten Anlässen entwikkelte. Dann ließ er sich herbei, offenbar vom dortigen Bischof aufgefordert, an der Katechumenenschule Karthagos Vorträge zu halten.[1] *Er ließ seine alten römischen Verbindungen zugunsten von Christen spielen, obwohl dies sehr gefährlich war, als unter Severus die Verfolgungen wieder begannen. Die Schutzschrift, die er im Jahre 197 den Vorständen der afrikanischen Provinzen überreichte, sein berühmtes* Apologeticum, *nennt Kellner »die in jeder Hinsicht bedeutendste und gediegenste Schrift dieser Art, welche das Altertum hervorgebracht hat«. 203, als in Karthago die prunkvollen Dezennalien des Severus gefeiert wurden, veröffentlichte er gegen die Irrlehren der Valentinianer die »Scorpiace« — so hieß nämlich damals ein Apothekerheilmittel gegen den Stich des Skorpions.*

Auf dem Gebiet der Dogmatik arbeitete er systematisch zuerst die Grundlagen des Glaubens heraus, untersuchte das Traditionsprinzip und die kirchliche Glaubensregel in einer Schrift über die Präskription. Dann kamen seine außerordentlich wichtigen — stellenweise durch »soziologische und völkerpsychologische Überlegungen« überraschend modern auf uns wirkenden — Arbeiten »Über die Seele«, die Lehre von der Auferstehung, und die Schrift gegen Praxeas. Von 207 an treten Tertullians montanistische Ansichten immer deutlicher hervor, um 212 ist die Kluft seinen hierarchischen Vorgesetzten schon befremdlich, und um 217, unter Makrinus, infolge des Bußedikts des Callistus, das Tertullian in schärfster Weise angreift, wird er »von den Agapen der Christengemeinde

tief und nachhaltig auf ihn einwirkte, daß er in sich ging, seinen Lebenswandel änderte und zum Christentum übertrat«.
[1] »Denn daß jemand unberufen auf eigene Faust oder zum Zeitvertreib katechetische Schriften in jener Zeit verfaßt habe, das ist undenkbar« (Kellner).

ausgeschlossen«. Die letzten Schriften seines Alters sind extrem rigoristisch und montanistisch (de pudicitia, de monogamia, de virginibus velandis): Er war nun das Haupt einer separatistischen Gemeinde geworden, die als Erbin seines Geistes noch zur Zeit Augustins weiterbestand.
Denn Tertullians Geist war unvergleichlich, bahnbrechend und für die Zukunft richtungweisend zugleich. Von ihm sagt Kellner mit Recht, Tertullian bleibe »der große Mann, der die lateinische Sprache beherrschte wie kein anderer in diesem dritten Jahrhundert, der sie erst zur Wiedergabe christlicher Ideen brauchbar machte, theologische Kunstausdrücke schuf und, was mehr ist, das Christentum und seine Anhänger mutig in den Zeiten der Verfolgung verteidigte, die wichtigsten Dogmen der Christenheit bearbeitete und den Grund zur kasuistischen Moral legte. Mehrere seiner Schriften sind nach Inhalt und Form Meisterwerke.«

ÜBER DIE GEDULD

I. Vor Gott dem Herrn muß ich es gestehen: Ich weiß sehr wohl, daß ich voll Verwegenheit, wo nicht voll Anmaßung handle, wenn ich mich erdreiste, über die Geduld zu schreiben. Denn ich selbst — als ein Mensch ohne jede gute Eigenschaft — bin außerstande, Geduld zu üben. Und doch sollte man bei denen, die den Beweis für eine Sache führen oder gar deren Vertretung übernehmen wollen, zuvor mindestens etwas von der Ausübung derselben bemerken können. Das Beispiel des eigenen Wandels sollte so beharrlichen Ermahnungen die rechte Richtung geben, damit nicht die Worte ob des Mangels an Taten schamrot werden. Ach, wenn doch wenigstens die Schamröte Heilung brächte! Wenn doch die Beschämung, selbst nicht getan zu haben, was wir anderen zu tun so dringend anraten, uns selbst eine Lehre sein könnte!

... Aber vielleicht wird es eine Art von Trost sein, über das, was zu genießen uns selbst nicht gegeben ist, wenigstens zu disputieren — so etwa, wie auch Kranke nicht aufhören können, vom Glück der Gesundheit zu reden, solange diese sie flieht. So muß auch ich Armer, der ich immer wieder an der Fieberhitze der Ungeduld krank liege, nach der Gesundheit seufzen, die einfach in der Geduld besteht; ich muß darum bitten, muß darüber reden, mich danach sehnen; und angesichts meiner Gebresten will ich mich daran erinnern, daß gute Gesundheit im Glauben so leicht nicht zu erlangen ist und noch weniger das rechte Wohlbefinden in der Zucht des Herrn, solange nicht die Geduld hilfreich zur Seite steht.

So hoch ist die Geduld über alle unsere von Gott gewollten Werke gesetzt, daß niemand eine Vorschrift zu erfüllen imstande ist, niemand ein Gott wohlgefälliges Werk auszuführen vermag, solange er ohne Geduld bleibt. Sogar die, denen sie gänzlich fehlt, erkennen ihre Vortrefflichkeit an und nennen sie die höchste aller Tugenden.

Auch die Philosophen, von denen man meint, sie lebten nur für die Weisheit, setzen die Geduld an die bevorzugte Stelle; bei all ihrer sonstigen Uneinigkeit, bei all ihrer Vorliebe für einander widerstreitende Schulen, entgegengesetzte Meinungen und Systeme begegnen sie einander alle in schwärmerischem Preisen der Geduld und sehen diesen einen Gegenstand ihrer Studien als das einzige Feld an, in welchem sie einander friedlich begegnen ... und mit der Geduld tragen sie auch ihre Weisheit vollkommen zur Schau ...

II. Was aber uns Christen zur Ausübung der Geduld veranlaßt, ist nicht nur ein Zurschautragen von unbeteiligtem Gleichmut, wie etwa die Zyniker dies aus Verstellung tun oder sonst nur die Stumpfsinnigen aus Mangel an Bewußtsein, sondern gerade das ist für uns die göttliche Eigentümlichkeit der himmlischen Lehre und ihres Lebensreichtums, daß Gott selbst sie vor uns und für uns übt, sie unserem Wachsein vorhält und den Lichtglanz des Tages gleichmäßig über Gerechte und Ungerechte ausgießt ... so sehr, daß viele nur deswegen nicht an den Herrn glauben, weil sie so lange Zeit hindurch von Seinem Zorn gegen diese Welt nichts merken.

Dies ist freilich eine Art göttlicher Geduld, die weit, weit außerhalb menschlicher Reichweite liegt. Sozusagen eine transzendente Geduld, vielleicht nur als eine solche verständlich, die in den höheren Regionen waltet, nur aus überirdischem Geist vollziehbar. Wie aber steht es mit

jener Art von Geduld, welche durch Gott unter den Menschen auf dieser Erde offenbar gemacht worden ist, so daß sie gewissermaßen mit Händen zu greifen war?
Gott ließ es sich gefallen, im Mutterschoße geboren zu werden. So erwartete Er also den Zeitpunkt. Geboren, ertrug Er es, heranzuwachsen. Herangewachsen, verlangte Er, nicht erkannt zu werden. Er verhinderte Seinen eigenen Ruhm. Er ließ sich von Seinem Knecht taufen. Ja sogar die Angriffe des Versuchers wies er nur mit Worten ab. Dann verwandelte sich der Herr in einen geduldigen Lehrer, der den Menschen zeigte, wie die beleidigte Geduld vollständig zu versöhnen sei und wie die Menschen dadurch sogar dem Tod entgehen können. Er stritt nicht. Er schrie nie zurück. Niemand hörte Seine Stimme auf den Gassen. Das geknickte Rohr zerbrach Er nicht, und den glimmenden Docht löschte Er nicht aus. Die Propheten hatten nicht gelogen: Gott selbst, der Seinen Geist und Seine ganze Geduld in Seinen Sohn gelegt hatte, gab Ihn als Zeugnis. Jeden, der Ihm anhangen wollte, nahm Er auf. Keine Tafel und kein Dach verschmähte Er je. Er machte selbst den Diener bei der Fußwaschung Seiner Schüler...

V. Vielleicht ist es angebracht und auch nicht nutzlos, wenn wir unsere Erörterungen von den notwendigen Grundwahrheiten des Glaubens ausgehen lassen. Wortreichtum mag sonst tadelnswert sein — in Sachen der Erbauung gereicht er niemandem zum Vorwurf. Und so scheint es uns angemessen, da doch von einer Tugend hier die Rede ist, nun auch ihr Gegenbild zu betrachten, So wird das, wonach man trachten soll, in helleres Licht gesetzt werden, wenn erst dargelegt ist, was deswegen folgerichtig zu meiden wäre.

Was also die Ungeduld betrifft — überlegen wir einmal, ob sie nicht vielleicht, so wie die Geduld in Gott, als das Gegenteil davon etwa in unserem bösesten Feind erzeugt und von diesem empfunden und verbreitet werde. Daraus wird auch erhellen, wie sehr sie vor allem dem Glauben widerstrebt. Sicherlich, was sein Dasein dem Widersacher Gottes verdankt, das kann dem Eigentum Gottes kaum sehr günstig sein.

Unter dem Eigentum bestehen dieselben Feindschaften wie unter seinen Besitzern. Wenn Gott die höchste Güte ist, so ist der Teufel gewiß die größte Bosheit. Eben durch ihre Gegensätzlichkeit lassen sie uns erkennen, daß keiner dem anderen Vorschub leistet. Ja, es kann überhaupt nicht möglich scheinen, daß vom Schlechten etwas Gutes käme, ebensowenig wie es möglich ist, daß aus dem Guten etwas Schlechtes stamme. Ich finde tatsächlich den Ursprung der Ungeduld im Teufel selbst. Denn daß Gott der Herr alle Dinge, die Er geschaffen hat, Seinem Ebenbilde, dem Menschen, unterwarf, das hat jener schon damals nur mit Unwillen ertragen. Hätte er es geduldig hingenommen, so hätte er keinen Schmerz darüber empfinden können, und wenn er keinen Schmerz empfunden hätte, so wäre auch kein Neid gegenüber dem Menschen in ihm erwacht. Er betrog den Menschen nur, weil er ihn beneidete, er hatte ihn aber beneidet, weil er Schmerz empfand, und er empfand Schmerz sicher nur deshalb, weil er jenes nicht hatte geduldig ertragen können. Wie dieser Engel des Verderbens im Anfang war, ob zuerst schlecht, dann ungeduldig, oder erst ungeduldig, dann schlecht, brauche ich nicht erst zu untersuchen; denn es ist offenbar, daß eines zusammen mit dem anderen begonnen hat ... Was also der Teufel zuerst gefühlt hat und womit er den ersten Schritt zur Sünde tat, ebendasselbe — die Ungeduld — ruft er seinerseits zuhilfe, nunmehr durch eigene Erfahrung über die Reizmittel zur Sünde genügend belehrt; dadurch kann er den Menschen ins Verderben treiben ... Der Mensch war voll Unschuld, Gott und dem Nächsten ein Freund, ein Bewohner des Paradieses. Sobald er aber der Ungeduld unterlegen war, hörte er auf, an Gott Gefallen zu finden — er hörte auf, die himmlischen Dinge tragen zu können. Und von da an war der Mensch der Erde überantwortet, von den Augen Gottes verstoßen; er fing an, der Ungeduld leicht zugänglich zu werden für alles, was Gott mißfällt. Denn da die Fruchtbarkeit des Weibes aus der Saat des Teufels sofort eine böse geworden war, gebar sie alsbald einen Sohn des Zornes ...

Das war die Wiege der Ungeduld, damals befand sie sich gleichsam noch in ihren Kindertagen. Aber welches Wachstum erlangte sie alsbald! Doch wenn sie die erste Sünde war, so ist das weiter kein Wunder, denn daraus folgt nur, daß sie — weil die erste — notwendig auch jede andere Sünde ins Dasein ruft, so daß aus ihrer Fülle allein die verschiedenen Flußläufe der Verbrechen alle ihren Ausgang nehmen ... Mag jemand aus Feindschaft oder Raubes wegen einen Mord begehen, immer ging dem voraus, daß er ein ungeduldiger Sklave entweder des Zornes oder des Neides, also der Habsucht geworden war. Welcher von diesen Antrieben auch immer sich melden mag, er könnte ohne Mangel an Geduld sich gar nicht weiterentwickeln. Wer hat je Ehebruch begangen, außer wenn er den Trieb zur Lust nicht mehr geduldig ertragen konnte? ... Und auch das Preisgeben der weiblichen Keuschheit um Geld ist doch nur durch ein ungeduldiges Verlangen nach Gewinst veranlaßt.

So viel über die Laster, die als Hauptsünden vor dem Herrn gelten. Im ganzen genommen, ist aber jede Sünde auf Rechnung der Ungeduld zu setzen. Das Böse ist nur die mangelnde Geduld im Guten. Der Unzüchtige hat keine Geduld mehr, Keuschheit zu üben, der Unehrliche keine mehr für die Rechtschaffenheit, der Gottlose keine mehr für Frömmigkeit, der Unruhige keine mehr für ein stetig stilles Leben ... Um schlecht zu werden, dazu gehört für jeden, wer immer er sei, nichts weiter, als daß er im Guten nicht mehr zu verharren vermag ...

Ist es nicht offenkundig, daß das Volk Israel den Herrn fortwährend durch seine Ungeduld beleidigt hat? Uneingedenk des Armes, der es aus den Plagen Ägyptens herausgezogen hatte, begehrte es voll Ungeduld von Aaron Götzenbilder zu Führern ... es hatte das notwendige Fernweilen des Moses, der mit dem Herrn redete, voll Ungeduld nicht länger ertragen wollen ... um uns nicht in Einzelheiten zu verlieren: Sie sind stets nur durch die Sünde der Ungeduld in ihr Verderben gerannt. Wie hätten sie sonst Hand an ihre Propheten legen können? Sie hatten schließlich nicht einmal mehr zum Zuhören Geduld genug! Und zuletzt haben sie sich an den Herrn selbst vergriffen — sie hatten nicht Geduld genug, ihn auch nur zu sehen. Hätten sie Geduld gehabt — sie wären gerettet worden.

VI. Also ist es die Geduld, die dem Glauben vorangeht und die ihm nachfolgt. Abraham glaubte an Gott, und es wurde ihm von Gott zur Gerechtigkeit angerechnet. Allein, seine Bewährung empfing auch der Glaube Abrahams erst durch Ausharren. Denn ihm ist befohlen worden, seinen Sohn zu opfern — ich möchte nicht sagen, zur Erprobumg seines Glaubens, sondern zu dessen vorbildlicher Bezeugung. Gott wußte recht wohl, wen er als gerecht anzusehen hatte. Abraham hörte einen so ungeheuren Auftrag, dessen Ausführung Gott selbst nicht einmal wollte, geduldig an. Aber nicht nur dies — er würde ihn auch vollzogen haben, wenn das wirklich Gottes Wille gewesen wäre. Mit Recht ist er also ein Gesegneter zu nennen, weil er gläubig war, und mit Recht ein Gläubiger, weil er seine Geduld bezeugte. Deshalb hat auch der Offenbarungsglaube, durch diese Geduld also verklärt, dem Gesetz die Gnade hinzugefügt, als er durch den Samen Abrahams — der Christus ist — unter die Heiden ausgebreitet wurde, deshalb hat er auch die Geduld als seinen stärksten Beistand zur Erweiterung und Vervollständigung des Gesetzes an die Spitze gestellt; an der Lehre der Gerechtigkeit hatte einzig und allein noch die Geduld gefehlt, denn in den alten Zeiten forderte man ja noch Auge um Auge, Zahn um Zahn und vergalt Böses mit Bösem. Es konnte noch keine Geduld auf Erden geben, weil Geduld erst aus der Vollkommenheit des Glaubens entsteht. Bis dahin hatte sich Ungeduld immer noch die Gelegenheiten zunutze gemacht, die das Gesetz ihr ließ. Leicht konnte sie sich entzünden, denn der Herr der Geduld und ihr Lehrer für die Menschen war noch nicht unter uns erschienen. Nachdem Er aber gekommen war und die Gnade des Glaubens um die Geduld vermehrt hatte, ist es nun nicht mehr erlaubt, irgend jemanden auch nur mit Worten zu verletzen, ja nicht einmal, ihn einen Narren zu schelten. Wenigstens nicht, ohne sich der Gefahr des göttlichen Gerichts auszusetzen. Verboten ist der Zorn, verpönt der Unmut, die freche Hand wird zurückgehalten, die giftige Zunge durch Verachtung gelähmt. Das Gesetz hat mehr gewonnen als verloren, da Christus es so aussprach: »Liebet eure Feinde, segnet jene, die euch fluchen, und bittet für eure Verfolger damit ihr euch alle als Kinder eures himmlischen Vaters erkennet.« Du siehst also, was für einen Vater wir uns durch die Geduld erwerben. In diesem einen Grundgesetz ist die ganze Lehre von der Geduld zusammengefaßt; nun erst ist Böses zu tun überhaupt nicht mehr erlaubt — auch nicht einmal mit guten Gründen.

VII. Aber gehen wir weiter die Hauptveranlassungen der Ungeduld durch. Zu allen werden uns die Vorschriften des Herrn genau die betreffende Antwort geben. Wenn etwa unsere Seele durch Verlust von Hab und Gut beunruhigt ist, so finden wir uns fast auf jeder Seite der Heiligen Schrift zur Weltverachtung ermahnt. Gibt es eine dringendere Aufforderung, Geld und Gut zu verachten, als die Erinnerung an die Tatsache, daß der Herr selbst ohne jeglichen Besitz irgendwelcher Reichtümer gefunden wird? Immer wieder erklärt Er die Armen für gerecht und verdammt die Reichen als solche. Er gab uns also als Mittel, Verluste erträglich zu machen, den Abscheu vor dem Reichtum im voraus, Er zeigte uns durch Seine eigene Entäußerung von allen Reichtümern, wie wenig etwaige Einbußen daran für uns Gewicht haben sollten. Wir müssen es ohne Klagen geduldig ertragen, wenn uns verkürzt oder ganz entzogen wird, was wir überhaupt nicht begehren sollten, weil der Herr es nie begehrt hat. Daß die Habsucht die Wurzel aller Übel sei, hat uns der Heilige Geist durch den Mund des Apostels verkündet. Bilden wir uns doch nicht ein, diese Habsucht bestehe bloß in der Begierde nach fremdem Eigentum! Auch was unser zu sein scheint, gehört uns doch in Wahrheit sehr wenig, weil alles Gott gehört und auch wir Ihm gehören. Wenn wir bei einem erlittenen Verlust Ungeduld verspüren, so fallen wir daher in eine Schuld, die mit der Habsucht nahe verwandt ist, denn wir betrüben uns über den Entzug von etwas, das uns nicht einmal wirklich gehört. Wenn wir die Abwesenheit von eigentlich fremdem Gut so schwer ertragen, ist das nicht so, als ob wir ungeduldig nach fremden Gut Verlangen trügen? Wer sich von der Ungeduld über Verluste packen läßt, sündigt dadurch fast gegen Gott selbst, denn er stellt das Irdische höher als das Himmlische. Unsere Seele, dieses Geschenk des Herrn, hat sich dann offenbar von der Liebe zu zeitlichen Dingen verwirren lassen.

Seien wir immer bereit, Irdisches zu verlieren, bewahren wir uns lieber die himmlischen Güter! Wenn ich mir die Geduld als Gewinn erwerbe, dann mag die ganze übrige Welt für mich verloren sein. Wer es nicht über sich bringt, einen kleinen, etwa durch Nachlässigkeit, Diebstahl, oder Gewalt entstandenen Schaden mit Gleichmut zu ertragen, der wird schwerlich schnell genug sein Hab und Gut angreifen, wenn es sich darum handelt, durch Almosen seinem Nächsten beizuspringen ... Gelassenheit bei Verlusten ist eine gute Vorübung im Schenken. Wer sich nicht vor Verlusten fürchtet, der ist auch beim Geben nie unwirsch und zögert nicht. Wie will einer, der zwei Röcke hat, einen davon dem Nackten anbieten, wenn er nicht imstande war, dem auch noch den Rock zu geben, der ihm den Mantel stahl? Wie sollen wir uns mit dem Mammon der Ungerechtigkeit Freunde erwerben, wenn wir diesen Mammon so lieben, daß wir seinen Verlust nicht ohne Murren der Ungeduld ertragen? Aber dann werden wir eben mit dem Zugrundegegangenen auch selbst zugrunde gehen ...

VIII. Besitzen wir doch auch unseren Körper und sogar unsere Seele in dieser Welt nur als Zielscheibe für alle Beleidigungen! Unterziehen wir uns aber diesen Beleidigungen mit Geduld, wie sollten wir uns da noch durch Verluste von viel geringeren Dingen verletzt oder gekränkt fühlen? Die Geduld eines Dieners Christi sollte bei größeren Versuchungen in Standhaftigkeit geübt und bewährt sein, als daß er die Schande erleben dürfte, seine Geduld bei Kleinigkeiten zu Fall kommen zu lassen.

Vor Herausforderungen, wenn uns jemand durch Tätlichkeiten reizt, haben wir das Mahnwort des Herrn: »Wenn dich einer auf die rechte Wange schlägt, so halte ihm auch noch die linke hin.« Denn durch Geduld sollen wir es bewirken, daß alle Nichtswürdigkeit ermüdet. Wie schwer ein Schlag durch die Wucht des Schmerzes auch sein mag, wie sehr der Schimpf auch brennen mag, alles wird ja doch noch schwerer vom Herrn geahndet. Durch deine Gelassenheit schlägst du den Nichtswürdigen nur noch kräftiger, denn er wird dann durch Den geschlagen werden, um dessentwillen du gelassen bleiben kannst. Wo eine giftige Zunge sich in Flüchen oder Schmähungen ergeht, dort erinnere du dich an das Wort des Herrn: »Wenn sie euch fluchen, so freut euch doch!« Der Herr selbst ist vor dem Gesetze zum Verfluchten geworden — und doch ist Er allein der Gesegnete. So folgen wir denn dem Herrn als seine Knechte, lassen wir uns geduldig verfluchen, damit wir zu Gesegneten werden! Würde ich ein gegen mich ausgestoßenes unverschämtes oder nichtswürdiges Wort nicht gleichmütig genug anhören, dann wäre alsbald die natürliche Folge unvermeidlich, daß ich entweder die Bitterkeit zurückgebe oder mich in stillem Ärger selbst verzehre. Wenn ich aber den schlüge, der mir geflucht hat, wie könnte ich da noch darauf Anspruch erheben, die Lehre des Herrn befolgt zu haben, die besagt, daß der Mensch weniger durch die Unreinheit der Gefäße beschmutzt werden kann als durch das, was aus seinem Mund ausgeht — und daß jedes törichte Wort, jede überflüssige Schärfe eine bleibende Schuld darstellt? Daraus ist zu entnehmen, daß der Herr selbst uns ermahnt, auch das geduldig von anderen zu erleiden, was Er uns zu tun verbietet.

Hier noch ein Wort über den Triumph der Geduld. Jedes Unrecht — gleichgültig, ob in Worten oder in Taten — nimmt bald ein Ende, wenn es auf Geduld trifft, es wird zunichte, kraftlos wie ein Geschoß, das gegen einen Felsen geschleudert wird und an dessen Härte abprallt. Ohnmächtig fällt es herab, wirkungslos, und zuweilen wütet es sogar durch den bloßen Rückstoß gegen den, der es abschleuderte. Man beleidigt doch nur in der Absicht, zu verletzen, denn der Erfolg des Beleidigers besteht ausschließlich im Schmerz des Beschuldigten. Wenn du also seinen Zweck dadurch vernichtest, daß du dich über solches nicht betrübst, dann kann die Folge davon nur sein, daß der andere sich ärgert: nämlich über sein Verfehlen des Zweckes. Du bleibst dann nicht nur schadlos — was dir allein schon genügen müßte —, sondern du kannst dann auch noch die Freude fühlen, daß dein Feind sich verrechnet hat — sein Ärger wird so zu deiner Sicherheit und schützt dich. Dies ist der Nutzen, den uns die Geduld gewährt.

XII. ... Die Liebe, dieses höchste Geheimnis des Glaubens, dieses Kleinod des christlichen Bekenntnisses, wird nur erlernt durch die Schule der Geduld allein. Darum empfiehlt sie auch der Apostel mit allen Kräften, die ihm der Heilige Geist verleiht, und sagt: »Die Liebe ist großmütig« — denn sie hat sich die Geduld zu eigen gemacht. »Sie ist gütig« — denn Geduld kann nichts Böses tun. »Sie beneidet nie« — und gerade das ist die Eigentümlichkeit der Geduld. »Sie ist auch nicht übermütig« — denn aus der Geduld hat sie echte Bescheidenheit geschöpft. Liebe, die sich die Geduld zu eigen gemacht hat, »ist auch nie aufgeblasen, nie unbescheiden« — denn das alles paßt nicht zur Geduld. Liebe, der die Geduld vermählt ist, »sucht auch nicht das Ihrige« — sie ist nie eigensüchtig — denn sie gibt das Ihrige freudig hin, falls es dem anderen nicht schadet. »Sie läßt sich auch niemals reizen« — denn dann hätte sie ja der Ungeduld Raum gegönnt! Deswegen schließt der Apostel diesen Satz mit den Worten: »Die Liebe erträgt alles, sie duldet alles« (1. Kor. 13, 2—7) — natürlich, weil es eben zu ihrem Wesen gehört, Geduld zu üben.

Echte Liebe wird also mit Recht niemals aufhören. Alles übrige mag ein Ende nehmen und vergehen. Die Liebe nicht.

Erschöpfen mag sich die Gabe der Sprachen, die Gabe der Wissenschaft, die Gabe der Weissagung. Was dann aber bleibt, und ewiglich bleibt, das ist der Glaube, die Hoffnung und die Liebe. Der Glaube, den Christi Geduld zum Leben erweckt hat. Die Hoffnung, die durch menschliche Geduld zu blühen nicht aufhört. Und die Liebe, die nach der Anleitung und dem lebendigen Vorbild Gottes stets die Geduld als treue Magd und Begleiterin mit sich führt.

XV. ... Wo immer also der Geist Gottes herabsteigen mag, dort ist die Geduld seine unzertrennliche Begleiterin. Würden wir ihr nicht zugleich mit dem Geiste bei uns Einlaß gewähren, würde dann letzterer bei uns verweilen? Nein, ich glaube nicht, daß er dann bei uns auch nur einen Augenblick lang bleiben könnte. Ohne seine stete Begleiterin und Dienerin muß er sich ja zu jeder Zeit und an jedem Ort beengt fühlen. Was immer sein Widersacher unternehmen mag an Bösem, an Verruchtem — wie sollte er es ohne Geduld zu ertragen vermögen, er allein? Denn gerade das notwendigste Hilfsmittel zu jedem Ertragen ginge ihm dann ab.

TERTULLIAN

ÜBER DEN GÖTZENDIENST

»*Die erste eigentlich kasuistische Schrift, welche die christliche Theologie aufzuweisen hat*« *(Kellner).*

I. Grundsünde des Menschengeschlechts, Inbegriff all seiner Verschuldungen, ausschließlicher Gegenstand für das Weltgericht: genau dies ist, in Wahrheit, der Aberglaube (Idolatrie — oder eigentlich Fetischismus). Mag auch jegliche Sünde ihre Eigenart haben, mag sie auch schon um ihrer selbst willen das Gericht herausfordern, immer geht sie doch irgendwie auf die Grundsünde des Aberglaubens zurück. Sieht man von den Benennungen ab und untersucht nur die Handlungen, so ist jeder abergläubische Mensch ein Mörder. Wen er ermordet hat? Wenn eine juristische Tatbestandsaufnahme verlangt wird, erwidere ich: Nicht einen Fremden, nicht einen Gegner, sondern sich selbst. Aus welchem Hinterhalt? Aus seinem eigenen Irrtum. Mit welcher Mordwaffe? Mit der Verleugnung Gottes. Mit wie vielen Wunden? Mit genau ebenso vielen, als er abergläubische Handlungen begangen hat. Nur wer nicht wahrhaben will, daß der Abergläubische tot ist vor Gott, kann leugnen, daß ein Mord begangen worden ist...

Das Wesen jedes Betruges besteht, so meine ich, darin, daß jemand sich fremdes Gut aneignet oder seine Schuld gegenüber anderen ableugnet. Jedenfalls ist es schon ein sehr großes Verbrechen, Menschen zu betrügen. Nun aber enthält der Aberglaube einen Betrug gegen Gott, denn die allein Gott zukommende Ehre wird vorenthalten und auf Ungebührliches frevelhaft überwiesen. Dadurch kommt zum Betrug auch noch Schmähung hinzu... Was gibt es Ungerechteres, als den Vater der Gerechtigkeit zu verleugnen?... Aber lassen wir alles beiseite, was sonst Sünde genannt werden mag, und beschränken wir uns auf die Untersuchung dessen, was Aberglaube eigentlich ist...

III. Lange Zeiten hindurch gab es keinerlei Idole. Ehe die Verfertiger solcher Mißgeburten überall auftauchten wie Pilze, gab es bloß Tempel und leere Gottesstätten... Und auch dort blühten schon Aberglauben, Zauberei, Idolatrie — wenn auch nicht unter diesen Bezeichnungen, so doch ihrem Wesen nach. Man kann sie ja auch heute noch überall treiben und treiben sehen, auch ohne Tempel und ohne Idole oder Fetische ...

IX. ... Ich will mich dabei nicht aufhalten, daß den Idolen sehr viel Ehre durch jene erwiesen wird, die deren Namen in das Himmelsgewölbe einzeichnen und ihnen alle Macht Gottes zuschreiben. Diese Leute glauben, sie brauchen Gott nicht zu suchen, da alles ohnehin nach unwandelbarem Willen der Gestirne vor sich gehe ...

Die Magier und Astrologen sind aus dem Orient gekommen. Der Zusammenhang zwischen Magie und Astrologie ist allbekannt. Die ersten, die Christi Geburt verkündigten und den Heiland beschenkten, waren Magier und Sterndeuter. Durch ihre Huldigung glaubten sie vermutlich, den Herrn der Welt ihnen gegenüber irgendwie zu verpflichten. Sollte etwa die Frömmigkeit jener Magier auch heute noch den Sterndeutern zugute kommen? Freilich, der Gegenstand der heutigen Astrologie ist Christus, denn sie beobachtet ja nicht die Sterne des Saturn oder des Merkur oder sonst irgendeines Verstorbenen, sondern die Sterne Christi. Bis zur Verkündigung des Evangeliums gehörte diese Art Wissenschaft zu den erlaubten, gerade damit nach der Geburt Christi niemand mehr die Geburt irgendeines Menschen vom Himmel ableiten sollte. Dem Herrn als Kind haben sie damals Weihrauch dargebracht, Myrrhe und Gold, gleichsam als Abschluß der Opfer und Herrlichkeiten dieser Welt, die sich anschickte, den Heiland zu empfangen. Sicherlich war es die Kraft des göttlichen Willens, die den erwähnten Magiern befohlen hat, was ihnen ihr Traumgesicht befahl — unter anderem, daß sie nicht auf demselben Wege heimkehren sollten, auf welchem sie hergekommen waren ... Das war aber nicht, damit Herodes sie nicht verfolge. Er hat sie ja auch nicht verfolgt — er wußte nicht, daß sie auf einem anderen Wege fortzogen, aus dem einfachen Grunde, weil er nicht einmal wußte, auf welchem sie gekommen waren. Wir müssen also etwas anderes darunter verstehen: nämlich daß sie fortan den richtigen Lebensweg gehen und nicht mehr eine falsche Disziplin üben sollten ... Auch die andere Art der Magie — jene, die nach Erwirken von Wundern trachtet — hat sich zunächst der Nachsicht Gottes erfreut, obwohl sie sich sogar gegen Moses feindlich erwiesen hatte. Aber nach Verkündigung des Evangeliums besteht zu solcher Nachsicht kein Anlaß mehr. Und tatsächlich, nach dieser Zeit wurde Simon Magus, bereits Christ, verflucht und durch die Apostel aus der Gemeinschaft der Gläubigen verbannt, da er auf weiterer Ausübung seiner Zauberkunststücke beharrte und sich mittels Handauflegen den Heiligen Geist für das Gelingen seiner professionellen Gaukelei sichern wollte. Ein anderer Zauberer, Elymas, der sich bei Sergius Paulus aufhielt, wurde mit Blindheit geschlagen zur Strafe, weil er dem Apostel entgegenwirkte. Ich meine, auch Astrologen würde das gleiche Schicksal getroffen haben, wenn sie sich an die Apostel herangewagt hätten. Wenn aber alle Magie bestraft wird und wenn die Astrologie nur eine Abart von Magie darstellt, dann findet die Abart samt der ganzen Gattung ihr Verdammungsurteil. Nach der Verkündigung des Evangeliums sollte man keinen Sophisten, Chaldäern, Besprechern, Beschwörern, Sterndeutern, Zauberern oder Magiern begegnen, ohne sie zu bestrafen... Astrologe, wenn du nicht wußtest, daß du ein Christ werden wirst, taugen deine Künste nichts. Wenn du es aber wußtest, dann mußtest du auch im voraus wissen, daß du dadurch deinen Künsten wirst entsagen müssen... Derjenige, dessen Finger und Quadrant mit dem Himmel Mißbrauch treibt, der darf auf das Himmelreich nicht hoffen...

XV. ... Erinnern wir uns daran, daß aller Götzendienst und aller Aberglaube eigentlich Menschenverehrung ist, denn alle Dämonen sind — was bei den Heiden als selbstverständlich gilt — früher Menschen gewesen. Der Unterschied ist nicht sehr groß, ob man den Menschen früherer Jahrhunderte oder den heute lebenden eine abergläubische Verehrung darbringt. Der Götzendienst ist verdammt, nicht wegen der Personen, auf die er sich bezieht, sondern wegen des Hinblicks auf angeblich dämonische Zusammenhänge, durch die etwas bewirkt werden soll...

Auch Lampen vor der Tür und Lorbeerkränze an den Pfosten gehören zum Aberglauben, nicht weil dadurch ein Götze geehrt wird, sondern weil das Heil der Menschen, denen dadurch Dienste erwiesen werden sollen, von verborgenem Treiben der Dämonen abhängig gedacht wird... So gibt es bei den Römern auch Türgott-

heiten ... die Dämonen haben oft keine besonderen Namen außer dem der besonderen Sache, die man ihnen zugehörig denkt ... und so ist also wahr, was der uralte Prophet Henoch vorausgesagt hat, daß auch noch die Türen dem Aberglauben dienen werden[1] ...
XVIII. Nun wäre auch noch einiges über den Schmuck zu sagen und über den äußeren Pomp, der mit Ehrenstellen verbunden ist ... Bei den Ägyptern und Babyloniern waren einst Purpur und goldene Halsbehänge die Abzeichen der Würde, in derselben Weise wie jetzt die mit Purpur gestreifte oder ganz purpurne oder bestickte Toga und die goldenen Kronen ... Obzwar, dieses äußere Gepränge legte keine Verpflichtungen zu Priesterdiensten oder gegen Idole auf ... Aber als Abzeichen von Würden und Ämtern sind sie der Idolatrie geweiht, die solchen Würden und Ämtern von Anfang an anhaftet, und so tragen sie den Schandfleck der Unheiligkeit an sich ... Jener, unser Herr, der wandelte in Demut und Unscheinbarkeit dahin, ohne Heim, ohne Dach — denn des Menschen Sohn hatte nicht, wohin Er Sein Haupt lege, sagt der Evangelist —, in schmucklosem Gewand, denn sonst hätte Er nicht sagen können: »Siehe, die sich weichlich kleiden, sind in den Palästen der Fürsten.« Und Er war unscheinbar in Seinem Aussehen und Antlitz, so wie es Isaias vorausgesagt hatte. Er übte auch keinerlei Macht aus, nicht einmal über die Seinigen, auch beanspruchte Er keinerlei Recht, vielmehr leistete Er ihnen niedrige Dienste und weigerte sich, königlich zu leben, obwohl Er Sich Seines Königtums voll bewußt war; dadurch gab Er den Seinigen ein vollkommenes Vorbild, gegen allen Stolz und alles Gepränge der Würde und Macht gleichgültig zu bleiben ...
XX. ... Jeder begeht Götzendienst, der irgendein Idol mit göttlichen Namen beehrt. Wenn man solche Götter zu erwähnen hat, so muß man daher etwas hinzufügen, woraus zu entnehmen ist, daß man sie nicht für Götter hält ... Was wäre eine Beteuerung bei Dämonen, denen man abgeschworen hat, anderes, wenn nicht ein Abirren vom Glauben, ein Rückfall in Götzendienst? ... Jede

---

[1] Tertullian geht hier einzelne Sitten, Gebräuche, Professionsarten durch und untersucht, was an ihnen abergläubischen Ursprungs ist.

Verleugnung des Glaubens ist aber nur Götzendienst und Aberglaube, sowie jeder Aberglaube eigentlich schon Götzendienst, eine Verleugnung des Glaubens ist, sei es in Worten, sei es in Werken.

Die beiden folgenden Schriften, »An die Heidenvölker« und »Das Zeugnis der Seele« [1]*), zeichnen sich dadurch aus, daß Tertullian sich hier auf gänzlich unbetretene Wege voranwagt und Gedanken ausspricht, die eigentlich erst fast zwei Jahrtausende später von Pater W. Schmidt S. J. wiederaufgenommen worden sind: Er versucht nachzuweisen, daß die Hinwendung zum Einig-Einzigen Schöpfergott vor aller Zivilisation und vor aller Offenbarung schon in jeder Menschenseele wohne, vom Schöpfer selbst ihr eingepflanzt.*

AUSZÜGE AUS DEM ZWEITEN BUCH »AN DIE HEIDENVÖLKER«

(Das erste Buch von Ad Nationes *hat Tertullian in seinem* Apologeticum *verarbeitet.)*

I., 1. Unsere Verteidigungsschrift ... ruft geradewegs euer eigenes Bewußtsein auf, bedauernswerte Heidenvölker, damit ihr selbst ein Gutachten abgebt, ob wahrhaft Götter existieren, wie ihr euch in den Kopf gesetzt

[1] Max Haidenthaller hat diesen beiden Schriften Tertullians in »Studien zur Geschichte des Altertums« (Paderborn, 1942) eine sehr lesenswerte Monographie samt Neuübersetzung und ausführlichem wissenschaftlichem Kommentar gewidmet. Um den Horizont zu kennzeichnen, gegen den sich Tertullian mit diesen beiden Büchern abhebt und richtet, erinnert Haidenthaller eingangs an die von J. Geffcken (»Der Ausgang des griechisch-römischen Heidentums«, Heidelberg, 1929) beschriebene Lage an jener Wende vom zweiten zum dritten Jahrhundert mit ihrer ungeheuren religiösen Massenwirkung: »Die Luft war verfinstert vom Rauch unzähliger Opfer und erzitterte vom Sange der Hymnen, in heiligen Grotten murmelten Gläubige die Mysterienformeln, und dunkler Aberglaube summte seine Zaubersprüche ab.« Da wandte sich Tertullian gegen die dreifache Theologie des gelehrtesten Mannes von Alt-Rom, M. Terentius Varro. Augustinus hat erst mehr als zwei Jahrhunderte später gegen diesen streitbaren Vertreter der Antike »eingehender und breiter«, Tertullian aber lange vor ihm »wuchtiger und bündiger polemisiert« und dabei gleichzeitig einen »der neuesten Ethnologie voraneilenden Versuch« unternommen, »die unverbildete Menschenseele als Kronzeugin für die Grundwahrheiten des Christentums aufzurufen«.

habt, oder nur in eurer Einbildung, wie ihr einzugestehen euch sträubt ...

I., 7. Wir wenden uns also gegen die Einrichtungen der Vorfahren, gegen das Ansehen der Eingebürgerten, gegen die Gesetze der Herrschenden, gegen die Darlegungen der Weisen — gegen Berufung auf Alter, Gewohnheit, Zwang, Beispiel, Zeichen und Wunder und was sonst noch alles diese unechte Götterwelt befestigt haben mag. Weil aber bei euch das Schrifttum in höherer Geltung steht als jedes sachliche Argument, darum will ich mich an die Auslegungen halten, die ihr aus jeder Art von Götterkunde als maßgebend angenommen habt. Der Abkürzung halber habe ich mir die Schriften Varros ausgewählt, da er in seinen Büchern über die »Göttlichen Dinge« aus allen Ausführungen der Vergangenheit schöpfte und sich daher als das geeignetste Ziel anbot.

Wenn ich diesen Varro frage, wer die Götter eingeführt hat, so bezeichnet er 1. die Philosophen, 2. die Völker, 3. die Dichter. In einen dreifachen Stamm hat er also die Kaste der Götter zerlegt: Einer sei der physische — den behandeln die Philosophen. Ein anderer der mythische — der wirbelt bei den Dichtern herum. Ein dritter der volkstümliche — den sich jedes Volk eigens und anders auserwählt hat. Da aber von den Philosophen die physische Natur der Götter aus Vermutungen zusammengeklittert wurde, von den Dichtern die mythische Gruppe aus Fabeln gesogen wurde, von den Völkern aber ganze Staatstheologien völlig willkürlich angenommen worden sind — wo soll man also die Wahrheit suchen? In Vermutungen? Alle Hypothesen sind immer ungewiß. In Fabeln? Deren Erzählungen sind oft seltsam abstrus. In staatlichen Satzungen? Deren Annahmen sind voller Willkür und obendrein von Stadt zu Stadt verschieden. Kurz, bei den Philosophen sind die Aufstellungen unsicher, weil voneinander abweichend, bei den Dichtern unwürdig, weil amoralisch, bei den Völkern wahllos, weil nach lokalem Gutdünken ...

Vor allem aber, wen soll ich denn als einen Gott ansehen? Solch einen, den Mutmaßungen dafür hielten? Solch einen, mit dem die Geschichtsschreibung oder Sage sich lang und breit befaßte? Solch einen, den zu verehren der Staat für nützlich hält? Lieber gar keinen Gott als einen zweifelhaften oder schandvollen oder willkürlich anbefohlenen!

II., 10. Sowohl dafür liegen Zeugnisse vor, daß die Gottheit den Philosophen unbekannt war, wie auch dafür, daß sie von ihnen bezweifelt wurde. Befragt, was im Himmel geschehe, erklärte Diogenes: »Niemals bin ich hinaufgestiegen.« Und auf die Frage, ob es überhaupt Götter gebe, entgegnete er: »Ich weiß nur, daß die Existenz von Göttern nützlich sein kann.« Thales von Milet hat auf die nachdrückliche Frage, was er von den Göttern denke, dem Krösus nach mehrfachen Verlängerungen der zum Überlegen erbetenen Frist schließlich geantwortet: »Nichts.« Sokrates selbst, seiner Sache gewiß, stellte die Götter in Abrede — und bat —, seiner Sache ebenso gewiß, dem Äskulap einen Hahn zu opfern... Der Stoiker Dionysius verfährt bei seiner Einteilung der Götter in drei Gruppen ebenfalls völlig willkürlich, denn er nennt zunächst solche, deren Art vor aller Augen liegt, wie Sonne, Mond und Sterne; hierauf andere, die nicht sichtbar sind, wie Neptun, und schließlich eine dritte Gruppe, die von den Menschen einen Übergang zur Gottheit durchgemacht haben soll, wie Herkules. Gleicherweise führt Archesilaos eine dreifache Art der Gottheit ein, Olympier, Gestirngötter, Titanen oder Bastarde des Himmels und der Erde... Der Akademiker Xenokrates gliedert sie in zwei Gruppen: Sprößlinge des Himmels und Erdengötter. Von den Ägyptern glauben die meisten an vier Götter, an Sonne und Mond, Himmel und Erde. Demokrit meint, daß mit dem übrigen Feuer der Ätherhöhen auch die Götter entstanden seien. Nach Art dieses Feuers der Höhe will Zeno auch die Natur aufgefaßt wissen. Daher bezeichnet auch Varro das Feuer als Weltseele, so daß in der Welt alles vom Feuer geleitet werde, so wie in uns der Geist alles leitet... Also stirbt auch die Welt, wenn das Feuer in Blitzen aus ihr austritt?

III., 5. Die Welt muß aber entweder von jemandem erschaffen sein — wenn Platons Feinsinn gilt — oder von niemandem — wie es Epikurs Verranntheit will. Falls sie erschaffen ist, wird sie entsprechend ihrem Anfang jedenfalls auch ein Ende haben müssen. Und was vor seinem Anfang nicht gewesen ist und nach seinem Ende nicht sein wird, kann bestimmt kein Gott sein. Entbehrt es doch gerade des Wesens der Gottheit — der Ewigkeit, die ohne Anfang und ohne Ende bleibt. Wenn aber die Welt überhaupt nicht erschaffen ist und deshalb als Gott zu gelten hat, weil sie, sich selbst schaffend, weder Anfang noch Ende kennt, wieso schreiben dann gewisse Leute den Elementen — die sie als göttlich aufgefaßt wissen möchten — eine Erzeugung zu? Die Stoiker leugnen jegliche Geburt aus einem Gott — aber wie wollen sie dann, daß die angeblich aus den Elementen Hervorgegangenen als Götter hingenommen werden, da nach ihren eigenen Aussagen ein Gott nicht erst geboren werden kann?

VII. 1. Um nun zur fabelhaften Art überzugehen, die den Dichtern zugerechnet wird, weiß ich allerdings nicht, ob meine schwachen Kräfte solch umfangreicher Arbeit gewachsen sind und ob eine solche Menge von Fabelgöttern sich durch Beweismittel in ihrer Göttlichkeit bestätigen oder widerlegen läßt wie z.B. Mopsus von Afrika oder Amphiaraus von Böotien. Ich kann gegenwärtig nur eine Kostprobe dieser Art bieten ...

Aber vorläufig ist das ehemalige Menschentum dieser Götter schon daraus offenbar: Ihr selbst nennet sie ja nicht Götter, sondern Heroen. Was also stellen wir fest? Wenn man Verstorbenen göttlichen Rang zuerkennen wollte, dann jedenfalls nicht derartigen ...

VIII. 1. Übrig bleibt jene volkstümliche Art unter den verschiedenen Götterschwärmen, die nach Willkür — wie ihre auf Staaten begrenzte Geltung lehrt — und nicht gemäß irgendeiner Kenntnis angenommen worden sind. Gott dagegen erachte ich für überall bekannt, überall gegenwärtig, überall herrschend ...

Wie weit sich die freie Auswahl von Göttern durch Völker verirren konnte, zeigt der Wahnwitz der Ägypter, die sogar die Tierwelt ihrer Umgebung anbeten, die Ibisse, Krokodile und eine besondere Natter ...

IX. 2. Nun sind aber Wahnvorstellungen solcher Art gar nicht mehr Sache der Philosophen, noch auch der Dichter, noch der Völker, von denen sie überliefert wurden — jetzt freilich ist dieser Aberwitz allein den herrschenden Römern zu eigen; sie haben ihn mit Beschlag belegt, bei ihnen hat er sich Geltung verschafft. Und darum müssen wir uns jetzt auch gegen eine noch weiter ausgreifende menschliche Verirrung wenden ... Wollen wir über die spezifisch römischen Götter sprechen, so müssen wir allerdings den Kopf schütteln. Kein anderer Volksstamm hat sich solch gewaltige Torheiten ausgeheckt ... (XV., 7.). Sonder Zahl füllt sich mit diesen und anderen römischen Eigengöttern der Himmel, denen die gesamten Lebensäußerungen zugewiesen sind — bis nach den übrigen Göttern kein Bedarf mehr besteht. Wie ist das eigentlich, da die lange Reihe dieser Götter nur bei den Römern verehrt wird und im Ausland schwerlich auch nur bekannt ist — wie gehen da alle jene Lebensäußerungen, denen sie angeblich vorstehen, bei jenen Menschen und Völkern gut vonstatten, bei denen diese angeblichen Vorsteher nicht nur nicht verehrt werden, sondern ganz unbekannt sind? ...

XVI. 2. ... Und warum übertragt ihr die Ehre des Schöpfers immer auf Finder und Entdecker? Wer immer der Entdecker gewesen sein mag, gewiß hat er dem Schöpfer Dank gesagt und nur jenen als Gott empfunden, dem die schöpferische Leistung wahrhaft zu eigen ist — jenen, von dem sowohl der Entdecker als auch das Entdeckte ins Dasein gerufen wurde ... Die Kirsche z.B. hat doch erst Cn. Pompejus vom Pontus her als erster in Italien unter das Volk gebracht. So hätte also auch dieser Entdecker neuer Früchte bei den Römern göttlichen Rang verdient? ...

XVII. 14. Wie kann es den Anschein erwecken, die Weltherrschaft sei den Römern ob ihrer ehrfürchtigen, abgrundtiefen Sorge um die Götter zugefallen, da sich diese Herrschaft doch eher durch Verletzung der Götter so ausgebreitet hat? Wenn ich mich nämlich nicht täusche, wird jegliches Königreich oder Weltreich durch Kriege erworben und durch Kriege erweitert. Von den Siegern aber werden immer auch die Götter einer Stadt verletzt. Der gleiche Zusammenbruch trifft sowohl Mauern wie Tempel, derselben Metzelei verfallen Bürger wie Priester, dem gleichen Raubzug Profanes und Heiliges. Und so gehen ebenso viele Religionsfrevel wie Siegeszeichen auf die Römer zurück, ebenso viele Siegesfeste über Götter wie über Völkerstämme. Die Götterbilder kommen dann in Gefangenschaft und lieben jedenfalls —

wenn sie Empfindungen haben — nicht ihre Räuber. Indes, weil sie ohne jedes Gefühl sind, kann man sie straflos verletzen, und weil man sie straflos zu verletzen vermag, ist auch ihre Verehrung ohne jeden Nutzen.

Somit können jene, deren beherrschende Stellung durch Siege herangereift ist, kaum den Eindruck erwecken, sie seien durch ihre religiösen Verdienste so hoch emporgewachsen — sie, die bei ihrem Wachstum immer Religionsübungen verletzt haben oder geradezu durch solche Verletzungen herangewachsen sind. Viele Völker haben die Herrschaft besessen, jedes in der ihm anberaumten Frist, wie die Assyrier, die Meder und Perser, die Ägypter, die Griechen; es besteht auch jetzt noch bei manchen eine Herrschaft, und auch die, welche sie verloren haben, waren doch nicht ohne ehrfürchtige Scheu und Verehrung gnädiger Götter, bis den Römern beinahe die gesamte Herrschaft anheimfiel.

Das Zeitenlos rollt derart Reich um Reich ab. Forschet nach, wer den Wechsel der Zeitläufte angeordnet hat; der Gleiche verteilt die Reiche und hat jetzt zu Händen der Römer diesen Gesamtbestand in eine einzige Kasse getan wie ein von vielen Schuldnern eingetriebenes Geld. Was Es damit beschlossen hat, wissen nur die Ihm zunächst Stehenden!

VOM ZEUGNIS DER SEELE

»*Tertullians Grundlinien für einen ethnologischen Gottesbeweis*«
(*Haidenthaller*)

I. 5. Ein neues Zeugnis rufe ich auf, viel besser bekannt als jegliche Literatur, viel lebhafter verhandelt als jegliches Lehrsystem, an Verbreitung jedem Ding und jeder Sitte überlegen, überlegen allem, was Menschen sagen oder tun; denn es ist gerade das, was den Menschen ausmacht. Tritt vor, Seele! Magst du etwas Göttliches und Ewiges sein nach den Meinungen der Mehrzahl der Philosophen, so wirst du um so weniger lügen können. Magst du keineswegs göttlich sein, weil ja sterblich, wie es dem Epikur allein dünkt, so wirst du um so weniger lügen dürfen, ob du vom Himmel her aufgenommen oder von der Erde aus empfangen wirst, ob du aus Zahlen oder aus Atomen zusammengefügt bist, ob du zugleich mit dem Körper ins Dasein trittst oder vorausbestehend nach Bildung des Körpers in diesen eingeführt wirst — woher immer du stammen magst und wie immer du den Menschen in ein vernünftiges Lebewesen verwandelst ... Doch nicht als solche rufe ich dich auf, die in Schulen gebildet, in Büchereien bewandert, in Akademien und attischen Säulenhallen umgeprägt und angefüllt, von Weisheit berstet. Dich, schlicht und unwissend, urwüchsig, ungeschliffen, dich rede ich an und jene Menschen, die dich besitzen, und dich allein — ausgerechnet jene von der Gasse, von der Wegeskreuzung oder auch von der Weberwerkstatt her.

Gerade deiner Unerfahrenheit bedarf ich. Denn deiner Erfahrung — so gering sie sein mag — glaubt ja niemand. Ich will aus dir durch Fragen nur das herausbringen, was du mit dir selbst in den Menschen hineinlegst. Nur das, was du aus dir selbst — oder durch deinen Urheber, wer immer er sei — zu denken schon vorweg gelernt hast. Du bist, soviel ich weiß, keine Christin. Denn erst aus einem Entwicklungsgang, nicht aus einer Geburt pflegen Christen hervorzugehen. Dennoch verlangen jetzt die Christen von dir ein Zeugnis...

II. 1. Wir finden keinen Anklang, wenn wir Gott verkünden, wenn wir Ihn, den Einzigen, von dem alles herstammt und dem alles gehört, mit diesem einzigen Namen nennen. Lege du jetzt ein Zeugnis ab, ob auch du so darüber denkst. Denn wir hören dich ja oft, so offen und in solcher Freiheit, wie es uns nie verstattet ist, daheim und draußen solch unwillkürliche Aussprüche tun: »Das gebe Gott!« und »Wenn Gott es will!« Mit diesem Ausspruch gibst du zu erkennen, daß es einen Gott gibt, nur einen, und gestehst Ihm alle Macht zu, da du Seinen Willen beachtest. Zugleich leugnest du dadurch die Göttlichkeit aller übrigen, indem du sie mit eigenen Namen bezeichnest, als Saturn oder Jupiter, als Mars oder Minerva. Nur den stellst du also als Gott fest, den du selbst schlichthin nur »Gott« nennst. So daß du augenscheinlich einen fremden Ausdruck benutzest, und zwar sozusagen als Leihgabe, wenn du mitunter auch jene als Götter bezeichnest. Aber auch die Wesensart Gottes, wie wir sie verkünden, ist dir nicht verborgen. »Gott ist gut«, »Gott ist wohltätig«, lautet dein Ausspruch oft genug. Allerdings fügst du dann gleich hinzu: »Aber der Mensch ist schlecht.« Wobei du mit dieser Gegenüberstellung der Gegensätze selbstverständlich den Vorwurf erhebst — wenigstens mittelbar und verblümt —, nur deshalb sei der Mensch so schlecht, weil er sich vom guten Gott getrennt hat. Ja du sprichst sogar »Es segne dich Gott!« so leicht aus, wie es ein Christ aussprechen muß, du weißt also, daß jeglicher Segenswunsch beim guten und freigebigen Gott für uns die höchste Weihe der sittlichen Haltung und des Lebenswandels bedeutet. Und auch wenn du die Anrufung Gottes in einen Fluch umkehrst, bekennst du dadurch noch, daß alle Macht Gottes über jedem von uns steht ...

Aus deinem Bewußtsein also ist es dir unmittelbar gegeben, daheim oder öffentlich, ohne daß jemand spottet oder es verwehren kann, freimütig auszurufen: »Gott sieht alles«, »Gott empfehle ich es an«, »Gott wird es vergelten« — oder »Gott wird zwischen uns richten«. Woher kommt dir dies, o Seele, obwohl du keine Christin bist?

Es kommt sogar vor, daß du, umwunden mit der Binde der Ceres oder angetan mit dem Scharlachmantel des Saturn oder dem Leinengewand der Isis, kurz, geradezu in den Tempeln heidnischer Scheingottheiten, dennoch Gott als Richter anrufst. Unter der Statue des Äskulap magst du stehen oder Juno in ihrem ehernen Standbild schmücken oder Minerva mit Sandalen versehen, ihr den Helm mit dunkel leuchtenden Kränzen zieren — aber keine der anwesenden Gottheiten bemühst du als Zeugen. Von der eigenen Gerichtsbank rufst du einen auswärtigen Richter an, in deinen eigenen Tempeln duldest du einen anderen Gott. O Zeugnis einer Wahrheit, die dich auch noch bei den Götzen als Zeugin für die Christen aufruft!

IV. 1. Aber ein anderer Spruch ist noch stärker bezwingend, insofern er geradezu auf dein eigenstes Wesen, o Seele, hinzielt ... und so können wir getrost behaupten: Du weißt, daß du fortbestehen wirst, auch nach Vollendung des Lebens, wartest den Tag des Gerichtes ab und erwartest, daß du je nach Verdienst entweder für Peinigung oder für Erquickung bestimmt wirst, und zwar für immer. Damit du dies auf dich nehmen kannst, mußt du notwendig die vormalige Wesenheit zurückerstattet erhalten, und Aufbaustoff und Erinnerungsvermögen des gleichen Menschen, der du vordem warst, müssen dir wiedergegeben werden, denn ohne die Befähigung seitens des empfindungsbegabten Leibes wärest du ja gefühllos für alles Wohl- oder Übelergehen. Und vor allem: Das Gericht hätte gar keinen Sinn ohne Vorführung dessen, der das peinliche Gericht verdient hat. Mag nun diese christliche Auffassung viel menschenwürdiger sein als die pythagoreische, da sie dich nicht in Tiere versetzt, mag sie vollständiger sein als die platonische, da sie dir auch die Mitgift des Körpers zurückerstattet, mag sie auch mehr Gewicht haben als die Auffassung Epikurs — sie ist es ja, die dich vor dem Untergang zurückreißt —, so wird sie dennoch, allein wegen ihres Namens, ausschließlich als Torheit, als Unsinn und — wie man es gern nennt — als verwegene Einbildung gewertet.

Wir aber schämen uns nicht, wenn diese unsere Einbildung dich auf unserer Seite weiß. Denn warum sonst nennst du einen Toten, dessen du dich erinnerst, »den Armen«? Jedenfalls nicht, weil ihm das zweifelhafte Gut des Lebens schon entrissen wurde, sondern weil er bereits ohne Wiedergutmachungsmöglichkeit für Strafe und Gericht unwideruflich vorgemerkt ist ...

Arm nennst du also einen Gefühllosen? Und was ist ferner der Grund, daß du Schmähungen ausstößest, wenn du dich an jemanden mit dem Stachel einer Beleidigung erinnerst? »Drückende Erde« wünschest du ihm dann, und Qual seiner Asche in der Unterwelt. Aber dem Gebein und der Asche dessen, dem du Dank schuldest, erflehst du Erquickung und wünschest ihm, er möge in der Unterwelt »sanft ruhen«. Warum? Wenn dir keine Leidensfähigkeit nach dem Tode verbleibt, keine Fortdauer der Empfindung, kurz, wenn du gar nichts mehr bist, sobald du den Leib verlassen hast, warum lügst du dann, zu deinen Ungunsten, so als ob du dennoch darüber hinaus etwas erleiden könntest? Warum fürchtest du überhaupt den Tod, falls es wirklich nach dem Tode nichts mehr zu fürchten gibt, weil es nicht einmal mehr etwas zu erleben geben kann, wenn man erst tot ist? ...

Aber lassen wir das Naturgesetz der Angst vor dem Tode beiseite. Niemand sollte das fürchten, was unentrinnbar für ihn ist... Indes bist du dir deiner Sache vielleicht betreffs des Empfindens nach dem Tod ein wenig gewisser als bezüglich der dereinstigen Auferstehung, deren Annahme uns als völlig phantastisch vorgehalten wird. Gleichwohl wird auch dies von der Seele verkündet. Wenn sich jemand nach einem längst Verstorbenen erkundigt, so, als ob er noch am Leben wäre, dann kommt uns wohl unwillkürlich die Wendung über die Lippen: »Er ist bereits von uns fortgegangen...«

V. 1. Solche Zeugnisse der Seele sind ebenso einfach wie wahr, ebenso wahr wie volkstümlich, ebenso volkstümlich wie allgemein, ebenso allgemein wie naturhaft, ebenso naturhaft wie göttlich. Ich meine nicht, daß sie jemandem als nichtig und lächerlich erscheinen könnten, sowie er die Erhabenheit der Natur bedenkt, woraus sich Ansehen und Geltung der Seele überhaupt herleiten... Wieviel die Seele von ihrem Urheber ahnen kann, dies abzuschätzen liegt an dir oder vielmehr an der Seele, die in dir wohnt: Nimm sie gut wahr, die bewirkt, daß du wahrnehmen kannst! Erwäge, wie sie in Vorahnungen sich als Seherin, in Vorzeichen als Deuterin, in Ereignissen als Vorschauerin erweist. Ist es verwunderlich, wenn sie, von Gott geschenkt, dem Menschen göttliche Ahnungen einzuflößen versteht?... Sogar umgarnt vom Widersacher, bleibt sie eingedenk ihres Urhebers, Seiner Güte, Seines Beschlusses, ihres eigenen Schicksals sowie ihres Gegners. Ist es so wunderlich, wenn sie, von Gott gegeben, dasselbe verkündigt, was Gott den Seinen zu wissen gewährt?

Wer solche spontanen Äußerungen der Seele nicht für die Lehre der Natur hält — für eine geheime Grundlage des mit- und angeborenen Wissens —, der wird vielleicht lieber behaupten wollen, der Brauch — und schon beinahe der Unfug —, sich solcher Ausdrücke zu bedienen, habe sich eben dadurch festgesetzt, daß derlei Meinungen aus öffentlich zugänglichem Schrifttum bis ins Volk überall eingedrungen sind.

Gewiß war aber die Seele früher als der Buchstabe, die Sprache früher als das Buch, der Gedanke früher als der Griffel und der Mensch früher als der Philosoph und

Dichter. Sollte man etwa glauben, vor Entstehung und Verbreitung des Schrifttums hätten die Menschen stumm gelebt, hätte die Seele solche Ausdrücke nicht gefunden? Niemand hätte da von Gott gesprochen und von Seiner Güte, niemand vom Tode, niemand von der Unterwelt? Bettelarm wäre die Sprache gewesen, meine ich — ja sie hätte sich überhaupt nicht entwickeln können, nicht einmal Bestand haben können, wenn ihr damals jener Wortschatz gemangelt hätte, ohne den sie auch heute ihre beglückende Fülle und ihren Gedankengehalt gar nicht auszudrücken vermag. Jene Aussprüche, die ihr so leicht, so regelmäßig laut werden, die ihr so naheliegend scheinen und ihr gleichsam von selbst auf den Lippen entstehen — wie, die sollte es in der Vergangenheit nicht gegeben haben, bevor das Schrifttum in der Welt emporsproßte?

Und wodurch sollte es gerade dem Schrifttum geglückt sein, kennenzulernen und zum Sprachgebrauch auszusäen, was kein Geist je vorher ersonnen, keine Zunge noch hervorgebracht, kein Ohr je aufgefangen hatte? Die göttlichen Schriften, die sich bei uns und bei den Juden befinden — auf die wir wie auf einen wilden Ölbaum aufgepfropft sind —, haben doch wohl einen sehr weiten zeitlichen Vorsprung vor den weltlichen, deren Alter zumeist nur gering ist...

VI. 1. Glaube somit an den Ursprung solcher Aussagen aus deiner Literatur, wenn du willst, und finde dann deren Ursprung — auf Grund unserer Erläuterungen — in unserem göttlichen Schrifttum. Glaube aber doch — auf das Gutachten der Seele hin — mindestens ebensosehr an ihre Natur. Wähle, wen von ihnen du als zuverlässiger ansehen kannst, als enger mit der Wahrheit verbunden. Falls du deinem Schrifttum mißtraust, so wisse: Weder Gott lügt noch die Natur. Und um sowohl Gott zu glauben wie auch der Natur, glaube der Seele. So wird es geschehen, daß du endlich — dir selbst Glauben schenkst.

Ein Tor bist du, wenn du dieser unserer lateinischen Sprache allein — oder nur ihr und der griechischen, da sie beide als miteinander verwandt gelten — solche Aussprüche zuschreiben willst, so daß du schließlich die Allgemeinheit der Natur in Abrede stellen mußt. Nicht den

Lateinern und auch nicht den Griechen fällt die Seele vom Himmel. Bei allen Völkern ist der Mensch ein und derselbe, gleich bleibt sich die Seele ... und Gott und die Güte Gottes sind überall ...

AUFFORDERUNG ZUR KEUSCHHEIT

(Aus der Spätzeit des nun bald sich übersteigernden Rigorismus und der vollzogenen Anhängerschaft an Montanus — aber noch vor dem Bruch mit der katholischen Gemeinde und der neuen Sektengründung)

I. Nachdem Deine Frau Dir vorangegangen und im Frieden Gottes entschlafen ist, wirst Du, mein lieber Mitbruder Dich sicherlich nach Kräften bemühen, Deine geistige Fassung wiederzuerlangen. Du wirst über das Schicksal nachsinnen, das Dich nun einsam gemacht hat, und Du wirst Dich jedenfalls auch nach Beratung sehnen. Obzwar, bei derartigen Ereignissen muß ein jeder für sich mit seinem Glauben zu Rate gehen und sollte vor allem dessen Stärke genau befragen. Doch wird gerade in diesem Fall jedes Nachdenken durch das sinnliche Bedürfnis beeinflußt — dieses aber widerstrebt gewöhnlich dem Glauben des eigenen Herzens —, und so kann es geschehen, daß dieser Glaube des Herzens dennoch einer Stützung von außen dringend bedarf, eines Sachwalters gleichsam, eines Ratgebers gegenüber dem niederen Bedürfnis. Nun, wenn man mehr den Willen Gottes im Auge behalten will als Gottes bloße Duldung, dann kann man jenes vermeintlich so dringende Bedürfnis mit der größten Leichtigkeit einschränken. Niemand erwirbt sich irgendein Verdienst, solange er nur von der bloßen Nachsicht Gottes Gebrauch macht. Nur durch strenge Befolgung seines Willens kommen wir weiter. »Der Wille Gottes ist unsere Heiligung.« Und das heißt, Gott will, daß wir — Sein Ebenbild — uns auch nach Seinem Bilde betragen und heilig werden, weil Er heilig ist.

Von diesem Gut, der Heiligung durch den Willen Gottes, gibt es drei Arten, und es sollte wenigstens eine derselben bei uns angetroffen werden können. Die erste ist: unberührte Keuschheit von der Stunde unserer Geburt an bis zum Tode. Die zweite: Keuschheit von der Wiedergeburt an, also mit der Taufe beginnend, welche entweder die Ehe durch Enthaltsamkeit reinigt, infolge einer Übereinkunft der Gatten, oder aus freiem Willen im Witwenstande verharren macht. Als dritte Art bleibt dann noch die einmalige Ehe übrig, nämlich das absolute Fernhalten jeder anderen Bindung, so daß man nach Zerreißung der einen Ehe von Stund an dem anderen Geschlecht überhaupt entsagt.

Die erste Art der Jungfräulichkeit — dasjenige überhaupt nicht kennenzulernen, wovon man später die Befreiung wünscht — ist ein seliger Zustand. Die zweite Art — das zu verachten, dessen Macht man nur zu gut kennt — ist Sache des Willens zur Tugend. Die dritte aber — nach Zerreißung der Ehe durch Todesfall auf jede neue Bindung zu verzichten — ist nicht nur Tugend, sondern zugleich auch ein Verdienst der Resignation. Denn ein verzichtendes Sichbescheiden ist es in der Tat, nicht mehr zurückzubegehren, was uns weggenommen worden ist. Es wurde uns nämlich weggenommen durch Gott den Herrn, ohne dessen Willen weder ein Blatt vom Baum noch ein Sperling zur Erde fällt.

II. Wie schön in seiner resignierenden Demut ist doch das Wort Hiobs: »Der Herr hat es gegeben, der Herr hat es genommen, Sein Name sei gepriesen. Wie es dem Herrn gut schien, so ist es geschehen.«

Wenn wir aber an Stelle des gerissenen Ehebands ein neues wieder anknüpfen, so handeln wir ohne Zweifel gegen den Willen Gottes, denn wir wollen wiederum besitzen, wovon Er will, daß wir es nicht besitzen sollen. Hätte Er gewollt, daß wir es besäßen, dann würde Er es uns ja nicht hinweggenommen haben. Oder stellen wir uns etwa den Willen Gottes so geartet vor, daß Er abermals wollen könnte, was Er schon nicht mehr gewollt hat?

Übrigens verträgt es sich nicht mit echtem, festem Glauben, alles und jedes in solcher Weise auf den Willen Gottes zurückzuführen, als ob Er uns keinen eigenen Willen gelassen hätte. Es ist Frevel, jedem zu Gefallen einfach zu sagen, nichts kann geschehen ohne Gottes Geheiß, und dabei zu übersehen, daß es nach Gottes Willen auch auf unsere eigenen Entscheidungen ankommt. Sonst würde ja jedes Verbrechen entschuldigt sein, wenn wir behaupten wollten, wir täten gar nichts ohne den Willen Gottes. Eine solche Behauptung würde bald zur Auflösung der gesamten menschlichen Sittenzucht führen — und sogar zur Vernichtung jedes Gottesglaubens... da es dann gar nichts mehr gäbe, was Gott nicht will...

Darum, wenn wir so aus Gottes Vorschriften erkannt haben, was Er will und was Er nicht will, so bleibt uns doch noch unser eigener freier Wille und die Selbstbestimmung, eines oder ein anderes zu wählen, genau wie geschrieben steht: »Siehe, ich habe dir beides vorgelegt, Gutes und Böses«, denn Du hast ja vom Baum der Erkenntnis gegessen. Nichts von dem, was unserem freien Willen anheimgegeben ist, dürfen wir je auf Rechnung des Willens Gottes setzen. Bei Ihm, der das Böse nicht will, kann es hinsichtlich dessen, was gut ist, ein Wollen oder Nichtwollen überhaupt nicht geben... Wenn Du Gott nicht gehorchst, so kannst mithin auch Du von Seinem Willen, da Er Dich nach Vorlegung Seines Gebotes mit Freiheit begabt hat, freiwillig zu dem hin abweichen, was Gott nicht will; dann mußt Du Dich aber für einen halten, der sich vom Teufel hat verführen lassen.

Da also das Wollen bei uns allein steht und darin eben unsere Gesinnung gegen Gott erprobt wird — ob wir das wollen, was mit dem Willen Gottes übereinstimmt —, so muß man, behaupte ich, tief und eindringlich über den Willen Gottes nachdenken: was derselbe etwa i m V e r b o r g e n e n noch weiter begehren könnte.

III. Gottes geoffenbarten Willen kennen wir alle. Wir brauchen bei ihm nur zu untersuchen, in welcher Weise er denn offenbar geworden ist.

Die zweite Art, Gottes reiner Wille, ist ebenfalls zu erschließen. Gott will, daß wir gewisse, Ihm wohlgefällige Dinge ganz freiwillig tun. Dabei ist nicht mehr die Nachsicht unsere Beschützerin, sondern die Sittenlehre unsere Gebieterin.

Wenn sich also jede zweite Ehe auf jene Art des göttlichen Willens gründet, den man Nachsicht nennt, so würden wir dem reinen Willen Gottes, der auf eine vorzüglichere Enthaltsamkeit gerichtet bleibt, durch eine solche zweite Ehe zuwiderhandeln, da wir dann noch immer nicht gelernt hätten, daß der Anlaß für die Nachsicht durch das Offenbarwerden von Gottes eigentlichem und vorzüglicherem Willen aufgehoben wird.

XIII. ... es ist freilich schwieriger, in Enthaltsamkeit zu leben, als für sie zu sterben. Leichter ist, sein Leben hinzugeben, weil man ein unersetzliches Gut verloren hat, als durch sein Leben das zu bewahren, wofür man gern sterben möchte. Wie viele Männer und wie viele Frauen zählen zu den kirchlichen Ständen um ihrer Enthaltsamkeit willen! Bräute Gottes wollten sie lieber sein, statt sich an Irdisches zu hängen, sie brachten so ihren Leib selber wieder zu Ehren und erwarben sich bereits hienieden eine Weihe wie Kinder der anderen Welt; sie ertöteten in sich die Begierlichkeiten des Fleisches und überhaupt alles, was keinen Zutritt ins Paradies erhalten kann. Daraus sollte man die Überzeugung gewinnen, daß alle, die im Paradies Aufnahme zu finden gern erhoffen möchten, endlich einmal all das fahren lassen müssen, wovon das Paradies ewig unberührt bleibt.

Gnade also sei mit dem, der solches einsieht! Gedenke in Deinen Gebeten des Tertullian, der Dich hierzu ermahnte.

KLEMENS VON ALEXANDRIEN

Noch Tertullian — im Sinne der Bewahrung und Bewährung typisch abendländischen Kulturgutes ein hochgebildeter, schöpferischer Geist — hatte in seinen »Prozeßeinreden gegen die Häretiker« die griechischen Philosophen mit ähnlich billigem — oder giftigem — Spott abgelehnt wie alle seine christlichen Vorgänger und Zeitgenossen, und er hatte auch allen Grund dazu gehabt; aus der Vermischung griechischer und christlicher Weisheit war ja zunächst nur der grotesk-abscheuliche Bastard der Gnosis entstanden, von deren extravaganten Lehren uns Irenäus deutlich genug Kunde gegeben hat. Gewiß, Tertullians Unwille war berechtigt gewesen, als er folgendes niederschrieb:

Was hat Athen mit Jerusalem zu schaffen, was die Akademie mit der Kirche, was die eingebildete Lehre der Häretiker mit der geoffenbarten Wahrheit des Herrn? Unsere Lehre stammt aus der Stoa Salomos, der selbst gelehrt hatte, man müsse den Herrn in der Einfalt des eigenen Herzens suchen. Mögen sie meinetwegen, wenn es ihnen Freude macht, ein stoisches und platonisches und dialektisches Christentum aufbringen! Wir aber brauchen seit Jesus Christus keinerlei Forschung mehr und kein Herumdeuteln, seitdem das Evangelium verkündet ist. Wenn wir glauben, dann wünschen wir über unseren Glauben hinaus weiter nichts mehr zu wissen. Denn gerade das ist das erste — die Grundwahrheit, woran wir glauben —, daß es nichts mehr geben könne, was wir über unseren Glauben hinaus noch zu glauben haben (Här. VII.).

Aber wurzelten die Irrlehren der Gnostiker, eines Valentinus, eines Marcion, wirklich in der platonischen Philosophie, in den Lehren der Stoa; des Epikur, des Heraklit, wie Tertullian bewiesen haben wollte? War nun der Weg für die Christen vorgezeichnet, sich völlig vor aller abendländischen Bildung und Geistigkeit zu verschließen? War das von Tertullian überlieferte »credo quia absurdum« so zu verstehen, daß nur weltverachtende Priesterweisheit und demütig hinnehmender Kinderglaube den jungen, verfolgten Christengemeinden Bestand geben konnten?

Da stand ein Mann in Alexandrien gegen solche Verengung auf und öffnete großartig und weit ausholend,

KLEMENS VON ALEXANDRIEN

aber geschmeidig und ohne Gewalt alle Fenster des Christentums, des echten, dem Geist der echten abendländischen Welt — ein Mann, von dem wir nur wissen, daß er um das Jahr 150 herum in Athen geboren sein muß, später erst Christ geworden und nach Alexandrien gekommen war, ein vielgereister, hochgebildeter Grieche, der dort Lehrvorträge hielt, und daß er Titus Flavius Clemens hieß wie der Römer gleichen Namens, der mit Domitian zusammen Konsul des Jahres 195 gewesen war, vielleicht also ein Freigelassener und Schützling dieses vornehmen Gönners — und als durchaus orthodox christlicher und allen Häresien abgrundfeindlicher Katechumenenlehrer behauptete dieser merkwürdige Mann ohne jede Scheu öffentlich:

Manche, die sich für besonders gescheit halten, verlangen von uns, daß wir uns weder mit Philosophie noch mit Dialektik beschäftigen, ja nicht einmal von den Naturwissenschaften etwas wissen sollen. Sie fordern, daß man sich mit dem Glauben allein begnüge. Das ist genauso klug, als ob man, ohne irgend etwas für die Pflege des Weinstocks zu tun, gleich von Anfang an Trauben ernten wollte (Strom I., 43, 1.).

Später, nach den Jahrhunderten der Verengung, in denen die Pergamente der antiken Welt abgewaschen und die sorgfältig verlöschten Texte durch Litaneien ersetzt zu werden pflegten, hat man dann diesen erstaunlichen Klemens von Alexandrien als einen höchst belesenen, sehr gebildeten Kompilator bewundert und sein Riesengedächtnis gepriesen, das uns durch seine Tausende von Zitaten sehr vieles gerettet hat, was für uns sonst ganz verloren gewesen wäre; man hat ihn wohl auch gelobt — und sei es auch nur als einen preziösen literarischen Stilisten voller Einfälle und Abschweifungen, aber leider ohne System, eine Fundgrube für alle »Realia«, Fakten und Sachauskünfte seiner Zeit —, aber eben doch als einen »wenig originellen Kopf«.

Wie groß im Gegenteil die Originalität dieses Mannes gewesen sein muß, um so gegen den Strom seiner Zeit zu schwimmen und es durchsetzen zu können, daß das gesamte Christentum nach ihm durch ihn andere Wege eingeschlagen hat als das Christentum vor ihm — nämlich abendländische Wege, nicht gnostische, aber auch nicht mönchische, sondern katholisch-aufgeschlossene Wege, auf denen sich das ganze Menschenwesen entfalten kann —, das konnte erst viel, viel später von einigen begriffen und uns allen gezeigt werden.

Das Wirken des Katechumenenlehrers Klemens in Alexandrien ist um so großartiger, als diese zweite Weltstadt — sie zählte damals 500.000 Einwohner — gerade in jener Zeit eine Stätte der von gnostischen Einflüssen am meisten gefährdeten, vom »zersetzenden Geist« der griechischen und jüdischen Dialektik, Rationalität, Symboldeutung am schärfsten angefressenen und dennoch zugleich auch von östlicher Duldermystik, Prosternationsfreude und Selbstzerstörungslust am tiefsten heimgesuchten Schulen des christlichen Glaubens war. Ungeachtet all dieser Gefahren öffnete Klemens die Fenster weit, und anstatt seine Katechumenen ängstlich von den fremden Fieberdünsten einer falschen, mißverstandenen Antike abzuschließen wie eine Sekte, zog er es vor, den Geist der echten griechischen und römischen Antike, des echten Judentums, der echten Weisheiten des Orients christlich zu machen als bestes Gegenmittel gegen alle Häresien. Wenn das Wort vom »Wiederaufnehmen und Christlichmachen der alten Erbschaft« einen Sinn hat, so ist es hier. Und Klemens »wendet sich mit seiner Auffassung nicht etwa an einen kleinen Kreis von Gleichgesinnten, die geringschätzig auf die Ungebildeten und auf die rohen Verächter der Wissenschaft herabsehen, vielmehr wirbt er gerade bei jenen, die nichts von der Philosophie und Bildung wissen wollen, um Verständnis für seinen Standpunkt ... Es ist kein Zweifel, daß in der christlichen Kirche nicht die Richtung Tertullians, sondern die des Klemens gesiegt hat.«[1] *Es sei dies vielleicht »das kühnste literarische Unternehmen in der Geschichte der Kirche« gewesen, meinte schon um 1882 Franz Overbeck in seinen »Anfängen der patristischen Literatur«.*

Während der Christenverfolgung unter Septimius Severus, um 203, mußte Klemens die Stätte seines langjährigen Wirkens verlassen. Im Jahre 211 treffen wir ihn in Antiochia als Überbringer eines Briefes des Bischofs Alexander von Cäsarea in Kappadokien. Um 215 spre-

---

[1] Otto Stählin, Kl. v. Al., Bd I, München, 1932

chen bereits Briefe desselben Bischofs über den »trefflichen Presbyter Klemens«, über den »heiligen Klemens, der mein Vorbild war« wie von einem Verstorbenen.

Von seinen Werken sind uns erhalten: 1. der Protreptikos, eine Mahnrede an die Anhänger des heidnischen Götterglaubens, 2. der Paidagôgos, drei Bände über die Erziehung, 3. die Stromateis, acht Bände »Teppiche wissenschaftlicher Darlegung gemäß der wahren Philosophie«, sein Hauptwerk — eine ungeheure Sammlung frei »durcheinandergewobener« Einfälle und Noten, vom durchgefeilten größeren Essay bis zum rasch hingeworfenen Aphorismus, und 4. eine kleinere Schrift: »Welcher Reiche wird gerettet werden?«

DIE MAHNREDE AN DIE HEIDEN
Einleitung

I. 1. Amphion aus Theben und Arion aus Methymna waren zwei Sänger (beide gehören der Sage an, aber noch jetzt werden Lieder von ihnen in griechischen Chören gesungen). Durch seine Musik lockte der eine die Fische herbei, durch Musik erbaute der andere die Mauern von Theben. Noch ein anderer Künstler, ein Thraker (aber das ist wieder eine andere Sage), zähmte mit bloßem Gesang wilde Tiere; ja sogar Bäume, Eichen, verpflanzte er durch seine Musik. Und noch einen weiteren Mythos von einem Sänger kann ich dir erzählen, der diesem da verwandt ist — nämlich die Geschichte des Lokrers Eunomos und der pythischen Zikade. Es wurde einmal ein griechisches Fest zu Ehren des toten Drachens von Pytho jn Delphi gefeiert, und Eunomos sang für den Lindwurm das Grablied. Ich weiß nicht, ob es ein Lob- oder Trauergesang war, den er der toten Schlange darbrachte, aber jedenfalls muß es ein Wettkampf gewesen sein. Eunomos begleitete seinen Gesang auf der Zither. Es war zur Zeit der Mittagshitze, in der die Zikaden des Gebirges sich an der Sonne wärmen und unter den Blättern zirpen. Sicher aber sangen sie nicht dem toten Drachen von Pytho, sondern dem allgütigen Gott zu Ehren ihr Lied, und zwar nach ihrer eigenen Weise, die noch besser ist als jede Weise des Eunomos. Da reißt dem Lokrer eine Saite — die Zikade fliegt auf den Steg der Leier und zirpt dort weiter, als ob dieses geschnitzte Holzstück ein blühender Zweig wäre. Sogleich paßt sich der Sänger dem Gesang der Zikade an und ergänzt so die fehlende Saite. Es ist also nicht so, daß die Zikade durch das Spiel des Eunomos herbeigelockt worden wäre, wie die Sage wahrhaben will, worauf in Pytho diesem Eunomos samt seiner Leier und seiner kleinen Gehilfin im Wettkampf ein Standbild in Erz aufgestellt wurde. Vielmehr flog die Zikade aus freier Lust und eigener Willensentschließung herbei, und sie sang auch nach ihrem Zikadensinn. Die Griechen aber sind überzeugt, sie habe bei der musikalischen Aufführung absichtlich mitgewirkt.

I. 2. Wieso eigentlich habet ihr so nichtigen Sagen mit solcher Leichtigkeit glauben können und annehmen mögen, durch Musik würden die Tiere bezaubert — und nur das glänzende Antlitz der Wahrheit seht ihr mit spöttischen, ungläubigen Augen an und haltet es für geschminkt? Der Kithairon und der Helikon und die odrysischen und thrakischen Berge, Weihestätten des Trugs, sind wegen ihrer Mysterien für heilig gehalten worden; man hat sie in Hymnen gefeiert. Wenn es auch nur Sagen sind, scheint es mir doch wunderlich, daß sinnlose Zufälle immer wieder zu tragischem Sinn umgedeutet werden, und es ärgert mich. Ihr aber erhöht die Erzählungen von Unglücksfällen immer gleich zu Dramen, und die Darsteller in diesen Dramen bieten euch ein herzerquickendes Schauspiel. Doch nun wollen wir einmal Dramen und schwärmende Dichter, die sich, bereits völlig trunken, mit Efeu bekränzt und vor lauter bakchischer Benommenheit bis in sinnlose Raserei hineingesteigert haben, samt den Satyrn, den Böcken, den manischen Schwärmen und zusammen mit der übrigen Schar der verrückten Dämonen im Helikon einsperren und im Kithairon, die selbst schon reichlich altes Gehölz geworden sind. Dafür aber wollen wir direkt aus dem Himmel die echte Wahrheit von oben herableiten, zusammen mit der leuchtenden Weisheit, bis hin auf den heiligen Berg Gottes, und dazu die ganze heilige Schar der Propheten. Da die Wahrheit ein über alle Maßen hell glänzendes Licht auszustrahlen pflegt, möge sie dann alle die erleuchten, welche sich jetzt noch in Dunkelheit wälzen. Sie wird dann auch die Menschen vom Irrtum erlösen, sie wird ihnen die starke Hand hinstrecken, die Rechte, die Hand der Heilserkenntnis. Da werden alle ihre Augen auftun und ihre Blicke emporheben und den Helikon verlassen, den Kithairon fliehen, und Zion bewohnen. Denn von Zion geht das Gesetz aus, von Zion ertönt das Wort des Herrn — das himmlische Wort, allein wahrer Streiter im Wettkampf, der auf dem Theater der ganzen Welt immer den Siegeskranz erhalten wird. Freilich, mein Eunomos singt nicht die Weise des Terpandros und nicht die des Karpion, auch keine phrygische oder lydische oder dorische Tonart, sondern die ewige Melodie der neuen Sphärenharmonien, die von Gott ihren Namen erhalten haben, das neue Lied, das Lied der Leviten; und ein süßes und wirksames Mittel gegen das Leid, »lindernd den Schmerz und den Groll, das vergessen macht jegliches Leiden«, ist diesem Liede beigemischt.

I. 3. Soviel ich sehen kann, waren jener Thraker und der Thebaner und der Methymnäer — Männer, nicht wert ihres Namens — in Wirklichkeit nur Betrüger. Unter dem Deckmantel der Musik haben sie Unheil über die Menschen gebracht. Sie waren selbst von der kunstvollen Zauberei wie von einem Dämon besessen, zu ihrem und anderer Verderben, sie feierten Freveltaten mit ihren Orgien, sie machten menschliches Leid zum Gegenstand göttlicher Verehrung und irdischer Schaulust. So wurden sie die ersten, die viele Menschen zum Götzendienst verführten. Tatsächlich, mit Stein und Holz, mit Statuen und mit Bildern haben sie die Verkehrtheiten der heidnischen Religionen aufgebaut, ja sie haben sogar jene wahrhaft herrliche Freiheit derer, die unter freiem Himmel als freie Bürger lebten, durch ihre Lieder und Zaubergesänge in ein Joch äußerster Knechtschaft verwandelt. So aber ist mein Sänger nicht. Er ist gekommen, um die bittere Sklaverei des Aberglaubens abzuschaffen, durch den euch tyrannische Dämonen am Gängelband halten; statt dessen führt Er uns alle zu dem sanften und menschenfreundlichen Joch der Frömmigkeit und ruft die hart auf die Erde Geschleuderten in den Himmel zurück.

I., 4. Unter allen, die jemals lebten, vermochte Er es allein, die allerwildesten Tiere zu zähmen: die Menschen. Und zwar sowohl die Vögel — das sind die Leichtfertigen — als auch die kriechenden Tiere — das sind die Betrüger —, sowohl die Löwen — das sind die Jähzornigen — als auch die Schweine — das sind die Wollüstigen — und sogar die Wölfe — das sind die Raubgierigen. Die Unvernünftigen sind nur wie Stein und Holz, oder vielmehr nein, noch gefühlloser als Stein oder Holz ist ein Mensch, der sich in seine Torheit verrannt hat. Wir wollen hierzu ein Prophetenwort zum Zeugen anrufen, das genau diese selbe Wahrheit meint, indem es die Menschen beklagt, die sich in Torheit und Unverstand zermürbt haben, und dann fortfährt: »Doch Gott vermag auch aus diesen Steinen noch Kinder dem Abraham zu erwecken.« Er aber empfand Mitleid mit der großen Unwissenheit und Herzensträgheit und Härte derer, die sich vor der Wahrheit versteinert hatten, und erweckte aus diesen Steinen — aus den an Steine und Holz glaubenden Heiden — den Samen der Frömmigkeit, empfänglich für die Tugend. Er hat zwar einige besonders giftige und heimtückische Heuchler, die der Gerechtigkeit aus ihrem Hinterhalt Schlingen legten, einmal »Otterngezücht« genannt — aber das hinderte Ihn nicht, sogar auch jene, die von diesen als Schlangen Gekennzeichneten zu ihm kamen, immer sofort gütig aufzunehmen und jeden als »Mensch aus Gottes Hand« anzusprechen, sobald der Heuchler innehielt, aus freiem Entschluß Buße tat und sich dem Logos zuwandte. Noch andere nannte Er »Wölfe, die in Schaffellen gekleidet einhergehen« und meinte mit diesem treffenden Vergleich gewisse Leute, die sich wie Raubtiere in Menschengestalt benehmen. Aber Sein himmlisches Lied verwandelt alle diese wilden Tiere, und die härtesten Steine dazu, in hilfreiche, sanfte Menschen! »Denn auch wir, auch wir alle, waren ehedem unverständig, ungehorsam, verirrt, den Lüsten und mancherlei anderen Begierden dienstbar. wandelten in Bosheit und Neid, waren einander verhaßt und haßten einander«, wie das Apostelwort sagt, »als aber die Güte und Gnade Gottes in der Freundlichkeit unseres Heilandes uns erschien, rettete Er uns, und zwar nicht auf

Grund von Werken der Gerechtigkeit, die wir getan hätten, sondern nach Seiner Barmherzigkeit.«
Seht also, was dies neue Lied vollbrachte: Menschen hat es aus Steinen, Menschen aus Tieren gemacht. Und die sonst unrührbar waren, wie tot, und ohne Anteil am wahren Leben, sie wurden wieder lebendig, sobald sie nur Hörer des lebendigen Gesanges geworden waren...

I., 6. ...Zu einem schönen, von Geist erfüllten Instrument hat der Herr den Menschen gemacht nach seinem Bilde — denn auch er ist ein melodisches und heiliges Instrument Gottes, voll Harmonie... Was will nun dieses Instrument Gottes, was will der göttliche Logos, der Herr, und was soll das neue Lied? Die Augen der Blinden will Er öffnen und die Ohren der Tauben auftun mit diesem Lied und die Hinkenden und Verirrten mit diesen Klängen zur Gerechtigkeit führen, den unverständigen Menschen Gott zeigen, dem Verderben ein Ende bereiten, den Tod besiegen und ungehorsame Söhne mit dem Vater aussöhnen. Menschenfreundlich ist dies göttliche Instrument, der Herr zeigt uns Erbarmen, erzieht, ermahnt, warnt, rettet, bewahrt — und als Lohn dafür, daß wir Seine Jünger werden, verheißt Er uns zum Überfluß auch noch das Himmelreich. Denn Er will nichts von uns haben außer unserer eigenen Rettung. Nur die Bosheit nährt sich vom Verderben ihrer Opfer, die Wahrheit aber richtet — wie eine Biene — nirgends Schaden an und freut sich allein am Heil der Menschen.

Hier hast du also die Verheißung, hier die Gnade, du siehst die Güte — o ergreife diese Hand! Und mein heilbringendes Lied halte nicht in dem Sinne für neu wie ein neues Gefäß oder ein neues Haus! »Vor dem Morgenstern« war es schon, denn »Im Anfang war das Wort, und das Wort war bei Gott, und Gott war das Wort«. Aber freilich, als alt erscheint der Irrtum, als etwas Neues die Wahrheit. Mögen nun durch Ziegen, von denen die Sage erzählt, die Phrygier als uralt bekundet werden oder die Arkadier als noch älter durch die Dichter, die dieses Volk »so alt wie der Mond« nennen, oder die Ägypter als die ältesten — wie sie von jenen genannt werden, in deren Einbildung das

Nilland als erstes überhaupt Götter und Menschen erzeugt habe —, sicherlich war doch von allen hier Genannten kein einziger vor dieser unserer Welt vorhanden; wir aber waren vor Grundlegung dieser Welt da, durch Gott schon zuvor geschaffen, weil wir in Ihm zu sein vorbestimmt waren, wir, des göttlichen Logos vernünftige Geschöpfe, die wir durch Ihn — nur durch Ihn — uralt sind, denn »Im Anfang war das Wort«. Weil aber der Logos von Anfang an war, ist Er der göttliche Anfang aller Dinge. Und weil Er jetzt den seit alters geheiligten und Seiner Macht würdigen Namen Christus angenommen hat, darum habe ich Ihn das neue Lied genannt...

II., 11. ...Kümmert euch also nicht um die gottlosen Heiligtümer, nicht um die Höhlen und Klüfte, angefüllt mit Zauberei, oder um den Thesprotischen Kessel oder den Dreifuß von Kirrha oder das Erzbecken von Dodona! Überlasset den veralteten Sagen das im Sand der Wüste verehrte Gerandryon, die heiligen Eichen und das Orakel dort, das sich samt seiner Eiche als kraftlos erwiesen hat. Verstummt ist nun die Kastalische Quelle und ebenso die von Kolophon, und die übrigen wahrsagenden Wasser sind in gleicher Weise versiegt und — wenn auch spät — so doch endlich ihres eitlen Ruhmes bar, nachdem sich ihr Wasser samt den damit verbundenen Sagen verlaufen hat. Zähle sie ruhig alle auf, die wertlosen Orakelstätten alles sonstigen Wahrsagens oder vielmehr Wahnsagens, den Klarios, den Pythios Apollon, den Didymeus, den Amphiareos, den Amphilochos, und wenn du willst, so entziehe der Verehrung auch — wie jene selbst — ihre Zeichenseher und Vogelschauer und Traumdeuter; hole auch noch jene herbei, die aus Weizen und Gerste wahrsagen, stelle sie neben den Pythios, und auch noch die bei den Volksmengen und Festen hochverehrten Bauchredner!...

Ebenso sollen die Heiligtümer der Ägypter und die Totenbeschwörungen der Tyrrhēner dem Dunkel der Vergessenheit überliefert werden. Denn sind das nicht in Wahrheit nur Sophistenschulen voll Wahnwitz für ahnungslos Leichtgläubige und Spielhöllen für Menschen voll von vollendetem Irrwahn? Hat man doch sogar Ziegen und Krähen zu Gehilfen dieses Schwindels abge-

richtet: Menschen haben sie gelehrt, anderen Menschen ihre angebliche Zukunft zu prophezeien!
Soll ich dir auch noch die Mysterien aufzählen? Ich will nicht, wie es Alkibiades getan haben soll, ihre Geheimnisse ausplaudern. Ich will nur, geleitet durch das Wort der Wahrheit, den in ihnen verborgenen Schwindel ganz deutlich aufdecken; ich will eure sogenannten Götter, denen die Mysterienweihen gelten, wie auf der Bühne des Lebens selbst vor den Zuschauern der Wahrheit erscheinen lassen.
Dem rasenden Dionysos zu Ehren feiern die Bakchen ihre Orgien, indem sie durch Verzehren von rohem Fleisch ihren heiligen Wahnsinn zeigen; sie feiern die Zerreißung des lebendigen Fleisches ihrer Opfertiere, bekränzt mit Schlangen, wozu sie »Eva« rufen — das ist der Name jener Eva, durch welche die Sünde in die Welt kam —, und das Symbol der bakchischen Orgien ist die geweihte Schlange. Nun bedeutet aber — gemäß der genauen Erklärung des hebräischen Wortes — der Name Hevia, mit Spiritus asper geschrieben, die weibliche Schlange. Deo aber und Kore gaben sogar den Stoff zu einem Mysteriendrama, und ihre Irrfahrt, den Raub, die Trauer, feiert Eleusis bei Fackelschein ...
II., 14. Und jetzt — denn es ist hohe Zeit — will ich euch zeigen, wie eure Orgien voll von Betrug und Schwindel sind. Und wenn ihr eingeweiht seid, werdet ihr nur um so mehr über diese eure hochgeehrten Mysterien lachen müssen. Ich werde euch das Verborgene ganz offen nennen, ohne mich zu scheuen. Die Schaumgeborene also ...
XII., 119. So komm denn, du Betörter, nicht auf den Thyrsos gestützt, nicht mit Efeu bekränzt! Wirf die Stirnbinde weg! Wirf weg das Hirschfell — werde wieder nüchtern! Ich will dir den Logos und die Mysterien des Logos zeigen und sie dir mit den Bildern erklären, die dir vertraut sind. Hier ist der von Gott geliebte Berg, nicht ein Schauplatz für Tragödien, wie der Kithairon, sondern dem Drama der Wahrheit geweiht, ein nüchterner Berg, von heiligen Wäldern beschattet; und auf ihm schwärmen nicht die Schwestern der »vom Blitz getroffenen Semele« umher, die Mänaden, die in jene unheiligen Fleischzerreißungen eingeweiht werden sollen,

sondern die Töchter Gottes, die schönen Lämmer, die von den heligen Weihen des Logos künden und einen demütigen Chorreigen um sich versammeln. Diesen Chorreigen bilden die Gerechten, und das Lied, das sie singen, ist der Preis des Königs der Welt. Die Mädchen schlagen die Saiten der Leier, Engel verkünden den Ruhm, Propheten reden, und Klang von Musik erschallt ... es eilen die Berufenen, voll Sehnsucht, den Vater zu empfangen. Komm auch du, blinder Seher, zu mir, verlasse Theben und wirf Wahrsagekunst und Bakchosdienst von dir, laß dich zur Wahrheit führen! Fühle, ich reiche dir hier das Holz des Kreuzes, dich darauf zu stützen. Eile, Teiresias, komme zum Glauben! Du wirst sehend werden. Christus, der die Augen der Blinden wieder sehend macht, leuchtet auf, heller als die Sonne. Auch von dir wird die Nacht weichen, das Feuer wird sich vor dir fürchten, der Tod sich von dir scheiden. Den Himmel wirst du schauen, Greis, der du Theben nicht sehen konntest ...

AUS DEN »TEPPICHEN« DES KLEMENS VON ALEXANDRIEN

I., 7, 3. Seelen haben ihre eigene Nahrung; die einen gedeihen durch Erkennen und Wissen, die anderen finden ihre Weide in der griechischen Philosophie, von der freilich, wie von den Nüssen, nicht alles eßbar ist. »Der Pflanzende aber und der Begießende gehören zusammen«, entsprechend ihren Dienstleistungen — beide sind nur Gehilfen dessen, der wachsen läßt —, »aber jeder von ihnen wird seinen besonderen Lohn erhalten, wie es seiner besonderen Arbeit entspricht. Denn wir sind Gottes Mitarbeiter; ihr seid Gottes Ackerfeld und Gottes Bauwerk« nach den Worten des Apostels (1. Kor. 3, 8 f.).

I., 8. Man darf daher den Hörern nicht gestatten, auf Grund von Vergleichen eine Schätzung vorzunehmen, und auch nicht die Lehre denen zur Musterung ausliefern, die in verwandlungsreichen Redekünsten und in der machtvollen Wirkung großartig rhetorischer Schlußfolgerungen geübt und aufgewachsen sind, und noch weniger denen, deren Seele bereits in Vorurteilen befangen und deren Aufnahmefähigkeit nicht zuvor für neues Denken frei gemacht worden ist. Doch wenn sich jemand auf Grund seines Glaubens entschließt, zum Gastmahl zu kommen, so ist er gewiß zur Aufnahme göttlicher Lehren geeignet, denn er besitzt ja als vernünftigen Entscheidungmaßstab eben den Glauben. So gewinnt er zum Glauben auch noch die Überzeugung hinzu. Genau dies ist auch der Sinn das Prophetenworts: »Wenn ihr nicht glaubet, so verstehet ihr auch nicht« (Is. 7, 9) ...

I., 9, 1. Wer nur zu Anwesenden spricht, der nimmt bei Prüfung seiner Hörer Rücksicht auf die Zeit und trifft seine Entscheidungen auf Grund seiner Urteilskraft. So kann er von allen übrigen sehr bald den unterscheiden, der zu hören fähig ist; er achtet dabei auf die Worte, die Sitten, die Sinnesart, die Lebensweise, auf Bewegung und Haltung, auf Blick und Stimme, auf die Wegeskreuzung und den Felsen, auf den Pfad, der sich uns durch all das Zertretene anzeigt, auf die fruchtbare Erde und auf das unzugängliche Gestrüpp — und auf den wohl bearbeiteten Acker, der die Aussaat wird vielfältig wiedergeben können. Wer dagegen durch Schriftwerke zu anderen spricht, der sucht sich ein reines Gewissen zu schaffen Gott gegenüber, indem er in seiner Schrift laut bezeugt, daß er nicht um Gewinnes willen schreibe und auch nicht eitler Ehre zuliebe, daß er sich nicht von Leidenschaft bestimmen, nicht von Furcht knechten, nicht von Freude betören lasse — und daß er keinen anderen Genuß suche, als dem Heil seiner Leser zu dienen; das aber ist ein Genuß, der ihm nicht einmal gleich in der Gegenwart beschieden sein kann, so daß ihm nur — die Hoffnung bleibt.

I., 11, 1. Dieses Werk ist keine Schrift, die mit besonderer Kunst ausgearbeitet wurde, um damit zu prunken. Ich habe mir einfach Aufzeichnungen gemacht und hebe sie für das Greisenalter auf — ein Hilfsmittel gegen das Vergessen. Ich will mir ein Bild jener anschaulichen und lebensvollen Reden und ein Gemälde jener seligen und wahrhaft bedeutenden Männer machen, denen zu begegnen ich gewürdigt worden bin. Von ihnen sah ich den einen in Griechenland — den Ionier —, zwei andere traf ich in Großgriechenland, das heute Unteritalien heißt, und der eine von ihnen stammte aus Cölesyrien, der andere aus Ägypten. Noch andere waren im Osten zu Hause, und von diesen kam der eine aus Assyrien, dem Zweistromland, der andere aus Palästina — er war seiner Abstammung nach ein Hebräer. Doch als ich einem letzten begegnet war, der seiner Wirkung nach als der allererste hätte erwähnt werden müssen, da gab ich jedes weitere Suchen auf, seitdem ich ihn in Ägypten aufgespürt hatte, wo er in stiller Zurückgezogenheit lebte. Eine echte sizilische Biene, sog er den Honig aus den Blumen der prophetischen und apostolischen Wiesen und erzeugte damit in den Seelen seiner Zuhörer ein süßes, lauteres Erkenntnisgut[1]. Das Wirken derer, von denen die wahre, echte Überlieferung unmittelbar aus dem Munde der heiligen Apostel Petrus und Jakobus, Johannes und Paulus unversehrt bewahrt worden war, wobei immer der Sohn sie vom Vater übernahm (obzwar immer nur wenige ihren Vätern ähneln), ist tatsächlich mit Gottes Hilfe auch bis zu uns gedrungen, und so wurden auch in uns jene von den Vätern ererbten apostolischen Samenkörner noch einmal ausgesät. Ich bin gewiß, daß auch andere darüber frohlocken werden, nicht etwa aus Freude über meine Darstellung, sondern nur, weil die Überlieferung durch meine Schriften erhalten wird ... übrigens: Wenn man lehrt, so lernt man selbst dazu, und wenn man redet, so hört man oft zusammen mit seinen Zuhörern ... Meine Schrift macht sich nicht anheischig, Geheimnisse vollständig zu verkünden — das wäre weit gefehlt —, sondern nur zu erinnern, sei es, so oft wir etwas vergaßen, sei es, damit wir es nicht erst vergessen. Aber vieles ist uns, wie ich wohl weiß, schon entfallen, da es infolge der langen Zeit, weil es nicht aufgeschrieben wurde, schließlich verloren ging.

I., 18, 1. Die »Teppiche« werden aber die Wahrheit stets mit den Lehren der Philosopie vermischt enthalten, vielmehr in sie verhüllt und in ihnen verborgen, so wie der eßbare Kern in der Schale einer Nuß verborgen steckt. Ich meine nämlich, daß es sich zieme, die Samenkörner der Wahrheit allein für die Ackersleute des Glaubens aufzubewahren. Freilich kenne ich auch das Gerede der Leute sehr wohl, die töricht genug vor jedem Geräusch erschrecken und darum sagen, man solle sich nur mit dem Nötigsten beschäftigen, nur mit dem, was für

---

[1] Schon Eusebios vermutete, daß Klemens mit diesem Lehrer aus Sizilien nur Pantaios gemeint haben könne.

den Glauben unentbehrlich ist ... andere meinen sogar, daß die Philosophie als solche von Übel sei ... ich werde aber überall in meinen »Teppichen« zeigen ... daß auch die Philosophie in mancher Hinsicht ein Werk göttlicher Vorsehung ist.

I., 28, 1. Vor der Ankunft des Herrn war Philosophie für die Griechen das Mittel der Rechtfertigung, jetzt aber ist sie für die Gottesfurcht nützlich, denn sie wird zu einer Art Vorbildung für alle, die den Glauben durch Beweise gewinnen wollen. »Dein Fuß wird nicht anstoßen«, so heißt es (Sprichw. 3, 23), wenn du alles Gute auf die Vorsehung zurückführst, gleichviel, ob du es bei uns oder bei den Griechen findest. Denn Gott ist der Urheber alles Guten, im Alten wie im Neuen Testament ist dies auch immer unmittelbar um seiner selbst willen der Fall, dagegen bei der Philosophie ist es immer nur eine Folgeerscheinung. Vielleicht wurde aber auch die Philosophie um ihrer selbst willen den Griechen gegeben, zur Zeit, ehe noch der Herr auch die Griechen berufen hatte — denn die Philosophie erzog das Griechenvolk für Christus, wie das Gesetz die Hebräer.

I., 45, 3. »Die Gebote«, so heißt es, »schreibe dir doppelt auf, für Rat und Kenntnis, damit du mit Worten der Wahrheit antworten kannst, wenn dir eine Frage vorgelegt wird.« Was ist das für eine Kenntnis, die das rechte Antworten ermöglicht? Die gleiche, die auch beim rechten Fragen hilft. Das wird wohl die Dialektik sein. Ist denn nicht auch das Reden eine Tätigkeit, und ist nicht das Handeln eine Folge von Reden und Überlegen? Wenn wir nicht mit Überlegung handeln, ist unser Tun töricht und blind. Jede vernünftige Tat dagegen wird nur entsprechend dem Willen Gottes ausgefürt. »Und nichts ist ohne das Wort geworden«, so heißt es, nämlich nichts ohne das Wort Gottes. Hat nicht auch der Herr alles durch Sein Wort gemacht? Arbeiten — das können auch unsere Haustiere, aber nur, wenn der Zwang der Furcht sie vorantreibt ...

II., 97, 1. Der Erkennende ist der Mensch nach Gottes Bild und Ähnlichkeit, denn soweit es ihm überhaupt möglich ist, wird er auch Gott nachzuahmen sich bemühen und nichts unterlassen, was irgend zu den menschlich erreichbaren Ähnlichkeiten mit Gott beitragen kann, er wird Enthaltsamkeit und Geduld üben, gerecht leben, seine Leidenschaften beherrschen, wie ein König seine Untertanen beherrscht, wird von seiner Habe bereitwillig mitteilen, wird nach allen seinen Kräften in Wort und Tat wohltätig sein ...

Das Ähnlichwerden nennt das Gesetz »Nachfolge«, und solche Nachfolge macht in der Tat ähnlich. »Werdet mitleidig und barmherzig«, sagt der Herr, »wie euer himmlischer Vater barmherzig ist.« Auch die Stoiker lehrten ja schon, das höchste Ziel sei, der Natur zu folgen — sie hatten eben statt »Gott« einfach »Natur« eingesetzt, ungehörigerweise, denn der Begriff Natur erstreckt sich auf Gepflanztes und Gesätes auch, auf Bäume und auf Steine ...

Der Pythagoreer Hippodamos schreibt: »Von den Freundschaften stammt die eine aus der Kenntnis der Götter, die andere aus der Freigebigkeit der Menschen, die dritte aus der Lust der Tiere.« Die erste Art ist die der Philosophen ... und tatsächlich ist ja ein Mensch, der Wohltaten erweist, immer ein wenig auch Abbild Gottes.

III., 57, 1. Die von den griechischen Philosophen gelehrte Enthaltsamkeit verlangt, daß man mit der Begierde kämpfe und ihr nicht zu ihren Taten willig sei. Dagegen die von uns gelehrte befiehlt, daß man überhaupt nicht begehre. Sie hat sich nicht das Ziel gesetzt, trotz vorhandener Begierde beherrscht zu bleiben, sondern überhaupt nicht zu begehren.

IV., 4, 1. Unsere Abhandlungen sollen aber, wie wir schon oft bemerkten — wegen der Leser, die sich hemmungslos und ohne Vorbereitung darin ergehen können —, leicht und bunt zusammengefügt sein, Teppichen gleich (wie schon ihr Name es andeutet). In ununterbrochenem Wechsel sollen sie von einem Gegenstand auf den anderen übergehen und im Laufe der Darstellung oft einen anderen Sinn erschließen lassen als den, der zunächst in den Worten zu liegen scheint. »Die nämlich nach Gold suchen, graben viel Erde auf und finden wenig«, sagt Herakleitos, jene aber, die wirklich zum goldenen Geschlecht gehören und einfach aufspüren, was ihnen verwandt ist, finden viel in wenigem. So wird wohl auch meine Schrift den einen Leser finden, der sie versteht. Diesem also, der mit

Verstand zu forschen vermag, wird das Teppichgewebe meiner aneinandergereihten kleinen Abhandlungen dazu behilflich sein, daß er sich an die Wahrheit erinnert ... Daher heißt es: »Suche, und du wirst finden«, wenn du dich nur an den wahrhaft »königlichen Weg« hältst und nicht von ihm abweichst ...
So bringen denn auch unsere Teppiche, um mit den Worten des Bauern bei dem Lustpieldichter Timokles zu sprechen, »frische Feigen, Öl, getrocknete Feigen, Honig« herbei wie von einem Landgut, das an allen guten Früchten reich ist ... man muß aber dann das Gemenge von vielerlei Samen oft hin und her schütteln und in die Höhe werfen — etwa wie man es bei den Futterschwingen macht —, um schließlich den Weizen auszusondern.

IV., 9, 1. ...Auch Pythagoras hat Gott allein weise genannt, sich selbst aber wegen seiner Liebe zu Gott einen Philosophen, also einen Freund der Weisheit. In ähnlichem Sinn ist die Stelle zu verstehen: »Gott sprach mit Moses wie ein Freund mit einem Freunde.« Denn das Wahre ist in Gott offenbar, der Erkennende aber liebt die Wahrheit und sucht sie. »Gehe hin zur Ameise, du Faulpelz, und werde ein Schüler der Bienen« sagt Salomo. Aber wenn jedes Geschöpf eine einzige seinem Wesen entsprechende Art der Beschäftigung hat, das Rind die seine, und das Pferd die seine, und auch der Hund betätigt sich nur in der einen, ihm eigenen Art — was sollen wir dann als die dem Menschen allein und urtümlich vorbehaltene Betätigungsweise ansprechen? Der Mensch gleicht, wie mir scheint, einem Zentauren, diesem merkwürdigen Traumgeschöpf Thessaliens, da er aus einem vernünftigen und einem unvernünftigen Teil zusammengesetzt ist, aus Seele und Leib. Der Leib bearbeitet die Erde und strebt zur Erde zurück, die Seele dagegen ist auf Gott hin ausgerichtet — wenigstens soweit sie durch die wahre Philosophie dazu angehalten und erzogen wird. Dann eilt sie empor, ihren Verwandten entgegen, zuvor aber muß sie sich von den Begierden des Körpers reinigen und mit ihnen zugleich alle Mühsal und Furcht ablegen .... Freilich ist auch Erdulden von Mühsal nützlich, und Furcht ist nützlich, soweit sie Gottesfurcht ist, und das heißt Erkenntnis der Sünde, und solche Erkenntnis kommt durch Kenntnis des Gesetzes. Ohne Gesetz ist die Sünde tot... Herakleitos hat recht, wenn er sagt: »Man würde den Namen des Rechtes nicht kennen, wenn es kein Unrecht gäbe«, und Sokrates meint, das Gesetz sei gewiß nicht entstanden, um die Guten zu lenken... Denn die Gebote: »Du sollst nicht töten, du sollst nicht ehebrechen, du sollst nicht stehlen« und so weiter, können in dem einzigen Satz zusammengefaßt werden: »Du sollst deinen Nächsten lieben wie dich selbst«... Wenn aber der nichts Böses tut, der seinen Nächsten liebt, und wenn wirklich alle Gebote in der einen Forderung zusammengefaßt werden können, man solle den Nächsten lieben, dann wollen also alle Gesetze und Gebote nicht Haß bewirken — obwohl sie doch drohend die Furcht über alle Menschen schweben lassen —, sondern nur Liebe...

IV., 13, 1. Wenn ein Erkennender vom Leben abberufen wird, gehorcht er natürlich und leicht und gibt dem, der den Leib von ihm fordert, mit Freuden die Leidenschaften hin, oder vielmehr, er kommt ihm zuvor und legt sie noch früher ab als die Leibeshülle — wobei er den Versucher, wie ich meine, nicht schmäht, sondern belehrt und ihn davon überzeugt, »aus wie gewaltiger Ehre und welcher Fülle des Glückes«, wie Empedokles sagt, er hierherkam, um unter den Sterblichen zu wandeln. Er gibt dadurch Zeugnis, daß er von echtem Glauben beseelt ist und daß der Versucher immer vergeblich dem nachstellen wird, der durch die Liebe gläubig ist... Ein solcher wird sich auch nicht etwa nur aus Furcht, — des Gebotes wegen — davor hüten, Christus zu verleugnen, so daß er also ein Blutzeuge vielleicht nur aus Furcht vor Strafe werden müßte, und er verkauft seinen Glauben auch nicht — und kauft ihn auch nicht — in der Hoffnung auf Lohn und Geschenk. Ein solcher wird sich vielmehr aus Liebe zum Herrn jederzeit bereitwillig aus diesem Leben lösen; ja vielleicht wird er sogar Dankbarkeit denen gegenüber empfinden, die gegen ihn Verfolgungen einleiten und ihm so Gelegenheit geben, aus diesem Leben zu scheiden, denn er erhält ja auf diese Weise einen triftigen Grund, den er selbst sich nicht hätte beschaffen können, um sich als

KLEMENS VON ALEXANDRIEN 117

der zu erweisen, der er in Wahrheit ist, ein Standhafter dem Versucher gegenüber und ein Liebender dem Herrn gegenüber. Freilich, dem Herrn war der Vorsatz der zum Martyrium freiwillig Entschlossenen schon vor ihrer Geburt offenbar. Voll Vertrauen kommt dann ein solcher zu dem Herrn wie zu einem Freund, für den er auch den Leib willig hingegeben hat und dazu auch die Seele, so wie es der Richter erwartet hatte, und er darf von unserm Heiland — um das Dichterwort zu benützen — die Begrüßung »lieber Bruder« hören, wegen der Ähnlichkeit seines Lebens. Darum nennen wir das Martyrium eine Vollendung, nicht weil ein Mensch im Martyrium das Ende seines Lebens gefunden hat, wie alle übrigen es im Tode finden, sondern weil er ein vollkommenes Liebeswerk gezeiget hat. Auch die alten Griechen preisen das Ende von in der Schlacht Gefallenen nicht etwa, als ob sie zu einem gewaltsamen Tode raten wollten, sondern weil ohne Furcht aus dem Leben scheidet, wer im Kriege fällt... Einige von den Irrlehrern haben den Herrn falsch verstanden, hängen gottlos und feige am Leben — sie behaupten, das wahre Martyrium sei die Erkenntnis des wahrhaft seienden Gottes (man kann es so auffassen), aber wer sein Bekenntnis mit dem Tod besiegelt, der töte sich selbst und sei ein Selbstmörder. Auch noch andere derartig schlaue Erfindungen der Feigheit wissen sie vorzubringen... Auch wir tadeln wohl solche, die sich selbst in den Tod stürzen. Es gibt nämlich in der Tat auch solche Leute — sie gehören nicht zu uns und tragen nur zu Unrecht den Namen Christen —, die nicht aus Liebe, sondern aus Haß gegen den Weltschöpfer kaum erwarten können, sich auszuliefern, die Unseligen, nur um den Tod zu suchen. Von solchen behaupten wir allerdings, daß sie sich mit ihrem freiwilligen Abschied aus dem Leben kein Verdienst und auch nicht den Ruhm eines Märtyrers erwerben, auch wenn der Staat sie als Christen bestraft. Dann sie vertreten nicht das Wesen des wahren Märtyrertums aus Liebe, da sie den wahren Gott gar nicht kennen. Sie liefern sich einem nichtigen Tod aus, ähnlich wie sich die Gymnosophisten bei den Indern in das Feuer stürzen, nur weil sie die Schöpfung verachten. Da diese Leute — die übrigens ihren Namen mit Unrecht tragen, denn sie sind weder Weise noch Christen — gemeinhin dem Körper alles Schlechte nachsagen, so möchte ich sie nur im Vorübergehen darauf hinweisen, daß auch die richtige Verfassung des Körpers zu einer guten Beschaffenheit des Geistes erheblich beiträgt ... Deshalb sagte auch Platon, den sie bei ihren Schmähungen gegen die Schöpfung vor allem als Zeugen anzuführen pflegen, im dritten Buche der Politeia, man müsse um der Harmonie der Seele willen für den Körper sorgen, denn nur durch ihn sei es möglich, überhaupt zu leben — und auch richtig zu leben —, indem man die Worte der Wahrheit verbreite.

IV., 19, 1. Ich bewundere jene Stoiker, die behaupten, daß die Seele nach keiner Seite hin vom Körper beeinflußt zu werden brauche, weder zum Schlechten hin durch Krankheit, noch zur Tugend hin durch Gesundheit — beides sei, so sagen sie, sittlich völlig gleichgültig. Übrigens ist uns auch von Hiob eine ganz außerordentliche Selbstbeherrschung rühmlich überliefert, ein herrliches Beispiel felsenfesten Glaubens: Er war aus einem Reichen zu einem Armen, aus einem angesehenen Mann zu einem verachteten, aus einem Schönen zu einem Häßlichen, aus einem Gesunden zu einem Kranken geworden — aber er beschämte den Versucher und pries seinen Schöpfer, er trug das zweite Schicksal wie das erste und zeigte allen, daß ein wahrhaft Erkennender imstande ist, sich in alles zu schicken, wie es ziemt.

IV., 48, 1.
»Was mit Gewalt du meinem Sinn entlocken willst,
 das wirst du nie erfahren, magst mit Feuersglut
 mich brennen oder auch vom Scheitel bis zum Fuß
 durchsägen mich, magst foltern mich auf alle Art«,
sagt in der Tragödie ein Weib, furchtlos, mit männlichem Sinn. Und Antigone mißachtet das Gebot des Kreon und erwidert ohne Zögern: »Nicht Zeus ja war es, der mir dies geboten hat.« Gott ist es allein, der uns gebietet und dem wir gehorchen müssen. »Denn zur Gerechtigkeit glaubt man Ihm mit dem Herzen, und mit dem Munde zum Heil bekennt man Ihn«, mahnt die Heilige Schrift, »und keiner von denen, die auf Ihn vertrauen, wird je zuschanden werden.« Mit Recht also schreibt Simonides:

»Die Sage geht, es
wohne die Tugend hoch auf unersteiglichem Felsen,
und schneller Nymphen heilige Schar umsorgt sie,
aber kein Sterblicher kann je sie erblicken —
wer sauren Schweiß nicht von der Stirne rinnen läßt
und nicht zur Höhe tapfer steigt.«
Und Pindaros singt:
»Die Sorgen der Jugend, hin und her mit Mühe gewälzt,
ernten Ruhm; die Werke leuchten mit der Zeit
strahlend empor bis zur Himmelshöhe.«
An diesen Gedanken schließt sich auch Aischylos an,
wenn er sagt:
»Dem, der sich anstrengt, dem gebührt
als Frucht der Mühe Ruhm, geschenkt von Götterhand.«
Oder wie Herakleitos es ausdrückt: »Größerem Tod wird
größeres Los zuteil.«
Und der Apostel schreibt an Timotheus: »Gott hat uns
nicht einen Geist der Knechtschaft gegeben, daß wir uns
wieder fürchten müßten. Er gab uns einen Geist der
Kraft und der Liebe und der Besonnenheit. Darum
schäme du dich nicht davor, das Zeugnis für unseren
Herrn abzulegen, und auch nicht meiner, der ich Seinetwegen ein Gefangener bin.« . . .
IV., 50, 1. Die indischen Philosophen sagten zu Alexander von Makedonien: »Unsere Körper kannst du zwar
von einem Ort zum anderen verschicken lassen, aber
unsere Seelen wirst du nicht zwingen können, etwas zu
tun, was wir nicht wollen. Denn die schlimmste Strafe
für den Menschen ist wohl das Feuer — und gerade das
verachten wir.« Nur das gleiche hatte wohl Herakleitos
im Sinn, wenn er sagte, er ziehe den Ruhm allen anderen Gütern vor und überlasse es der Menge, »satt zu
sein wie das Vieh«.
So sang auch der griechische Chor:
»Des Körpers wegen sind die meisten Mühen da,
für ihn erfanden wir das gutgedeckte Dach
und graben weißes Silber, und besä'n das Feld,
tun alles andere, was nur immer uns bekannt.«
Der Masse mag diese eitle Mühe wertvoll erscheinen.
Zu uns aber spricht der Apostel: »Dies eine wissen wir
wenigstens — daß unser alter Mensch mitgekreuzigt ist,
damit der Leib der Sünde zunichte werde und damit

wir der Sünde nicht mehr dienen.« Und er fügt hinzu, offenbar, um uns zu zeigen, welche Angriffe der echte Glaube von der Masse zu gewärtigen hat: »Mich deucht, uns Apostel hat Gott zu Leuten gemacht, die einem baldigen Tode verfallen sind — denn wir sind zu Schaustücken geworden, für die Welt, für die Menschen, für die Engel. Bis zur gegenwärtigen Stunde leiden wir Hunger und Durst, ziehen schlecht gekleidet von Ort zu Ort, müssen uns mißhandeln lassen, führen ein Leben ohne Rast und plagen uns ab, erarbeiten alles und jedes mit eigenen Händen. Wenn man uns schmäht, segnen wir. Wenn man uns verfolgt, halten wir still. Wenn man uns lästert, erwidern wir mit sanften, guten Worten. Und so sind wir zum Abschaum der Welt geworden!« (1. Kor. 4, 9, 11-13.)

IV., 52, 1. Von den Gerechten sagt Platon im »Staat«, er werde glücklich sein, auch wenn er gefoltert werde und wenn ihm beide Augen ausgestochen würden. Für den Erkennenden wird so die letzte Entscheidung nie durch ein äußeres Schicksal begründet sein, sondern von ihm selbst hängt es ab, ob er glücklich und selig und ein königlicher Freund Gottes ist. Und wenn man ihn auch seiner bürgerlichen Rechte beraubt, ihn verbannt, seine Güter einzieht und ihn zuletzt zum Tode verurteilt, so wird er sich doch niemals von seiner inneren Freiheit und vom Allerentscheidendsten abbringen lassen — seiner Liebe zu Gott, die alles hinnimmt und alles trägt und alles erduldet. Die Liebe gibt ihm die Überzeugung, daß die göttliche Vorsehung alles aufs beste ordnen wird. Nicht umsonst heißt es: »Ich ermahne euch, werdet meine Nachahmer.«

Die erste Stufe zum Heil ist also die mit Furcht verbundene Unterweisung, derentwegen wir uns des Unrechts enthalten. Die zweite ist die Hoffnung, derentwegen wir das Beste erstreben. Zur Vollendung aber führt nur die Liebe — wie es sich nicht anders geziemt —, besonders, wenn sie auf Grund von vollkommener Erkenntnis erziehen kann. Unbegreiflich ist mir allerdings, daß die Griechen alle Ereignisse einer unvernünftig waltenden Notwendigkeit zuschreiben; sie geben dadurch zu, daß sie gehorchen müssen, ohne zu wissen, zu wollen, zu wählen. So sagt Euripides:

»Nimm also meine Mahnung dir zu Herzen, Weib!
Es lebt kein Sterblicher, der frei von Mühsal wär;
zu Grabe trägt er Kinder, Kinder zeugt er neu
Und stirbt auch selbst — die Menschen sind darob
betrübt...«
Dann fährt er fort:
»Ertragen muß
man alles, was uns die Natur zu tragen gibt.
Nicht fürchten soll man das, was unvermeidlich ist.«
Für alle, die der Vollkommenheit zustreben, ist vernunftgemäßes Erkennen die höchste Aufgabe. Deren Grundlagen sind durch die heilige Dreiheit gegeben: Glaube, Hoffnung, Liebe — die höchste aber ist die Liebe...
IV., 55, 1. So sagt auch der Erkennende: O Herr, gib mir Gelegenheit und stelle mich auf die Probe, die Schrecken sollen nur kommen, ich verachte alle Gefahren wegen meiner Liebe zu dir...
IV., 56, 1. Denn nicht nur die Aisopier und Makedonier und Lakedaimonier hielten standhaft aus, wenn sie gefoltert wurden, wie Eratosthenes in seiner Schrift »Über Gutes und Böses« sagt, sondern auch Zenon von Elea blieb standhaft unter allen Folterqualen, und als man ihn zwingen wollte, ein Geheimnis zu verraten, gab er es nicht preis. Sterbend biß er noch seine Zunge ab und spie sie gegen den Tyrannen aus... Ebenso verhielt sich auch der Pythagoreer Theodotos und auch Praylos, der Schüler des Lakydes, wie Timotheos von Pergamon in der Schrift »Über die Standhaftigkeit der Philosophen« und Achaikos in seiner »Ethik« berichten. Auch der Römer Postumus gab nicht nur nichts Geheimes preis, als er von Peuketion gefangengenommen worden war, sondern hielt sogar noch seine Hand ins Feuer und ließ sie schmelzen wie Erz, ohne auch nur eine Miene zu verziehen[1]. Und ich will nicht erst weiter vom Verhalten des Anaxarchos reden, der ausrief: »Zerstampfe die Hülle des Anaxarchos, ihn selbst zerstampfst du nicht!«, als ihn der Tyrann durch eiserne Mörserkeulen zerstoßen ließ.
IV., 57, 1. ...Die Liebe zu Gott läßt sich also durch nichts erschüttern, was ihrem Träger auch zustoßen mag; immer bleibt sie unberührt. Er mag den wildesten

[1] Mucius Scaevola = Opsigonus = Postumus

Tieren vorgeworfen werden, man kann ihn in das allerverzehrendste Feuer stürzen, ihn unter den grausamsten Martern töten — immer bleibt er dennoch unlösbar mit der göttlichen Freundschaft verbunden und steigt, frei von allen Fesseln, zum Himmel empor. Nur seinen Leib überläßt er denen, die nur diesen allein festhalten können...

V., 68, 1. Die meisten Menschen verkriechen sich in das Irdische wie die Schnecken in ihr Haus und rollen sich um ihre eigene Zuchtlosigkeit zu einer Kugel zusammen wie die Igel — sie haben vom seligen, unvergänglichen Gott ungefähr die gleiche Vorstellung wie von sich selbst. Dabei entgeht ihnen aber, was sie doch leicht sehen könnten: daß Gott uns Unzähliges geschenkt hat, woran Er selbst nicht Anteil nimmt... Wenn bei den Hebräern von Gottes Händen, Füßen, Mund, Augen, Kommen und Gehen, Zornesausbrüchen und Drohungen die Rede ist, so darf man dies durchaus nicht für Bezeichnungen von Veränderungen bei Gott halten, sondern man muß vielmehr überzeugt sein, daß mit solchen Wendungen so manches in einem höheren Sinn deutbar gemeint ist[1]...

V. 69, 1. Schön ist es auch, wenn Isokrates in seinem Panathenaikos auf die selbstgestellte Frage »Wen nenne ich wirklich gebildet?« die Antwort gibt: »An erster Stelle die, welche sich bei den Tag für Tag neu auftauchenden Aufgaben immer gut zu helfen wissen, in ihrem Urteil stets das Richtige treffen und auch das Zuträgliche meist zu finden verstehen. Sodann diejenigen, die immer mit denen, die ihnen begegnen, so zu verkehren wissen, wie es am schicklichsten ist, die unangenehmen und lästigen Eigenschaften der anderen gelassen und leicht ertragen und sich selbst so gefällig und bescheiden betragen, wie es in ihrer jeweiligen Umgebung überhaupt möglich ist. Drittens diejenigen, die ihre Leidenschaften beherrschen, sich durch Unglücksfälle nicht allzusehr niederdrücken lassen und sich im Unglück so männlich verhalten, wie es der überkommenen Menschen-

---

[1] Stählin hat darauf aufmerksam gemacht, daß sich diese Stelle auf Philon bezieht (De sacr. Ab. et Caini, 84, 95, 98, 100) und daß hier Ausgangspunkte für die sinnbildlichen Deutungsversuche der Schule von Alexandrien zu finden sind.

natur ziemt. Viertens — und das ist vielleicht das wichtigste — diejenigen, die sich auch von Glücksfällen nicht verderben lassen, auf der Sturmwoge des Erfolges nicht die Haltung verlieren, nie übermütig werden und stets in den Reihen der Verständigen zu finden sind ... Siehst du also, wie auch Griechen das Leben aus der Erkenntnis — obwohl sie es nicht so auffassen, wie man es verstehen muß — als höchste Tugend zu preisen verstehen und dazu erziehen? ...

VI., 80, 5. Vor der griechischen Philosophie fürchten sich die meisten noch immer wie Kinder vor Gespenstern; sie haben offenbar Angst, die Philosophie könnte sie mit sich davontragen. Wenn aber die Meinung — denn Erkenntnis kann ich das nicht nennen — bei ihnen solcherart ist, daß sie durch beredte Worte ins Wanken gebracht werden kann, dann soll sie getrost erschüttert werden, ja auch ihr Glauben soll erschüttert werden, um so mehr, als diese Leute offenbar gerade dadurch am ehesten zu dem Geständnis veranlaßt werden könnten — und zur Selbsterkenntnis —, daß sie nicht im Besitz der Wahrheit sind. Denn unerschütterlich fest, so heißt es, steht die Wahrheit, und nur ein Irrglaube kann wankend gemacht werden. Wir wählen ja auch Purpur gerade dadurch am sichersten aus, daß wir anderen Purpur daneben halten. Wenn jemand zugeben muß, daß er keine unerschütterliche Überzeugung hat, so fehlt ihm der Probetisch der Geldwechsler und der Maßstab für das Echte und Falsche ... war es nicht David der ausrief: »Bis in Ewigkeit wird der Gerechte nicht wankend gemacht werden!« ...»Suchet also den Herrn und werdet stark, suchet Sein Angesicht allezeit«, suchet Ihn auf allerlei Weise! Denn da Er »vielfältig und auf vielerlei Weise« zu uns spricht, kann Er auch nicht auf eine einzige Weise erkannt werden.

VI., 82, 1. Unser Erkenntnissucher wird also vielseitig gebildet sein müssen. Aber nicht etwa, um sich Wissenszweige als Tugenden anzueignen, sondern um sie als Gehilfen zu gebrauchen. Indem er das Gemeinsame — Allgemeine — vom Besonderen unterscheiden lernt, wird er allmählich zur Wahrheit gelangen. Immer ist ja an jedem Irrtum und an jedem falschen Wahn nur schuld, daß man nicht unterscheiden konnte, inwieweit die Ein-

zeldinge miteinander Gemeinsames haben und inwieweit sie sich voneinander unterscheiden ... wo aber dies geschieht, da kommt man alsbald von rechten Weg ab und geht in die Irre. Auch beim Lesen in der Heiligen Schrift geht uns in der Seele ein helleres Licht auf, sobald wir die Worte und Sachen unterscheiden. Achtet beim Hören sowohl auf die Einzelausdrücke, die mehrerlei bedeuten, als auch auf die Stellen, wo mehrere Ausdrücke für ein und dieselbe Sache stehen ... Kurz, genau das, was die eifrigen Anhänger gnostischer Irrlehren in verderblicher Absicht verwenden, das wird der echte Erkenntnissucher zum Guten benützen. Denn während sich die in der griechischen Philosophie zutage tretenden Wahrheiten stets nur auf Teilgebiete erstrecken, stellt die wirkliche Wahrheit alle trügerischen Versuche der Sophistik, Falsches glaublich zu machen, in das richtige Licht ...
VI., 88, 1. ... Als ein Beispiel aus der Tonkunst sei David hier genannt, der Psalmen sang und weissagte und in allerhand schönen Weisen Preislieder auf den Herrn verfaßte. Das enharmonische Klanggeschlecht paßt aber sehr gut zur dorischen Tonart und das diatonische zur phrygischen, wie schon Aristoxenos bemerkte. Die Tonart des barbarischen Psalters, die den Ernst des Liedes hervorkehrt, ist die älteste. Sie wirkt als Vorbild des Terpandros, der nach dorischer Tonart Zeus besingt, ungefähr so:
»Zeus, alles Lebens Anfang, Herr des Alls,
Zeus, diesen Liedesanfang weih ich dir.«
Mit »Zither« bezeichnet der Psalmensänger wohl — der ersten Bedeutung nach — den Herrn. Nach der zweiten aber diejenigen, die unter der Leitung des Herrn — ihres Musenführers gleichsam — ohne Unterlaß auf ihren Seelen spielen wie auf einem Saiteninstrument. Und wenn dann auch das Volk, das gerettet wird, »Zither« heißt, so muß das so verstanden werden, daß es in klangvoller Weise Gott preist, weil es — erleuchtet vom Logos und auf Grund der Erkenntnis Gottes — durch den Logos zum Glauben gebracht wird wie ein Saiteninstrument zum Klingen. Man kann es aber auch noch in anderer Weise auffassen: als ein wohlklingendes Übereinstimmen des Gesetzes mit den Propheten und der Kirche oder der Apostel mit dem Evangelium oder als den mehr unter-

geordneten Einklang aller Propheten bei allem Wechsel der Personen.

VI., 89, 1. Aber es scheint, die meisten derer, die sich dem Namen der Christen verschrieben haben, gleichen eher den Gefährten des Odysseus. Ohne Sinn für feinere Bildung machen sie sich an die Lehre heran. Dabei gehen sie mit sorgsam verstopften Ohren zwar nicht an Sirenen vorüber, aber doch an Rhythmen und Melodien vorbei und lehnen jedes Lernen, jede Bildung ab, so als ob sie wüßten, daß sie den Weg zurück nach Hause gar nicht mehr finden könnten, wenn sie nur ein einziges Mal ihre Ohren der griechischen Wissenschaft geöffnet hätten. Wer aber das Brauchbare auswählt zum Vorteil der zu Unterweisenden, zumal wenn es sich um Griechen handelt — denn »des Herrn ist die Erde und ihre Fülle« — der darf sich doch wohl nicht von der Freude am Lernen abkehren wie ein unvernünftiges Tier. Im Gegenteil, er sollte für seine Hörer möglichst viele Hilfsmittel zusammentragen. Natürlich darf man aber nicht dauernd dabei verweilen, sondern nur, solange man einen Nutzen daraus gewinnen kann. Sowie man diesen Nutzen gefunden und sich zu eigen gemacht hat, soll man wieder nach Hause zurückkehren zur wahren Philosophie der Gotteserkenntnis; und man wird dann als feste Überzeugung für die Seele eine aus allem hervorgehende Glaubensgewißheit gewonnen haben.

Man muß sich also mit der Tonkunst beschäftigen, nicht nur zur Beruhigung des Gemüts, sondern auch zur Veredlung des Charakters und der Bildung. Auch beim Trinken fordern wir uns ja oft durch Zuspruch gegenseitig zum Psalmensingen auf; wir besänftigen dann wohl durch unser Singen die Leidenschaft unserer Begierden, wir preisen Gott und danken Ihm für die reiche Gabe der den Menschen gewährten Genüsse, für die Nahrung, die unserem Körper zur Kräftigung oder zum Wachstum, und für jene andere Nahrung, die uns zur Förderung und Entfaltung der Seele immer wieder geschenkt wird.

Zu verwerfen wäre aber jede Musik, deren Maß die richtigen Grenzen überschreitet, unsere Seele schwächt, uns in allzu leicht wechselnde Stimmungen versetzt, so daß wir bald leicht gerührt, bald ausgelassen und vergnügungssüchtig, bald rasend, aufgeregt und wie von Sinnen sind.

Ähnliches gilt auch von der Sternkunde. Sie sucht die Vorgänge am Himmel zu erforschen, die Gestalt des Weltalls, den Kreislauf des Himmels, die Bewegung der Gestirne zu ergründen. Auf diese Weise führt sie die Seele näher an die Macht des Schöpfers heran — sie lehrt auch wohl, auf die Jahreszeiten zu achten, auf den Wechsel der Luftströmungen, auf die Aufgangszeiten der Gestirne. Denn besonders Schiffahrt und Landbau haben die Sternenkunde nötig in sehr vielen Fällen, so wie die Architektur zum Bauen die Geometrie braucht. Letztere Wissenschaft kann in besonders hohem Maße die Seele fähig machen, richtige Folgerungen zu ziehen, das Wahre als wahr zu erkennen und das Falsche als falsch zu widerlegen, Übereinstimmungen aufzufinden, entsprechende Verhältnisse zu entdecken, so daß wir beim Unähnlichen auch den verborgenen Ähnlichkeiten auf die Spur kommen. Und schließlich lehrt sie uns, uns eine reine Länge ohne Breitenausdehnung und eine reine Fläche ohne Tiefenausdehnung und zuletzt gar einen unteilbaren Punkt ohne jede Ausdehnung richtig vorstellen zu können; so führt sie uns vom sinnlich Wahrnehmbaren hinüber zum Allgemeingültigen, Geistigen.

VI., 91, 1. So sind die Wissenschaften echte Gehilfinnen der Philosophie, und die Philosophie selbst hilft mit bei der Auffindung der Wahrheit. Auch die menschlichen Gewänder waren ja zuerst nur Schaffelle, dann wurde die Wolle gekrempelt und der Faden wurde gesponnen — und Einschlag und Kette wurden schließlich zu Tuch gewebt. In ähnlicher Weise muß auch die Seele vorbereitet und auf mannigfache Weise bearbeitet werden, wenn sie zur Vollkommenheit geführt werden soll, denn ein Teil der Wahrheit besteht im Erkennen, ein anderer im Tun, und ihre Quelle ist die Versenkung in das Schauen und Denken, sie hat aber sehr viel Schulung und Übung und Erfahrung nötig, um richtig schauen und richtig denken zu lernen. Und auch dieses ist von zweierlei Art: Es richtet sich bald nach außen, auf die anderen, bald nach innen, auf den Beschauer selbst. Auch die Unterweisung muß deshalb so beschaffen sein, daß sie beiden Zielen sich anzupassen vermag. Und wenn man dann vollkommen erlernt hat, was zu richtiger Erkenntnis unbedingt hinführt, dann kann man fortan ungestört und ruhig weiterforschen und die eigenen Taten nach der geistigen Schau richten. Wenn aber nun die einen sich ans Schreiben machen und die anderen sich anschicken, die Lehre mündlich weiterzugeben in der Absicht, die Nächsten zu fördern, dann wird ihnen sowohl ihre sonstige Bildung dabei zustatten kommen als insbesondere auch das Lesen der Schriften, die von den Worten des Herrn erzählen. Solche Gegenüberstellungen sind nötig, um das Gesagte zu beweisen — besonders aber, wenn die Hörer selbst von der griechischen Bildung herkommen.

VI., 95, 1. Verstehet das Geheimnis der Wahrheit und verzeihet, wenn ich hier zögere, in der Ausführung noch weiter fortzuschreiten. Ich möchte nur noch diese eine Verkündigung wiederholen: »Alles ist durch Ihn geworden, und ohne Ihn ist auch nicht eines geworden.« Darum wird Er ja auch der »Eckstein« genannt, »auf dem jeder Bau — fest zusammengefügt — zu einem heiligen Tempel Gottes emporwächst«... Obendrein solltet ihr auch noch dieses eine wissen: Wir sind von Natur aus für die Tugend geschaffen, indessen nicht so, daß wir sie schon von Geburt an hätten, sondern nur so, daß wir fähig sind, sie zu erwerben.

VI., 96, 1. Damit ist auch die Frage beantwortet, die uns von den Irrlehrern vorgelegt wird: ob Adam vollkommen geschaffen wurde oder unvollkommen. Wenn unvollkommen — so fragen sie —, wie kann das Werk des vollkommenen Gottes unvollkommen sein? Und ganz besonders der Mensch, das Ebenbild der Gottheit? Wenn aber vollkommen — wie kann ér dann Gebote übertreten? Auch von uns werden sie nur diese eine Antwort zu hören bekommen, daß der Mensch seiner ganzen Gestaltung nach nicht vollkommen geschaffen werden durfte, sondern vielmehr frei, also fähig, sich Tugenden anzueignen, sie zu erwerben. Es ist doch wohl ein Unterschied, ob man für den Erwerb von Tugenden frei und fähig geschaffen ist oder ob man sie bereits fertig besitzt: Gott will, daß wir auf Grund eigener Entscheidungen gerettet werden. Genau das ist aber das Wesen der Seele, daß sie sich aus eigener Kraft bewegen muß. Ferner haben wir — da wir selbst vernünftige Wesen sind und die Philosophie die Lehre von der Vernunft ist — eine gewisse ursprüngliche Verwandtschaft mit ihr; die Eignung zur Tugend ist zwar ein Antrieb, sie zu erwerben, aber Tugend selbst ist sie nicht.[1]

VI., 98, 1. Man soll also auch nicht behaupten, daß derjenige, der Unrecht und Sünde tut, sich nur infolge der Wirkung böser Geister verfehle. Denn dann würde er ja gar keine Strafe verdienen. Vielmehr wählt er frei beim Sündigen genau das gleiche wie die bösen Geister ...

---

[1] Scharf grenzt Klemens von Alexandrien in diesen schlichten Sätzen die menschliche Verantwortung vor der göttlichen Gnade ab und vollzieht die Wendung des katholischen Christenglaubens weg vom östlich-mystischen Fatalismus, hin zum abendländischen »Eckstein« der frei gewählten Pflicht und der stets verantwortlich zu bewährenden Entscheidung.

ORIGENES

Origenes, der größere Schüler des Klemens von Alexandrien, ist um das Jahr 184 in Alexandrien geboren, von christlichen Eltern, ein Grieche. Sein Vater, der Elementarlehrer Leonidas, wurde im Jahre 201 – als Origenes kaum erst siebzehn Jahre alt war – eines der ersten Opfer der von Kaiser Septimius Severus dort veranlaßten Christenverfolgung, während der widerstrebende Knabe – der sich nun auch zum Märtyrertod hindrängte – von seiner Mutter mit Gewalt versteckt gehalten wurde: Sie nahm ihm alle Kleider fort!

Jetzt hatte er für die Erhaltung der Familie – seiner Mutter und sechs jüngerer Geschwister – allein zu sorgen. Die Christengemeinde half. Doch nun wurde er zu einem Sektierer getan, einem gewissen Paulus von Antiochia, und der suchte ihn zu verführen. Aber schon hatte Origenes den Unterricht des Ammonius Sakkas und des großen Klemens genossen und war nicht mehr vom rechten Weg abzubringen. Klemens erkannte bald die ganz außergewöhnliche Begabung seines Lieblingsschülers, des »rechten Lesers und rechten Fragers«, den er so lange ersehnt hatte. Als Klemens schon um 203 die Stätte seines langjährigen Wirkens verlassen mußte, wurde dem erst neunzehnjährigen Origenes durch den Bischof Demetrius die Leitung der Katechetenschule von Alexandrien anvertraut, zumal alle Lehrer vor den Verfolgungen geflohen waren und der junge Origenes nur noch allein den heimlichen Unterricht der Katechumenen fortgesetzt hatte. Damals gehörten auch die beiden Brüder Plutarch und Herakles zu seinen Schülern, von denen später der eine den Märtyrertod erlitt, der andere Bischof von Alexandrien und Nachfolger des Demetrius wurde.

Origenes bekämpfte Häresien, Judentum, Heidentum, geriet aber bei dem Versuch, die Denkweisen von Orient und Okzident zu versöhnen, in gefährliche Nähe der Gnosis. Dann wieder nahm er sein Amt so schwer und nahm besonders die Lehren der Askese und Bedürfnislosigkeit und die Pflicht des Lehrenden, wie ein lebendiges Vorbild zu leben, so ernst, daß er sich durch Fasten und Wachen krank machte; er ging nur noch barfuß, schlief ohne Bett, und zuletzt – entmannte er sich sogar selbst, um ungestört von allen Anfechtungen

den Unterricht auch bei jungen Mädchen und Frauen fortsetzen zu können.
Als Dreißigjähriger reiste er nach Rom — kurz vor 215, unter der Regierung Caracallas — und besuchte dort die Christengemeinde und deren Vorsteher Zephyrinus und Hippolytus, den späteren Papst. Doch Demetrius rief ihn bald nach Alexandria zurück. Dort begann er dann die Arbeit an seinem großen Werk, der »Hexapla«, die ihn nach Angabe des Epiphanius »volle achtundzwanzig Jahre lang beschäftigen sollte«: einer in sechs Kolonnen parallel geführten Textanalyse des alten Testaments nach der althebräischen Fassung, nach seiner eigenen griechischen Umschreibung, ferner nach der griechischen »Septuaginta«, dann nach den Texten des Aquila, des Symmachos, des Theodotion; für die Psalmen fand er sogar noch weitere Fassungen und Übersetzungen — eine davon hatte er (nach dem Bericht des Eusebius) in Jericho in einem Faß aufbewahrt gefunden.[1]
In dem reichen Ambrosius, einem Gnostiker, den er zur Rechtgläubigkeit zurückgeführt hatte, gewann Origenes einen Freund und Beschützer, Gönner und Mäzen — freilich auch einen »Fronvogt und Antreiber zur Arbeit«, wie er selbst dem Freunde scherzend vorwarf. Denn Ambrosius stellte ihm immer wieder neue Fragen, die ihn zu immer wieder neuer Forschungstätigkeit zwangen. Um 216 mußte er vor den Verfolgungen des Caracalla aus Alexandrien nach dem palästinischen Cäsarea fliehen, aber schon zwei Jahre später wurde er zu Julia Mammaea eingeladen, der Mutter des Kaisers Alexander Severus, die — angezogen vom Ruhm seiner außerordentlichen Gelehrsamkeit — auf ihn neugierig geworden war. Er konnte dann nach Alexandrien zurückkehren und schrieb im folgenden Jahrzehnt seine großen Kommentare zur Genesis, zum Johannes-Evangelium, zu den Psalmen.

---

[1] Paul Koetschau bemerkt in seinem »Origenes« (München, 1926), daß der Hauptzweck nur die Lehrtätigkeit und nicht etwa Bibelkritik gewesen sei, es habe sich einfach darum gehandelt, den auffindbaren Vorrat an Textzeugen festzustellen, »tatsächlich hat er aber viel mehr erreicht und ein Hilfsmittel für gelehrte Exegese von unschätzbarem Wert geschaffen« (Bardenhewer). Die Reste dieses Riesenwerks hat F. Field (Oxford, 1875) in zwei Bänden gesammelt.

ORIGENES

Um 230 kam er auf einer kurzen Dienstreise wieder nach Cäsarea und wurde dort zum Priester geweiht — was den Bischof Demetrius in Alexandrien, der sich vielleicht mit Recht übergangen fühlte, zu Wutausbrüchen und zu einem regelrechten Verleumdungsfeldzug gegen Origenes trieb: »Wer sich selbst in so widersinniger Weise entmannt hat«, sei »des Priestertums unwürdig«. Jetzt mußte Origenes, sechsundvierzig Jahre alt, sein Amt niederlegen und, nun bereits Gelehrter von Weltruf, Alexandrien endgültig verlassen. Er hatte dort soeben erst sein dogmatisches Hauptwerk beendet, die »Vier Bücher über die Grundlehren des Glaubens«. Nun übertrug er seine gesamte Unterrichtstätigkeit nach Cäsarea und übersiedelte seine bereits sehr umfangreiche, kostbare und berühmte Bibliothek in diese aufstrebende Stadt Palästinas. Er wurde dort mit Freuden aufgenommen. Zwanzig Jahre lang wirkte er noch an der neuen Stätte seines Ruhmes und brachte die dortige Theologenschule zu höchstem Glanz. Die Dankrede des Gregorius Thaumaturgus, die sich erhalten hat, gibt uns davon Kunde. Bald durch seine Forschertätigkeit veranlaßt — er war ja ein unermüdlicher Aufstöberer von Manuskripten —, bald von der rasch wechselnden Christenpolitik der rasch wechselnden Kaiser getrieben, bald im Dienste der Kirche, um Streit beizulegen und gegen immer wieder neu aufkommende Häresien zu wirken, unternahm Origenes jetzt öfter ausgedehnte Reisen. So war er in Athen, in Sidon, mehrmals in Ephesus, Antiochia, Jerusalem, wo er im dortigen Bischof Alexander einen Jugendfreund wiederfand, zweimal in Arabien, wo er den Bischof Beryllus von Bostra — der gelehrt hatte und hartnäckig daran festhalten wollte, daß Christus »kein besonderes göttliches Wesen, sondern nur dasjenige Gottvaters in sich getragen habe« — in einem Privatgespräch und dann auf einer Synode zum rechtmäßigen Glauben zurückbrachte. Bald aber kam in Arabien wieder eine neue Ketzerei auf: Nun hieß es, die menschliche Seele sterbe zusammen mit dem Körper und werde erst bei der Wiederauferstehung zusammen mit ihm wieder lebendig. Und noch eine dritte gab es, die Ketzerei der Elkesaiten — und auch hier stellte Origenes die Ordnung wieder her.

Noch unter den Verfolgungen des Kaisers Maximinus (235-238) hatte Origenes seine »Ermahnung zum Martyrium« geschrieben, doch nach den neuen Verfolgungen des Gordianus (244) verschaffte die Regierung des christenfreundlichen Philipp den Glaubensgemeinden ein paar Jahre des Friedens und der Ausbreitung. Jetzt veröffentlichte Origenes seine große Apologie des Christentums, die ihn »in die erste Reihe der Apologeten stellt« (Bardenhewer), nämlich die »Acht Bücher gegen das ›wahre Wort‹ des Celsus«, und gab endlich die Erlaubnis, seine stets frei gehaltenen Predigten und Reden — die aber von Schnellschreibern mitnotiert worden waren — schriftlich herauszugeben, was er bis dahin verboten hatte. Das war im dritten Jahre der Regierung des Kaisers Philipp, also 247. Origenes war damals dreiundsechzig Jahre alt. Er vollendete dann noch seine umfangreichen Kommentare zum Römerbrief und zum Matthäus-Evangelium — da begannen unter Philipps Nachfolger Decius die neuen Christenverfolgungen des Jahres 249. Fabianus, Bischof von Rom, Alexander, Bischof von Jerusalem, Babylas, Bischof von Antiochia, erlitten mit vielen anderen den Märtyertod. Auch Origenes wurde festgenommen und in den Kerker geschleppt. Ihn sollte diese Verfolgung ganz besonders schwer treffen, denn als den bedeutendsten Lehrer und geistigen Führer der Christen durfte man ihn nicht töten, sosehr er auch jetzt wieder zum Märtyrertum hindrängte; man wollte ihn durch langwierige Martern, die ihn immer wieder gerade noch am Leben lassen sollten, unbedingt zum Abschwören bringen. Die Hartnäckigkeit seiner Peiniger scheint außerordentlich gewesen zu sein, sie haben ihm monatelang immer wieder neue Qualen zugefügt, und erst als er zu einem stummen Wrack geworden war, für die Folterknechte »wertlos«, weil nun auch zum Abschwören zu siech, lieferten sie den schwerkranken Greis seinen Freunden aus, die ihn nach Tyrus in Sicherheit brachten. Dort lag er noch vier Jahre, ohnmächtig, ohne Sprache. Er starb erst 253 an den Folgen der 249 ausgestandenen Foltern einen besonders schmerzvollen Märtyrertod. Bardenhewer sagt von ihm, er sei »ohne Zweifel der größte Gelehrte gewesen, den die Kirche in den drei ersten Jahrhunderten gehabt hat«.

ORIGENES

VOM GEBET

»Die Bedeutung der Schrift ›Vom Gebet‹ liegt vor allem darin«, sagt ihr Übersetzer, Paul Koetschau, in der Münchener Ausgabe von 1926 (er ist auch der Herausgeber einer kritischen Ausgabe der Originaltexte), *»daß Origenes hier alle den Ursprung, das Wesen, die Form und den Inhalt des Gebets betreffenden Fragen als erster berührt hat*[1].

EINLEITUNG

I. Durch die unermeßliche Fülle der von Gott auf die Menschen ausgebreiteten göttlichen Gnade wird uns nach Gottes Heilsplan manchmal Einsicht in etwas gewährt, was sonst wegen seiner Größe, seiner übermenschlichen Art, seiner unendlichen Überlegenheit über unsere dem Todesgeschick verfallene Menschennatur dem Verständnis der sterblichen Vernunftwesen ewig entzogen bliebe. Diese unübertreffliche und unendliche Gnade Gottes vermittelt Jesus Christus für uns unter Mitwirkung des Heiligen Geistes. Während z.B. die Menschennatur den Besitz der Weisheit nicht erlangen kann, nicht wissen kann, wie das All geschaffen ist — denn alles hat Gott, nach David, in Weisheit geschaffen —, wird dennoch das Unerreichbare durch unseren Herrn Jesus Christus für uns erreichbar, da Er für uns Weisheit von Gott geworden ist und Gerechtigkeit und Heilung und Erlösung (1. Kor. 1, 30). »Welcher Mensch wird je Gottes Willen erkennen? Wer wird erfassen, was der Herr mit uns beabsichtigt? Die Gedanken der Sterblichen sind ohnmächtig und unsere eigenen Absichten schwankend und unsicher. Der vergängliche Leib bedrängt ja die Seele, und das irdische Zelt lastet schwer auf dem vielsinnenden Geist. Mühsam nur deuten wir das Irdische. Doch das Himmlische — wer hätte es je ausgespürt?« (Weish. 9, 13-16.) Wer möchte wohl leugnen, daß es für den Menschen unerreichbar ist, das »Himmlische auszuspüren«? Und trotzdem wird dies Unmögliche durch die überragende Gnade Gottes möglich ...

---

[1] Über die Abhängigkeit der alten Ausleger des Vaterunsers von dieser Schrift des Origenes siehe G. Walther in Harnack und Schmidt's »Texte und Untersuchungen«, Band 40, 3.

II., 1. Aber du, gottesfürchtiger und arbeitswütiger Ambrosius, und du, sittsame und tapfere Tatiana, für die ich schon ein ähnliches Ausbleiben der »weiblichen Schwäche« wünschen möchte, wie dies bei Sarah der Fall war — ihr beide seid wahrscheinlich im unklaren, warum wohl meine Einleitung mit diesen Ausführungen beginnt und von Dingen handelt, die den Menschen unmöglich sind, aber durch die Gnade Gottes möglich gemacht werden — während doch unser Thema »über das Gebet« lautet. Nun, ich bin eben überzeugt, daß zu den unmöglichen Dingen, die — mit Rücksicht auf unsere menschlichen Schwächen — nur durch Gottes besondere Gnade möglich werden könnten, auch die Abfassung einer genauen und der Gottheit würdigen Gesamtlehre vom Gebet gehört: auf welche Weise man beten muß, welche Worte man im Gebet an Gott richten soll, welche Zeiten man für das Gebet vorbehalten soll... Notwendig ist aber nicht nur das Beten an sich, wichtiger noch ist, zu beten, »wie es sich gebührt« — und zu beten, »was sich gebührt«. Denn angenommen, wir wären imstande, immer den rechten Gegenstand unserer Gebete zu erfassen, so bliebe auch dies noch ganz unzureichend, solange wir nicht auch die rechte Art des Betens kennen. Was nützt uns aber die rechte Art, wenn wir nicht wissen, was wir erbitten dürfen?

II., 2. Das eine dieser beiden Erfordernisse — ich meine den notwendiger Inhalt —, das sind die Worte des Gebets. Das andere aber, die rechte Art, betrifft den Zustand des Betenden. Zum Beispiel beziehen sich die folgenden Worte auf den Inhalt des Gebetes: »Bittet um das Große, und das Kleine wird euch zugelegt werden« oder »Bittet um das Himmlische, und das Irdische wird euch zugelegt werden« (Joh. 3, 12) oder auch »Betet für die, welche euch mißhandeln« (Luk 6, 28) und »Bittet also den Herrn der Ernte, daß er Arbeiter hersende zu seiner Ernte« (Matth. 9, 38), ebenso »Betet, daß ihr nicht in Versuchung geratet« (Luk. 22, 40) und »Betet, daß eure Flucht nicht stattfinde im Winter oder am Sabbat« (Matth. 24, 20) und andere ähnliche Stellen. Auf die rechte Art des Betens beziehen sich folgende Worte: »Wenn ihr aber betet, sollt ihr nicht plappern« (Matth. 6, 7) und »Ich will nun, daß die Männer beten, an jedem Orte, heilige Hände aufhebend, frei von Zorn und Bedenklichkeit; ebenso auch, daß die Frauen, zurückhaltend in ihrer Kleidung, sich schamhaft und besonnen schmücken, nicht mit Haargeflechten und Gold oder Perlen oder kostbaren Gewändern, sondern — wie es Frauen ziemt, die sich zur Gottesfurcht bekennen — durch gute Werke« (1. Tim. 2, 8-10). Auch diese Stelle kann über die rechte Art zu beten belehren: »Wenn du deine Gabe zum Altar bringst, dort aber daran denkst, daß dein Bruder gegen dich irgend etwas einzuwenden hat, dann lasse deine Gaben dort vor dem Altar, kehre um, gehe zuerst zu deinem Bruder, versöhne dich mit ihm, und dann erst komm wieder und bringe deine Gaben dar« (Matth. 5, 23, 24.)

II., 6. Demnach ist die Erörterung über das Gebet eine so gewaltige Aufgabe, daß auch sie der Erleuchtung des Vaters bedarf und der Belehrung Seines urgeborenen Wortes — und der Einwirkung des Heiligen Geistes auf eine Erkenntnis und auf eine Darstellung, welche dieser so sehr bedeutenden Aufgabe würdig werden möchte...

ERSTER TEIL: DAS GEBET IM ALLGEMEINEN

III., 1. Soweit meine Beobachtung reicht, finde ich zuerst das Wort Euché an jener Stelle der Schrift, da erzählt wird, daß Jakob, »vor dem Zorn seines Bruders Esau fliehend, nach Mesopotamien« fortzog, so wie Isaak und Rebekka ihn gewarnt hatten. Dieses Schriftwort lautet: »Und Jakob tat ein Gelübde (Euché), indem er sprach: Wenn Gott der Herr mit mir ist und mich auf diesem Wege, den ich nun wandle, behütet und mir Brot zu essen und ein Kleid zum Anziehen gibt und mich wohlbehalten in das Haus meines Vaters zurückkehren läßt, so wird der Herr mein Gott sein, und dieser Stein, den ich als Mal aufgestellt habe, wird mir Gottes Haus sein — und von allem, was du mir gibst, will ich dir den Zehenten entrichten« (Gen. 28, 20-22).

III., 2. Zu bemerken ist, daß das Wort Euché, Gelübde, in seiner Bedeutung verschieden von Proseuché, Gebet... zuweilen doch auch für das verwendet wird, wofür wir nach unserem gewohnten Sprachgebrauch

»Gebet« sagen würden; so z.B. fanden wir es im Exodusbuch, nach der Plage mit den Fröschen... »Moses sprach zu Pharao: Ordne an, wann ich für dich und dein Volk beten soll« (euxomai)...

IV., 1. Da also das Wort Euché zwei Bedeutungen hat, Gelübde und Gebet, so schien es mir angemessen, zunächst darzulegen, wie es in der Heiligen Schrift gebraucht wird. Dasselbe muß nun auch mit dem Wort Proseuché unternommen werden. Auch dieses Wort wird — abgesehen von seiner gewöhnlichen Bedeutung »Gebet« — zuweilen für das verwendet, was wir lieber mit Euché, Gelübde, in gewohnter Weise bezeichnen würden. So z.B. in dem Bericht über Anna, im ersten Buch der Könige: »Und Eli, der Priester, saß auf einem Stuhl an den Türpfosten des Tempels des Herrn. Sie aber, Anna, war in ihrer Seele von bitterem Schmerz erfüllt und richtete ein Gebet an den Herrn (proseuxato) und vergoß viele Tränen. Und sie tat ein Gelübde (euxato euchen) und sprach: Herr der Himmelsmächte, wenn Du die Niedergeschlagenheit Deiner Magd ansiehst und meiner gedenkest und Deine Magd nicht vergissest — und wenn Du Deiner Magd einen männlichen Sproß schenkst, so will ich ihn dem Herrn als Geschenk widmen für alle Tage seines Lebens, und ein Schermesser soll nicht auf sein Haupt kommen« (1. Kön. 1, 9-11). Freilich kann man beim Vergleich der beiden Ausdrücke proseuxato und euxato mit hoher Wahrscheinlichkeit annehmen, daß hier beides gemeint ist und daß Anna eben beides getan haben mag, zuerst hat sie wohl ein Gebet verrichtet und dann ein Gelübde abgelegt, gemäß der Bedeutung, die das Wort Euché in den Büchern Numeri und Leviticus hat...

V., 1. Wenn ich jetzt gemäß eurer Aufforderung zuerst die Beweisgründe derjenigen darlegen soll, welche der Meinung sind, durch Gebete könne nichts erreicht werden, und die deshalb das Beten für überflüssig erklären, so will ich nicht zögern, auch dieses auszuführen, wobei jetzt das Wort Euché in der allgemeineren und einfacheren Bedeutung gebraucht werden wird.

...Es gibt also Leute, die zwar Gott an die Spitze des Weltalls stellen und eine Vorsehung annehmen, aber dennoch die Gebete verwerfen (denn es ist jetzt nicht unsere Aufgabe, die Äußerungen jener anderen zu prüfen, von denen die Existenz Gottes und jeder Vorsehung überhaupt gänzlich vereint wird). Die Gründe dieser Leute dürften die folgenden sein: »Gott weiß alles, ehe es geworden ist.« Nichts wird von Ihm erst infolge einer Verwirklichung erkannt... was liegt nun für ein Bedürfnis vor, ein Gebet zu Dem emporzusenden, der ohnehin auch vor dem Gebet schon weiß, wessen wir bedürfen? Heißt es nicht: »Der himmlische Vater weiß, wessen wir bedürfen, noch ehe wir Ihn darum bitten«? (Matth. 6, 8.) Es mag sicherlich wohlbegründet scheinen, daß der Vater und Schöpfer des Alls, der »jedes Seiende liebt und nichts von dem verabscheut, was Er geschaffen hat« (Sap. 11, 24), die Angelegenheiten jedes Seiner Geschöpfe auch ohne Gebet zu dessen Besten leitet, einem Vater gleich, der sich seiner unmündigen Kinder annimmt und nicht erst auf ihr Begehren wartet, da sie entweder überhaupt nicht zu bitten imstande sind oder aus Unkenntnis oft nach dem Gegenteil des ihnen gerade Zuträglichen das lebhafteste Verlangen empfinden. Wir Menschen aber stehen hinter Gott um so viel weiter zurück als die ganz kleinen Kinder hinter dem Verstand ihrer Eltern!

Und natürlich hat Gott das Zukünftige nicht nur vorher erkannt, sondern auch vorher bereits angeordnet — und nichts geschieht im Gegensatz zu dem, was Er angeordnet hat. Genauso, wie jemand für töricht gehalten werden müßte, der darum bäte, daß die Sonne aufgehe, da er das auch ohne sein Gebet Eintretende durch sein Gebet herbeizuführen verlangte, genauso wäre auch ein Mensch unverständig, der glauben wollte, daß um seines Gebetes willen eintreten werde, was auch ohne sein Beten auf jeden Fall eintreten müßte...

V., 4. Wenn es aber heißt, daß sogar »die Sünder abtrünnig geworden sind, schon vom Mutterschoß an« (Ps. 57, 4) und der Gerechte auch schon »vom Mutterleib an ausgesondert ist« (Gal. 1, 15), und wenn weiterhin gesagt wird: »Der Ältere wird dem Jüngeren dienen« (Gen. 25, 23) »obwohl sie noch nicht geboren waren, auch nichts Gutes oder Schlechtes getan hatten, damit die von Gott beschlossene freie Wahl bestehen bleibe, nicht nach Werken, sondern nach Seiner Berufung« (Röm. 9, 11), so bitten wir ohne Erfolg um Vergebung der Sünden oder um den Geist der Kraft, damit wir »alles vermögen, sobald Christus uns stark macht« (Phil. 4, 13). Wenn wir Sünder sind, so gehören wir eben zu den vom Mutterschoß an Abtrünnigen; sind wir aber »vom Mutterleib an ausgesondert«, so wird uns auch ohne Gebet das Schönste und Beste zufallen. Was für ein Gebet sollte wohl Jakob vor seiner Geburt dargebracht haben, daß ihm prophezeit wird, er werde Esau überlegen sein und sein Bruder werde ihm dienen? Und was mag Esau vor seiner Geburt gefrevelt haben, um bereits vor seiner Geburt gehaßt zu werden? Und zu welchem Zweck betet denn Moses überhaupt, da doch — wie im 89. Psalm geschrieben steht — Gott schon seine »Zuflucht war, bevor die Berge gegründet und die Erde und der Erdkreis gestaltet worden sind«? ...

V., 5. Auch im Epheserbrief steht von allen denen, die das Heil erlangen werden, ausdrücklich geschrieben, der Vater habe sie »auserwählt in Ihm, in Christus, vor Grundlegung der Welt, um heilig und unsträflich vor Ihm zu sein, in Liebe sie vorherbestimmend zur Sohnschaft durch Christus bei Ihm« (Ephes. 1, 3-5): Demnach gehört man entweder zu den vor Grundlegung der Welt Auserwählten, und dann ist es unmöglich, dieser Erwählung verlustig zu gehen, weshalb ein solcher kein Gebet nötig hat — oder er ist nicht auserwählt und nicht vorherbestimmt, und dann wird er vergeblich beten und nie erhört werden können, auch wenn er unzählige Male betet. Denn die vor Grundlegung der Welt Auserwählten hat Gott auch vorherbestimmt, als gleichgestaltet dem Bild und der Herrlichkeit Seines Sohnes; »die Er aber vorherbestimmt hat, die hat Er auch berufen; die Er berief, die hat Er auch gerechtfertigt; und die Er rechtfertigte, die hat Er auch verherrlicht« (Röm. 8, 29) ... Da Gott aber unveränderlich ist und das Weltganze vorher erfaßt hat und da Er bei Seinen vorher gefaßten und getroffenen Anordnungen verharrt, so erscheint es ohne weiteres als widersinnig, zu beten und entweder zu glauben, man könne Gottes Entschluß durch das Gebet umändern, oder anzunehmen, Gott habe nichts vorbestimmt und noch keine Entschlüsse gefaßt, weil Er das Gebet eines jeden erst abwarte. So als ob man erreichen könnte, daß Gott um des Gebetes willen jetzt anordnen werde, was dem Betenden angemessen sei, und daß Er dann erst das als vernünftig Erprobte bestimmen werde, während es vordem noch nicht von Ihm in Erwägung gezogen worden wäre!

V., 6. In diesem Zusammenhang mag wörtlich die Frage hier eingeschoben stehen, die du mir durch dein Schreiben zur Beantwortung aufgegeben hast. Es heißt da: »Erstens, wenn Gott die zukünftigen Ereignisse vorausweiß und wenn diese dann eintreten müssen, dann ist jedes Gebet zwecklos. Zweitens, wenn alles was geschieht nach dem Willen Gottes geschieht und wenn Seine Beschlüsse festgelegt sind, so daß nichts von dem, was Er will, geändert werden kann, dann ist das Gebet erst recht zwecklos.«

Nun zur Widerlegung der Bedenken ...

VI., 2. Wer die freie Selbstbestimmung leugnen will, wird sich zu einigen sehr törichten Annahmen gezwungen sehen: erstens, daß wir keine vernünftigen Wesen sind; zweitens, daß wir wohl nicht einmal lebende Wesen sind; drittens, daß wir — so könnte man dann sagen — immer nur infolge von äußeren Einwirkungen ganz mechanisch ausführten, was wir nach allgemeiner Annahme willentlich tun, so als ob wir uns von selbst überhaupt nicht bewegen könnten und immer nur äußeren Anstößen gehorchten. Dagegen braucht man doch nur auf den eigenen Seelenzustand zu achten und zu prüfen, ob solche Behauptungen wie: er wolle nicht selbst, er esse nicht selbst, er gehe nicht selbst spazieren, er gebe nie selbst seine Zustimmung, er urteile nie selbst über irgendwelche Lehrsätze, befinde niemals selbst die einen als richtig, die anderen als falsch — ob solche Behauptungen nicht sofort von jedem als unverfroren empfunden und mit Empörung abgelehnt werden müßten? Genauso, wie wir gewissen Trugschlüssen unmöglich zustimmen können, auch wenn sie uns mit Hilfe von einleuchtenden Beweisen und einschmeichelnden Gründen tausendmal aufgestellt und abgeleitet werden, genauso ist es ausgeschlossen, daß man in betreff der menschlichen Handlungen einer Ansicht beipflichten könnte, wonach der freie Wille des Menschen geleugnet wäre. Wer ist denn davon durchdrungen, daß nichts geistig erfaßt werden könne, wer lebt denn so, daß er über alles, was es auch sei, sein Urteil zurückhält und sich nur treiben läßt? Wer schilt nicht den Diener, wenn er wahrzunehmen glaubt, daß dieser gefehlt hat?... Und erfände jemand aber tausend Gegengründe, die Wahrheit zwingt uns doch immer wieder zu Lob und zu Tadel, weil wir überzeugt sind, daß der freie Wille gewahrt ist. Nur dieser kann ja überhaupt loben oder tadeln.

VI., 3. Hält man aber den freien Willen für gesichert — da er so häufig zur Tugend oder zum Laster wird und bald zum Pflichtgemäßen, bald zum Pflichtwidrigen hinneigt — dann ist auch die künftige Beschaffenheit jedes freien Willens ein Gegenstand des göttlichen Vorauswissens und samt den übrigen Dingen schon vor seinem Entstehen »von Erschaffung und Grundlegung der Welt an« von Gott notwendigerweise auch erkannt. Dann aber hat Gott, Seiner Voraussicht gemäß, bereits in allen Seinen vorherigen Anordnungen für jede Regung unseres freien Willens genau das nach Verdienst vorherbestimmt, was jeder unserer künftigen Taten von der Vorsehung erwidert werden wird; aber auch das hat Er vorausbestimmt, was uns durch den Zusammenhang der künftigen Dinge begegnen wird, wobei jedoch das Vorauswissen Gottes niemals die Ursache aller jener künftigen und durch unseren freien Willen entsprechend unseren Antrieben in Zukunft noch zu bewirkenden Entscheidungen ist. Setzen wir einmal den Fall, Gott würde das Zukünftige nicht kennen wollen. Würden wir deswegen die Fähigkeit verlieren, dieses oder jenes in Zukunft zu wollen, zu bewirken, zu entscheiden? Was durch das Vorherwissen Gottes bewirkt wird, ist nämlich nur dies: Der freie Wille eines jeden erhält schließlich diejenige Einordnung in die Verwaltung des Ganzen, die dem Bestande der Welt am zuträglichsten ist.

VI., 4. Also: Wenn der freie Wille jedes einzelnen von Gott erkannt wird, so hat Gott ebendeshalb auch schon vorhergesorgt, daß durch die Vorsehung alles, was dem einzelnen nach Verdienst zukommt, diesem auch zugeteilt werde; es könnte ja auch schon von Gott erkannt und daher auch vorher festgelegt sein, was der und jener im Gebet vorbringen werde, je nach Art seines Glaubens, seiner Gesinnung, seines Willens — und welche von seinen Wünschen in Erfüllung gehen sollten ... Wenn sich aber jemand darüber beunruhigt fühlt, seine Handlungen könnten also doch dem Zwang der Notwendigkeit unterworfen sein — da Gott nicht irren kann, wenn Er die Zukunft voraussieht —, so wäre einem solchen Zweifler einfach zu antworten, daß gerade dies von Gott unwandelbar erkannt worden ist: ob der oder jener Mensch unwandelbar und standhaft das Bessere wollen oder es nicht wollen werde, ob er das Schlechtere erstreben werde, genau in dem Maß, in welchem er der Umwandlung zum eigenen Besten nicht fähig sein könnte ...

VIII., 1. Man mag auch, um zum Beten zu mahnen und von Vernachlässigung des Gebets abzumahnen, das folgende Beispiel anführen: Wie es dem Manne nicht möglich ist, Kinder ohne ein Weib und ohne die der Kindererzeugung dienliche Tätigkeit zu erzeugen, ebenso dürfte wohl jemand dies oder jenes Gewünschte nicht erlangen, wenn er nicht so betet, mit solcher Gesinnung, mit diesem Glauben, und wenn er nicht auch schon vor dem Gebet in entsprechender Weise gelebt hat. Man soll also nicht »plappern«, nicht »unbedeutende Dinge« erbitten, auch nicht um »Irdisches« beten, auch nicht mit Zorn oder verwirrten Gedanken zum Gebet kommen, und ebensowenig darf man meinen, daß man sich ohne Reinheit dem Gebet widmen könnte. Aber auch Vergebung der Sünden kann der Betende unmöglich erlangen, wenn er nicht dem Bruder, der gefehlt hat und Verzeihung erhalten will, von Herzen vergibt.

VIII., 2. Jedenfalls, so glaube ich, trifft es in vielfacher Hinsicht zu, daß für den, der in rechter Weise betet oder sich doch nach Kräften darum bemüht, gewaltiger Nutzen entsteht. Zunächst ist da schon die innere Sammlung des Betenden, der sich vor Gott hinstellt und durch seine Gebetshaltung ausdrückt, daß er zum Allgegenwärtigen spricht in der Überzeugung, daß Gott ihn sieht und hört ... und daß Gott die Regungen im Innersten der Seele wahrnimmt. So bringt sich auch die Seele in die geeignete Stimmung, um

Dem zu gefallen, der »die Herzen prüft und die Nieren erforscht«, der allgegenwärtig auf uns blickt und jedem unserer Gedanken zuvorkommt... Anhaltende Beter wissen durch die Erfahrung, von wie vielen Sünden dies abhält und zu wie vielen guten Taten es führen kann...

IX., 1. Das Gesagte läßt sich auf folgende Weise aus der Heiligen Schrift begründen: Heilige Hände muß der Betende aufheben, muß jedem, der sich an ihm etwa vergangen hat, zuvor vergeben, muß alle leidenschaftlichen Erregungen aus seiner Seele tilgen, darf niemandem grollen. Und damit der Geist nicht durch andere Gedanken getrübt wird, muß man alles vergessen, was außerhalb des Gebetes liegt, während der ganzen Zeit, da man betet... Wie sollte dies nicht der glückseligste Zustand sein?...

IX., 3. Vergessen des erlittenen Bösen ist aber — nach dem Urteil des Propheten Jeremia — die größte sittliche Tat. Hierin will er sogar das ganze Gesetz zusammengefaßt wissen: »Nur dies habe Ich euren Vätern geboten, als sie aus Ägypten herauszogen, nichts anderes — keiner soll dem Nächsten in seinem Herzen Böses nachtragen« (Jer. 7, 22). Und vorausgesetzt, daß auch wir beim Antreten zum Gebet das Gebot des Heilands beobachten, der uns gesagt hat: »Wenn ihr euch zum Gebet stellt, so vergebt vorher, was ihr etwa gegen jemanden habet« (Mark. 11, 25) — dann ist es wohl sicher, daß wir schon den schönsten Besitz gewonnen haben, sobald wir uns in solche innerliche Verfassung bringen, um uns zum Beten zu stellen.

X., 2. Wer demnach so betet und schon vorher so großen Nutzen davon empfängt, der wird dann um so geeigneter für eine innige Verbindung mit dem Geist des Herrn, »der den ganzen Erdkreis erfüllt«, die ganze Erde und den ganzen Himmel... Wer aber sollte sich nicht zu rastlosem Gebet veranlaßt fühlen im Glauben an den untrüglichen Mund Jesu, wenn der Heiland uns sagt: »Bittet, so wird euch gegeben werden«... »denn jeder Bittende empfängt« (Matth. 7, 7, 8; Luk. 11, 9, 10)? Der gütige Vater gibt uns ja doch — da wir den Geist der Sohnschaft von Ihm empfangen haben — auf unser Bitten »das lebendige Brot« und nicht den »Stein«, den der Widersacher zur Nahrung für Jesus und für Seine Jünger bestimmen will; und zwar gibt der Vater die guten Gaben, indem Er sie vom Himmel herabregnen läßt »denen, die Ihn darum bitten« (Matth. 7, 11) . . .

XV., 1. Wenn wir jetzt verstehen, was eigentlich das Beten bedeutet, dann darf man wohl zu keinem der Geschaffenen beten, auch nicht zu Christus selbst, sondern allein zu Gott, dem Vater aller, zu dem auch unser Heiland selbst betete und zu dem zu beten Er uns gelehrt hat. Denn als Er die Worte »Lehre du uns beten« gehört hatte — da lehrte Er nicht zu Ihm beten, sondern zum Vater im Himmel sprechen: »Unser Vater in den Himmeln« und so weiter. Denn wenn — wie andernorts gezeigt wird — der Sohn vom Vater in Seiner Tätigkeit und Seiner Person verschieden ist, so muß man entweder zum Sohn und nicht zum Vater beten oder zu beiden oder zum Vater allein. Zum Sohn und nicht zum Vater beten, das wird jeder, wer es auch sei, für ganz unmöglich halten und als dem klaren Augenschein widersprechen erachten.

Wenn aber zu beiden, so würden wir wohl unsere Wünsche jeweils vorbringen müssen wie an eine Mehrzahl von Göttern gerichtet und in unseren Gebeten offenbar sagen müssen »gewähret« oder »helfet«, »rettet«, »erweiset die Wohltat« und anderes in dieser Art. Diese Ausdrucksweise wäre aber völlig unangemessen. Man kann nicht nachweisen, daß sie in den heiligen Schriften jemals von irgend jemandem gebraucht wurde. Es bleibt also allein übrig, nur zu Gott als dem Vater des Weltalls zu beten, aber nie ohne den Hohenpriester, der vom Vater mit Eidschwur eingesetzt worden ist nach dem Wort: »Er hat geschworen; und es wird ihn nicht gereuen; du bist Priester für immerdar nach der Weise Melchisedeks« (Ps. 109, 4; Hebr. 7, 21).

XV., 2. Die Heiligen, die in ihren Gebeten an Gott ihren Dank richten, bekennen Ihm stets durch Christus Jesus ihren Dank. Genau wie der, dem gegeben ist, recht zu beten, auch nicht zu dem beten darf, der selbst betet, sondern nur zum Vater, den unser Herr Jesus bei allen Gebeten anzurufen gelehrt hat, genauso dürfen wir auch nicht ohne Ihn irgendein Gebet dem

Vater darbringen: Er selbst hat uns dies in folgenden Worten deutlich dargelegt: »Wahrlich, wahrlich, ich sage euch, wenn ihr meinen Vater um etwas bittet, wird Er es euch auf meinen Namen hin geben. Bis jetzt habt ihr nichts auf meinen Namen erbeten — bittet, so werdet ihr empfangen, damit eure Freude vollkommen sei« (Joh. 16, 23). Er sagte also nicht »bittet mich« und auch nicht »bittet den Vater«, sondern »wenn ihr meinen Vater um etwas bittet, wird Er es euch auf meinen Namen hin geben«. Denn ehe Jesus dies lehrte, hatte noch nie jemand den Vater auf den Namen des Sohnes hin um etwas gebeten ...

XV., 4. ... Er hat auch gesagt: »Was nennst du mich gut? Niemand ist gut außer dem einen Gott, dem Vater« (Luk. 18, 19) — wie sollte es also nicht in Seinem Sinne sein, dies so zu verstehen: Was betest du zu mir? Nur zum Vater darfst du beten, zu dem auch ich bete, wie ihr es ja aus den heiligen Schriften gelernt habt. Denn zu dem vom Vater für euch eingesetzten Hohenpriester und Fürsprecher dürft ihr nicht beten, sondern durch den Hohenpriester und Fürsprecher, der dieses Amt vom Vater erhalten hat und der imstande ist, »mit allen euren Schwächen mitzuleiden, ähnlich wie ihr leidet in allem versucht ist, ähnlich wie ihr, aber versucht ohne Sünde, um des Vaters willen, der es mir gewährt hat« (Hebr. 4, 15). Lernet nun, wie groß die Gabe ist, die ihr von meinem Vater empfangen habet, indem »durch die Wiedergeburt in mir« (1. Petr. 1, 3) »der Geist der Kindschaft« in euch gekommen ist, damit ihr »Söhne Gottes« (Röm. 8, 14) und meine Brüder heißet ...

XVII. (Ende) ...Beten muß man also, beten um die vorzüglichen und wahrhaft großen und himmlischen Güter, und alle Sorge um die den Hauptgütern folgenden Schatten muß man Gott anheimgestellt lassen, der ja allein weiß, wessen wir unseres vergänglichen Körpers wegen bedürfen, lange bevor wir es von Ihm erbeten haben.

ZWEITER TEIL: ÜBER DAS VATERUNSER

XXII., 1. »Unser Vater, der du bist in den Himmeln...« Der Mühe wert wäre es, das sogenannte Alte Testament sorgfältig daraufhin zu betrachten, ob sich wohl irgendwo in ihm ein Gebet finden läßt, in welchem der Betende zu Gott als zum Vater spricht. Ich habe bis jetzt zwar nach Kräften eine solche Stelle gesucht, aber bisher noch keine gefunden. Ich behaupte freilich nicht, daß Gott dort überhaupt nicht »Vater« genannt werde oder daß diejenigen, welche für gottesgläubig gelten, nicht manchmal auch »Söhne Gottes« genannt worden seien, sondern nur, daß wir die vom Heiland verkündete Freiheit, Gott »unseren Vater« zu nennen, in einem Gebet vorher noch nirgends gefunden haben...

XXII., 2. Demnach, wenn auch bei den Alten der Name »Vater« für Gott vorkommt und die durch das Wort des Glaubens an Ihn neu Erzeugten auch den Namen »Söhne« führen, so kann man doch dort den Begriff der sicheren und unwandelbaren Sohnschaft noch nicht finden. Die angeführten Stellen (Deuteronomium 32, 18, »Gott, deinen Erzeuger, ließest du im Stich« und 32, 6, »Hat nicht eben dieser, dein Vater, dich geschaffen?«, und 32, 20, »Söhne, denen keine Treue innewohnt«, und bei Jesaia, 1, 2, »Söhne habe ich gezeugt und erhöht, sie aber haben mich verworfen«), alle diese Stellen führen die als »Söhne« Bezeichneten gerade als die Schuldigen, Abgefallenen an. Nach dem Apostel »besteht, solange ein Erbe unmündig ist, zwischen ihm und einem Knecht kein Unterschied, obwohl er doch zum Gebieter über alles bestimmt ist und ihm alles bereits gehört — aber er steht unter Vormündern und Verwaltern bis zu der vom Vater festgesetzten Zeit« (Gal. 4, 1). Diese »Erfüllung der Zeit« aber liegt in der Herabkunft unseres Herrn Jesus Christus...

XXIII., 3. ...Die Untersuchungen, die ich bei den Worten »Unser Vater, der du in den Himmeln bist« angestellt habe, waren wohl nötig, wie ich glaube, um eine naive Auffassung von Gott, als ob Er räumlich in irgendwelchen Himmeln wohnen sollte, gebührend zu widerlegen und niemandem die Behauptung zu gestatten, daß Gott sich an einem räumlich und zeitlich festlegbaren Ort befände... Da aber auch schon vor der leiblichen Herabkunft Jesu Christi auf Erden viele Schriftstellen von einem Aufenthalt Gottes an körperlich bestimmbaren Orten zu reden scheinen, so halte ich es für passend, auch von jenen Stellen hier einige anzuführen und sie zu erklären, damit den Menschen, die sich immer noch den über alles waltenden Gott in einen Käfig gesperrt und anfaßbar vorstellen, die letzten Zweifel schwinden. Also, da heißt es gleich in der Genesis: »Adam und Eva hörten das Geräusch Gottes, des Herrn, der am Abend im Paradies wandelte; und Adam und sein Weib verbargen sich vor dem Angesichte Gottes, des Herrn, inmitten der Bäume des Paradieses« (Gen. 3, 8) ...

XXIII., 4. Hierüber haben wir bereits ausführlicher gehandelt, als wir unsere Erklärung zur Genesis ausarbeiteten. Aber wir wollen doch auch hier diese Frage nicht ganz mit Schweigen übergehen und uns — was genügen dürfte — an den von Gott im Deuteronomium aufgezeichneten Ausspruch erinnern: »Ich will unter ihnen wohnen und unter ihnen wandeln« (Deut. 23, 14, zit. nach 2. Kor. 6, 16). Denn von welcher Art Sein Wandeln unter den Heiligen ist, von solcher Art ist auch Sein Wandeln im Paradies ... und wie Gott unter den Heiligen »wohnt«, so auch im Himmel, d.h. entweder in jedem Heiligen, der das Bild des Himmlischen in sich trägt, oder in Christus, in welchem ja alle Erlösten aufgenommen und als Leuchten und Sterne des Himmels vereinigt sind; oder auch wegen der im Himmel vereinigten Heiligen »wohnt« Er dort, nach dem Schriftwort: »Zu dir habe ich meine Augen erhoben, der du in dem Himmel wohnst« (Ps. 122, 1). Auch die Stelle im Prediger: »Beeile dich nicht, ein Wort vor das Angesicht Gottes zu bringen, denn Gott ist oben in dem Himmel, und du bist auf der Erde unten« (Phil. 3, 21), will nur den Abstand deutlich machen ...

XXIII., 5. Wir haben hier nur einige wenige Stellen auch des Alten Testaments angeführt, die glauben machen könnten, daß dort Gott als an bestimmbaren Orten befindlich dargestellt sei. Die Absicht war, nach den uns verliehenen Fähigkeiten den Leser zu einer höheren und geistigeren Auffassung der Heiligen Schrift hinzuleiten ... wodurch gleichsam die Wesenheit Gottes von allen Geschöpfen unterschieden wird ... So wird denen, mit welchen Er selbst keine Gemeinschaft macht, dennoch von Ihm eine Art göttlicher Ehre geschenkt und sozusagen eine Ausstrahlung der Gottheit gewährt.

XXIV., 1. »Geheiliget werde dein Name.« Der Betende legt das eine Mal dar, es sei ihm das, worum er bittet, noch nicht zuteil geworden, ein anderes Mal — wenn er es erlangt hat — gesteht er seine Furcht, es könnte vielleicht nicht von Dauer sein, und bittet deshalb, daß es ihm bewahrt bleiben möge. In diesem letzteren Sinne werden wir, soweit es hier auf den Wortlaut ankommt, nach Matthäus und Lukas offenbar aufgefordert, die Bitte zu sprechen: »Geheiliget werde dein Name.« Also nicht so, als ob der Name des Vaters noch nicht geheiligt worden sei. Und wie sollte — so könnte jemand einwenden — ein Mensch bitten, daß der Name Gottes, wenn nicht geheiligt, jetzt geheiligt werde? ...erwägen wir also zunächst, was hier der »Name« des Vaters und was Sein »Geheiligtwerden« bedeutet.

XXIV., 2. »Name« ist hier eine zusammenfassende Benennung, wodurch die eigenartige Beschaffenheit dessen angedeutet werden soll, der den Namen trägt. Es gibt z.B. die eigenartige Beschaffenheit des Apostels Paulus, nämlich die persönliche Eigenart seiner Seele, seines Geistes, seines Leibes. Das Eigenartige, Selbständige und Einmalige dieser Persönlichkeit wird durch die Benennung »Paulus« deutlich gemacht, und einen anderen mit Paulus völlig übereinstimmenden Menschen gibt es unter allen Seienden nicht. Wenn sich bei Menschen die individuellen Eigenschaften wandeln, so wandeln sich bei ihnen, nach der Heiligen Schrift, vernünftigerweise auch die Namen; denn als sich die Beschaffenheit des »Abram« änderte, wurde er »Abraham« genannt; aus gleichem Anlaß erhielt »Simon« den Namen »Petrus«, und der Verfolger Jesu, »Saulus«, wurde nach seiner Verwandlung mit dem neuen Namen »Paulus« angeredet.

Bei Gott aber, der selbst unwandelbar ist und immer unveränderlich bleibt, ist der Ihm immer nur gleichnisweise beigelegte Name auch immer nur einer und könnte eigentlich nur »der Seiende« — oder vielmehr »der Sein-Machende« — lauten, wie dies im Exodus angedeutet ist... Da wir aber alle von Gott irgendeine

Auffassung haben, so wie wir Ihn denken, und darüber nachdenken, was Er wohl sein mag, niemals aber alles das zu gedenken vermögen, was Er ist — denn nur sehr wenige, ja (wenn man so sagen darf) noch weniger als die wenigen sind es, die Seine allseitige Heiligkeit erfassen können —: so werden wir mit Recht belehrt, daß unsere Auffassung von Gott heilig sein muß, damit wir Seiner Heiligkeit überhaupt ansichtig werden können...

XXV., 1. »Es komme dein Reich.« Wenn nach dem Wort unseres Herrn und Heilandes »das Reich Gottes nicht mit Aufsehen kommt« und »man nicht wird sagen können: Siehe, hier ist es, oder: Siehe, es ist dort«, sondern wenn wirklich »das Reich Gottes in und unter uns ist« (Luk. 17, 20 f.) — denn »das Wort ist sehr nahe in unserem Mund und auch in unserem Herzen« (Röm. 10, 8) —, so betet offenbar, wer um das Kommen des Reiches Gottes betet, vernünftigerweise nur darum, daß das in ihm selbst befindliche Reich Gottes emporwachsen und Frucht bringen möge, damit es vollendet werde. Jeder Fromme wird ja von Gott geleitet und er gehorcht den geistigen Gesetzen Gottes, indem er sich selbst beherrscht und sich selbst verwaltet gleichsam wie eine gut regierte Stadt. Zugegen ist bei ihm der Vater stets, und mit dem Vater herrscht Christus in den vollkommenen Seelen nach dem vorhin schon erwähnten Schriftwort: »Wir werden zu ihm kommen und unsere Wohnung bei ihm nehmen.« Ich glaube, daß mit »Reich Gottes« der selige Zustand des beherrschenden Willens und die Ordnung der weisen Gedanken gemeint ist, ebenso wie mit »Reich Christi« alle zum Heil für die Hörer gesprochenen Worte und vollbrachten Werke der Gerechtigkeit gemeint sind samt den übrigen Tugenden; denn »Das Wort« und »Die Gerechtigkeit« sind ja die Bezeichnungen für den Sohn Gottes (Joh. 1, 1, 14; 1. Kor. 1, 30). Dagegen die Sünder: Die werden alle vom »Herrscher dieser Welt«, der »gegenwärtigen, bösen Welt«, hin und her gejagt, da sie sich nicht Dem anvertraut haben, »der sich selbst für uns Sünder dahingegeben hat, damit Er uns aus dieser unheiligen Welt befreie, nach dem Willen Gottes, unseres Vaters« (1. Kor. 2, 6-8; 2. Kor. 4, 4; Gal. 1, 4)...

XXV., 2. Zu den beiden Bitten: Geheiliget werde dein Name, und: Es komme dein Reich, könnte jemand einen Einwand machen: Wenn der Betende mit der Absicht betet, erhört zu werden, und wenn er auch nur einmal erhört werden sollte — dann würde also gemäß dem vorher Gesagten »der Name Gottes einmal geheiligt werden« und in ihm selbst auch »das Reich Gottes einmal gegenwärtig sein«. Hat er dies aber erreicht, wie sollte er da noch weiter pflichtgemäß um das schon Vorhandene bitten können? ... Hierauf ist zu entgegnen: Wie der, welcher um das »Wort der Weisheit« und um das »Wort der Erkenntnis« betet, pflichtgemäß immer weiter darum beten wird, damit er im Falle der Erhörung immer reichere Anschauung der Weisheit und Erkenntnis empfange ... so ist auch für jeden von uns das Vollkommene in der Heiligung des Namens Gottes und im Kommen Seines Reiches niemals zu erlangen, ebensowenig wie die Vollkommenheit der Erkenntnis oder der Weisheit, und alle übrigen Tugenden müßten ebenso auch noch hinzukommen ... Das Reich Gottes in uns wird nur seine Höhe erreichen, wenn wir ununterbrochen vorwärtsschreiten. Erst muß sich ja das Apostelwort erfüllen, daß »Christus das Reich Gott dem Vater übergeben wird, wenn ihm alle Feinde unterworfen sind, damit Gott alles in allem sei« (1. Kor. 15, 24-28). Deshalb wollen wir ohne Unterlaß betend in einer durch das Wort vergöttlichten Seelenstimmung zu unserem Vater in den Himmeln sprechen: Geheiliget werde dein Name! Es komme dein Reich!

XXVI., 1. »Dein Wille geschehe, wie im Himmel, so auch auf Erden!« Lukas hat dies nach der Bitte: Es komme dein Reich, übergangen und läßt sogleich folgen: Unser tägliches Brot gib uns jeden Tag! Deshalb wollen wir die hier vorangestellten Worte als nur bei Matthäus überliefert im Anschluß an den davorstehenden Text prüfen. Solange wir Betende noch »auf Erden« sind und bedenken, daß »der Wille Gottes im Himmel« bei allen Himmelsbewohnern »geschieht», solange wollen wir auch darum beten, daß bei uns ebenfalls, auf Erden in gleicher Weise wie bei jenen, »der Wille Gottes in allem geschehe«. Dies wird offenbar dann eintreten, wenn wir nichts mehr wider Seinen

Willen tun. Sobald aber der Wille Gottes auch von uns auf Erden so vollzogen wird, wie er im Himmel waltet, werden wir dann nicht den Himmelsbewohnern gleichgestellt sein, da wir ähnlich wie jene »das Bild des himmlischen Schöpfers in uns tragen« (1. Kor. 15, 49)? Werden wir da nicht »das Himmelreich ererben« (Matth. 25, 34) — während die nach uns auf Erden Verweilenden dann darum beten werden, auch uns gleichgestellt zu sein —, da wir dann doch im Himmel sind? . . .

XXVI., 6. Wenn unser Heiland sagt, man müsse beten, daß »der Wille des Vaters geschehe, wie im Himmel, so auch auf Erden«, so befiehlt Er damit gewiß nicht, unsere Gebete durchweg darauf hinzulenken, daß die an einem Orte der Erde befindlichen denen ähnlich werden sollen, die an einem Orte des Himmels weilen. Er wünscht vielmehr — und darum ordnete Er das Gebet so an —, daß alles auf Erden, d. h. das Schlechtere und mit dem Irdischen eng Verbundene, ähnlich dem Besseren werde, das »sein Bürgertum in den Himmeln hat« (Phil. 3, 20) und schon ganz und gar »Himmel« geworden ist. Denn wer sündigt, der ist Erde, mag er auch sein, wo er will, und er wird, wenn er nicht bereut, irgendwann und irgendwie zu der ihm verwandten Erde wieder zurückverwandelt werden. Wer aber den Willen Gottes erfüllt und Seinen heilsamen geistigen Gesetzen gehorcht, der ist »Himmel« . . .

So werden wir also, wenn der Wille Gottes auch auf Erden so geschieht, wie er im Himmel geschehen ist, alle zu Himmeln werden? Aber wenn auch das nichtsnutzige Fleisch und das mit ihm verwandte Blut niemals das Reich Gottes »ererben« können (Joh. 6, 63), so würde vielleicht doch gesagt werden dürfen, daß sie es ererben könnten — wenn sie sich aus Erdenstaub und Fleisch und Blut zu dem himmlischen Wesen hingewandt und umgewandelt haben.

XXVII., 1. »Unser tägliches Brot gib uns jeden Tag!« Da es noch einige gibt, die annehmen, es könnte gemeint sein, wir sollten um das leibliche Brot beten, so ist es der Mühe wert, ihre falsche Meinung zu widerlegen und die Wahrheit über das tägliche Brot festzustellen. Man braucht diesen Leuten nur zu entgegnen: Wie konnte Der, welcher fordert, daß man um himm-

lische und große Dinge bitten müsse, gleichsam Seine eigenen Lehren vergessen und — wie sie es annehmen — anordnen wollen, daß vor den Vater solch ein Anliegen über eine irdische und kleine Sache gebracht werde, da ja das für unser fleischliches Leben gegebene Brot weder himmlisch noch die Bitte darum eine große Bitte ist? Wir folgen dem Lehrmeister selbst. Wir wollen hier Seine Lehre über das Brot ausführlicher darlegen. Im Evangelium nach Johannes sagt Jesus zu denen, die nach Kapernaum gekommen waren, um Ihn zu suchen: »Wahrlich, wahrlich, ich sage euch, ihr suchet mich, nicht weil ihr Zeichen gesehen habt, sondern weil ihr von den Broten aßet und gesättigt worden seid« (Joh. 6, 26). Denn wer von den durch Jesus gesegneten Broten gegessen hat und sich an ihnen sättigen konnte, der sucht den Sohn Gottes viel genauer zu verstehen und eilt wieder zu Ihm. Deshalb gibt uns der Heiland in den nun folgenden Worten eine treffliche Vorschrift:
»Schaffet nicht die vergängliche Speise, sondern die Speise, die zu ewigem Leben führt, welche der Menschensohn euch geben wird« (Joh. 6, 27). Als die um Ihn Herumstehenden dies hörten, wollten sie Näheres wissen und fragten Ihn: »Was sollen wir tun, daß wir die Werke Gottes schaffen?« Da antwortete Jesus: »Dies ist das Werk Gottes, daß ihr glaubet und dem folgt, den Er gesandt hat.« Gott aber »sandte Sein Wort aus und heilte sie«, wie in den Psalmen geschrieben steht (Ps. 106, 20) — Er heilte nämlich die Kranken. Wer diesem »Worte« glaubt, der schafft die Werke Gottes, denn diese sind eine »Speise, die zu ewigem Leben führt«. Und weiter sagte Er: »Mein Vater gibt euch das wahrhaftige Brot vom Himmel; denn das Brot Gottes ist das, welches vom Himmel herabsteigt und der Welt Leben gibt.«
Das wahrhaftige Brot ist also das, welches den wahrhaftigen Menschen, der nach dem Bilde Gottes geschaffen ist, nährt — und wer sich hiervon nährt, der wird auch dem Schöpfer ähnlich. Was aber ist nahrhafter für die Seele als das Wort oder was kostbarer als die Weisheit Gottes für den Geist dessen, der sie erfassen kann — oder was ist der vernünftigen Natur entsprechender als Wahrheit?

XXVII., 7. Nun ist auch noch die Bedeutung des Wortes »Epiousios« zu überlegen. Zuerst muß man wissen, daß sich dieses Wort bei keinem griechischen Schriftsteller findet und auch nicht im Sprachgebrauch des gemeinen Mannes vorkommt. Es scheint also von den Evangelisten eigens geprägt worden zu sein. Und zwar trafen Matthäus und Lukas bezüglich dieses Wortes, das sie zuerst in die Öffentlichkeit brachten, genau zusammen. Sie gebrauchen es auch in genau dem gleichen Sinn... Ein ähnlicher Ausdruck wie Epiousios steht übrigens auch bei Moses in den Worten Gottes geschrieben: »Ihr aber werdet mir sein ein Volk des Eigentums« (laos Periousios, Exod, 19, 6, 5). Beide Wörter, Epiousios und Periousios, scheinen mir von Ousia (Wesenheit, Essenz, Sein — oder Zeugenschaft des Seins, also Eigentum) abgeleitet zu sein. Und das erste bedeutet das himmlische Brot, das sich mit unserer Substanz vereinigt, so daß wir am göttlichen Wesen teilhaben, das zweite zeigt das Volk an, das zu Gottes Zeugenschaft oder Eigentum geworden ist und an ihm teilhat...

XXVII., 9. Da wir also wegen des täglichen Brotes und des Volkes der Zeugenschaft den Begriff Ousia untersucht und dies dargelegt haben (daß Substanz, Ousia, entweder erstes Substrat der vorhandenen Dinge sei oder Substrat der Körper, oder Substrat der benannten Dinge, oder die erste eigenschaftslose Substanz des vor allen Dingen Seienden, das alle Verwandlungen annimmt, selbst aber unwandelbar bleibt) und da das Brot, um das wir bitten sollten, im vorhergehenden jedenfalls geistig zu verstehen war: so muß »Substanz« notwendigerweise als diesem Brot eng verwandt gedacht werden.

Wie das leibliche Brot, das dem Körper gegeben wird, in die Wesenssubstanz des dadurch Genährten eingeht, ebenso soll das lebendige, vom Himmel herab zu uns gekommene Brot unserem Geist und unserer Seele eingegeben werden, damit es von der ihm eigentümlichen Kraft und Wesensart demjenigen mitteile, der die durch solches Brot gespendete Nahrung würdig in sich aufnimmt. Dies also wird das tägliche Brot sein, um das wir bitten...

XXVII., 10. In der Heiligen Schrift scheint mir dieses selbe Brot auch noch mit einem anderen Namen genannt worden zu sein, nämlich »Baum des Lebens«. Wer darnach »seine Hand ausstreckt und von ihm nimmt, der wird in Ewigkeit leben«. Und mit einem dritten Namen wird dieser Baum bei Salomo »Weisheit Gottes« genannt: »Sie ist ein Baum des Lebens für alle, die sich an ihr festhalten, und ein sicherer Hort für die, welche sich auf sie stützen wie auf den Herrn« (Sprichw. 3, 18) ...

XXVII., 11. Wenn wir nun untersuchen, was das tägliche Brot und der Baum des Lebens und die Weisheit Gottes und die den heiligen Menschen und den Engeln gemeinsame Speise bedeuten, so ist es wohl auch nicht unpassend, sich hier der drei Männer zu erinnern, die nach dem Bericht der Genesis bei Abraham einkehrten und dort von den »drei Maß Feinmehl« genossen, die zur Herstellung von flachen Broten eingerührt worden waren. Erwägen wir also, ob dies nicht rein bildlich gesagt ist. Denn die Heiligen können zuzeiten nicht nur anderen Menschen, sondern wohl auch göttlicheren Mächten Anteil an geistiger und vernunftgemäßer Nahrung geben ... Es ist auch nicht weiter wunderbar, daß Engel durch einen Menschen bewirtet werden, da doch auch Christus selbst zusagt, Er werde »an der Tür stehen und anklopfen«, damit Er »zu dem eingehe, der Ihm öffnet, und mit ihm von dessen Vorräten speise« (Offenb. 3, 20) — um dann ebenfalls von Seinem eigenen Besitz demjenigen mitzuteilen, der vorher nach besten Kräften und bestem Vermögen den Sohn Gottes bewirtet hatte.

Wer also an diesem täglichen Brot Anteil nimmt, der wird, »in seinem Herzen gestärkt« (Ps. 103, 15), ein Sohn Gottes ...

XXVII., 13. ...Doch könnte noch jemand einwenden, das Wort Epiousios käme von epieinai, »herannahen, bevorstehen,« so daß uns ganz einfach nur befohlen wäre, um das der zukünftigen Zeit angemessene Brot zu bitten, damit Gott jeweils vorausgreifend es uns rechtzeitig schenken möchte. So würde dann das, was uns gleichsam morgen gegeben werden soll, »heute« gegeben werden, wobei man unter heute die Zeit der

Gegenwart, unter morgen aber die Zeit der jeweils unmittelbaren Zukunft verstehen sollte ... Und nun wollen wir noch den Begriff sémeron, der bei Matthäus dieser Bitte hinzugefügt ist, und den Ausdruck kat' hēmèran, der bei Lukas an der betreffenden Stelle steht, miteinander vergleichen. An vielen Stellen der Heiligen Schrift wird die Gesamtzeit mit sémeron, »heute«, bezeichnet, wie etwa in Psalm 94, »Wenn ihr heute Seine Stimme höret, so verhärtet euch nicht«, oder in Buch Josua, »Fallet nicht ab vom Herrn in diesen heutigen Tagen«; Wenn aber das Heute im Sinn der ganzen Gegenwart gebraucht wird, dann bedeutet vielleicht »gestern« die ganze vergangene Zeit. Und dies ist wohl auch in den Psalmen und bei Paulus im Hebräerbrief so gemeint: »Tausend Jahre sind in Deinen Augen wie der gestrige Tag, der verging«, und »Jesus Christus, gestern und heute derselbe, in Ewigkeit«. Es ist ja auch keineswegs wunderbar, daß für Gott die gesamte Zeit kaum die Bedeutung eines Tages nach unserer Berechnung hat — ich glaube sogar noch eine viel geringere...

XXVII., 16. Wer dies erkannt hat und mit seinem menschlichen Denkvermögen versucht, sich eine Äonenwoche vorzustellen und eine Art von heiliger Sabbatruhe zu schauen ... der wird gewiß alles tun, um — durch die irdische Vorbereitung würdig geworden, das tägliche Brot am »heutigen« Tage zu empfangen — es nun auch »jeden Tag« empfangen zu können. Der Begriff »jeden Tag« ist ja aus dem vorher Gesagten bereits deutlich geworden. Wer zu Gott, der von Ewigkeit zu Ewigkeit ist, nicht nur um das »heute« betet, sondern, nach dem Wortlaut bei Lukas, um das »tägliche« (oder »heute« um »jeden Tag«), der wird von dem, der die Macht hat, zu schenken, »überschwenglich zu schenken, weit über das hinaus, was wir erbitten können oder überhaupt verstehen« (Eph. 3, 20), sogar noch mehr erlangen können, als — um es in bildlicher Übertreibung zu sagen — »was kein Auge gesehen, kein Ohr gehört hat«, und noch mehr, als was »in keines Menschen Herz jemals Raum gefunden hat« (1. Kor. 2, 9).

...Wenn wir also auch nach dem Lukas-Evangelium in gleicher Weise wie nach dem Matthäus-Evangelium den Begriff »unser tägliches Brot« beurteilen können, so müssen wir trotzdem prüfen, wieso denn dieses Brot überhaupt »unser« ist, da es bei Lukas eben nicht heißt: »Unser tägliches Brot gib uns heute«, sondern: »Unser tägliches Brot gib uns jeden Tag.« Nun lehrt aber der Apostel: »Sei es Leben, sei es Tod, sei es Gegenwärtiges, sei es Zukünftiges — alles ist Eigentum der Frommen« (I. Kor. 3, 22), worüber gegenwärtig zu sprechen nicht mehr notwendig ist.

XXVIII., 1. »Und vergib uns unsere Schuld, so wie auch wir unseren Schuldern vergeben«, oder wie Lukas es bietet: »Und vergib uns unsere Sünden, denn auch wir haben jedem, der uns schuldig wurde, vergeben!« Auch der Apostel spricht von »Schulden«: »Gebet jedem das Schuldige; Steuer, dem die Steuer gebührt, Furcht, dem die Furcht gebührt, Zoll, dem der Zoll gebührt, Ehre, dem die Ehre gebührt, und schuldet niemandem etwas außer der gegenseitigen Liebe« (Röm. 13, 7). Demnach schulden wir vieles, da wir nicht nur beim Geben gewisse Pflichten haben, sondern auch zu freundlichem Verkehr und zu diesen oder jenen Werken verpflichtet sind. Und wir sind uns auch schuldig, zu einander eine dementsprechende Gesinnung zu hegen. Und da wir dies schuldig sind, zahlen wir diese Schulden entweder ab, soweit wir den Anordnungen des göttlichen Gesetzes nachkommen, oder wir bleiben in der Schuld, wenn wir — in Geringschätzung der gesunden Vernunft — unseren Verpflichtungen nicht treulich nachkommen...

XXVIII., 3. Als das über alle anderen Geschöpfe gestellte Wesen und Abbild Gottes schuldet der Mensch zu alledem auch Gott gegenüber eine bestimmte Gesinnung, die wir stets zu bewahren und zu bewähren haben, und dazu die Liebe »aus ganzem Herzen, aus ganzer Kraft und aus ganzem Denken« (Mark. 12,30). Wenn wir dies nicht vollbringen, so bleiben wir die Schuldner Gottes und sündigen gegen den Herrn. Wer wird deswegen für uns beten? Denn — wie Eli im ersten Buch der Könige sagt: »Wenn ein Mensch wider einen Menschen sündigt, da wird man für ihn beten — wenn er aber wider den Herrn sündigt, wer wird dann für ihn beten?« Aber auch Christi Schuldner sind wir, da Er uns mit Seinem eigenen Blut erkauft hat...

Wenn wir »ein Schauspiel sind für Welt und Engel und Menschen« (1. Kor. 4, 9), so muß man bedenken, daß auch der Schauspieler angesichts der Zuschauer gewisse Worte und Gebärden hervorzubringen schuldig ist — und leistet er das nicht, so wird er als einer, der das ganze Theaterpublikum beleidigt, alsbald bestraft. Ebenso schulden auch wir der ganzen Welt und dem Menschengeschlecht und allen Engeln die Erkenntnisse, die wir, wenn wir wollen, von der Weisheit lernen können. Außer diesen allgemeinen Verpflichtungen gibt es noch eine ganze Reihe besonderer Schuldigkeiten, so etwa den Witwen, den Waisen, den Diakonen, den Priestern gegenüber — und umgekehrt die Schulden dieser besonderen Stände gegenüber der Allgemeinheit. Am schwersten lastet da wohl die Verpflichtung, die dem Bischof für die Gesamtheit und für seine Kirche vom Heiland selbst auferlegt wird und deren Nichterfüllung ganz besonders schwer geahndet wird. Der Apostel hat auch noch andere Schuldigkeiten angedeutet: »Dem Weibe soll der Mann leisten, was er schuldig ist, und ebenso auch das Weib dem Manne«, und fügte hinzu: »Entziehet euch einander nicht« (1. Kor. 7, 3, 5). Die Leser dieser Schrift haben die Möglichkeit, sich aus dem Gesagten das, was sie betrifft, herauszusuchen. Ich brauche daher nicht mehr davon zu reden, was und wieviel im einzelnen jeder schuldig sein mag, um entweder, wenn er seine Schuld nicht tilgt, darin festgehalten oder, wenn er sie tilgt, von ihr befreit zu werden. Nur so viel sage ich noch: Solange wir im Leben stehen, ist es uns zu keiner Stunde möglich, weder bei Tag noch bei Nacht, nicht sehr viel schuldig zu sein...

XXVIII., 8. Da aber die Sünden dann entstehen, wenn wir unsere Schulden abzutragen versäumen, so meint Lukas mit den Worten »Vergib uns unsere Sünden« dasselbe wie Matthäus, welcher sagt: »Vergib uns unsere Schulden«, wenn auch Lukas, wie es scheint, nicht zulassen will, daß jemand seinen Schuldnern nur dann vergibt, wenn sie bereuen. Denn Lukas fügt diese Bemerkung des Heilands — die wir in unserem Gebet beachten müssen — ausdrücklich hinzu: Auch wir vergeben jedem, der uns schuldig ist. Wir alle haben ja die Macht, zu vergeben, was immer gegen uns gesündigt worden sein mag. Das erhellt sowohl aus diesem Zusatz als auch aus jenem von Matthäus berichteten. Denn wer wie die Apostel vom Geisteshauch des Heilands erfüllt wurde und »an seinen Früchten erkannt werden« kann, da er vom Heiligen Geist erfaßt und dadurch geistig geworden ist ... der vergibt, was Gott vergibt, und »behält« nur die unheilbaren Sünden, indem er wie die Propheten — die ja auch nicht ihre eigenen Gedanken, sondern nur Gottes Ratschlüsse verkünden — nur Gott allein dient, denn nur Gott allein hat ja die Macht, zu vergeben.

XXVIII., 9. Im Evangelium Johannis lauten die Worte von der Vollmacht der Apostel, Sünden zu vergeben, wie folgt: »Empfanget den Heiligen Geist! Wenn ihr jemandem seine Sünden vergebt, so werden sie ihm vergeben; wenn ihr sie jemandem behaltet, so werden sie ihm behalten.« Wer diese Worte ohne genaue Prüfung hinnähme, könnte demnach den Aposteln vielleicht vorwerfen, daß sie nicht alles vergeben, damit allen alles auch bei Gott vergeben würde, sondern »jemandem seine Sünden behalten«, so daß diese ihretwegen auch bei Gott zurückbehalten werden. Um aber die Vergebung der Sünden zu verstehen, soweit sie den Menschen von Gott durch Menschen zuteil wird, ist es nützlich, ein Beispiel aus dem alten Gesetz vorzunehmen. Den Priestern nach dem Gesetz ist es verboten, für gewisse Sünden solche Sühnopfer darzubringen, daß den Menschen, für die solche Opfer dargebracht werden, ihre schweren Verfehlungen deshalb erlassen werden könnten. So brachten sie doch wohl keine Brand- oder Sühnopfer dar, wenn es sich um Ehebruch oder gar um absichtlichen Mord oder andere schwere Sünden handelte. Genauso steht es auch bei den Aposteln und den ihnen Gleichgestellten mit der Sündenvergebung: Da sie Priester sind, nach dem Vorbilde des großen Hohenpriesters, und den Dienst Gottes kennen, so wissen sie auch, vom Geiste belehrt, für welche Vergehungen man Opfer darbringen kann und muß, wann und auf welche Weise, und erkennen auch, wann und für welche Vergehungen man dies nicht tun darf. ...Einige scheinen ... diese Worte nicht gelesen zu haben: »Es gibt eine Sünde zum Tode — nicht von jener sage ich, daß jemand dafür bitten sollte« (Joh 5, 16). Auch darf man nicht mit Stillschweigen übergehen, wie der tapfere Hiob ein Opfer für seine Söhne mit diesen Worten darbrachte: »daß nicht etwa meine Söhne in ihren Herzen Böses gegen Gott gedacht haben!« Also für zweifelhafte Sünden, die noch nicht einmal bis zu den Lippen gekommen waren, brachte er sein Opfer dar.

XXIX., 1. »Und führe uns nicht in Versuchung, sondern erlöse uns von dem Bösen!« Die Worte »Sondern erlöse uns von dem Bösen« fehlen bei Lukas. Wenn der Heiland uns nicht vorschreibt, Unmögliches zu erbitten, dann scheint es mir doch der Untersuchung wert zu sein, wie es denn zugehen kann, daß uns ein Befehl gegeben werden mag, wir sollen beten, nicht in Versuchung zu kommen, da doch »das ganze irdische Leben eine einzige Versuchung ist« (Job 7, 2). Denn solange wir auf Erden sind, umgeben mit dem »Fleische, das gegen Gott streitet« (Gal. 5, 17) und dessen »ganzes Sinnen nur Feindschaft ist gegen Gott, da es sich in keiner Weise dem Gesetze Gottes zu unterwerfen vermöchte« (Röm, 8, 7) — solange befinden wir uns immer in Versuchung.

Daß wirklich »das ganze menschliche Leben auf Erden eine Versuchung ist«, hat uns Hiob mit genau diesen Worten gelehrt (Job 7, 1), und dasselbe sagt uns der siebzehnte Psalm: »In dir werde ich von der Versuchung erlöst werden.« Auch Paulus schreibt den Korinthern, Gottes Gnade gewähre uns zwar nicht Befreiung von Versuchungen, aber lasse uns doch nicht über unsere Kräfte hinaus versucht werden. Es heißt dort: »Euch hat keine andere als menschliche Versuchung getroffen, getreu ist aber Gott, der euch nicht über euer Vermögen hinaus versucht werden läßt; immer wird Er mit der Versuchung auch deren Ausgang so gestalten, daß ihr ihn ertragen könnt« (1. Kor. 10, 13).

XXIX., 3. Wie kann uns also der Heiland befehlen, darum zu beten, daß wir nicht in Versuchung geraten, da Gott wohl immer alle versucht? »Gedenket, wieviel Gott dem Abraham angetan«, sagt auch Judith nicht nur den Ältesten ihrer Zeit, sondern allen Lesern ihrer Schrift, »und wie sehr er den Isaak versucht hat und was alles dem Jakob zustieß, als er im syrischen Mesopotamien die Schafe Labans weidete. Denn nicht nur, wie Er jene geprüft hat, allein zur Klärung ihrer Herzen, bestraft auch uns der Herr, der zur Warnung die züchtigt, welche Ihm nahen« (Judith 8, 26 f.) . . .

XXIX., 4. Wenn wir den der großen Menge verborgenen Sinn des Gebetes, daß wir nicht in Versuchung kommen möchten, richtig verstehen, dann dürfen wir vielleicht betonen, daß die Apostel nicht erhört wurden, als sie darum baten. Unzählige schwere Leiden und Prüfungen haben sie in ihrer ganzen Lebenszeit erdulden müssen »mit Beschwerden über alle Maßen, mit Schlägen über die Maßen, in Gefangenschaft, schwerer als andere, oft in Todesnöten« (2. Kor. 11, 23). Paulus besonders erhielt »von den Juden fünfmal vierzig Schläge, weniger einen, dreimal wurde er mit Ruten geplagt, einmal gesteinigt, dreimal erlitt er Schiffbruch, eine Nacht und einen Tag trieb er als Spiel der Wellen einher« — ein Mann, der »in allem bedrängt, in Verzweiflung gebracht, verfolgt, niedergeworfen«, bekennt: »Bis zu dieser Stunde hungern und dürsten wir, können unsere Blöße nicht bedecken und erhalten Backenstreiche, sind ohne Heimat und mühen uns ab mit eigener Hände Arbeit. Wir werden geschmäht — und segnen; wir werden verfolgt — und halten aus; wir werden verleumdet — und trösten« (1. Kor. 4, 11-13).

Wenn aber die Apostel selbst in ihren Gebeten keinen Erfolg hatten, welche Hoffnung besteht dann für uns, die um so viel geringer sind als jene? Wie können wir erwarten, daß unser Gebet bei Gott Gehör finden werde?

XXIX., 5. Auch von dem Wort im fünfundzwanzigsten Psalm: »Prüfe mich, Herr, und versuche mich, erprobe meine Nieren und mein Herz«, wird wahrscheinlich manch einer, der den Sinn der Anordnungen unseres Heilandes nicht genauer erfaßt hat, vermuten müssen, es stehe im Widerspruch zu dem, was uns unser Herr über das Gebet gelehrt hat. Aber wann hat je ein Mensch geglaubt, daß Menschen außerhalb der Versuchung stehen könnten, deren Gewalt er selbst kennengelernt haben mußte, seit er überhaupt zu vollem Bewußtsein gekommen ist? Und was für einen Zeitpunkt mag es geben, in welchem jemand — in der Meinung, daß er nun gegen Versuchungen nicht mehr zu kämpfen haben werde — sich über die Möglichkeiten der Sünde hinwegsetzen kann? Ist einer arm? Dann mag er sich in acht nehmen, daß er nicht einmal Mundraub begehe — und dann beim Namen Gottes schwöre. Ist er reich? Dann mag er sich vor Hochmut hüten, daß er nicht übersättigt — zum Lügner werde und, sich brüstend, sage: »Wer sieht mich?« ...

XXIX., 9. »Das ganze Leben des Menschen auf Erden« ist — das wissen wir nun zur Genüge — »eine Versuchung«, und deshalb wollen wir darum beten, von dieser Versuchung erlöst zu werden, aber nicht im Sinn eines Verschontbleibens von Versuchungen überhaupt — denn nicht versucht zu werden ist auf Erden unmöglich —, sondern im Sinne der Standhaftigkeit, damit wir keiner Versuchung erliegen mögen... Laßt mich zur Mahnung, daß jede Zeit für alle Menschen eine Zeit der Versuchung ist, nur noch dies hinzufügen: Auch der, »dessen Bemühung um das Gesetz Gottes Tag und Nacht nicht aussetzt« und der das Wort zu verwirklichen strebt, daß »der Mund des Gerechten sich um Weisheit stets bemühen« werde (Sprichw. 10, 31) — auch dieser ist nie frei von Versuchung...

XXIX, 11. So müssen wir denn beten, nicht daß wir nicht versucht werden möchten, sondern daß wir nicht von den Versuchungen so eingefangen und verstrickt werden, wie es denen ergeht, die sich darin festrennen und unterliegen. Da aber außerhalb des Herrngebetes geschrieben steht: »Betet, daß ihr nicht in Versuchung geratet« (Luk. 22, 40) — was nach dem Gesagten wohl deutlich genug ist, während wir im Herrngebet an Gott den Vater die Bitte richten müssen: »Führe uns nicht in Versuchung« —, so ist es sehr wichtig, daß wir einsehen, wie Gott den, der nicht gebetet hat oder nicht erhört wird, in die Versuchung führt. Da in die Versuchung hineinzugeraten soviel bedeuten würde wie ihr zu erliegen, so wäre die Annahme unschicklich, daß Gott jemanden »in die Versuchung hineinführe«, ihn also dem Unterliegen preisgebe... Wie ist es dann nicht ungereimt, zu denken, daß der gute Gott, der doch gar keine bösen Früchte schenken kann, jemanden in das Böse verstrickt?

XXIX., 12. Hierfür wird nützlich sein, die von Paulus im Römerbrief so ausgedrückten Gedanken heranzuziehen: »Während sie sich für Weise ausgaben, wurden sie zu Toren. Für die Herrlichkeit des unvergänglichen Gottes tauschten sie Abbilder von vergänglichen Menschen ein, ja sogar von Vögeln, von vierfüßigen und von kriechenden Tieren.
Deshalb hat sie Gott zur Unreinheit in den Gelüsten ihrer Herzen dahingegeben, um ihre Leiber an sich selbst zu entehren... denn ihre Weiber haben den natürlichen Gebrauch mit dem widernatürlichen vertauscht, und in gleicher Weise haben auch die Männer den natürlichen Gebrauch des Weibes aufgegeben und sind entbrannt... Und wie sie die Erkenntnis Gottes verworfen hatten, so hat sie Gott dahingegeben zu verwerflichem Sinn, um das Unziemliche zu tun« (Röm. 1, 22-28).
Alles dies muß man denen vorhalten, die auf den Gedanken verfallen sind, die Gottheit zerteilt vorzustellen, und den »guten« Vater unseres Herrn vom Gotte des Gesetzes unterscheiden und trennen wollen; man muß sie fragen, ob der gute Gott denjenigen in Versuchung führt, dessen Gebet nicht erhört wird, und ob der Vater des Herrn Jesus die, welche vorher irgendwie gesündigt haben, »zur Unreinheit in den Gelüsten ihrer Herzen dahingibt, um ihre Leiber an sich selbst zu entehren«, oder ob Er sie nicht — Er, der nach ihrer eigenen Aussage vom Richten und Strafen fernhält — »dahingibt in entehrende Leidenschaften« und »in verwerflichen Sinn, um das Unziemliche zu tun«, während sie gar nicht »in die Gelüste ihrer Herzen« geraten wären, wenn Gott sie nicht diesen dahingegeben hätte?...
XXIX., 13. Diese Bedenken werden sicherlich auf jene Leute starken Eindruck machen. Haben sie doch nur deswegen einen anderen Gott neben dem Schöpfer von Himmel und Erde erdichtet, weil sie im Gesetz und in den Propheten viele derartige Anstöße fanden und Ärgernis daran nahmen — als ob der Gott, der solche Aussprüche getan habe, nicht gut sein könne. Wir aber müssen nun zusehen — wegen der Schwierigkeiten, die angesichts der Bitte »Führe uns nicht in Versuchung«

zutage getreten sind und um derentwillen wir auch die Worte des Apostels angeführt haben —, ob wir nicht eine zutreffende Lösung der Widersprüche finden können.

Ich glaube also, daß Gott jede vernünftige Seele im Hinblick auf ihr ewiges Leben leitet.

Jede Seele hat immer die freie Selbstbestimmung und ist selbst schuld daran, wenn sie entweder beim Aufstieg bis zu der Höhe der Tugenden in sittlich besseren Zustand gerät oder abweichend hiervon, infolge von Unachtsamkeit, zu einer mehr oder weniger tiefen Stufe der Schlechtigkeit hinabsteigt. Da aber jede allzu schnelle Heilung meist zur Geringschätzung der Krankheit verführt, so daß gewisse Menschen nach ihrer Genesung allzu leicht in dieselben Übel zurückfallen, so wird Gott bei derartigen Leuten die nach irgendeiner Hinsicht wachsende Schlechtigkeit zuweilen nicht beachten, ja sogar deren größte bis zur Unheilbarkeit führende Ausdehnung manchmal übersehen: Diese Menschen sollen durch den Verkehr mit dem Bösen und dank der Durchdringung mit der Sünde, nach der sie verlangen, gesättigt werden, bis sie den Schaden merken und — von Haß gegen das erfüllt, was sie bis dahin billigten — nunmehr imstande sein, nach erfolgter Heilung die Gesundheit ihrer Seelen mit größerer Sicherheit zu genießen.

Zum Beispiel »bekam einst das den Kindern Israels beigemischte Pöbelvolk Gelüste. Und da lagerten sie sich, und auch die Kinder Israels, und weinten und sagten: Wer wird uns Fleisch zu essen geben? Wir erinnern uns an die Fische... und nichts als das Manna sehen wir vor unseren Augen... Da sprach der Herr zu Moses: Du sollst dem Volke sagen, heiliget euch morgen, dann werdet ihr Fleisch essen, denn ihr habt vor dem Herrn gejammert... Aber nicht einen Tag oder zwei... einen ganzen Monat werdet ihr nur davon essen, bis es euch zum Halse heraushängt, und es wird euch zum Ekel werden, da ihr dem Herrn, der unter euch weilt, nicht gehorcht habt...« (Num. 11, 4-20).

XXIX., 14. Laßt uns zusehen, ob wir diese Geschichte zur Lösung des Widerspruchs in der Bitte »Führe uns nicht in Versuchung« und in den Worten des Apostels

gebrauchen können. Ein Gelüst hatte das den Kindern Israels beigemischte Pöbelvolk, und so jammerte es, und die Kinder Israels jammerten mit ihm. Solange sie nicht hatten, was sie begehrten, konnten sie offenbar auch keinen Überdruß daran empfinden und von ihrer Leidenschaft auch nicht ablassen. Gott aber, in Seiner Menschenliebe und Güte, wollte ihnen das Begehrte nicht in der Weise geben, daß ihnen noch Begierde zurückbliebe. Deshalb sagte er: »So lange sollt ihr essen, einen Monat lang nur Fleisch verzehrend, bis es euch zum Halse heraushängt.« ...Also damit ihr von eurer Begierde befreit werden könnt, indem ihr das Begehrte hasset und dann wieder zum Guten und zur himmlischen Nahrung zurückkehren könnt, die ihr jetzt, im Trachten nach dem Schlechteren, noch geringschätzet ... Das gleiche wie diese werden diejenigen erleiden, die »für die Herrlichkeit des unvergänglichen Gottes Abbilder von vergänglichen Menschen eintauschten, ja sogar Gestalten von Vögeln, von vierfüßigen und von kriechenden Tieren«: Sie werden verlassen und dahingegeben ... da sie zu einem seelen- und empfindungslosen Körper den Namen dessen herabgezogen hatten, der allen mit Empfindung und Vernunft begabten Wesen nicht nur Gefühle, sondern auch vernunftgemäßes Empfinden und einigen sogar das tugendhafte Empfinden und Denken verleiht. Mit Recht werden dann solche von ihrem Gott, den sie verlassen haben und der sie nun seinerseits verläßt, »zu entehrenden Leidenschaften dahingegeben«, indem sie durch das räudige Vergnügen, dem sie frönen, auch den »gebührenden Lohn für ihre Verirrungen« empfangen. Der gebührende Lohn für ihre Verirrungen wird ihnen nämlich viel mehr zuteil, wenn sie zu entehrenden Leidenschaften dahingegeben werden, als wenn das einsichtsvolle Feuer sie reinigt, so daß sie »im Kerker bis zum letzten Quadranten« jeden Teil ihrer Schuld wiedererstatten müssen (Matth. 5, 25) ...*Denn Gott will nicht, daß irgend jemandem das Gute zwangsweise zuteil werde, sondern es soll jedem stets nach seinem freien Willen erreichbar sein.*
Infolge der länger dauernden Gemeinschaft mit der Sünde bemerkt aber gar mancher nur schwer die ihr innewohnende Häßlichkeit, um sich dann von ihr — die

er irrigerweise für schön gehalten hatte — endlich abzuwenden. ...Wenn demnach, wie es in den Sprichwörtern heißt, »nicht mit Unrecht Netze für die Vögel ausgespannt werden« (Sprichw. 1, 17) und Gott mit gutem Grund »in die Schlinge hineinführt« (Ps. 65, 11) ... — wer in die Schlinge gerät, gerät deshalb hinein, weil er die Kraft seiner Flügel nicht richtig gebraucht hat, obwohl sie ihm zum Aufliegen verliehen waren —: *so wollen wir also darum beten, daß wir nichts begehen, weshalb wir von dem gerechten Gericht Gottes in die Versuchung geführt werden müßten,* in die jeder geführt wird, der von Gott »in den Gelüsten seines Herzens dahingegeben wird ... zu entehrenden Leidenschaften ...«

XXIX., 17. Der Nutzen der Versuchung ist aber ungefähr der folgende: Was unsere Seele so in sich aufgenommen hat, daß es allen, auch uns selbst — außer Gott — verborgen bleibt, genau das wird durch die Versuchung offenbar, damit unser eigentliches Wesen nicht länger uns selbst unbekannt sei, so daß wir selbst uns erkennen können ... Daß Versuchungen über uns verhängt werden, damit unser eigentliches Wesen ans Licht komme und damit die in unserem Herzen verborgenen Gedanken offenbar werden, wird bewiesen durch die Worte des Herrn im Buch Hiob und durch eine Stelle im Deuteronomium. Die beiden Stellen lauten: »Glaubst du, ich hätte zu anderem Zweck mit dir verhandelt als damit deine Gerechtigkeit in helles Licht trete?« (Job 40, 3), und: »Er mißhandelte dich und ließ dich hungern ... damit der Inhalt deines Herzens bekannt werde« (Deut. 8, 3. 15).

XXIX., 19. In den Zeiten, 'die zwischen den aufeinanderfolgenden Versuchungen liegen, müssen wir uns also den gegenwärtigen Gefahren entgegenstellen und uns für alle Ereignisse rüsten, die möglicherweise über uns hereinbrechen könnten. Was auch immer geschehen mag, wir sollten nicht ungerüstet betroffen werden, sondern als solche erscheinen, die sich auf das sorgfältigste eingeübt haben. Was aus Gründen menschlicher Schwäche noch fehlt, wird sicher — *wenn wir von uns aus alles tun* — durch Gott ergänzt werden, der denen, »die Ihn lieben, in allem zum Guten mithilft« (Röm. 8,

28) ... denn sie sind nach Seiner untrüglichen Vorsehung immer im voraus nur zu dem bestimmt, was sie dereinst allein durch sich selbst werden erreichen können.

XXX., 1. Lukas scheint mir also durch die Bitte »Führe uns nicht in Versuchung« dem Sinne nach auch das »Erlöse uns von dem Bösen« mitgelehrt zu haben... Gott erlöst uns von dem Bösen ja nicht, wenn uns der Feind mit seinen Schlichen und mit den Helfershelfern seiner bösen Absichten überhaupt nicht zum Kampf entgegentritt, sondern nur wenn wir den Ereignissen tapfer die Stirn bieten und den Sieg gewinnen. So verstehen wir auch das Schriftwort: »Zahlreich sind die Drangsale der Gerechten, und aus allen diesen erlöst Er sie« (Ps. 33, 20). Denn von den Drangsalen erlöst Gott nicht dadurch, daß keine Drangsale mehr eintreten... sondern dadurch, daß wir zwar von allen Seiten bedrängt, aber durch Gottes Beistand niemals erdrückt werden. Der Ausdruck »bedrängt werden« bezeichnet nach dem hebräischen Sprachgebrauch das Hereinbrechen mißlicher Umstände, ohne unser Hinzutun, also von außen, während die Wendung »erdrückt werden« gebraucht wird, wenn ein mit freiem Willen begabter Mensch durch Drangsale, denen er schwächlich nachgegeben hat, also von innen, besiegt worden ist. Daher hat Paulus vortrefflich gesagt: »In allem bedrängt, aber nicht erdrückt« (2. Kor. 4, 8)...

XXX., 2. Ähnlich ist es zu verstehen, wenn jemand »von dem Bösen erlöst« wird. Gott erlöste den Hiob nicht dadurch, daß der Teufel keine Vollmacht erhielt, ihn mit seinen Versuchungen zu umgarnen — denn er erhielt ja eine solche Vollmacht —, sondern dadurch, daß Hiob »bei allem, was ihm zustieß, sich nicht vor dem Herrn versündigte«, sondern als ein Gerechter offenbar wurde... Als sein Weib sagte: »Sprich ein Wort zum Herrn und stirb!«, da tadelte und schalt er die Frau mit den Worten: »Wie eine von diesen Törinnen hast du geredet! Wenn wir das Gute aus der Hand des Herrn empfangen haben, sollten wir da das Böse nicht auch ertragen?« ... Als aber Hiob zwei Kämpfe siegreich bestanden hatte, brauchte er einen dritten so bedeutenden Kampf nicht mehr zu bestehen; denn der dreifache Kampf mußte für den Heiland aufgespart werden, wie er in den drei Evangelien aufgezeichnet ist, da unser Heiland, als Mensch gedacht, dreimal den Feind besiegt hat.

Da wir nun, um Gott mit Verständnis bitten zu können, daß wir nicht in Versuchung geraten und daß wir von dem Bösen erlöst werden, alle diese Worte sorgfältig geprüft und bei uns selbst erwogen haben und damit wir dadurch, daß wir auf Gott hören, auch Seiner Erhörung würdig werden: so wollen wir denn ehe noch die Versuchungen über uns kommen und auch wenn sie über uns kommen, ihn anrufen, damit wir nicht den Tod erleiden und, getroffen von den feurigen Geschossen des Bösen, nicht von ihnen entzündet werden[1] ...

AUS DER SCHRIFT GEGEN CELSUS
Band V, Kapitel 17–24

V., 17. Celsus muß entweder die Heilige Schrift mißverstanden oder auf Leute gehört haben, die ihren Sinn nicht verstehen, wenn er behauptet, wir lehrten, daß wir allein fortdauern würden, wenn dereinst das große Feuer über die Welt käme, um sie zu reinigen – und daß dann nicht nur unsere Lebenden fortbestehen würden, sondern auch unsere längst schon Verstorbenen! Er hat nicht bemerkt, daß eine sehr geheimnisvolle Weisheit in den Worten des Apostels Jesu enthalten ist: »Wir werden nicht alle entschlafen, wir werden aber alle verwandelt werden in einem Nu, in einem Augenblick, bei dem letzten Trompetenstoß. Denn die Trompete wird ertönen, und die Toten werden auferweckt werden, unver-

---

[1] Diese Abgrenzung des freien Willens und der vollen Verantwortung des Menschen gegenüber der Gnade und der Vorsehung Gottes ist richtunggebend für die Abkehr von allen Formen des Fatalismus und für die Entfaltung des katholischen Christentums geworden. Jeder Versuch, von diesem schmalen, aber durch Origenes so deutlich vorgezeichneten Pfad abzuweichen, hat zu unheilvollen Häresien geführt – wie uns z.B. die Jansenisten noch zeigen konnten. Vergeblich beriefen sie sich auf den heiligen Augustinus, dessen Schriften sie mißverstanden. Es wird aber auch deutlich, wie gerade die Einwände von West und Ost zu dieser scharfen, klaren, das Dogma begründenden Formulierung geführt haben – auch hier ein »siegreiches Bestehen von Versuchungen«.

weslich, und wir werden verwandelt werden« (1. Kor. 15, 51 f.). Celsus hätte erwägen sollen, mit welcher Absicht der Sprecher dieser Worte — der doch nicht tot war — sich selbst und alle Lebenden von den Toten deutlich unterschied und eigens deshalb noch den Worten »Und die Toten werden auferweckt werden, unverweslich« noch diese anderen Worte hinzufügte: »Und wir werden verwandelt werden.«

Zur Bekräftigung meiner Darlegungen, der Apostel müsse ungefähr derartige Gedanken gehabt haben, als er die aus dem ersten Korintherbrief hier angeführten Worte niederschrieb, will ich auch noch eine Stelle aus dem ersten Brief an die Thessalonicher mitteilen, darin Paulus von sich selbst als von einem Lebenden und Wachenden spricht, der den Entschlafenen nicht angehört. Er schreibt dort: »Denn das sagen wir euch mit einem Worte des Herrn, daß wir, die wir leben und die wir übrigbleiben mögen bis zur Wiederkunft des Herrn, nicht den Entschlafenen zuvorkommen werden; denn der Herr selbst wird vom Himmel herabsteigen, sobald der Ruf ergeht und die Stimme des Erzengels ertönt und die Trompete Gottes« (1. Thess. 4, 15 ff.). Und im folgenden, da er die Toten in Christus von sich und von den ihm Gleichen unterscheidet, fügt der Apostel die Worte hinzu: »Die Toten in Christus werden zuerst auferstehen, dann erst werden wir, die noch leben und übriggeblieben sind, zugleich mit ihnen entrückt werden, dem Herrn entgegen, in Wolken, in die Luft.«

V., 18. Celsus hält sich ziemlich lange bei der Verspottung der Lehre von der Auferstehung des Fleisches auf, die in unseren Gemeinden verkündigt und vom gebildeten Teil der Gläubigen mit tieferem Verständnis erfaßt wird. Da wir hier eine Verteidigungsschrift gegen einen Feind unseres Glaubens schreiben, so wollen wir ... auch über diesen Punkt einige Gedanken anführen mit Rücksicht auf künftige Leser und soweit es unsere Kräfte eben erlauben. Weder wir selbst noch die heiligen Schriften lehren, daß »die längst Gestorbenen aus der Erde wieder hervorkommen« und zu neuem Leben erstehen werden »im nämlichen Fleisch«, ohne daß dieses eine Umwandlung in einen besseren Zustand

erfahren hätte. Nur Celsus behauptet das — und damit verleumdet er uns. Denn wir kennen sehr viele Stellen der Schrift, in denen von der Auferstehung so gesprochen wird, wie es allein Gottes würdig ist. Für jetzt genüge es, die Worte des Paulus aus seinem ersten Korintherbrief anzuführen: »Aber, wird jemand sagen, wie sollen denn die Toten auferstehen? Mit welchem Leibe sollen sie denn daherkommen? Du Tor, was du säest, wird nicht lebendig, wenn es nicht zuvor gestorben ist. Und was immer du säen magst, du säest nie den Körper, der werden soll, sondern ein bloßes Korn, etwa von Weizen oder von einer anderen Fruchtart. Gott aber gibt ihm einen Körper, wie Er gewollt hat, und für jede Samenart hält Er eine andere besondere Form bereit, und für jeden einzelnen Samen einen besonderen Körper« (1. Kor. 15, 35-38). Man beachte, wie der Apostel mit diesen Worten tatsächlich sagt: »Was gesät wird, ist nicht jener Körper, der werden soll«, und wie er noch ausdrücklich betont, daß aus dem gesäten und nackt auf die Erde geworfenen Samenkorn ... gleichsam eine Auferstehung erfolgt ...
V., 19. Gott gibt also jedem einzelnen Samenkorn einen besonderen Körper, wie Er gewollt hat; Er schenkt dies beim ausgesäten Samen genauso wie auch bei den Menschen, die beim Sterben gleichsam ausgesät werden, um dann, zur geeigneten Zeit, aus dem Hingesäten einen neuen Leib von Gott zu erhalten, nach Verdienst, wie es einem jeden gebührt. Die Heilige Schrift belehrt uns auch über den Unterschied, der zwischen dem gleichsam Ausgesäten und dem aus ihm Auferweckten besteht: »Es wird gesät in Vergänglichkeit, auferweckt in Unvergänglichkeit. Es wird gesät in Erniedrigung, auferweckt in Herrlichkeit. Es wird gesät in Schwäche, auferweckt in Kraft. Es wird ein seelischer Leib gesät — und ein geistiger Leib wird auferweckt« (1. Kor. 15, 42 ff.). Wer es zu fassen vermag, sollte ferner noch den Sinn dieser Worte bedenken: »Wie der Irdische ist, so sind auch die Irdischen, und wie der Himmlische, so sind auch die Himmlischen. Und wie wir das Bild des Irdischen getragen haben, so lasset uns auch das Bild des Himmlischen tragen!« Obgleich der Apostel hier Geheimnisse eher verbergen wollte, weil sie für den ein-

fachen Gläubigen und für das gemeine Verständnis derjenigen Leute ungeeignet sind, die nur durch den Glauben zur Tugend geführt werden können, so sah er sich doch gezwungen, seinen Worten »Laßt uns das Bild des Himmlischen tragen« auch noch die folgenden beizufügen — um zu verhindern, daß wir ihn mißverständen —: »Das aber sage ich euch, Brüder, daß Fleisch und Blut das Reich Gottes nicht erben kann, *noch auch erbt je Vergängliches die Unvergänglichkeit*[1].« Paulus wußte wohl, daß diese Stelle etwas Geheimnisvolles und Mystisches enthält. Deshalb fügte er auch — wie sich das für einen Mann ziemt, der seine mündlich ausgesprochenen Gedanken schriftlich der Nachwelt hinterlassen will — noch diese Worte hinzu: »Siehe, ich sage euch da ein Geheimnis« ...

Nicht »für Würmer passend« ist also unsere Hoffnung, auch sehnt sich unsere Seele keineswegs nach dem verwesten Leibe. Wenn sie auch eines Leibes bedarf, um sich von einem Ort zu einem anderen bewegen zu können, so kennt doch die um Weisheit bemühte Seele den Unterschied ... Weil nämlich die ganze Natur des Leibes vergänglich ist, so muß diese vergängliche Hülle Unvergängliches anziehen ... damit — »wenn das Vergängliche die Unvergänglichkeit und das Sterbliche die Unsterblichkeit angezogen hat« (1. Kor. 15, 53 f.) — dann endlich das von den Propheten längst Vorausgesagte eintrete, »das Sterbliche vom Leben verschlungen werde« und dem Tod jener Sieg, den er über uns erfochten und durch den er uns unter seine Herrschaft gebracht hatte, zuletzt doch noch entrissen werde, so daß der Stachel von ihm genommen wird, mit welchem er die Seele verletzt, wenn sie nicht von allen Seiten geschützt ist, und ihr Wunden schlägt, die von der Sünde stammen.

V., 23. Sowenig wir behaupten, daß das zerstörte Weizenkorn wieder Weizenkorn werden könne, sowenig lehren wir, daß der zerstörte Leib zu seiner ursprünglichen Beschaffenheit je zurückkehren werde. Wir behaupten im Gegenteil: Wie aus dem Weizenkorn ein Schößling entsteht, so ist in den Leib eine gewisse geistige Kraft gelegt, die der Vernichtung keineswegs an-

[1] Vgl. oben, S. 150, »Vom Gebet« XXVI, 6, letzter Absatz.

heimfällt und von der aus der Leib »in Unvergänglichkeit wiederaufersteht«.

Die Anhänger der stoischen Schule meinen freilich — in Übereinstimmung mit ihrer Lehre von den nach Perioden unveränderlich wiederkehrenden Dingen —, daß der völlig zerstörte Leib wieder zu seiner ursprünglichen Beschaffenheit zurückkehre, ja sie behaupten sogar, daß sich »eben jener selbe Zustand, aus dem er gelöst wurde«, wieder bilden werde, und glauben dies mit zwingenden Gründen ihrer Dialektik beweisen zu können. Wir aber ziehen uns nicht »zu einer ganz abgeschmackten Ausflucht« zurück mit der Behauptung, daß für Gott freilich alles möglich wäre — denn wir wissen, daß sich der Begriff »alles« nicht auf Dinge bezieht, die nicht vorhanden oder undenkbar sind. Auch wir behaupten, daß »Gott Häßliches gar nicht zu tun vermag«, da Gott sonst in die Lage käme, nicht Gott zu sein. Denn wenn Gott etwas Häßliches tut, ist Er nicht Gott.

Wenn Celsus bemerkt, daß Gott das Naturwidrige nicht tun wolle, so müssen wir bei diesem Satz allerdings einen Unterschied machen. Versteht man unter dem Naturwidrigen die Sünde, so lehren auch wir, daß Gott das Naturwidrige nicht wolle, weder das, was aus der Sünde stammt, noch das, was der Vernunft zuwider ist. Versteht man aber darunter das, was nach dem Willen und Ratschluß Gottes geschieht — auch wenn wir es nicht begreifen — so haben wir sofort anzunehmen, daß es der natürlichen Ordnung nicht widerspreche. Das, was Gott tut, ist niemals gegen die Natur, wenn es uns auch wunderbar oder manchem unter uns erstaunlich erscheinen mag. Sind wir aber gezwungen, diesen Ausdruck zu gebrauchen, dann sagen wir: Im Vergleich zu dem, was man gewöhnlich unter Natur versteht, gibt es Dinge, die über die Natur hinausgehen, die aber Gott zuweilen vollbringt, wenn Er den Menschen über die menschliche Natur erhebt, ihn zu einer besseren und göttlicheren Natur umwandelt und ihn auf dieser Höhe hält, solange der Gegenstand dieser besonderen göttlichen Fürsorge durch sein eigenes Handeln beweist, daß er es will.

V., 24. Daß Gott nichts wolle, was sich für Ihn nicht ziemt, weil dieses Sein Gottsein aufheben würde, haben wir bereits gesagt. Wir wollen auch noch betonen, daß

ORIGENES

Gott nicht all die Abscheulichkeiten würde bewirken können, die zu wollen irgendein Mensch sich in seiner Verworfenheit einfallen lassen könnte. Wir bekämpfen die Behauptungen des Celsus nicht aus Streitsucht. Wir prüfen sie vielmehr aus Liebe zur Wahrheit. Wir wollen ihm auch darin beipflichten, daß Gott nicht Urheber von lasterhaften Begierden ist und auch nicht Urheber der irreführenden Unsittlichkeit, sondern Urheber aller wahren und gerechten Natur und Urgrund des sittlich Guten überhaupt. Und auch noch darin pflichten wir unserem Gegner ebenfalls bei, daß Gott ein ewiges Leben der Seele gewähren kann — und nicht nur kann, sondern auch tatsächlich gewährt.

Wegen unserer obigen Ausführungen braucht uns das von Celsus angeführte Wort des Heraklit durchaus nicht zu beunruhigen, daß »Leichname eher wegzuwerfen wären als Mist«. Indessen könnte man doch vielleicht hierzu bemerken, der Mist verdiene allerdings kaum mehr, als hinausgeworfen zu werden. Der menschliche Leichnam aber verdiene das nicht, da in ihm eine Seele gewohnt hat. Und besonders dann nicht, wenn diese feiner gebildet gewesen war. Denn gerade die Gesetze einer höheren Gesittung verlangen, daß die Leichen mit allen Ehren bestattet werden, die bei solchen Gelegenheiten üblich sind, damit wir nicht der Seele willentlich einen Schimpf zufügen, wenn wir den menschlichen Leib, den sie bewohnt und nun eben verlassen hat, ebenso wegwerfend behandeln wie die Leichen der Tiere.

Ausgeschlossen soll es also sein, daß Gott wider die Vernunft ein Weizenkorn oder sonst etwas, das in Vergänglichkeit gesät wurde, als ewig darstellen wolle; anders aber verhält es sich mit dem Schößling, der aus dem Weizenkorn hervorsprießt — und anders mit dem in Unvergänglichkeit auferweckten.

Nach Celsus ist Gott selbst die Vernunft alles Seienden. Nach uns aber ist es der Sohn Gottes, und unsere Philosophie läßt uns von Ihm aussagen: Im Anfang war das Wort, und das Wort war bei Gott, und Gott war das Wort. Übrigens lehren auch wir, wie Celsus, daß Gott nichts tun kann, was der Vernunft oder Seinem eigenen Wesen widerspräche.

III

KAMPF GEGEN RÜCKFÄLLE
IN MAGISCHES DENKEN

Kämpferische Not, aber auch kämpferischer Mut, Wille, Glaube und kämpferische Kraft sprechen aus den Schriften der Kirchenväter des dritten Jahrhunderts. Kampf gegen zaubergläubige Belohnungssucher und deren Rückfälle in magisches Denken einerseits, Kampf gegen materiegläubige Betaster und Klügler andererseits und gegen deren Rückfälle in Rationalismus — und überhaupt Kampf gegen Widersacher und Verfolger. Nicht mehr allein gegen den Vielgötterglauben einer christenverfolgenden Staatsmacht — der Vielgötterglaube ist bereits tot, dient nur noch als politischer Vorwand —, sondern auch Kampf gegen Neuplatonismus und Gnosis beherrscht jetzt das Bild, Kampf gegen den Versuch der giftgescheiten Alexandriner, die Lehre in einen Wunderglauben für Einfältige und in Geheimbedeutungen für Wissende auseinanderzureißen — Kampf gegen Sekten, gegen Besserwisser, gegen Sonderheilsverkünder, Modeheilige, Häretiker, gegen östliche Fatalisten und östliche Dualisten, gegen westliche Relativisten und westliche Skeptiker ...

Bald nach Beginn des vierten Jahrhunderts tritt dieser Kampf in eine neue Phase: Die gefährlichen Lehren Pauls von Samosate sind durch Arius zu einem Aberglauben weiterentwickelt worden, der den echten Lehren des Johannes-Evangeliums widerstreitet, dreißig katholische Bischöfe hängen ihm bereits an —, da steht Athanasios auf, zunächst ganz allein, um diesen Irrglauben zu bekämpfen.

HIPPOLYT VON ROM

Mit diesem Heiligen — der sich in die Rolle eines römischen Gegenpapstes zurückgedrängt sah und der doch als ein treuer Diener der christlichen Kirche kämpfte, als Märtyrer starb und dann kanonisiert wurde — beginnt der eigentliche Dogmenstreit. Noch handelt es sich zwar immer und vor allem darum, Heidentum, Judentum, Sekten und Gnostiker zu bekämpfen und ihnen gegenüber die christliche Lehre rein und unwidersprochen abzuklären, aber schon treten im Laufe dieser Bemühungen auch zwischen den Verteidigern der reinen, echten Lehre — die ihre Sätze nur aus den Heiligen Schriften und vor allem aus den Evangelien schöpfen wollen — Gegensätze auf. Zwar, auch schon Tertullian hatte zuletzt aus der Kirche ausgeschlossen werden müssen, und auch die geistige Erbschaft des Origenes sollte ein Jahrhundert später trotz aller Bewunderung verfemt und verdächtigt werden, aber solche Ablehnungen betrafen mehr die Haltung dieser Autoren gegenüber letzten Fragen und die Zielrichtung ihres ganzen Lebenswerkes, als daß sie sich auf einzelne Lehrsätze bezogen hätten, man verurteilte und bekämpfte die Erstarrung der Lehre im Rigorismus des einen, die Vergeistigung und Verflüchtigung der Lehre durch die philologisch weise unterbauten Symbolerkenntnisse des anderen. Noch waren nicht die christlichen Glaubenssätze — geboren aus der Notwendigkeit, die treu bewahrten Lehren mit anerkannten Denknotwendigkeiten der Zeitgenossen irgendwie in Einklang zu bringen — in einzelnen Vertretern einer vermeintlichen Orthodoxie hart gegeneinander gestoßen, noch hatte man nicht mit Berufung auf die eigenen Worte des Herrn gegeneinander zum Streit aufgerufen — das taten erst, in ihrer Not, Hippolytus und Kallist.

Um 160 geboren, jedenfalls nicht niederen Schichten entstammend, von denen er oft mit Verachtung spricht (ja mit Abscheu: besonders im Hinblick auf seinen Gegner Kallist), Schüler des Irenäus noch, von Papst Victor zum Priester geweiht, nimmt Hippolytus bald eine bedeutende Stellung bei diesem ein, unternimmt wichtige Arbeiten zur Bekämpfung der Gnosis und zur Klärung der christlichen Dogmen. Doch durch Victors Nachfolger Zephyrin wird Hippolytus plötzlich in den Hintergrund

gedrängt, und Kallist, »*der ehemalige Sklave eines Freigelassenen, ein Mann, der wegen unlauterer Bankgeschäfte zu entehrender Arbeit in den sardinischen Bergwerken verurteilt worden war*«, *wurde statt seiner herangezogen, wurde schließlich, an Stelle Hippolyts, der Nachfolger Zephyrins auf dem Stuhle Petri. Kallist muß ein Mann von ganz ungewöhnlicher Tatkraft gewesen sein. Er suchte zunächst, sich mit Hippolyt zu versöhnen, und um ihn zu gewinnen, exkommunizierte er seinen besonderen Gegner Sabellius, dessen* »*monarchianische*« *Einheitslehre der Trinität widersprach. An sich waren Zephyrin und Kallist eher dem Kleomenes und dem Sabellius geneigt gewesen, denn* »*es kann nur* EIN *Gott sein — sonst fallen wir in Polytheismus zurück*«. *Zephyrin hatte zuletzt sogar eine dogmatische Entscheidung getroffen und — gegen Hippolyt, aber vor allem gegen die Gnostiker — verkünden lassen:* »*Ich bekenne* EINEN *Gott Christus Jesus, der erzeugt und leidensfähig ist, und außer Ihm keinen anderen.*«
Doch wie unterscheidet man dann Gott und das Wort Gottes, den Logos? Und den Heiligen Geist? Wie findet man Gottvater in diesem Einzigen wieder, und den Sohn, den Ungeborenen, oder Eingeborenen der Ewigkeit, jenseits von Zeit und Raum, der als Wort Gottes die Welt erschaffen hat und als Christus Mensch wurde? Gegen Zephyrins »*Eine, Unteilbare Gottheit*« *sprach die Überlieferung von drei unendlichen Ewigkeitspersonen. Und Hippolyt beharrte demgegenüber auf seiner* »*ditheistischen*« *Formel, wonach* »*der Logos ein vom Vater verschiedenes Wesen*« *sei — zum Unterschied vom Heiligen Geist,* »*der das nicht ist*«. *Da exkommunizierte Kallist auch ihn.*
Hippolytus wurde daraufhin von der Gegenpartei zum Gegenpapst gewählt, denn die einen waren in den Augen der anderen doch nur Häretiker, und der päpstliche Stuhl konnte nur von einem rechtgläubigen Bischof eingenommen werden. Das Schisma dauerte an, bis Kaiser Maximin (235-238) Papst und Gegenpapst ohne Unterschied zu Märtyrern machte.
Die Schriften des Hippolytus zeugen von einer seinen Gegnern weit überlegenen Bildung — leider auch von seiner überlegenen Eitelkeit.

WIDERLEGUNG ALLER HÄRESIEN

VI., 7. Es erscheint auch angebracht, die Lehren des Simon aus Gitta — einem Dorf in Samaria — hier zu erwähnen, denn Simon hatte auch Nachfolger, wie noch zu zeigen sein wird, und die lehren Ähnliches, nur unter anderem Namen. Dieser Simon übte also magische Praktiken, ähnlich der Kunst des Thrasymedes, die wir schon beschrieben haben, täuschte viele dadurch und verübte Schlimmes mit Hilfe solcher »Dämonen«. Schließlich unternahm er es, sich selbst zum Gott zu erklären — ein Schwindler voll Narrheiten, den ja schon die Apostel nach den Acta überführten. Auch Apsethos der Libyer unterfing sich, in ähnlicher Weise als Gott aufzutreten, sein Gebaren unterscheidet sich in nichts von dem des Narren Simon — es ist vielleicht der Mühe wert, wenn ich hier davon erzähle.

IV., 8. Apsethos der Libyer wollte also Gott werden. Mit seinen trügerischen Scheinkünsten erreichte er im Laufe der Zeit tatsächlich, daß die dummen Libyer ihm Opfer darbrachten und meinten, göttliche Stimmen vom Himmel dabei zu hören. Apsethos hatte nämlich eine große Anzahl von Papageien in ein Vogelhaus eingeschlossen, die genau die menschliche Stimme nachahmten, er fütterte sie lange Zeit und lehrte sie sprechen: Apsethos ist Gott ... Dan ließ er sie frei, und die abgerichteten Papageien flogen nach allen Richtungen, verbreiteten diesen Spruch im ganzen Land, und so hielten die Libyer, durch das Wort der Vögel tief beeindruckt, Apsethos wirklich für einen Gott. Ein Grieche durchschaute aber den Schwindel des mit Papageienhilfe zum Gott gewordenen Menschen, widerlegte den Prahlhans mit seinen eigenen Mitteln und verursachte dadurch sogar seinen Tod. Auch er sperrte nämlich viele Papageien ein und lehrte sie sprechen: Apsethos hat mich eingesperrt! Apsethos hat mir's vorgesagt: Apsethos sei Gott! — Und als die Libyer den Widerruf der Papageien hörten, rottete sich ein Haufen von ihnen zusammen, um Apsethos zu überfallen und zu verbrennen.

IV., 9. ...so werden auch wir darangehen müssen, die Papageien des Simon umlernen zu lassen, zu verkünden, daß Simon nicht Christus war, sondern nur ein Mensch aus Samen, Frucht eines Weibes, von Geblüt und fleischlicher Begier gezeugt wie alle anderen Menschen... Simon lehrte, das Prinzip des Alls sei eine unendliche Kraft — und diese unendliche Kraft, Wurzel des Alls, wohne im Menschen, aus Geblüt erzeugt... er verbreitete: »Dies ist das Buch der Offenbarungen der Stimme und des Namens aus der Erkenntnis der unendlichen Kraft — deswegen wird es versiegelt, verborgen, verhüllt werden und im Raum liegen, wo die Wurzel des Alls sich gründet«... Und das Paradies, in welchem der Mensch von Gott erschaffen wurde, ist der Mutterschoß... und Eden das Bauchfell; der Fluß aber, der aus Eden entspringt, um das Paradies zu bewässern, ist der Nabel. ...Die Zeugungslust aller zeugungsfähigen Wesen entstammt aber dem Feuer. Dann die Begier nach Umwandlung nennt man ja »vom Feuer ergriffen werden«. Obwohl es nur ein Feuer gibt, unterliegt es doch der Verwandlung in zweierlei Formen: Im Manne verwandelt sich das heiße, rötliche, feuerähnliche Blut in Samen, im Weib aber in Milch, und die Wandlung ins Männliche ergibt Zeugung, die Wandlung ins Weibliche ergibt Nahrung... Dem entsprechen die beiden Äonen Nous und Epinoia...

VI., 19. Simon hat mit solchen Erfindungen nicht nur die Worte Mosis böswillig entstellt, sondern auch die der Dichter. Denn auch über das hölzerne Pferd redet er in Sinnbildern, fabuliert über die Helena mit der Lampe, über eine Menge anderer unverdauter Dinge, die er auf sich als Nous und auf die Epinoia überträgt. Helena sei das verirrte Schaf; in den Frauen wohnend, verwirre sie durch ihre wunderbare Schönheit die Kräfte der Welt. So habe auch in der Helena des trojanischen Krieges die Epinoia gewohnt... durch die Engel und unteren Mächte, die diese Welt verfertigt hätten, erhalte sie immer wieder einen Leib, so habe sie sich eine Zeitlang in Tyrus in einem Hurenhaus aufgehalten, und dort habe Simon, vom Himmel herabkommend, sie auch gefunden... Der Lügner war nämlich in ein Weibsbild verliebt, das sich Helena nannte, hatte die Hure gekauft, hielt sie aus und erfand nun vor seinen Schülern diese Fabel, um sich wegen einer solchen »Epinoia« vor ihnen nicht schämen zu müssen.

Nachdem Simon auf so wirksame Weise Helena erlöst hatte, bot er allen Menschen das Heil durch seine eigene Weisheit an: Die Engel hätten diese Welt nur schlecht regiert — sie wären zu herrschsüchtig gewesen —, und darum sei er selbst zur Abhilfe geeilt, in neuer Gestalt, den Mächten, den Gewalten, den Engeln ähnlich, den Menschen als Mensch erscheinend, ohne Mensch zu sein, er habe in Judäa gelitten und doch wieder nicht gelitten, sei den Juden als Sohn, den Samaritern als Vater, den übrigen Völkern als heiliger Geist erschienen, und es sei gleich, mit welchem Namen ihn die Menschen anrufen mögen... Seine Schüler gebrauchen allerlei berauschende Mittel zu Beschwörungen und Zaubereien... als er aber dieses Geschäft allzulange weitertrieb, spürte er schließlich doch wohl, daß er schon sehr nahe daran war, entlarvt zu werden — da befahl er seinen Schülern, ihn lebend einzugraben, er wolle dann am dritten Tage wiederauferstehen. Sie taten, wie ihnen befohlen — er ist aber bis auf den heutigen Tag ausgeblieben...

IX., 11. ... Daß Noetos behauptet, ein und derselbe sei Sohn und Vater, weiß jeder. Er meint: »Als der Vater noch nicht erzeugt war, wurde er mit Recht Vater genannt, aber als er sich entschloß, eine Zeugung über sich ergehen zu lassen, wurde er bei der Zeugung sein eigener Sohn, nicht der eines anderen« ... Diese Irrlehre baute Kallistus aus, ein im Bösen wohlerfahrener und im Irreführen geschickter Mann, der dem bischöflichen Sitz nachjagte. Den Zephyrinus, einen ungelehrten und ungebildeten Mann, der nicht einmal die kirchlichen Verordnungen kannte und der auch Geschenken zugänglich war, sich sogar als geldgierig erwies, brachte er durch reichliche Leistungen dieser Art auf seine Seite, bewog ihn, Streitigkeiten zu erregen ... Kallistus behauptet, der Logos selbst sei Sohn, derselbe auch Vater dem Namen nach, in Wirklichkeit aber sei der Ungeteilte Geist nur Einer, und nichts anderes sei Vater, nichts anderes Sohn... Das bedeute auch das Wort: »Glaubst du nicht, daß ich im Vater bin und daß der Vater in mir ist?« (Joh. 14, 11.) Das Sichtbare, das ja Mensch sei, das wäre der Sohn — der Geist, der im Sohne Wohnung genommen habe, der sei der Vater. Er wiederholte oft: »Ich will nicht zwei Götter bekennen, Vater und Sohn, sondern einen.« ...Nachdem er sich solcher Dinge erkühnt hatte, gründete er eine Schule mit dieser Lehre, im Gegensatz zur Kirche, und wagte als erster, den Leuten Dinge zu erlauben, die zur Befriedigung der Lüste dienen, ja er erklärte, die Sünden würden allen durch ihn nachgelassen werden... Von dieser Zeit an begann man zwei- und dreimal verheiratete Bischöfe, Priester und Diakonen zu den Weihen zuzulassen... Auch hat er Frauen vornehmen Standes erlaubt, Beischläfer nach ihrer Wahl zu haben, sei es einen Sklaven, sei es einen Freien... Und so begannen sogenannte Christinnen empfängnisverhütende Mittel anzuwenden... weil sie wegen ihrer hohen Geburt und ihres Riesenvermögens kein Kind von einem Sklaven oder von einem gewöhnlichen Mann haben wollten... So lehrte er Ehebruch und Mord zugleich...

X., 9. ...Die Naassener nennen den Menschen den ersten Urgrund des Alls, sie nennen ihn auch Menschensohn, und sie zerlegen ihn in drei Teile, einen vernünftigen, einen triebhaften und einen stofflichen. Sie nennen ihn Adam und glauben, seine Erkenntnis sei der Anfang des Erkenntnisvermögens Gottes...

X., 10. Die Peraten aber, Adamas der Karystier und Euphrates der Perate, teilen die ganze Welt in dieser Art. Das erste Drittel sei aber gewissermaßen der einzige Urgrund, wie eine große Quelle...

X., 11. Die Sethianer meinen, das All habe zwar nur drei Urelemente... aber das Dunkel sei verstandesbegabt und wisse, wenn ihm das Licht genommen werde, bleibe es wüst und armselig, eben dunkel...

X., 12. Der besonders pfiffige Simon spricht... von der Wurzel der gesamten Dinge, der unendlichen Kraft des Feuers... und nennt sich selbst den, der steht, gestanden hat, stehen wird...

X., 13. Valentinus und seine Anhänger sagen, der Urgrund des Alls sei der Vater — und gehen dann in ihren Meinungen auseinander.

Die einen glauben, er sei allein und fortpflanzungsfähig, die anderen sagen, er wäre ohne weibliches Wesen fortpflanzungsunfähig, und geben ihm als Gattin Sige, das Schweigen, während sie ihn selbst Bythos nennen, das Tiefe...

X., 14. Basilides sagt, es gebe einen nichtseienden Gott, der aus Nichtseiendem eine nichtseiende Welt geschaffen habe ...

X., 15. Justinus bringt ähnliches zutage: Es gebe drei ungezeugte Prinzipien des Alls, zwei männliche und ein weibliches. Von den männlichen wird das eine »der Gute« genannt und weiß alle Dinge voraus, das andere ist ohne Vorherwissen, ohne Erkenntnis, ohne Sehvermögen — der Vater von allem Erzeugten ...

X., 16. Die Doketen lehren, der erste Gott sei wie der Samen des Feigenbaums, und aus ihm seien drei Äonen hervorgegangen ...

X., 17. Die Schüler des Arabers Monoimos behaupten, der Urgrund des Alls sei der Urmensch und der Menschensohn, und die entstandenen Dinge seien — wie Moses sagt — nicht durch den ersten Menschen entstanden, sondern durch den Sohn des Menschen ...

X., 18. Tatianus sagt ähnlich wie Valentinus, es gebe unsichtbare Äonen, und durch einen von ihnen, einen untergeordneten, sei diese Welt entstanden ... er unterscheidet sich fast nicht von Marcion, was seine Lästerungen und seine Ehegesetzgebung angeht ...

X., 19. Marcion der Pontier und Kerdon, sein Lehrer, beschreiben drei Prinzipien das Alls, den Guten, den Gerechten, die Materie. Einige ihrer Schüler fügen noch ein viertes Prinzip hinzu, das Böse. Alle aber lehren, der Gute habe überhaupt nichts geschaffen ...

X., 20. Apelles, Schüler des Marcion, dem die Lehren seines Meisters nicht zusagten, legte seiner neuen Lehre ebenfalls das Dasein von vier Gottheiten zugrunde ... den Guten hätten nicht einmal die Propheten gekannt, und sein Sohn sei Christus ...

X., 21. Kerinthos, in Ägypten geschult, läßt die Welt nicht durch den ersten Gott geschaffen sein, sondern durch eine Engelskraft, die weit entfernt von der alles überragenden Herrscherkraft Gottes und ohne Kenntnis von Gott ist ... Jesus ist nach ihm nicht aus einer Jungfrau entsprossen, Er soll vielmehr Josephs und Marias Sohn sein, von gleichem Ursprung wie alle übrigen Menschen, — nur vor allen anderen ausgezeichnet ... durch Christus, das Pneuma des Herrn ...

X., 22. Die Ebionäer sagen, die Welt sei wohl vom

wirklichen Gott geschaffen worden, aber was Christus betrifft, reden sie wie Kerinthos. Sie leben ganz nach dem Gesetz Mosis und meinen, so würden sie gerechtfertigt ..

X., 23. Nach der Häresie des Byzantiners Theodotos ist die Welt zwar durch den wirklichen Gott entstanden, Christus aber, ein Mensch wie die anderen, ist ungefähr so in diese Welt gekommen, wie die eben erwähnten Gnostiker lehren, vielmehr doch nicht ganz so: Nach dem Ratschluß Gottes sei Er aus einer Jungfrau geboren .. aber nach ihm ist Christus nicht Gott ...

X., 25. Die Phrygier, zu deren Irrlehren ein gewisser Montanus ... die Grundlagen gelegt hat, halten diesen für einen Propheten ... ihre Christologie ist nicht falsch, aber sie halten sich mit Unrecht mehr an dessen Aussprüche als an das Evangelium und führen neue sinnlose Fasten und Kasteiungen ein.

X., 27. Noetos, aus Smyrna gebürtig, ein schwatzhafter, listiger Mensch, brachte eine neue Häresie auf, ähnlich der, welche Kleomenes nach den Lehren eines gewissen Epigonos verbreitet hatte ... er sagte, es gebe einen einzigen Vater und Gott des Universums, dieser Allschöpfer sei zwar für die existierenden Geschöpfe verborgen, er könne aber, wann er wolle und wie er wolle, in Erscheinung treten ... Diese Häresie unterstützte Kallistus ... der dadurch selbst zum Sektengründer wurde, denn er ging von da aus und lehrte gleichfalls, einer und derselbe sei Vater, Gott, Sohn, Bildner des Alls, Logos, Heiliger Geist ... die Person sei nur eine, durch Benennungen nur geschieden, nicht durch Wesenheit ...

X., 28. Ein gewisser Hermogenes wollte auch etwas von sich geben: Er behauptete, Gott habe das Universum aus gleichewiger, stetig vorhandener Materie gemacht, also aus Bestehendem ...

X., 29. Noch andere suchen sich aus allen Häresien etwas Neues zusammen nach einem wunderlichen Buch eines gewissen Elchasaï ... sie bilden sich viel auf ihre Astrologie, ihre Mathematik und ihre magischen Künste ein — sie nennen sich Seher der Zukunft.

X., 33 ... Wir aber bekennen ... den Einen Gott, einzig und über alles, der den Logos zuerst durch seinen Gedanken gezeugt hat, nicht einen Logos wie einen Redelaut, sondern als innerliche Überlegung über das All. Diesen allein hat Er aus Seiendem erzeugt, denn dieses Seiende war Er, der Vater selbst, aus dem der Erzeugte stammt. Der Grund für das, was geschaffen wurde, war der Logos, der in sich selbst den Willen seines Erzeugers trug und den Gedanken des Vaters kannte ... Die Welt ist aus nichts, deswegen nicht Gott, sie unterliegt der Auflösung, wann der Schöpfer es will. Gott hat beim Schaffen das Böse nicht gemacht, noch macht Er es: das Ehrbare und Gute macht Er, der Schaffende, der selbst gut ist. Der Mensch war ein Wesen mit freier Selbstbestimmung, aber er hatte nicht einen beherrschenden Verstand, er herrschte nicht durch Klugheit über alles, nicht durch Kraft, nicht durch Macht. Nun hat er alles gegen sich — und hat doch nur einen begrenzten Verstand. Trotzdem behält er freie Selbstbestimmung, und so erzeugt er auch das Böse ... Da er freie Selbstbestimmung hat, so ist ihm von Gott ein Gesetz gegeben worden — wenn nämlich der Mensch sein Wollen oder Nichtwollen nicht in eigener Gewalt hätte, dann wäre ihm auch kein Gesetz gegeben worden. Unvernünftigen Tieren wird doch kein Gesetz gegeben, sondern Zaum und Peitsche.

Der Logos hat sich aber in Worten vernehmen lassen, durch die er die Menschen vom Ungehorsam bekehrte, nicht dadurch, daß er sie mit Zwangsgewalt knechtete, sondern dadurch, daß er sie zu freiwilligem Entschluß in Freiheit berief. Diesen Logos hat späterhin der Vater zu den Menschen ausgesandt; Er wollte nicht mehr durch Propheten reden und das Angekündigte nur dunkel ahnen lassen — der Logos sollte sichtbar werden, erscheinen und reden, damit die Welt bei seinem Anblick von heiliger Scheu ergriffen werde ...

Wir haben erkannt, daß Er aus einer Jungfrau Fleisch angenommen ... im Leben durch jedes Alter hindurchgegangen sei, damit Er selbst jedem Lebensalter zum Gesetz würde und allen Menschen sich selbst in Seiner Menschheit als Ziel vor Augen halte und so durch sich selbst beweise, daß Gott nichts Böses geschaffen habe, der Mensch tatsächlich mit freier Selbstbestimmung ausgestattet sei, das Wollen und Nichtwollen tatsächlich in seiner Gewalt habe und zu beidem fähig sei, zu Gutem und zu Bösem. Und wir wissen, daß dieser Mensch aus demselben Stoff wie wir entstanden ist. Denn wenn Er nicht aus demselben Stoff geworden wäre, so gäbe Er vergeblich das Gesetz, Ihn als Lehrer nachzuahmen. Wäre jener Mensch aus anderer Substanz gewesen, wie könnte Er mir dann, mir, dem von Natur Schwachen und Beschränkten, Ähnliches befehlen, wie Er es doch getan, und wieso wäre Er dann gut und gerecht? Damit Er uns aber ganz gleich geachtet werde, hat Er Arbeit auf sich genommen, hat gehungert, Durst gelitten, im Schlafe geruht, sich dem Leiden nicht widersetzt, hat dem Tod gehorcht, ist sichtbarlich auferstanden, hat Seine eigene Menschheit in diesem allem zum Erstlingsopfer gebracht; darum sollst auch du im Leiden nicht den Mut verlieren, sondern dich als Mensch bekennen und nichts anderes erwarten, als was der Vater auch Ihm gegeben hat...

Was für Leiden du auch als Mensch auszustehen hast, die hat dir Gott gegeben, weil du ein Mensch bist — doch was immer Gott zusteht, das hat Gott dir zu gewähren versprochen, wenn du unsterblich geworden bist. Dies ist das »Erkenne dich selbst«, wenn du Gott den Schöpfer anerkennst. Wer nämlich sich selbst erkennt, der wird von Gott erkannt, und Gott beruft ihn. So streitet denn auch ihr nicht mehr miteinander und zaudert nicht, umzukehren... Gott, der auch dir zu Seiner eigenen Ehre Verantwortung vor Ihm selbst gab, ist kein Bettler.

ZYPRIANUS

Zyprianus wurde nach 200 in Karthago als reicher vornehmer Römer geboren, wurde zunächst — wie Hieronymus berichtet — »ein ruhmreiches Vorbild der großen Redekunst«, trat dann (246) zum Christentum über, wurde zum Priester geweiht und bald darauf (248) zum Bischof von Karthago gewählt. Er verteilte sein ganzes Riesenvermögen unter die Armen. Nur seine berühmten Gärten — und offenbar auch, was dazugehörte, um sie unterhalten und pflegen lassen zu können — scheint er behalten zu haben. Es sei denn, die begeisterte Christengemeinde hat sie ihm zurückgeschenkt.

Seine Werke — so erzählt Hieronymus weiter — »überstrahlten bald den Glanz der Sonne. Den Märtyrertod erlitt er unter der Regierung des Valerianus und des Gallienus bei der achten Verfolgung« (258).

Eine neue dogmatische Streitfrage war zuvor zwischen ihm und dem Papst Stephanus anläßlich der Ketzertaufe ausgebrochen: Zyprian hatte in der Synode von 256 für die erneute Taufe von solchen gestimmt, die nur durch Priester abtrünniger Sekten getauft worden wären und in den Schoß der Kirche zu den Rechtgläubigen zurückkehrten, und mit Zyprian stimmten 71 Bischöfe Afrikas. »Denn da es nur eine Kirche gibt, kann auch nur deren Taufe gültig sein.«

Dagegen bestimmte der Papst schroff und unter Exkommunikationsdrohung gegenüber den um Zyprian gescharten afrikanischen Bischöfen, die zur rechtmäßigen Kirche sich bekennenden einstigen Häretiker seien wie heimkehrende Söhne zu behandeln und einfach durch Handauflegen aufzunehmen, die Taufe dürfe nicht wiederholt werden. Denn bei der Taufe komme es nicht auf die Würdigkeit des Spenders an, sondern auf die des Täuflings. Christus sei bei jeder Taufhandlung gegenwärtig, denn sie sei ein Sakrament.

Zyprianus gab nicht nach. In einem neuen Konzil zu Karthago entschied er sich — diesmal mit 87 Bischöfen — für die Ketzertaufe. Doch zur Exkommunikation kam es nicht mehr, da die Häupter beider streitenden Parteien bald darauf zu Opfern einer neuen Christenverfolgung wurden und statt Lorbeeren im Dogmenstreit die Krone des Martyriums erlangten.

ZYPRIANUS

AUS DEM »LEBEN UND LEIDEN DES CAECILIUS CYPRIANUS«
VON PONTIUS.

XV. ...da überraschte ihn plötzlich ein Polizeibeamter des Prokonsuls samt einem Haufen Soldaten in seinen Gärten — in denselben Gärten, die er zur Zeit seiner Bekehrung verkauft, danach aber durch Gottes Gnade wieder zurückerhalten hatte. Sicherlich hätte er sie ein zweites Mal zugunsten der Armen veräußert, wenn er nicht hätte fürchten müssen, durch so auffälliges Betragen Mißgunst zu erregen, ja vielleicht sogar zu Verfolgungen Anlaß zu geben. Der Beamte überraschte ihn also in seinen Gärten, oder vielmehr, er glaubte, ihn überrascht zu haben. Denn wie kann es für einen Geist, der stets bereit ist, Überraschungen geben? Aufrechten Sinnes, mit viel Hoheit in seiner Demut, trat ihm Zyprian entgegen, von vornherein fest davon überzeugt, daß nunmehr in Erfüllung gehen müsse, was so lange schon hinausgeschoben worden war. Sein Blick war heiter, denn sein Herz war entschlossen...

Er wurde für diese eine Nacht im Hause des Beamten untergebracht, jedoch in so milder Haft gehalten, daß wir, seine Tischgenossen und Freunde, ihm Gesellschaft leisten durften wie immer. Unterdessen hielt eine große Menschenmenge vor dem Hause des Beamten Wache, voll Besorgnis, es möchte sonst während der Nacht etwas ohne ihr Wissen geschehen. Die göttliche Güte gönnte ihm da die besondere Ehre, daß seine Getreuen auch während der Leiden ihres Priesters wach blieben...

XVI. Endlich brach der andere Tag an, dieser bezeichnete, verheißene, göttliche Tag. Den hätte auch ein Tyrann nicht mehr zu verschieben vermocht, auch wenn er es gewollt hätte: ein Freudentag für Zyprian, in der Gewißheit des bevorstehenden Martyriums, ein Tag, strahlend in hellstem Sonnenschein — die Wolken schienen im ganzen Umkreis der Welt fortgescheucht. Zyprian trat aus dem Hause des weltlichen Amtmanns, er selbst ein Amtmann Christi und Gottes, und alsbald sah er sich von den Scharen der wild und bunt andrängenden Menge auf allen Seiten umgeben. Das Heer derer, die ihm das Geleit gaben, war so groß, wie wenn es gälte, mit Waffen und Übermacht in den Kampf zu ziehen, um den Tod zu überwinden.

Der Weg führte an der Rennbahn vorbei. Es traf sich gut
— fast könnte man eine Bedeutung dahinter suchen — daß
der Märtyrer an der Stätte ähnlicher Wettkämpfe vor-
überkam, da er jetzt eilte, die Siegeskrone der Gerechtigkeit zu erringen. Der Prokonsul war noch nicht da, als
der Zug beim Prätorium anlangte. So erhielt Zyprian
einen besonderen Warteraum angewiesen, und dort saß
er dann schweißtriefend nach den Anstrengungen des
weiten, heißen Weges; der Sitz war mit einem leinenen
Tuch bedeckt, so als ob er auch in der Stunde seines
Leidens noch die Ehrungen genießen sollte, die einem
Bischof gebühren, aber das war nur Zufall. Einer von den
Unteroffizieren — ein früherer Christ — bot ihm seine
Kleider zum Wechseln an, da er meinte, es sei besser,
gegen durchnäßte Gewandung eine trockene einzutau-
schen. Freilich war es ihm bei diesem Anerbieten um
nichts anderes zu tun als um den Besitz des bereits blutigen
Schweißes eines Märtyrers, der schon auf dem Wege zu
Gott war. Aber Zyprian winkte ab, dankte nur und sagte:
»Sollte ich wirklich für Unannehmlichkeiten noch Abhilfe
schaffen wollen, die ich jetzt ohnehin bald nicht mehr
haben werde?« . . .
Plötzlich wurde die Ankunft des Prokonsuls gemeldet,
Zyprian vor ihn gebracht und nach seinem Namen gefragt. Er antwortete nur, ja, er sei es. Weiter sprach er
kein Wort.

XVII. Jetzt las der Richter das Urteil von einer Tafel
laut ab, denn gestern bei der Verhaftung war es noch
nicht verlautbart worden. Es war ein gesetzliches Urteil,
wie es eines solchen Bischofs, eines solchen Blutzeugen
für würdig erachtet werden kann. Zyprian wurde da als
»Bannerträger seiner Sekte«, als »Feind der Götter« bezeichnet, dessen Schicksal »den Seinigen als warnendes
Beispiel dienen« solle und durch dessen Blut »eine Lehre
gegeben werden müsse« . . .

XVIII. . . . der Platz, auf welchem er den Märtyrertod
erleiden sollte, ist ganz eben und auf allen Seiten von
Bäumen dicht umgeben, so daß er eine gute Übersicht
bieten kann. Weil man aber bei der weiten Ausdehnung
des großen Platzes doch nicht gut alle Einzelheiten zu
unterscheiden vermochte oder weil die Menge, die sich
herangedrängt hatte, gar zu gewaltig war, kletterten viele

auf die Bäume... Schon hatte er sich mit eigenen Händen die Augen verbunden, trieb selbst den zögernden Henker zur Eile, faßte selbst nach dem Richtschwert, nach dem Arm des Hauptmanns, der es schwingen sollte, gab ihm die nötige Stärke...
Zyprian war der erste Bischof in Afrika, der die Märtyrerkrone erwarb, seit den Aposteln... Denn seitdem in Karthago die Reihenfolge der Bischöfe aufgezeichnet ist, wird unter ihnen, so trefflich sie auch waren, nie einer erwähnt, der den Märtyrertod erlitten hätte.

AUS ZYPRIANS BUCH ÜBER DIE STERBLICHKEIT

Abfassungszeit etwa 252/253, als die Pest in Karthago wütete.

XIII. ...Wenn auf der Tenne Getreide gedroschen wird, spotten die schweren Körner des Windes, und nur die leere Spreu wird vom reißenden Luftzug hinweggefegt... wenn also Krankheit wütet, Schwäche droht oder irgendeine verheerende Seuche, dann erst wird unsere Kraft sichtbar, kann sie sich vollenden, wird unser Glaube gekrönt durch Standhalten in allen Versuchungen, denn wie die Schrift sagt: »Die Geschirre des Töpfers bewährt der Ofen, und die gerechten Menschen erweist erst die Prüfung der Drangsal.« Das ist der Unterschied zwischen uns und denen, die Gott nicht kennen, daß jene im Unglück klagen und murren, wir aber lassen uns nicht durch Schicksalsschläge von der wahren Tugend und dem wahren Glauben abbringen; wir werden durch Leiden erprobt.

XIV. Wenn jetzt beständiger Durchfall die Körperkräfte verzehrt, das tief im Innern brennende Feuer immer weiter wütet, den wunden Schlund ergreift, mit fortwährendem Erbrechen die Eingeweide zerreißt, wenn sich die Augen durch den Blutandrang entzünden, wenn bei manchen die Füße oder andere Körperteile von zerstörender Fäulnis ergriffen werden... wenn der Gang gelähmt, das Gehör abgestumpft, das Gesicht erblindet ist — so denket: All das dient dazu, den Glauben zu erweisen. Gegen so viele Anfälle der Verheerung und des Todes mit unerschütterlicher Kraft des Geistes anzukämpfen sind nur die Mutigen imstande. Zeigt euren Wert, indem ihr mitten in der Vernichtung des Menschengeschlechts aufrecht stehen bleibt, anstatt mit denen am Boden zu liegen, die keine Hoffnung auf Gott haben... Beglückwünscht euch vielmehr, begrüßet es als ein Geschenk dieser schweren Zeit, wenn wir unsern Glauben standhaft zur Schau tragen können und durch das Erdulden von Leiden auf dem engen Wege Christi zu Ihm hineilen und so den Lohn dieses Weges und dieses Glaubens nach Christi Urteil finden. Gewiß ist der Tod zu fürchten — aber doch nur für den, der nicht aus Wasser und Geist wiedergeboren ist und den Flammen der Hölle verfällt. Vor dem Tode mag zittern, wer sich nicht auf Christus berufen kann, nicht auf Sein Kreuz, nicht auf Sein Leid — wer also aus diesem Tod nur zu einem zweiten Tod übergeht. Den Tod mag fürchten, wer bei seinem Abscheiden aus dieser Welt von der ewigen Flamme zu ewiger Pein erwartet wird — und wer von einer längeren Lebensfrist sich wenigstens den einen Gewinn erhoffen könnte, die ewigen Qualen und Seufzer dadurch noch ein wenig aufzuschieben.

XV. Viele der Unsrigen erliegen der gegenwärtigen Seuche — aber das heißt für uns doch nur: Viele der Unsrigen werden jetzt von dieser Welt befreit. Solches Massensterben mag den Juden, den Heiden, allen Feinden Christi eine schwere Plage sein — den Dienern Gottes ist sie nur ein verkürzter Weg zum Heil. Nur weil jetzt ohne sichtbaren Unterschied mit den Ungerechten auch die Gerechten sterben, brauchet ihr noch lange nicht zu glauben, daß die Schlechten und die Guten ein gleiches Los trifft. Die Gerechten werden zur Erquickung gerufen, die Ungerechten zur Bestrafung — das vergeltende Gericht kommt dadurch nur um so schneller.

Blind und undankbar sind wir gegen die Wohltaten Gottes, geliebteste Brüder, wenn wir dies nicht erkennen — wenn wir nicht ermessen, was alles uns dadurch erwiesen wird; sehet, da gehen die Jungfrauen in Frieden zu Gott im Vollbesitz ihres Ruhmes, ungefährdet, ohne sich vor den Drohungen des nahenden Antichrist, vor Schändung, vor den Häusern der Unzucht fürchten zu müssen. Die Jünglinge entrinnen den Gefahren der schlüpfrigen Jugendzeit, gelangen glücklich zum Lohn der Enthaltsamkeit und der Unschuld. Und die zarten Matronen zittern nicht mehr vor der Folter, nicht mehr bangen sie in der

Furcht vor Verfolgung und Flucht, vor Gehaschtwerden und Martern und vor den unbarmherzigen Händen des Henkers — dies alles erspart ihnen ein schneller Tod. Die Lauen werden durch die Angst vor raschem Absterben in der Zeit jäh angefeuert, die Unbekümmerten wachgerüttelt, die Untätigen angespornt, die Abgefallenen zur Rückkehr getrieben, die Heiden zum Glauben, die Gläubigen zur Fassung, die Gleichgültigen zur Tat aufgerufen; ein neues, zahlreicheres Heer stellt sich mit stärkerer Kraft zum Kampf, streitet ohne Furcht vor dem Tode, wenn es zum Treffen kommt — ein Heer, das in den Zeiten des großen Sterbens unter die Fahnen sich schart.

XVI. Wie bedeutungsvoll, wie wichtig und notwendig ist es doch auch, geliebteste Brüder, daß diese schreckliche Seuche die Gerechtigkeit jedes einzelnen erforscht — daß diese verderbenbringende Pest nun die Herzen des Menschengeschlechts daraufhin prüft, ob die Gesunden auch für die Kranken sorgen, ob die Verwandten ihre Angehörigen wahrhaft genug lieben, ob die Herren sich ihrer leidenden Diener erbarmen, ob die Ärzte die Hilfeflehenden nicht fliehen, ob die Trotzigen ihre Anmaßung unterdrücken, ob die Habsüchtigen wenigstens in der Furcht vor dem Tode die stets unersättliche Gier ihres Geizes dämpfen, ob die Stolzen ihren Nacken beugen, ob die Unverschämten ihre Ruchlosigkeit mäßigen, ob die Reichen wenigstens jetzt, angesichts des Todes ihrer Lieben, den Armen etwas spenden, da sie nun sicher sind, ohne Erben dahinzugehen. Auch wenn dieses Massensterben nichts weiter gewirkt hätte, so hat es doch uns Christen und Dienern Gottes allein schon damit einen großen Dienst erwiesen, daß wir jetzt begonnen haben, mit Freuden nach der Märtyrerkrone zu verlangen, da wir nun gelernt haben, uns nicht mehr vor dem Tode zu fürchten. Nein, nicht Heimsuchungen sind das für uns — nur Übungen. Dem Herzen verleihen sie die Kraft zur Tapferkeit, und durch die Verachtung des Todes machen sie uns zum Martyrium bereit.

XVII. Vielleicht wird jemand sagen: Gerade das ist es, was mich an diesem großen Massensterben betrübt — ich war zum öffentlichen Bekenntnis, zum Leiden, zur Folter bereit, hatte mich von ganzem Herzen und mit voller Kraft darein ergeben, alles für den Heiland zu erdulden, und nun kommt mir der Seuchentod zuvor und bringt mich um den Ruhm des Martyriums. Aber der Opfertod ist uns eben nicht anheimgegeben, und ob wir dessen für würdig befunden werden, steht allein bei Gottes Gnade. Du kannst also nicht sagen, du habest etwas verloren, wenn du gar nicht weißt, ob Gott dich für wert gehalten hätte, es zu empfangen. Denn es ist Gott selbst, der uns allein auf Herzen und Nieren prüft, das Verborgene durchschaut, das noch nicht Getane, das noch nicht Bedachte in uns erkennt, Er sieht und lobt dich und zollt dir Beifall — und wenn bei dir der Mut bereit und ausreichend gewesen wäre, läßt Er dir auch so den Lohn für deinen Mut zuteil werden ...

Wir dürfen nicht vergessen, nicht unseren Willen sollen wir ausführen, sondern den Willen Gottes verwirklichen, nach den Worten, die uns der Herr täglich beten hieß. Wie töricht, wie verkehrt wäre es doch, zwar täglich darum zu bitten, daß Gottes Wille geschehe — aber wenn Gott uns ruft und von dieser Welt abfordert, nicht sofort dem Befehl Seines Willens freudig zu gehorchen! Wie? Wir sträuben uns, widersetzen uns und lassen uns wie widerspenstige Kinder oder Knechte voller Trauer und Wehgeschrei vor das Angesicht des Herrn führen?

Wie? Nur unter dem Zwange der Not scheiden wir von hier, und nicht in willigem Gehorsam? Und dann erwarten wir, daß der uns mit himmlischen Belohnungen auszeichnen werde, zu dem wir uns so ungern auf den Weg nötigen lassen? Ja warum beten wir denn dann, daß das Himmelreich zu uns komme, wenn uns die Gefangenschaft auf Erden so sehr viel Freude macht? Warum wiederholen wir in so häufigen Anrufen den Wunsch und die Bitte, der Tag des Gottesreichs möge rasch herannahen, wenn in Wahrheit unsere Sehnsucht größer und unser Begehren stärker ist, hier auf Erden dem Teufel zu dienen, statt mit Christus zu herrschen?

XX. Wie oft ist auch mir — der Geringsten einem — von Gottes Gnade eingeschärft worden, beständig zu bezeugen, daß wir um unsere Brüder nicht trauern dürfen, wenn sie durch den Ruf des Herrn von der Welt befreit worden sind. Wissen wir doch, daß sie nicht verlorengehen, sondern mit dem Abscheiden uns nur voranschreiten ... Heuchler in unserer Hoffnung und in unserem

Glauben wären wir, hätten wir nur vorgetäuscht, nur erdichtet, nur erlogen was wir sagen. Es würde nichts nützen, den Mut nur mit Worten zu bekunden, deren Echtheit durch unsere Taten widerlegt wird...

Wenn wir an Christus glauben wollen, so müssen wir auch Seinen Worten und Verheißungen Vertrauen schenken, und da wir in Ewigkeit nicht sterben werden, so lasset uns in fröhlicher Gewißheit zu Christus eilen, mit dem wir immerdar leben und herrschen sollen!

LAKTANTIUS

Aus der Zeit des letzten großen Verstummens vor dem letzten großen Kampf und Sieg — der Zeit des äußeren Verstummens vor den immer grausameren, immer schrecklicheren Christenverfolgungen und des inneren Verstummens vor der neuen großen Auseinandersetzung über die Ewigkeit des Sohnes, des Unerschaffenen, Eingeborenen — ragt Laktantius hervor, der wenig vom theologischen Streit hielt, aber um so mehr von christlicher Demut — und alles von der christlichen Liebe erwartete. Lucius Caelius Firmianus Lactantius, geboren um 250 in der römischen Provinz Afrika, war ein hervorragender Rhetor und Professor für Beredsamkeit und Anwalt in Nikomedien, der neuen Reichshauptstadt am Marmarameer, wohin ihn Kaiser Diokletian berufen hatte. Dort trat er um 301 zum Christentum über, schrieb um 304 werk, die »Göttlichen Unterweisungen«, und nach dem »Über das Schöpfungswerk Gottes«, 305–310 sein Haupt-Toleranzedikt von 311 ein höchst eigenartiges Geschichtswerk: »Von den Todesarten der Verfolger«. Zuletzt wurde er durch Kaiser Konstantin zur Erziehung des Kaisersohns Crispus nach Trier berufen. Dort starb er um 340.

DAS SCHÖPFUNGSWERK GOTTES

Aus dem neunzehnten Hauptstück:
Die Seele, ein Geschenk Gottes

§ 1. Auch das könnte gefragt werden: ob die Seele vom Vater stamme — wenigstens in höherem Grade — oder von der Mutter oder ob sie von beiden Eltern gleichmäßig ihren Ursprung habe ...

§ 2. Keiner der genannten drei Fälle trifft zu ... Der Körper kann wohl von Körpern stammen, und beide Teile tragen ja auch dazu bei. Von den beiden Seelen aber kann die Seele nicht herrühren, denn von etwas Immateriellem und Unbegreiflichem läßt sich jedenfalls nichts abteilen oder ausscheiden.

§ 4. Daraus ergibt sich, daß nicht die Eltern die Seele geben, sondern Gott allein, der eine und selbe Vater aller Menschen, der wahre Herr über alle Zeugung — der sie ja auch allein bewirken kann. Dem irdischen Erzeuger kommt ja bloß die von Wollust begleitete Begattung zu. Darauf bleibt jeder Mann beschränkt, sein Wirken kann nicht weiter reichen — und gerade darum bitten die Menschen zu Gott um Nachkommen, da sie dieselben nicht nach eigenem Willen erschaffen können.

§ 5. Das übrige steht also bei Gott, sowohl die Tatsache wirklicher Empfängnis als auch die dann erfolgende Bildung eines neuen Menschenkörpers, das Einhauchen der Seele, die glückliche Geburt — kurz alles, was dann noch weiter zur Entfaltung und Erhaltung des Menschenlebens dient. Gottes Geschenk ist es, daß wir atmen, leben, gesund sind.

§ 6. Aber wir sind nicht nur durch Gottes Güte gesund und empfangen nicht nur unseren Lebensunterhalt aus einer ganzen Reihe von durch Gott gewährten Bedingungen — der himmlische Vater hat dem Menschen auch Verstand verliehen, und das konnte der irdische Vater gewiß nicht bewirken. Von Weisen stammen oft Schwachsinnige, und von Schwachsinnigen höchst verständige Menschen. Einige glauben, diesen Umstand dem Schicksal und den Gestirnen zuschreiben zu können!

§ 7. Hier ist jedenfalls nicht der Ort, vom Schicksal zu handeln — aber auch angenommen, daß die Gestirne einen Einfluß auf die Dinge im irdischen Geschehen ausüben könnten, täten sie das doch auch nur nach dem Willen Gottes, der die Gestirne geschaffen hat und ihnen ihre Bestimmung anwies. Toren also, die da glauben, wenn sie den Gestirnen eine bestimmende Macht zusprächen, so würden sie diese Macht dadurch dem Willen Gottes entziehen.

§ 8. Ob wir aber dies herrliche Geschenk — die Vernunft — recht gebrauchen oder nicht, das hat Gott jedem einzelnen Menschen selbst überlassen ...

§ 10. Wer den Menschen nur nach dem Fleische beurteilen wollte, würde gröblich irren. Denn dieser Leib bildet nur die Wohnung des Menschen. Das, was das Wesen des Menschen selbst ist, kann weder betastet noch geschaut, noch begriffen werden, da es stets hinter der sichtbaren Hülle des Menschen verborgen bleibt.

Wenn der Mensch in diesem Leben, von seiner Natur verlockt, üppig und wollüstig gewesen ist, wenn er die Tugenden für gering geschätzt und verachtet hat und sich den Lüsten des Fleisches hingab, so fällt er, sinkt er zur Erde. Wenn er aber an seiner wahren Bestimmung aufrichtig und ohne Wanken festgehalten hat — wenn er nicht ein Sklave der Welt geworden ist, dieser selben Welt, die er mit Füßen treten und besiegen sollte —, dann wird er das ewige Leben erlangen.

AUS DEN »GÖTTLICHEN UNTERWEISUNGEN«
Auszug aus den Institutiones Divinae

XXXVII. ... Im Anbeginn, vor Grundlegung der Welt, hat Gott aus dem Quell Seiner Ewigkeit und aus Seinem göttlichen und immerwährenden Geiste sich selbst einen Sohn gezeugt, der unvergänglich, getreu, das wahre Abbild der väterlichen Macht und Erhabenheit ist, die Kraft und Vernunft Gottes, das Wort und die Weisheit Gottes. Dieser Sohn war es — auch nach Hermes dem Dreimalgrößten, auch nach der Sibylla —, dessen sich Gott als Ratgeber bediente, um den herrlichen und wunderbaren Bau dieser Welt ins Werk zu setzen. Und von allen Engeln, die Gott aus Seinem Atem gebildet hat, ist Er allein zur Teilnehmerschaft an der höchsten Macht erkoren und allein Gott benannt worden. »Denn alles ist durch Ihn geworden, und ohne Ihn ist nichts geworden« ... Damit dir aber nicht vielleicht Bedenken kommen, warum wir den, der vor der Welt aus Gott geboren ist, zugleich auch Jesus Christus nennen, der doch erst vor dreihundert Jahren vom Menschen geboren worden ist, so will ich dir hier die Verhältnisse kurz auseinandersetzen. Christus ist zugleich Sohn Gottes und Sohn des Menschen. Denn Er hat eine zweifache Geburt; die erste ist von Gott im Geiste vor der Entstehung der Welt — die zweite ist aus dem Menschen im Fleisch unter der Herrschaft des Augustus. In dieser Menschwerdung liegt ein erhabenes, herrliches Geheimnis, und auf ihm beruht das Heil der Welt, die Religion des höchsten Gottes und die ganze Wahrheit.

Von der Zeit an nämlich, da sich die Kulte der Ruchlosen, die tückischen Götzendienste durch die Kunstgriffe und Kniffe der Dämonen eingeschlichen hatten, war nur bei den Hebräern allein die Verehrung des wahren Gottes geblieben. Nur sie allein bewahrten den ererbten Gottesdienst, der ihnen nicht durch ein Gesetz auferlegt, sondern durch die Überlieferung der Väter überkommen war

— bis zur Zeit, da sie unter Führung des Moses aus Ägypten zogen. Durch Moses hat ihnen Gott dann das Gesetz auferlegt. Und nun oblagen sie dem Dienst Gottes also unter den Banden des Gesetzes. Aber das bekam denen, die nun Juden genannt wurden, schlecht: Vom Zwange irrten auch sie allmählich zu sehr unheiligen Gebräuchen ab, gewährten fremden Göttern, was sie nicht sollten, verließen den von den Vätern ererbten Gottesdienst, opferten empfindungslosen Bildern. Da sandte Gott die Propheten zu ihnen, ihnen zu predigen, von göttlichem Geist erfüllt. Sie mußten ihnen zunächst ihre Sünden vorhalten, sie zur Sinnesänderung bewegen. Sie drohten ihnen mit der unausweichlich kommenden Rache, sie kündigten ihnen an, Gott würde einen neuen Gesetzgeber schicken, wenn sie bei ihren Verirrungen beharrten, Er würde dem undankbaren Volk das Erbe entziehen und ein anderes, treueres Volk aus fremdem Stamm um sich neu versammeln; aber die Juden blieben nicht nur bei ihrer Untreue, sondern sie töteten auch noch den Boten, den Gott ihnen gesandt hatte. Daher sprach Gott das Urteil über sie aus, wegen ihrer Missetaten, und sandte fortan keine Propheten mehr zu diesem widerspenstigen Volk. Gott sandte vielmehr Seinen Sohn, um nunmehr alle Völker insgesamt zur Gnade und Liebe Gottes zu berufen.

AUS DEN »TODESARTEN DER VERFOLGER«

XXXIII. Als Gott den Galerius mit einer unheilbaren Krankheit schlug, war bereits das achtzehnte Jahr seiner Herrschaft angebrochen. Es wuchs ihm ein bösartiges Geschwür an den Genitalien ... der Krebs erfaßte die nächstliegenden Teile und je mehr man ringsum schnitt, desto weiter fraß die Fäulnis um sich ... dies dauerte ein ganzes Jahr — bis er sich endlich, durch Leiden gebeugt, gezwungen sah, Gott zu bekennen. Als bereits sein Ende nahe war, erließ er folgendes Edikt:

XXXIV. »Bisher waren Wir immer gewillt, zu Nutz und Frommen der Gemeinwesen Anordnungen zu treffen, wonach im Einklang mit den alten Gesetzen und mit der staatlichen Verfassung der Römer dafür Sorge getragen würde, daß auch die Christen ... zu vernünftiger Gesinnung zurückkehren ... Nachdem von Uns die Befehle ergangen waren, daß sie zu den Einrichtungen der Alten zurückzukehren hätten, sind viele von ihnen in Anklagen auf Leben und Tod verwickelt, viele von Haus und Herd vertrieben worden. Da aber die meisten auf ihrem Vorsatz verharrten ... so haben Wir in Anbetracht Unserer Milde und im Hinblick auf Unsere immerwährende Gepflogenheit, allen Menschen Verzeihung zu gewähren, diese Unsere bereitwilligste Nachsicht auch auf die Christen ausdehnen zu müssen geglaubt, so daß sie von neuem Christen sein und ihre Versammlungsstätten wiederherstellen dürfen...« Dieses Edikt wurde zu Nikomedien angeschlagen am dreißigsten April (311) unter dem achten Konsulat des Galerius und dem zweiten des Maximin. Jetzt öffneten sich die Kerker. Und auch du, teuerster Donatus, bist mit den überlebenden Bekennern aus dem Gefängnis entlassen worden, nachdem dir sechs Jahre lang Keller als Wohnstätte gedient hatten. Doch Galerius erlangte durch diese Tat keine Verzeihung von Gott für seine Schuld ... während ihm bereits die Glieder am ganzen Leibe zerfielen, wurde er in schauerlicher Verwesung dahingerafft ...

XXXVI. Auf die Nachricht vom Ableben des Galerius eilte Maximin mittels der kaiserlichen Post, welche vom Orient her nach Nikomedien führte, schleunigst herbei, um sich der Provinzen zu bemächtigen und alles Land bis zur Meerenge von Chalzedon in Besitz zu nehmen, während Licinius noch fern war ... Vor allem hob er die den Christen unter gemeinsamer kaiserlicher Regierung soeben erst gewährte Religionsfreiheit gleich wieder auf ... und traf Vorbereitungen zu dem, was er in den Gebieten des Orients getan hatte: Dem äußeren Anschein nach bekannte er sich zur Milde, in Wirklichkeit aber — ließ er die Diener Gottes zwar nicht töten, wohl aber verstümmeln. Den Bekennern Christi wurden Augen ausgestochen, Hände und Füße abgehauen, Nasen und Ohren abgeschnitten.[1]

[1] Vgl. dazu die von A. Hartl in seinem Buch »Laktantius« (München, 1919) zitierten Stellen aus dem römischen Martyriologium, 11. September: »... in Ägypten das Andenken des heiligen Bischofs Paphnutius. Er war einer von den Bekennern, denen unter dem Kaiser Maximin das rechte Auge ausgestochen und die linke Kniekehle durchschnitten wurde und die man dann zu den Bergwerken verurteilte.«

Von solchen Praktiken schreckte ihn erst ein Schreiben Konstantins wieder ab. Daraufhin änderte er dem Schein nach sein Verhalten. Wenn ihm jedoch Christen in die Hände fielen, ließ er sie insgeheim ins Meer werfen... Den Rest der Habe, den etwa Diokles und Galerius den freien Bürgern noch übriggelassen hatten, höhlte er vollends aus, nahm ohne Scham alles hinweg... Die Folgen davon waren Hungersnot und eine unerhörte Teuerung. Herden von Rindern und Schafen wurden aus allen Ländereien zu den täglichen Opfern des Kaisers weggetrieben, und durch den Schmaus dieser Opfer hatte er die Seinigen bereits so verwöhnt, daß sie Kornfrucht verschmähten. Seine Verschwendung war ohne Maß... Die verderblichste Leidenschaft, in der ihm kein Früherer gleichkam, war seine Lüsternheit... Verschnittene und Kuppler durchschnüffelten alles. Wo immer sich ein edleres Angesicht fand, mußten Vater und Gatte zurücktreten. Den vornehmen Frauen und Mädchen wurden die Gewänder vom Leibe gerissen... Weigerung zog den Tod im Wasser nach sich, so als ob unter diesem Ehebrecher die Züchtigkeit Hochverrat wäre... Schließlich hatte er bereits als herrschenden Brauch eingeführt, daß niemand ohne seine Erlaubnis eine Gattin nehmen konnte, damit ihm bei jeder Vermählung das erste Anrecht gewahrt bleibe. Edle Jungfrauen schenkte er nach der Entehrung seinen Sklaven...

XLIII. ... Sobald er von der Verlobung der Schwester Konstantins mit Licinius hörte, kam er auf den Gedanken, daß diese Verschwägerung der beiden Kaiser wider ihn geschlossen werde. Er schickte eine Gesandtschaft nach Rom, um dem Maxentius Bundesgenossenschaft anzutragen... Maxentius ergriff gern die ihm wie vom Himmel geschenkte Hilfe, denn er hatte bereits an Konstantin den Krieg erklärt...

XLIV. ... In der ersten Schlacht behielt Maxentius die Oberhand. Aber Konstantin faßte neuen Mut, und zu Sieg oder Tod entschlossen rückte er mit der ganzen Macht gegen die Stadt heran und lagerte sich gegenüber der Brücke des Milvius. Es stand der Tag bevor, an welchem sich der Herrschaftsantritt des Maxentius jährte, der siebenundzwanzigste Oktober, und die Feiern seiner fünfjährigen Regierungszeit näherten sich gerade ihrem Ende.

Ein Traumgesicht ermahnte Konstantin, daß er das himmlische Zeichen Gottes auf den Schildern seiner Soldaten anbringen lasse ... Mit diesem Zeichen des Kreuzes gewaffnet, griff das Heer zum Schwert. Der Feind rückte ohne Oberfeldherrn entgegen und überschritt die Brücke ... Maxentius ... gab gerade Rennspiele zum Jahrestag seiner Erhebung — da schrie plötzlich das Volk wie mit einer einzigen Stimme: »Konstantin kann nicht besiegt werden!« In höchster Erregung stürzte Maxentius aus der Rennbahn, berief einige Senatoren, ließ die Sibyllinischen Bücher nachschlagen ... und zog in die Schlacht. Hinter ihm wurde die Brücke abgerissen. Bei seinem Anblick verschärfte sich der Kampf, und die Hand Gottes waltete über dem Schlachtfeld. Schrecken befiel das Heer des Maxentius — er selbst wandte sich zur Flucht, eilte der Brücke zu, aber die war ja abgebrochen, die Masse der Fliehenden stürzte ihm nach und drängte ihn in den Fluß hinab ... So war dieser erbitterte Krieg zu Ende; unter den größten Freudenbezeugungen wurde Konstantin vom römischen Senat und Volk als Kaiser empfangen ... Aber Maximin hatte sich inzwischen zum Angriff vor den Toren von Byzanz eingefunden ... nach elf Tagen ergab sich die Besatzung, nicht weil sie treulos war, sondern weil ihre geringe Zahl den Widerstand aussichtslos machte. Von Byzanz zog Maximin nach Heraklea, wurde dort in der gleichen Weise aufgehalten und verlor wieder einige Tage Zeit. Bereits war Licinius mit geringer Mannschaft in Eilmärschen nach Hadrianopel gekommen ...

XLVI. Schon standen die beiden Heere einander gegenüber, und für den nächsten Tag war die Schlacht zu erwarten. Maximin machte ein Gelübde an Jupiter: Wenn er den Sieg gewänne, wolle er den Namen der Christen ausrotten und vom Erdboden vertilgen. Da trat zu Licinius in der Nacht ein Engel Gottes an das Lager, auf dem er schlief, mahnte ihn, schnell aufzustehen und mit seinem ganzen Heer zu Gott zu beten, der Sieg werde ihm zufallen, wenn er es tue. Nach diesen Worten kam es ihm vor, als ob er aufstünde und als ob der Engel, der ihn gemahnt hatte, an seine Seite träte und ihn belehrte, mit welchen Worten man beten solle. Nachdem dann Licinius den Schlaf abgeschüttelt hatte, ließ er rasch seinen Geheimschreiber rufen und hieß ihn die folgenden Worte niederschreiben, geradeso, wie er sie eben im Traum gehört hatte: »Höchster Gott, wir bitten Dich, heiliger Gott, wir bitten Dich, alle Gerechtigkeit übergeben wir Dir, unsere Wohlfahrt vertrauen wir Dir, unser Reich widmen wir Dir, durch Dich leben wir, durch Dich werden wir siegreich und glücklich. Höchster Gott, heiliger Gott, erhöre unsere Bitten. Unsere Arme breiten wir zu Dir aus. Erhöre, erhöre, heiliger, Höchster Gott!« Diese Worte ließ er nun auf eine Anzahl Blätter schreiben und an sämtliche Befehlshaber und Tribunen verteilen, damit jeder sie seine Soldaten lehre. Diesen allen wuchs der Mut, denn sie glaubten, nun sei ihnen vom Himmel der Sieg verkündet worden. Licinius bestimmte zum Tage der Schlacht den ersten Mai, an welchem Maximin sein achtes Regierungsjahr vollendete, damit dieser am Jahrestage seiner Erhebung gestürzt werde wie Maxentius in Rom. ...

In der Mitte lag eine kahle und unfruchtbare Ebene, das Sonnenfeld genannt. Beide Schlachtreihen standen in Sehweite. Die Soldaten des Licinius legten die Schilde ab, lösten die Helme, streckten nach dem Vorbild ihrer Befehlshaber die Hände zum Himmel und sprachen das neue Gebet für den Kaiser. Das dem Untergang geweihte Heer drüben hörte das Gemurmel der Betenden. Diese aber wiederholten dreimal ihr Gebet, und so gestärkt, die Herzen voll Mut, setzten sie ihre Helme wieder auf und erhoben die Schilde ...

Licinius eröffnete den Angriff, drang auf die Gegner ein bis tief in ihre Reihen — diese wußten im ersten Schreck weder ihre Schwerter zu handhaben noch Speere zu werfen ... sie wurden ohne Gegenwehr niedergemacht, eine ungeheure Übermacht von Soldaten durch eine geringe Mannschaft einfach niedergemäht ... gleich als wären sie zum göttergeweihten Opfertod und nicht zum Kampf angetreten, so hat sie der höchste Gott dem Schwert ihrer Feinde ausgeliefert ... Maximin warf den Purpur von sich, zog ein Sklavengewand über und floh der Meerenge zu ...

XLVIII. Licinius verteilte den überlebenden Teil des Heeres, der sich ihm übergeben hatte, unter seine Mannschaft, setzte wenige Tage nach der Schlacht schon nach

Bithynien über und hielt seinen Einzug in Nikomedien. Hier erstattete er Gott, durch dessen Beistand er gesiegt hatte, den schuldigen Dank und ließ am Tage der Iden des Juni (am 13. Juni 313) unter dem dritten Konsulat des Konstantin und des Licinius das folgende Edikt an die Statthalter über die Wiederherstellung der Kirche überall öffentlich anschlagen:
»Nachdem Wir glücklich zu Mailand erschienen sind, Wir, Konstantinus Augustus, und Wir, Licinius Augustus, und alle Angelegenheiten der öffentlichen Wohlfahrt und Sicherheit in Beratung genommen haben, glauben Wir, unter den übrigen Anordnungen, von denen Wir uns Nutzen für die Gesamtheit versprechen, vor allen anderen Dingen jene ordnen zu müssen, auf denen die Verehrung der Gottheit beruht. Und zwar in der Art, daß Wir sowohl den Christen wie auch allen übrigen die freie Befugnis gewähren, sich derjenigen Religion anzuschließen, die jeder sich selbst wählen will. So möge alles, was von göttlicher Wesenheit auf himmlischem Sitze thront, uns und allen, die unter unserer Herrschaft stehen, gnädig und gewogen sein ... Und überdies haben Wir bezüglich der Gesamtheit der Christen noch folgendes zu bestimmen für gut befunden: Wer etwa solche Stätten, an denen die Christen früher zusammenzukommen pflegten ... von Unserem Schatz oder von sonst irgend jemandem käuflich erworben hat, der muß nun dieselben ohne Kaufpreis und ohne irgendwelche Entschädigung zurückerstatten, mit Ausschluß aller Hintanhaltungen und sonstigen Umständlichkeiten. Und wer solche Stätten zum Geschenk erhalten hat, muß sie ebenfalls den nämlichen Christen in kürzester Frist zurückgeben. Sowohl einstige Käufer als auch einstige Beschenkte mögen sich — wenn sie etwas von Unserer Wohlgeneigtheit erhoffen, an Unsere Stellvertreter wenden, damit auch für sie von Unserer Milde gesorgt werde ..."
Nach Veröffentlichung dieses Erlasses gab Licinius auch noch mündliche Anweisungen, daß den Christen ihre gottesdienstlichen Stätten unter Wiederherstellung des früheren Zustands zurückzugeben seien. So sind vom Umsturz der Altäre und Kirchen bis zu ihrer Wiederherstellung zehn Jahre und vier Monate verflossen ...
Dann nahm Licinius die Verfolgung des Tyrannen wieder

auf. Dieser ... flüchtete zuletzt nach Tarsus. Zu Wasser und zu Lande eingeschlossen ... füllte sich Maximin zuerst mit Speise und schlang eine Menge Wein hinab, wie solche zu tun pflegen, die dies zum letzten Mal zu genießen glauben, dann nahm er Gift. Aber die Kraft des Giftes wurde vom überfüllten Magen zurückgestoßen .. das Übel ging in pestartiges Siechtum über, damit er durch Verlängerung des Atems auch länger die Qualen fühle ... Der Giftsaft tobte in seinen Eingeweiden, der unerträgliche Schmerz brachte ihn bis zur Raserei, vier Tage lang raffte er in der Aufregung des Wahnsinns Erde mit seinen Händen auf und verschlang sie ... als er in schrecklichen Zuckungen mit dem Kopf gegen die Wände rannte, sprangen ihm die Augen aus den Höhlen, und jetzt — nachdem er sein Augenlicht eingebüßt hatte — begann er Gott zu sehen, der mit Diakonen in weißen Gewändern über ihn zu Gericht saß. Er schrie gleich einem Gefolterten, nicht er hätte es getan, sondern andere ... dann bekannte er sich laut zu Christus und flehte um Gottes Erbarmen. Unter solchem Stöhnen, als ob er verbrannt würde, hauchte er in entsetzlicher Todesart seine schuldbeladene Seele aus.

So hat Gott also die Verfolger Seines Namens alle ausnahmslos in der Weise gestürzt, daß von ihnen weder Stamm noch Wurzel mehr übriggeblieben ist.

EUSEBIUS VON CÄSAREA
Genannt Pamphili

An günstigem Ort, zu günstiger Zeit, im Jahre 264 in Cäsarea — dem Jahre der Verurteilung Pauls von Samosata auf der Synode von Antiochia, gerade als unter Gallienus nach den schweren Christenverfolgungen durch Valerian endlich eine verhältnismäßig stillere Zeit begann, fast eine Friedenszeit, die den Studien günstiger war und die fast volle vierzig Jahre lang, bis zu den letzten Verfolgungen unter Diokletian währen sollte —, wurde der künftige große Dokumentensammler, Gelehrte, Geschichtsschreiber der Kirchenväter geboren: Eusebius, der dann ausführte, was Laktantius mit seinen Schriften zu wirken erhofft, aber nicht erreicht hatte, einfach weil ihm das hierzu notwendige theologische Wissen fehlte. Eusebius dagegen wuchs als Christ in der Stadt auf, in welcher einst, im Jahre 231, also noch nicht lange vor ihm — so daß damals die Überlieferung noch lebendig und die Schule noch aktiv wirksam war —, der große Origenes Zuflucht gefunden, zwanzig Jahre lang gewirkt, die berühmte Lehranstalt und die noch berühmtere Bibliothek gegründet hatte.

Nach dem Martyrium des Origenes war sein Amt und Erbe von seinem Schüler Pamphilius würdig weitergeführt worden, und dieser Pamphilius wurde nun der Lehrer, Führer und geliebte Freund des Eusebius.

Diese gemeinsame Tätigkeit der beiden Männer nahm erst durch die große Diokletianische Christenverfolgung ein jähes Ende. Pamphilius wurde 307 als Märtyrer enthauptet. Noch im Gefängnis hat er, als Testament, eine Apologie des Origenes geschrieben. Eusebius aber war geflohen. Zuerst in die Thebaïs, wo er verhaftet und zusammen mit dem Bischof Potamon eingekerkert wurde. Letzterer hat ihm später auf der Synode von Tyrus vorgeworfen, daß er aus dieser Haft »merkwürdigerweise ohne Verstümmelung« davongekommen sei, aber Eusebius vermochte den Verdacht des Verrates, der in diesen Worten lag, wirksam zu entkräften. Zwei Jahre nach dieser Haft tauchte er in Tyrus wieder auf. Dort hat er dann als »mittelmäßig geeigneter Mann« (denn er berichtet selbst darüber) die Weiherede bei der Wiedereröffnung der Kathedrale gehalten und konnte in seine Vaterstadt zurückkehren, wurde Bischof von Cäsarea: Konstantin hatte

EUSEBIUS VON CÄSAREA

sich inzwischen durchgesetzt, hatte im Zeichen des Kreuzes gesiegt, hatte das Toleranzedikt erlassen und bot den Christen nun Frieden.

Seine berühmt gewordene Kirchengeschichte begann Eusebius, wie Lawlor und Oulton gezeigt haben[1], *bereits um das Jahr 305, veröffentlichte aber die ersten acht Bücher erst um 311, revidierte dann die ganze Arbeit, fügte ihr um 313 ein neuntes Buch an, dann einen Anhang mit dem Wortlaut von Urkunden (denn in der Schule des Origenes hatte man Genauigkeit zu schätzen gelernt), entfernte daraus den Bericht über die Märtyrer von Palästina, den er zu einer selbständigen Schrift ausarbeitete, um dann nach 317 und noch einmal nach 323 — nach dem siegreichen Kampf Konstantins gegen Licinius — im achten, neunten, zehnten Buch neue Zusätze zu machen. »Auffallend ist, daß Eusebius jedoch nicht auf Grund besserer Belehrung die unrichtige frühere Darstellung immer streicht, sondern die ältere unrichtige Schilderung neben dem neueren, besser belegten Bericht auch noch stehen läßt«*[2], *er hat es dadurch verhindert, »sein Werk auf einen einheitlichen Stand zu bringen«.*[3] *»Getrübt scheint die historische Objektivität des Eusebius, wo er zur Geschichte des Kaisers Konstantin kommt; hier wird er in weitem Ausmaß zum Panegyriker« (Haeuser). Denn Konstantin war in der Tat nicht nur der Begründer des zum ersten Mal staatlich tolerierten Christentums und bald auch der christlichen Staatskirche und — verwaltung und nicht nur ein persönlicher Gönner des Eusebius, sondern auch sein persönlicher Freund. Jeder von beiden »stand unter dem Eindruck der großen Persönlichkeit« des anderen.*[4] *Aber Eusebius wollte ja gar nicht in seinem letzten Werk »Über das Leben des seligen Kaisers Konstantin«, das er dem am Pfingstsonntag 337 verstorbenen Freund und Imperator aufs Grab legte, objektive Geschichte oder eine Lebensbeschreibung geben, hier unterdrückt er vielmehr, als bewußter Panegyriker, »was seinem Helden nicht zum Lobe gereichen*

---

[1] »Eusebius, Bishop of Caesarea,« London, 1928/29.
[2] Haeuser, Eusebius, München, 1932.
[3] R. Laqueur, »Eusebius als Historiker seiner Zeit«, Berlin, 1929.
[4] Biglmayr, »Eusebius«, München, 1913.

würde«[1]; *nur das »gottgefällige« Leben des Kaisers sollte geschildert sein. So beeinträchtigt dieser große Lobgesang nicht den Ruf seiner großen Kirchengeschichte, durch welche Eusebius so viele Namen, Wirkungen, Zeugnisse, ganze Werke vor dem Vergessen gerettet, erklärt, als echt bezeugt, belegt und beglaubigt hat. Zwischen dieser Kirchengeschichte und dem letzten Lobeswerk auf den Kaiser — Eusebius starb bald darauf, im Jahre 339 — liegt allerdings das Auftreten des Arius und seiner Häresie, der sich der Kaiser bald zuneigte — und der sich auch Eusebius nicht ganz abgeneigt zeigte. Nur zögernd hat Eusebius auf dem Konzil zu Nizäa — 325 — das von Athanasius formulierte Glaubensbekenntnis unterschrieben, aber eben, er unterschrieb es doch, beugte sich der weit überwiegenden Mehrheit der Bischöfe. Denn er und der Kaiser, beide waren gegen jeden Dogmenstreit und wollten vor allem den Frieden. Daß das Symbol von Nizäa die einzige Rettung war, sahen sie nicht — aber sie wollten es glauben.*

AUS DER KIRCHENGESCHICHTE

I. Ich habe mich entschlossen, in dieser Schrift über die Nachfolger der heiligen Apostel zu berichten, über die seit der Ankunft unseres Erlösers bis auf uns verflossene Zeit, über die zahlreichen großen Ereignisse der Kirchengeschichte, über alle trefflichen Führer und Vorsteher der Kirchen in den angesehensten Gemeinden, über alle jene, die immer wieder mündlich oder schriftlich Dienst am göttlichen Wort taten, über die Person, Zahl, Zeit derer, die sich aus Neuerungssucht zu den schlimmsten Irrtümern hinreißen ließen, um sich dann als Führer zu einer Weisheit auszugeben, die keine Weisheit ist, wütenden Wölfen gleich, die sich schonungslos auf die Herde Christi stürzen — ferner über das Schicksal, welches das jüdische Volk unmittelbar nach seinem Frevel an unserem Heiland getroffen hatte, weiterhin über die Zeiten der zahlreichen schweren Angriffe, denen das göttliche Wort von seiten der Heiden ausgesetzt wurde, über die Helden, die immer wieder unter Blut und Martern

[1] J. M. Pfättisch, der Übersetzer dieses »Konstantin«, München, 1913.

für die Lehre kämpften, endlich über die Glaubenszeugnisse in unseren Tagen und über das stets gnädige, liebevolle Erbarmen unseres Erlösers. Ich will dabei nicht anders beginnen als mit dem ersten Wirken unseres Erlösers und Herrn Jesus, des Gesalbten Gottes.

Diese Schrift erbittet wohlwollende Nachsicht für mich, da es selbstverständlich unsere Kräfte nicht erlauben, eine vollkommene und fehlerfreie Arbeit zu versprechen. Denn wir sind die ersten, die sich jetzt, mit dieser Schrift, gleichsam auf einen noch ungebahnten, noch unbegangenen Weg wagen. Wir sind ganz auf die Führung Gottes angewiesen, auf die mitwirkende Kraft unseres Herrn. Nicht die geringsten Spuren von Menschen können wir finden, die vor uns denselben Weg schon gegangen wären — abgesehen von unbedeutenden Bemerkungen, in denen der eine so, der andere anders uns Bruchstücke von Berichten über selbsterlebte Zeiten hinterlassen hat. Ihre Stimmen gleichen fernen Fackeln. Aus der Vorzeit rufen sie wie von ferner Warte zu uns herüber und geben uns Weisungen, wie wir zu gehen haben, damit der Ablauf der Erzählung sicher und gefahrlos werde. Was uns aus ihren lückenhaften Berichten für den vorliegenden Zweck brauchbar schien, haben wir gesammelt und die wertvollen Mitteilungen dieser alten Schriftsteller wie Blumen auf geistigen Auen gepflückt, um zu versuchen, in historischer Darstellung ein Ganzes zu bieten ...

VI., 29. Als Gordianus nach Maximinus die römische Herrschaft übernommen hatte, folgte in der Kirche zu Rom auf Pontianus, der sechs Jahre lang Bischof gewesen war, Anteros, und auf diesen, nach dessen nur einen Monat währendem Wirken, Fabianus. Dieser soll nach dem Tode des Anteros mit noch anderen Männern vom Lande her nach Rom gekommen sein und hier auf ganz wunderbare Weise durch göttliche Gnade die Würde erlangt haben. Als sämtliche Brüder sich eingefunden hatten, um ihren zukünftigen Bischof zu wählen, waren schon sehr viele angesehene Männer von den meisten in Aussicht genommen; an Fabianus, der ebenfalls anwesend war, dachte kein Mensch. Und plötzlich soll sich eine Taube vom Himmel herabgelassen haben und auf das Haupt des Fabianus geflogen sein, gemahnend an den Heiligen Geist, der sich in Gestalt einer Taube auf den

Erlöser herabgelassen hatte. Daraufhin habe das ganze Volk einmütig — wie vom göttlichen Geist geführt — in heller Begeisterung und wie mit nur einer Stimme »Würdig« gerufen, ihn ohne Zögern ergriffen und auf den bischöflichen Thron erhoben.

Als damals Zebennus starb, der Bischof von Antiochia, übernahm Babylas die Leitung. Und nachdem in Alexandrien Heraklas — der Schüler des Origenes — Nachfolger des Demetrius auf dem bischöflichen Stuhl geworden war, übernahm Dionysius, ebenfalls ein Schüler des Origenes, die dortige Katechetenschule.

VI., 35. Im dritten Jahr der Regierung Philipps starb Herakles, nachdem er sechzehn Jahre lang die Kirche von Alexandria geleitet hatte. Dionysios wurde sein Nachfolger in der bischöflichen Würde...

VI., 40. Eine Schilderung des Dionysios wollen wir auf Grund seines eigenen Briefes an Germanus geben. Dort schreibt er über sich selbst: »Ich spreche vor Gott, und Gott weiß, daß ich nicht lüge. Niemals bin ich aus eigenem Antrieb geflohen, ohne einen ausdrücklichen Wink Gottes. Schon damals, als das Verfolgungsedikt des Decius bekanntgegeben wurde und Sabinus zur gleichen Stunde einen Frumentarier aussandte, um nach mir zu fahnden, blieb ich noch vier Tage zu Hause und erwartete sein Kommen. Der aber durchschnüffelte alle Wege, Flußauen, Felder, wo er mich versteckt vermutete oder glaubte, mich auf der Flucht haschen zu können. Er muß mit Blindheit geschlagen gewesen sein, da er meinen Aufenthalt nicht fand, nicht glauben konnte, daß ich, ein Verfolgter, zu Hause bliebe. Als Gott mir nach dem vierten Tage befahl, mein Haus zu verlassen, und mir wunderbarerweise einen Weg wies, kostete es mich viel Überwindung, mit den Meinigen aufzubrechen. Daß Gottes Vorsehung hier waltete, wurde erst klar, als wir später vermochten, für manches von einiger Bedeutung zu werden... Gegen Sonnenuntergang fiel ich mitsamt meinen Begleitern in die Hände der Soldaten und wurde nach Taposiris abgeführt. Timotheus, nach göttlicher Fügung abwesend, war nicht mitverhaftet worden, kam später heim, fand meine Wohnung leer, von Polizei bewacht und erfuhr, daß man uns weggeschleppt hatte... Nun aber zeigte sich das Wunder dieser Fügung. Timotheus, bestürzt fliehend, begegnete einem Bauern, der ihn ansprach, ‚Warum so eilig?' Timotheus sagte ihm die Wahrheit, und der Bauer, der zu einem Hochzeitsmahl ging (das gewohnheitsmäßig die ganze Nacht dauern sollte), teilte es den Hochzeitsgästen mit. Diese sprangen auf, alle, wie auf Verabredung, eilten herbei, drangen in unser Wachlokal ein, erhoben Geschrei, gingen auf uns zu, die wir da auf harten Bretterpritschen lagen — die Soldaten flohen vor dem wilden Haufen. Ich dachte im Augenblick nichts anderes — Gott weiß es —, als daß Räuber hereingebrochen wären, um uns auszuplündern. Ich hatte nichts weiter als ein Hemd an und reichte die neben mir liegenden Kleider den Leuten. Die aber verlangten, ich solle mich rasch ankleiden und eiligst mit ihnen fortgehen! Jetzt erst verstand ich ... ich bat sie laut, uns zu lassen, ja lieber den Polizisten zuvorzukommen ... aber sie zwangen mich ... schleppten mich endlich davon ...«

VI., 41. An Fabius, den Bischof von Antiochia, berichtet Dionysios über die Kämpfe derer, welche unter Decius in Alexandria gemartert wurden: »Nicht erst mit dem kaiserlichen Edikt begannen bei uns die Verfolgungen. Sie waren schon ein ganzes Jahr früher ausgebrochen. Irgendein Dichter hatte unserer Stadt Unheil angekündigt, die heidnischen Massen gegen uns aufgehetzt, den Aberglauben der Einheimischen aufs neue entflammt. Durch ihn gereizt, benützte das Volk jede Gelegenheit zu Ausschreitungen gegen uns. Nur den Dämonenkult, verbunden mit Ermordung unserer Leute, hielten sie für den rechten Gottesdienst. So ergriffen sie einen alten Mann namens Metras und verlangten von ihm, daß er Gott lästere. Er gehorchte ihnen nicht. Da schlugen sie ihn mit Knüppeln, stachen ihn mit spitzigen Splittern ins Gesicht und in die Augen, führten ihn zur Stadt hinaus, steinigten ihn. Dann packten sie eine gläubige Frau, Quinta, zerrten sie zum Tempel, wollten sie zum Götzendienst zwingen. Da sie sich weigerte, banden sie die Unglückliche an den Füßen fest, schleiften sie so durch die ganze Stadt, daß ihr Kopf an den Buckeln des Steinpflasters aufschlug, peitschten sie, steinigten sie. Hierauf plünderten sie die Häuser der Gläubigen, jeder drang bei dem Christen ein, den er in seiner Nachbarschaft kannte, und raubte, nahm das Wertvollste an sich, zerschlug oder verbrannte das andere, warf die Scherben auf die Straße. Bald sah es aus wie in einer von Feinden erstürmten Stadt ... Doch die Unseren ertrugen die Plünderung ihres Eigentums mit Ruhe und Heiterkeit gleich denen, von deren christlicher Zeugenschaft Paulus berichtet. Bis zu unseren Tagen ist wohl niemand unter ihnen zu finden, der den Herrn verleugnet hätte ... Und dabei konnten wir bald keinen Weg, keine Straße betreten, kein Gäßchen konnten wir gehen, weder bei Tag noch bei Nacht, ohne überall das Gegröle zu hören: ‚Die Christen sind unser Unglück, wer nicht opfert, wird verbrannt!' Dieser Zustand dauerte lange. Als aber Bürgerkrieg und Umsturz über die Gewissenlosen hereinbrach, wandten sie die Grausamkeiten, mit denen sie uns verfolgt hatten, nun gegeneinander an ...«

VI., 42. ... Kurz hernach fährt Dionysios in seinem Briefe fort: »Gerade unsere Besten — unsere Märtyrer, die jetzt bei Christus weilen und an Seiner Herrschaft teilhaben ... — hatten sich einiger unserer gefallenen Brüder angenommen, nämlich solcher, die sich durch Opfern und Ableugnen versündigt, aber dann wieder bekehrt hatten. Da sie deren Reue und Sinneswandlung sahen, meinten sie, daß solch innere Einkehr vielleicht gerade das Wohlgefallen dessen erregen könnte, der nicht den Tod des Sünders will, sondern dessen Änderung. Darum nahmen sie die Geächteten bei sich auf, verkehrten mit ihnen, gaben ihnen Empfehlungen, ließen sie an Gebet und Mahl teilnehmen. Brüder, welchen Rat gebt nun ihr uns, was diese Leute betrifft? Was sollen wir tun? Sollen wir der Meinung und dem Beispiel unserer Märtyrer folgen, gleich ihnen gnädig urteilen und gut gegen jene sein, derer sie sich erbarmt haben? Oder sollen wir ihr Urteil für ungerecht erklären, ihnen gegenüber die Besserwisser spielen, uns über ihre Milde empören und ihre Anordnungen wiederaufheben?« ...

VI., 43. Mit Recht hat Dionysios der Erwähnung jener, welche während der Verfolgungen schwach geworden waren, noch die obige Bemerkung angefügt. Denn Novatus (Novatianus), ein Priester der Kirche Roms, hatte sich hochmütig gegen diese Gefallenen erhoben und tat, als ob für sie überhaupt keine Hoffnung auf Rettung mehr möglich wäre, auch dann nicht, wenn sie alles täten, was zu aufrichtiger Bekehrung und ehrlicher Buße gehört. Er wurde dadurch zum Führer jener neuen Gruppe von Häretikern, die sich in ihrem besonderen geistigen Hochmut »die Reinen« nannten. In Rom versammelte sich eine von sechzig Bischöfen und noch viel mehr Priestern besuchte Synode, und in den Provinzen berieten ebenfalls die Bischöfe in Versammlungen, um die Lage zu klären. Sie alle faßten den Entschluß, Novatian und alle, die sich mit ihm erhoben hatten, aus der Kirche auszuschließen, deren lieblose und ganz unmenschliche Ansichten zu ächten, dagegen die Brüder, die ins Unglück gefallen waren, mit den Arzneimitteln der Buße zu pflegen und zu heilen. Wir haben Briefe auffinden können, die damals der römische Bischof Cornelius an Fabius richtete, den Bischof von Antiochia, darin er über den Verlauf dieser Synode und über die Beschlüsse der Christen in Italien, in Afrika berichtet, und auch einen lateinischen Brief Zyprians besitzen wir, des Inhalts, daß auch er und die mit ihm vereinten afrikanischen Bischöfe dahin stimmten, man solle den Gefallenen zu Hilfe kommen und den Urheber der Häresie aus der katholischen Kirche ausschließen ...

VI., 45. Sehen wir den Brief, den Dionysios an diesen Novatian selbst, der damals die ganze römische Christengemeinde in Verwirrung zu bringen vermocht hatte, zu schreiben für gut fand: »Dionysios grüßt den Bruder Novatianus. Wenn du nur wider deinen Willen fortgerissen wurdest — wie du vorgibst —, so erbringe doch den Beweis hierfür einfach dadurch, daß du wieder umkehrst. Denn lieber hättest du alles mögliche erdulden sollen, als in der Kirche Gottes eine Spaltung herbeizuführen. Ein Martyrium, das du auf dich genommen hättest, um ein Schisma zu vermeiden, wäre nicht weniger ruhmvoll als eines, das man erduldet, um den Götzen nicht opfern zu müssen — in meinen Augen wäre es sogar noch ruhmvoller. Denn in dem einen Falle leidet der Märtyrer nur für sein Heil, im anderen aber für das Heil der ganzen Kirche. Und wenn du jetzt die von dir Verführten dazu überredest, mit uns wieder eins zu werden, dann übertrifft die Größe deines Verdienstes noch die Größe deines Fehltritts. Dieser wird dir dann nicht angerechnet, dein Verdienst vielmehr belobt werden. Solltest du aber wegen des Eigensinns der Brüder eine Einigung nicht erzielen können, so rette doch wenigstens deine eigene Seele! Ich wünsche dir Wohlergehen und Frieden auf den Wegen unseres Herrn.« So schreibt Dionysios an Novatian.

VI., 46. Auch an die Brüder in Ägypten schrieb Dionysios einen Brief über die Buße. Er setzt hier seine Meinung über die Gestrauchelten auseinander. Er unterscheidet verschiedene Grade der Verfehlungen. Es ist weiterhin noch der Wortlaut eines besonderen Schreibens von ihm über die Buße überliefert, an Kolon gerichtet, den Bischof von Hermupolis, und ein Mahnschreiben an seine Getreuen in Alexandrien. Hierher gehört auch seine Schrift an Origenes, die über das Martyrium handelt, ferner an die Brüder in Laodicea, denen der Bischof Thelymidres vorstand, und ebenso an die Brüder in Armenien, deren Bischof Meruzanes war; an alle diese schrieb er über die Buße... Über den Bischof von Jerusalem schrieb er wörtlich: »Der bewundernswerte Alexander ist im Gefängnis eines seligen Todes gestorben.« Weiterhin existiert noch ein anderer Brief des Dionysios an die Römer, durch Hippolyt überbracht — oder vielmehr, es sind eigentlich drei Briefe, über den Kirchendienst, über den Frieden, über die Buße. Und noch ein viertes Schreiben an die Bekenner, die immer noch dem Novatian anhingen. Und nachdem diese zur Kirche zurückgekehrt waren, richtete Dionysios an sie zwei weitere Briefe...

VII., 1. Der große Bischof Dionysios von Alexandrien soll mit seinen eigenen Worten auch in diesem siebenten Buch unserer Kirchengeschichte mitwirken. Denn in den Briefen, die er hinterlassen hat, berührt er der Reihe nach alle bedeutenden Ereignisse seiner Zeit...

VII., 2. Nachdem Cornelius die bischöfliche Würde in Rom ungefähr drei Jahre lang bekleidet hatte, wurde Lucius sein Nachfolger, und dieser übertrug sein Amt — nach einer Regierung von kaum acht Monaten — sterbend dem Stephanus. An diesen richtete Dionysios seinen ersten Brief über die Taufe. Ein ziemlich heftiger Streit war nämlich damals darüber entstanden, ob es notwendig sei, Menschen, die von Häretikern getauft worden sind und die nun zur rechtmäßigen Kirche kommen, durch rechtmäßige Taufe zu reinigen. In früheren Zeiten war es freilich nur Brauch gewesen, solchen Leuten die Hände aufzulegen und für sie zu beten. Zyprian, der Hirt der Diözese Karthago, war unter den damaligen Bischöfen der erste gewesen, der meinte, man dürfe dieselben nur aufnehmen, wenn sie zuvor durch die Taufe von ihrem Irrtum rein gewaschen worden wären. Stephanus war dagegen überzeugt, man solle keine Neuerungen einführen und schon gar nicht in Gegensatz zu althergebrachten Überlieferungen treten — er war sehr unwillig geworden. Und Dionysios, der sich über diese Frage in einem Brief mit Stephanus sehr eingehend auseinandergesetzt hatte, erklärte am Schluß, daß nach dem Aufhören der Verfolgungen alle Kirchen die Neuerung des Novatian abgelehnt und miteinander Frieden gemacht hätten...

VII., 5. ...Auf Stephanus folgte in der römischen Bischofs würde nach zweijähriger Amtszeit Xystus. An diesen schrieb Dionysios seinen zweiten Brief über die Taufe, teilte ihm zugleich auch die Ansicht und das Urteil des Stephanus und der übrigen Bischöfe mit. Über Stephanus berichtet er: »Bezüglich aller Bischöfe Ziliziens, Kappadokiens und ebenso Galatiens hat er mir seinerzeit geschrieben, daß er keine Gemeinschaft mehr mit ihnen pflegen wolle, aus ebendiesem Grunde — weil sie Häretiker wieder taufen. Bedenke doch die Wichtigkeit dieser Sache! Es sind tatsächlich, wie ich erfahre, in ansehnlichen Bischofsversammlungen Beschlüsse gefaßt worden, wonach die aus Häretikerkreisen zu uns Kommenden zunächst den Katechumenenunterricht zu erfahren hätten und dann vom Schmutz des alten, unreinen Sauerteigs abgewaschen und gereinigt werden sollten — über die ganze Angelegenheit hatte ich flehentlich an ihn geschrieben...«

VII., 6. Im gleichen Schreiben berichtet Dionysios dann auch noch über sabellianische Häretiker, die zu seiner Zeit auftauchten: »In Ptolemais in der Pentapolis wurde in unseren Tagen eine gottlose Lehre verkündet, die zahlreiche Lästerungen gegen den allmächtigen Gott, den Vater unseres Herrn Jesus Christus enthält, ferner viele ungläubige Sätze über den Eingeborenen Sohn, den Erstgeborenen vor aller Schöpfung, den Mensch gewordenen Logos, und auch noch Unrichtigkeiten über den Heiligen Geist. Da von beiden Seiten Anfragen an mich gerichtet wurden und Brüder mich aufsuchten, um sich mit mir hierüber zu besprechen, so habe ich hierüber einige aufklärende Briefe geschrieben zur besseren Belehrung, so gut ich es eben mit Hilfe Gottes vermochte; die Abschriften sende ich dir hier.«

VII., 7. In seinem dritten Brief über die Taufe — den Dionysios an den römischen Priester Philemon gerichtet hat — ... fügt er am Schluß hinzu: »Von unserem seligen Bischof Heraklas habe ich eine gute Regel überliefert erhalten — er erklärte alle als außerhalb der Kirche stehend, die von Häresien herüberkamen, einerlei ob es sich um Abgefallene oder noch nicht Abgefallene handeln mochte, die noch unseren Gottesdienst besuchten; es genügte, wenn eine Anzeige vorlag, daß sie häufig zu Irrlehrern gingen. Wenn sie dann um Wiederaufnahme baten, so gab er nicht eher nach, als bis sie alles öffentlich bekannt hatten, was ihnen bei den Gegnern gesagt worden war. Dann aber ließ er sie zur Gemeinschaft wieder zu, ohne in irgendeinem Fall eine zweite Taufe zu verlangen, wenn sie schon früher das Heilige von ihm empfangen hatten ...«

VII., 9. Der fünfte Brief des Dionysios über die Taufe ist wieder an den römischen Bischof Xystus geschrieben ... darin findet sich folgende Geschichte: ... »Denn in der Tat, Bruder, ich bedarf des Rates, ich bitte dich um deine Meinung in einer Sache, die mir begegnet ist, damit ich nicht etwa unrichtig handle ... Unter den Brüdern, die hier gottesdienstlich zusammenkommen, lebt ein Mann, der von jeher als Gläubiger gilt und der auch schon vor meiner Weihe — und ich glaube sogar, vor der Einsetzung des seligen Heraklas — am Gootesdienst hier teilgenommen hat. Jüngst wohnte er unseren Taufhandlungen bei und hörte die Reden, die Fragen und Antworten — darauf kam er, weinend und über sich selbst wehklagend, zu mir, fiel zu meinen Füßen nieder und erkärte unter Beteuerungen, die Taufe, die er einst bei den Häretikern empfangen habe, sei gar nicht so gewesen, habe nichts damit gemein, sei voll Sünde und Lästerung ... seine Seele sei nun völlig niedergeschlagen, er getraue sich nicht mehr, die Augen zu Gott aufzuheben, da er sein Christentum mit jenen unheiligen Worten und Handlungen einst begonnen habe. Darum erflehte er diese echte, ganz lautere Reinigung der Aufnahme als besondere Gnade. Ich wagte es nicht, ihm diese Bitte zu gewähren, erklärte ihm, seine vieljährige Gemeinschaft mit uns sei doch gewiß ausreichend, er habe nun so oft und seit so langer Zeit die Danksagung mit angehört, das Amen mit den Gläubigen gesprochen, sei so oft an den Tisch des Herrn getreten zum Empfang der heiligen Speise, habe so oft seine Hände ausgestreckt, den Leib und das Blut unseres Herrn genossen — da könnte ich es doch nicht wagen, ihn von neuem zu taufen! Ich ermahnte ihn, redete ihm Mut zu, mit festem, reinem Glauben und guter Hoffnung zum Genuß des Heiligen hinzugehen. Er aber hört nicht auf zu lamentieren und erschaudert bei dem Gedanken, an den Tisch des Herrn zu treten, ja er kann nur mit Mühe bewogen werden, an den Gebeten teilzunehmen...«

VII., 10. ... Wie Dionysios über diesen Herrscher (Valerianus) urteilt, läßt sich aus seinem Brief an Hermammon ersehen, worin er ausführt: »Unter den früheren Kaisern war keiner gegen die Männer Gottes so wohlwollend, so gerecht, auch jene nicht, die offen Christen gewesen sein sollen. Zu Anfang seiner Regierung begegnete Valerian den Christen sehr vertrauensvoll und freundlich, sein ganzes Haus war voll von Gläubigen, es war eine Gemeinde Gottes. Doch der Lehrer und Führer der ägyptischen Magier (Makrianus) überredete ihn, sich davon loszusagen, die reinen und heiligen Männer zu töten, ihren Anhang zu verfolgen. Denn die Christen bekämpften und verhinderten die häßlichen, verbrecherischen Beschwörungen dieser Magier. Es gibt ja tatsächlich Christen, deren bloße Gegenwart oder deren Blick die Kraft hat, frevelhafte Dämonenbeschwörungen zu vereiteln. Darum gab jener dem Kaiser Valerian den Rat, (die Christen zu entfernen und) dafür unreine Weihungen, unsaubere Zaubereien, gottwidrige Opfer vorzunehmen, unglückliche Kinder zu schlachten, Kinder bedauernswerter Eltern zu opfern, die Eingeweide Neugeborener zu durchforschen, die Gebilde Gottes zu zerschneiden, zu zerwühlen, zu zerhacken, so als ob so etwas imstande wäre, ihm Glück zu bringen... Makrianus hat also den Dämonen herrliche Dankopfer dargebracht, um des erhofften Einflusses auf die Regierung sicherer zu sein. Obwohl er früher ein höherer kaiserlicher Finanzbeamter gewesen sein soll, dachte er weder vernünftig noch katholisch... er bedachte nicht das allgemeine Wohl (to katholou)... Er hatte eben keinen Begriff von der allgemeinen Vorsehung Gottes und achtete nicht das Gericht dessen, der vor allen und durch alle und über allen ist. Daher wurde er auch zum Feinde seiner katholischen Kirche, entfernte sich von der göttlichen Barmherzigkeit und ging seiner eigenen Rettung möglichst weit aus dem Weg... Und Valerianus ließ sich von diesem Menschen zu solchen Taten verführen, daß er sich dem Hohn und dem Spott aussetzte... Makrianus strebte in toller Gier nach der Herrschaft...«

VII., 13. Nicht lange darauf geriet Valerian in Knechtschaft der Barbaren, und sein Sohn wurde Alleinherrscher. Dessen Regierung war besonnener. Sofort stellte er durch Edikt die Verfolgungen gegen uns wieder ein und verordnete durch ein Reskript...: »Der Kaiser Caesar Publius Licinius Gallienus, der Fromme, Glückliche, Erlauchte, an Dionysios, Pinnas, Demetrius und die übrigen Bischöfe. Ich habe Befehl gegeben, daß die Wohltat meines Gnadenerlasses sich über die ganze Welt erstrecken solle. Demzufolge sind überall die geweihten Stätten zurückzugeben...«

VII., 21. Kaum erlaubte es ihm der Friede, kehrte Dionysios alsogleich nach Alexandrien zurück. Aber als dort neuer Aufstand und Krieg ausbrach, es ihm unmöglich wurde, als Bischof mit den Gläubigen in der Stadt zu verkehren... wandte er sich wieder am Osterfest mit einem Hirtenschreiben an sie — und zwar wie einer, der in der Ferne weilt, obwohl er in Alexandria selbst dies niederschrieb: »Wenn es mich schon Mühe kostet, mit mir selbst zu reden und mit meiner eigenen Seele zu Rate zu gehen, kann man sich da wundern, daß mir der Verkehr mit den ferner Wohnenden, und sei es auch nur durch Briefe, Schwierigkeiten macht? Selbst mit meinem eigenen Herzen, den Brüdern, die mit mir im gleichen Hause wohnen und die meine Gesinnung teilen, und mit den Angehörigen der gleichen Kirche kann ich nur brieflich verkehren — und es fällt mir schwer, die Briefe zustellen zu lassen! Leichter wäre es, vom Morgenland ins Abendland zu gelangen als von Alexandria nach dem gleichen Alexandria — die Straßen inmitten der Stadt sind noch öder und ungangbarer als die weite, weglose Wüste...«

VII., 22. Dem Kriege folgte eine pestartige Krankheit. Endlich war wieder das Osterfest nahe, und Dionysios wandte sich abermals in einem Osterschreiben an die Brüder...: »Den Nichtchristen dürfte die gegenwärtige Lage nicht als Festzeit erscheinen. Indessen ist es für sie weder diese noch sonst eine Zeit, mag sie nun traurig sein oder als außerordentlich freudig gelten. Jetzt ist alles voll Klagen. Überall nur Trauer und Wehgeschrei über die Menge der Toten, die Stadt ist voll von den Seufzern derer, die noch täglich sterben. Wie es von den Erstgeborenen der Ägypter in der Schrift heißt, so erhob sich auch jetzt das Jammern, denn kein Haus ist, in dem nicht ein Toter wäre — und wenn es doch nur e i n Toter wäre, in jedem Haus!... Viel Schreckliches haben wir schon erlitten. Zuerst hat man uns vertrieben, verfolgt, dem Tod ausgeliefert. Aber gleichwohl begingen wir auch damals das Fest des Herrn. Jeder Ort, der eines Leidenden Zuflucht war, ein Feld, eine Wüste, ein Schiff, eine Herberge, ein Gefängnis — für uns wurde es ein Festplatz. Das allerfröhlichste Fest aber feierten die vollendeten Märtyrer, die zum himmlischen Mahle geladen wurden. Nach der Verfolgung kamen Krieg und Hunger, die wir mit den Heiden gemeinsam zu tragen hatten. Allein ertrugen wir nur die Schmach, die sie uns zufügten... dann brach die gegenwärtige Seuche aus. Für die Heiden ist sie ein Unglück, das alle Schrecken und jede Drangsal übertrifft... für uns jedoch bedeutet sie Erziehung und Prüfung gleich den früheren Drangsalen... Da die meisten unserer Brüder in übermäßiger Liebe und Hilfsbereitschaft sich selbst nicht schonten und füreinander eintraten, sich furchtlos der Kranken annahmen, sie sorgfältig pflegten, ihnen in Christo dienten, wie es sich für Christen schickt, starben viele von ihnen gleich diesen dahin, angesteckt vom Leiden anderer, aber freudig sich der Krankheit ihrer Mitmenschen aussetzend, in freiwilliger Hinnahme ihrer Schmerzen. Viele von ihnen pflegten andere gesund und starben dann selbst, sie übertrugen gleichsam den Tod, der anderen bestimmt war, auf sich... sie genießen so hohe Ehre, daß ihr Sterben, veranlaßt durch ihre Treue, ihre Frömmigkeit, ihren Glauben, in keiner

Weise hinter dem Tod der Märtyrer zurücksteht. Wenn sie die Leiber der Heiligen auf ihre Arme und ihren Schoß genommen, ihnen die Augen zugedrückt, den Mund geschlossen hatten, sie dann auf ihre Schultern luden und unter herzlichen Umarmungen nach Waschung und Bekleidung bestatteten, erfuhren sie oft kurz darauf dieselben Dienstleistungen, wobei die Überlebenden stets an die Stelle derer traten, die ihnen vorausgegangen waren...«

VII., 24. Außer all den erwähnten Schriften verfaßte Dionysios auch noch zwei Bücher »Über die Verheißungen«. Sie wurden durch Nepos veranlaßt, einen Bischof Ägyptens, der lehrte, man müsse die in der göttlichen Schrift den Heiligen gegebenen Verheißungen mehr nach jüdischer Art auslegen — ja er behauptete, es würden tausend Jahre sinnlicher Freuden auf dieser Erde kommen. Nepos meinte, er könne seine Ansicht aus der Apokalypse des Johannes beweisen, und darum schrieb er eine Abhandlung hierüber, die er »Widerlegung der Allegoristen« benannte. Gegen diese tritt Dionysios in dem Werk über die Verheißungen auf..: »Sie verweisen auf eine Schrift des Nepos und berufen sich allzugern auf deren Aussagen, die unwiderleglich dartun sollen, daß das Reich Christi auch ein irdisches sein werde. Ich halte es nun in vielen anderen Dingen mit Nepos und schätze ihn wegen seines Glaubens, seines Fleißes, seiner gründlichen Beschäftigung mit der Schrift und auch wegen seiner zahlreichen geistlichen Lieder, an denen noch jetzt viele unserer Brüder große Freude haben. Und ich empfinde um so tiefere Ehrfurcht vor diesem Mann, als er bereits zur Ruhe eingegangen ist. Doch über alles wert und teuer bleibt mir die Wahrheit. Neidlos muß man loben und billigen, was richtig gesprochen ist. Und man muß untersuchen und berichtigen, was in einer Schrift vom rechten Weg abzubiegen scheint. Wäre Nepos persönlich zugegen, und würde er seine Meinung nur mündlich vortragen, dann könnte wohl eine ungeschriebene Unterredung genügen — durch Frage und Antwort würden sich die Parteien rasch überzeugen und einigen können. Da er jedoch eine Schrift veröffentlicht hat, die gar manchen sehr überzeugend scheint, und da es Lehrer gibt, die das Gesetz und die Propheten verachten, den

Evangelien nicht folgen wollen, die Briefe der Apostel geringschätzen — und nur den Inhalt gerade dieses Buches als Wahrheit, als großes, bisher verborgenes Geheimnis verkünden —, und da sie auch nicht mehr zulassen wollen, daß unsere in Einfalt lebenden Brüder eine würdige und erhabene Auffassung von der glorreich-göttlichen Erscheinung unseres Herrn behalten, den Glauben an unsere Auferstehung von den Toten bewahren, an unsere Versammlung um unseren Herrn und an unsere Verähnlichung mit ihm — da sie uns vielmehr überreden wollen, im Reiche Gottes lauter kleine, vergängliche irdische Freuden zu erwarten ... so ist wohl notwendig, uns mit unserem Bruder Nepos auseinanderzusetzen, so als ob er lebendig vor uns stünde ...«

Dionysios fährt nach anderem fort: »Da sich diese Lehre, wie du weißt, in Arsinoë seit langem schon in einer Weise verbreitete, daß ganze Kirchensprengel schismatisch und abtrünnig wurden, so ging ich dorthin, versammelte die Priester und Lehrer der Brüder in den Dörfern, und drang in sie — auch die Brüder konnten am Gespräch teilnehmen, wenn sie wollten —, wir wollten zusammen eine öffentliche Prüfung der Frage versuchen. Und da mir das erwähnte Buch wie eine unbezwingbare Waffe oder Mauer entgegengehalten wurde, setzte ich mich mit ihnen drei volle Tage hintereinander, vom Morgen bis zum Abend, zusammen und versuchte richtigzustellen. Ich habe mich hierbei über den Ernst, die Wahrheitsliebe, die Gelehrigkeit und die Einsicht der Brüder außerordentlich wundern müssen. Wir entwickelten alle Fragen in Ordnung und Ruhe, besprachen die sich erhebenden Zweifel, stellten die Punkte fest, in denen Übereinstimmung herrschte. Wir vermieden es, an einer einmal gewonnenen Ansicht hartnäckig und streitsüchtig festzuhalten, wenn sie sich später als unrichtig erwies. Einwänden gingen wir nicht aus dem Weg. Soweit wie möglich suchten wir uns auf vorgelegte Fragen einzulassen und sie klarzustellen. Niemand schämte sich, wenn Grund vorlag, unsere Meinung zu ändern und einer anderen beizustimmen. Das Herz zu Gott gerichtet, nahmen wir aufrichtig an, was auf Grund der Beweise und Lehren der Heiligen Schrift festgelegt wurde. Und schließlich bekannte uns Korakion, der die Lehre dort eingeführt hatte und ihr Hauptvertreter war, und er schwor es uns vor allen dort anwesenden Brüdern, daß er von den Gegengründen genügend überzeugt worden sei, dieser Lehre nicht mehr anhängen wolle, über dieselbe nicht mehr disputieren wolle, sie nicht mehr lehren, nicht mehr erwähnen werde. Von den anderen Brüdern freuten sich die meisten über die gemeinsame Aussprache, über die gegenseitige Nachgiebigkeit, über die schließliche Einigung...«

VII., 25. Dionysios sagt dann noch über die Apokalypse des Johannes: »Einige unserer Vorfahren haben das Buch verworfen und es ganz und gar abgelehnt. Sie beanstandeten Kapitel für Kapitel und erklärten, daß dieser Schrift jeder Sinn und Zusammenhang fehle — und daß schon der Titel falsch sei. Sie behaupten, weder könne dies von Johannes stammen, noch sei es eine Offenbarung, da die Aussage sich in so dichte Schleier der Unverständlichkeit hülle. Der Verfasser dieser Schrift sei auch gar kein Apostel, ja überhaupt kein Heiliger und kein Glied der Kirche — es handle sich um Cerinth, der ja auch die nach ihm bekannte Sekte gestiftet habe und der nun seiner Fälschung einen glaubwürdigen Namen haben geben wollen.

Denn das sei eben der Inhalt seiner Lehre, daß das Reich Christi ein irdisches sein werde. Und wonach er selbst sich sehnte — er, der in seinen Leib vernarrt war und ganz fleischlich dachte —, darin würde auch (so träumte er) das Reich Christi bestehen, nämlich in der Befriedigung des Magens und der noch tiefer gelegenen Organe... ich aber möchte nicht wagen, das Buch zu verwerfen, denn viele Brüder haben eine sehr hohe Meinung davon. Ich möchte eher glauben, daß es über meine Fassungskraft hinausgeht. Denn ich vermute, daß die einzelnen Sätze einen verborgenen, vielleicht sehr wunderbaren Sinn in sich schließen. Ich verstehe die Worte nicht, ahne aber doch, daß darin ein tieferer Sinn liegen könnte. Ich mag sie also nicht nach meiner eigenen Klugheit messen, ich lege dem Glauben ein höheres Gewicht bei — vielleicht sind diese Worte zu erhaben, als daß sie von mir begriffen werden möchten, und ich verwerfe nicht, was ich nicht fassen kann, bewundere es nur um so mehr, weil ich es nicht fasse.«

Nachdem dann Dionysios das ganze Buch der Offenbarung geprüft und nachgewiesen hat, daß der wörtliche Sinn jedenfalls nicht gemeint sein könne, fährt er fort: »Am Schluß der ganzen sogenannten Weissagung bricht der Prophet in eine Lobpreisung und zuletzt gar in ein Selbstlob aus... ‚Selig ist' — heißt es da —, ‚wer die Worte der Weissagung dieses Buches bewahrt, und ich, Johannes, der dies sah und hörte'[1]... Daß dieser Mann Johannes heiße, daß also diese Schrift von einem Johannes verfaßt sei, bestreite ich nicht. Ich gebe auch zu, daß sie das Werk eines heiligen und von Gott erleuchteten Mannes sein kann. Nicht aber möchte ich ohne weiteres annehmen, daß dieser Mann Johannes der Apostel sein könne, der Sohn des Zebedäus, Bruder des Jakobus, von welchem das Evangelium nach Johannes und der katholische Brief stammen. Aus der Eigenart dieser Bücher und jenes Buches, aus der Form, der Sprache, aus dem, was man die Durchführung eines Werkes nennt, schließe ich auf eine Verschiedenheit der Verfasser. Nirgends fügt der Evangelist seinen Namen bei, nennt sich weder im Evangelium noch im Brief... nirgendwo, weder in der ersten noch in der dritten Person. Dagegen setzt der Verfasser der Apokalypse seinen Namen gleich an den Anfang... und das genügt ihm keineswegs. Er wiederholt: ‚Ich, Johannes, euer Bruder und Mitgenosse in der Trübsal und im Reiche und in der Geduld Jesu, ich war auf der Insel, welche Patmos heißt, um des Wortes Gottes und des Zeugnisses Jesu willen.' Und dann die Formel des Schlusses... Daß es ein Johannes war, der diese Worte schrieb, muß man ihm glauben, da er es sagt. Aber was für ein Johannes, das ist nicht bekannt. Er bezeichnet sich ja gar nicht — wie es im Evangelium oft heißt — als den Jünger, den der Herr liebte, oder als den, der an Seiner Brust geruht hat, oder als den Bruder des Jakobus... Nach meiner Meinung trugen viele Männer damals den Namen des Apostels Johannes... Ich glaube also, daß irgendein anderer Johannes unter denen, die in Asien weilten, der Verfasser der Apokalypse war, da man

---

[1] Diese Kritik des Dionysios — und mit ihr die des Eusebius, da er nicht widerspricht — beruht auf einer irrtümlichen Übersetzung. Mit den Worten »Und ich, Johannes, habe dies gehört und gesehen« beginnt ein neuer Satz, der sich nicht auf den vorhergehenden bezieht, sondern auf die ganze Schrift.

ja auch sagt, in Ephesus wären zwei Gräber gewesen und jedes von beiden heiße Johannes-Grab.
Aber auch aus den Gedanken, aus den Worten, aus der ganzen Anordnung wird man berechtigterweise annehmen müssen, daß es sich hier um verschiedene Verfasser handelt. Das Evangelium und der Brief stimmen miteinander überein, beginnen auf gleiche Weise. Dort heißt es ‚Im Anfang war das Wort', hier, ‚Was von Anfang an war'. ... Johannes bleibt sich treu und weicht nicht vom Ziel ab, das er sich gesteckt hat. Überall dieselben Grundgedanken und Ausdrücke ... das Leben, das Licht, die Wahrheit, die Gnade, die Liebe des Herrn zu uns und das Gebot, daß wir einander lieben sollen ... wer dies alles genau durchprüft, wird im Evangelium und im Brief überall ein und denselben Geist, ein und dieselbe Hand erkennen. Völlig anderer Art ist diesen Schriften gegenüber die Apokalypse. Es fehlt jedes Band, jede Verwandtschaft ... Weiterhin läßt sich auch aus dem Sprachstil die Verschiedenheit des Evangeliums und des Briefes gegenüber der Apokalypse feststellen. Jene sind nicht nur in fehlerlosem Griechisch geschrieben, sie zeigen auch höchste Gewandtheit im Ausdruck, Überlegenheit in der Gedankenentwicklung, Eleganz in der Satzverbindung — man wird keinen barbarischen Laut, keine Ortssprache, keinen Vulgärausdruck je darin finden. Ihr Verfasser hatte offenbar beide Gaben — beide ein Geschenk des Herrn —, die Gabe der Erkenntnis und die Gabe des Stils. Ich bestreite zwar nicht, daß der andere Offenbarungen geschaut, Erkenntnisse und Prophetengaben empfangen haben mag. Aber ich sehe eben, daß seine Rede, seine Sprache nicht reines Griechisch darstellen und daß er barbarische Wendungen, zuweilen auch Ausdrücke aus einer Lokalsprache gebraucht ... niemand möge glauben, daß ich dies zu seiner Verspottung sage. Ich wollte nur die Ungleichheit dieser Schriften darlegen.«
VII., 26. Außerdem sind noch mehrere andere Briefe des Dionysios auf uns gekommen. So jene gegen Sabellius an den Bischof Ammon von Berenice, der Brief an Telesphorus, der an Euphranor ... Über denselben Gegenstand (gegen Sabellius) verfaßte er auch vier andere Schriften, die er an den gleichnamigen römischen Bischof Dionysius richtete. Außerdem sind uns von ihm noch

mehrere Briefe und in Briefform abgefaßte, recht umfangreiche Bücher erhalten, wie die »Über die Natur« und das Buch »Über die Versuchungen«. Überdies erzählt er in einem Brief an Basilides, den Bischof über die Landgemeinden der Pentapolis, daß er über den Anfang des Ekklesiastes einen Kommentar geschrieben habe ... Soviel über Dionysios ...

VII., 27. ... Auf Xystus folgte Dionysius, ein Namensvetter des Bischofs von Alexandrien, als Bischof von Rom. Um dieselbe Zeit übernahm auch Paul von Samosata das Bischofsamt in Antiochia. Da er sonderbare, ja unwürdige Anschauungen über Christus bekundete und im Gegensatz zur kirchlichen Lehre behauptete, der Heiland sei seiner Natur nach ein gewöhnlicher Mensch gewesen, wurde Dionysios von Alexandria eingeladen, auf einer Synode diese Sache zu untersuchen. Doch wegen seines hohen Alters und seiner körperlichen Beschwerden konnte er selbst nicht mehr hinreisen und setzte seine Anschauung über die Frage daher in einem Brief auseinander. Alle übrigen Hirten der Kirchen eilten von allen Seiten nach Antiochia und traten gegen den Verwüster der Herde Christi zusammen.

VII., 28. Die hervorragendsten unter ihnen waren Firmilianus, Bischof von Cäsarea in Kappadokien, die Brüder Gregor und Athenodor, die Hirten der Gemeinden im Pontus, ferner Helenus, Bischof von Tarsus[1] ... Bei jeder Tagung wurden lebhaft Satz um Satz und Frage um Frage erörtert. Und während der Samosatener und seine Anhänger das Irrige in ihren Lehren noch verborgen zu halten bemüht waren und es zu verschleiern suchten, waren die anderen eifrig bemüht, seine Häresie und die darin enthaltene Lästerung gegen Christus zu enthüllen und offen ans Licht zu bringen. Um diese Zeit (im Jahre 265) starb Dionysios. Es war im zwölften Jahr der Regierung des Gallienus. Siebzehn Jahre lang war er Bischof von Alexandria gewesen.

Dieser Auszug aus einigen Kapiteln der Kirchengeschichte des Eusebius, die den großen Dionysios von Alexandrien betreffen, mögen genügen, um dreierlei zu vermitteln: eine Vorstellung von der Art dieser in aneinandergereihten Auszügen und zitierten Dokumenten verfah-

---
[1] Es folgt eine lange Liste.

renden Geschichtsschreibung (die das ganze Mittelalter hindurch Schule gemacht hat), ferner ein Beispiel für die Kunst des Eusebius, in der Zusammenstellung von Urkundenproben das Lebensbild eines großen Mannes zu zeichnen — und zuletzt auch eine Vorstellung von der Art und Größe und märchenhaften Demut und Bescheidenheit dieses Dionysios von Alexandrien, dessen Stimme sonst in dieser Sammlung der Kirchenväter nicht zu Worte käme.

IV

DIE EPIPHANIE

*Nun ist das Christentum staatlich anerkannt. Das Schicksal des vergänglichen Menschen ist nun nicht mehr von Dämonenwillkür und Zauberkünsten abhängig gedacht, von launischen Göttern oder von Sternenmechanik in einer ewigen Welt, sondern in einer erschaffenen Welt von der göttlichen Vorsehung geführt, die dem menschlichen Willen stets Freiheit gewährt, ihm immer Verantwortung auferlegt — und ihn immer auf die Probe stellt.
Christus aber, der Erlöser, der Heiland — der einzige Zugang zum ewigen Leben —, könnte nicht Gott oder Gottes Sohn sein, wenn Er nicht, als Gott, vor jeder Geburt stünde, außerhalb aller Zeit, und auch zugleich als Mensch geboren wäre, denn als Gott allein bliebe Er unsichtbar und unerreichbar für die Menschen — Er hätte dann nicht diese Nähe, diese Liebe, Sein Beispiel wäre dann nicht für Menschen verbindlich und zündend. Auch muß Er eins sein mit Gottvater, weil die Menschen sonst in Vielgötterei zurückfielen — und weil es doch nur einen Schöpfer geben kann —, aber doch wiederum nicht so sehr eins, daß die Menschen nicht mehr Gottvater, den Sohn und Heiland und Herrn, und den Heiligen Geist, der über die Seinen kommt — wie es im Evangelium steht —, als drei Personen in der unteilbaren Einheit unterscheiden könnten.
Um diesen Punkt entbrennt nun der Streit aufs neue: Arius nimmt die schon verdammte Lehre des Paulus von Samosata wieder auf — diese Lehre, die den Heiland zum Menschen macht, den sich der ewige Logos nur erkoren habe, zum Gott-Ähnlichen, aber nicht Gott-Gleichen, Homoi-ousios statt Homo-ousios —, und viele Bischöfe sehen darin nicht einmal einen entscheidenden Unterschied, schon ist Eusebius gewonnen, der Kaiser, der Hof — da nimmt Athanasius den Kampf auf und führt ihn ein ganzes Menschenleben lang fort. Er erreicht zunächst die Festlegung des Glaubensbekenntnisses in der Formel von Nizäa — aber der Streit geht weiter, und ein ganzes großes Leben reicht gerade hin, ihn zu gewinnen.
Bis in sein hohes Alter hat Athanasius seinen Kampf trotz allen Rückschlägen zum siegreichen Ende geführt, ein ganzes Menschenalter lang. Der katholische Glaube, wie*

er im Bekenntnis von Nizäa umschrieben wurde, ist nun anerkannt. Trotzdem zählt der Arianismus noch sehr viele Anhänger, und bis zuletzt noch hätte der fünfmal verbannte und fünfmal wiedergekehrte Athanasius verzweifeln können, wenn er etwas weniger unbeugsam gewesen wäre.

Doch nun waren mächtige Kampfgenossen neben ihn getreten und zeugten für den entschiedenen Glauben, wie er in den heiligen Büchern stand: die drei großen Kappadokier vor allem, Basilius und Gregor, und der von Nazianz, außerdem Epiphanios, Papst Damasus und dessen größerer Sekretär Hieronymus.

Doch Hieronymus ragt bereits weit in das fünfte Jahrhundert hinein und gehört schon in den nächsten Abschnitt, in den der Vollendung.

ATHANASIUS

Athanasius, der Vorkämpfer der Nizäischen Glaubensformel, als machtvolle Persönlichkeit wie als Dogmenbegründer »eine der allerbedeutendsten Erscheinungen der Kirchengeschichte«[1], wurde um 295 in Alexandrien geboren, von christlichen Eltern hellenischer Abstammung, 319 von Bischof Alexander zum Diakon geweiht und zu seinem Geheimsekretär ernannt. Um die gleiche Zeit trat in Alexandrien auch zum ersten Mal der nachmals so berüchtigte Presbyter Arius auf, ein Schüler Lukians, der selbst Schüler des Pauls von Samosata gewesen war; er wollte alle Probleme, die durch den Glauben an die Menschwerdung des göttlichen Wortes gestellt waren, durch ein konsequent deistisches — und rationales — System lösen. Gottvater allein ist Gott, und der Logos ist zwar vor aller Zeit, aber doch nicht von Ewigkeit, denn mit ihm und gerade durch ihn beginnt ja die Schöpfung der Zeit, und »wenn er trotzdem schon mit seiner Erschaffung jene Herrlichkeit erhielt, die er sich nach seiner Verbindung mit einem menschlichen Leib durch sein Erdenleben verdiente, so geschah es nur, weil Gott seine künftige Bewährung voraussah« (Lippl). Bischof Alexander bemühte sich vergeblich, diese neueste Häresie in aller Stille abzutun. Ihre rationalistische Durchsichtigkeit zog viele Christen an, besonders die neuen Christen des Westens. Aber auch Männer wie der Bischof Eusebius von Nikomedien und der um die Geschichtsschreibung hochverdiente Bischof Eusebius von Cäsarea verteidigten die neue Lehre.

Kaiser Konstantin, dem es vor allem um eine geordnete christliche Verwaltung des Reiches ging, bagatellisierte den Dogmenstreit — die Oberhirten der Kirche sollten doch nicht wegen so unbedeutender Unterschiede der Auslegung Unruhe stiften! Daß die Grundlage des Christentums dadurch in Frage gestellt war, der Sinn der über- und außerweltlichen Mittler- und Erlöserrolle des fleischgewordenen ewigen Wortes, das sah der Kaiser nicht, und das sahen auch die zweiundzwanzig Bischöfe nicht, die bereits den Lehren des Arius Eingang in ihre Kirchen gewährt hatten. So kam es im Jahre 325 zum ersten »ökumenischen« Konzil der gesamten Christenheit

---

[1] J. Lippl, Athanasius, München, 1913.

in Nizäa. Über dreihundert Bischöfe versammelten sich dort, und im Gefolge des Bischofs Alexander tauchte auch dessen Geheimschreiber auf, Athanasius — und wurde dort zum Wortführer der Christenheit.

Unter dem Einfluß des Athanasius als Sprecher nahm das Konzil die Formel »wesensgleich dem Vater« — homoousios tô patri — als verbindlich an und verwarf das homoi-ousios, »wesensähnlich«. Eusebius versuchte vergeblich, zu vermitteln, und schloß sich, bis zuletzt zögernd, schließlich doch der erdrückenden Mehrheit an, denn auch von den ursprünglich 22 opponierenden Bischöfen gaben die meisten nach, und so wurden schließlich nur vier mit Arius zusammen abgesetzt, exkommuniziert, nach Trier in Gallien verbannt — darunter als führender Kopf Eusebius von Nikomedien, der »jüngere Eusebius«. Bald darauf starb der Bischof von Alexandrien, und Athanasius wurde sein Nachfolger.

Aber nun begann erst der eigentliche Kampf. Denn der Kaiser, verleitet durch seine Schwester, die Witwe des Licinius, die sich zu den Arianern hingezogen fühlte, erlaubte diesen die Rückkehr aus der Verbannung. Da jedoch deren Hauptgegner auf dem Konzil der jugendlich heftige Athanasius gewesen war, jetzt Bischof und Patriarch von Alexandrien, so konnten die Zurückkehrenden und wieder Ermutigten nur hoffen, sich durch Beseitigung dieses ihres unerbittlichsten Widersachers wirklich zu behaupten.

Athanasius wurde am Kaiserhof bald verleumdet. Immer neue Beschuldigungen wurden erfunden. Schließlich wurde der Patriarch sogar eines Mordes angeklagt — er aber erschien gemeinsam mit dem von ihm angeblich Ermordeten in Konstantinopel und rechtfertigte sich. Immer wieder vermochte er, alle Lügen zu entkräften. Nach fast zehn Jahren solch ununterbrochener Ränke und Unruhen glaubte Konstantin schließlich am wirksamsten zur Besänftigung der Gemüter beizutragen, wenn er den streitbaren Athanasius — offenbar den Stein des Anstoßes — nun selbst nach Trier verbannte (336).

Aber schon im nächsten Jahr starb Arius, starb der Kaiser selbst, und Konstantins Nachfolger beeilte sich, den Verbannten sofort wieder auf seinen Bischofssitz nach Alexandrien zurückzurufen. Doch Konstantinus stand im Ge-

ATHANASIUS 231

gensatz zu seinem Bruder auf seiten der Arianer und des jüngeren Eusebius, dieser wurde auf den Patriarchenstuhl von Konstantinopel berufen, und im März 340 mußte Athanasius vor wiederholten gewaltsamen Überfällen die Flucht ergreifen. Ein Arianer nahm alsbald von seinem Bischofsstuhl Besitz.

Athanasius wandte sich zunächst nach Rom — und nun wurde eine Reihe von Synoden abgehalten, auf denen die Bischöfe beider Gruppen einander gegenseitig absetzten. Ja die Eusebianer — wie sie jetzt genannt wurden — wagten es sogar, den Papst für abgesetzt zu erklären!

Trotzdem, nach dem Tode des arianischen Gegenbischofs erschien Athanasius sofort wieder in Alexandrien und nahm 346 wieder seinen Patriarchenstuhl ein.

Die Ruhe währte nur bis zur Ermordung des Kaisers Konstantinus. Dann wurde Athanasius aufs neue angegriffen, aufs neue verurteilt. Er floh 356 in die sketische Wüste. Allein, »der vollständige Sieg der Arianer hilft nur, ihre inneren Unstimmigkeiten noch besser aufzudecken«, und in diversen Synoden wurden nun diverse Formeln der »Wesensähnlichkeit, aber nicht Wesensgleichheit«, ja sogar der »Wesensunähnlichkeit« abwechselnd angenommen, verworfen, und wieder angenommen — nur das verhaßte »Homo-ousios, Eines Wesens« blieb verpönt.

Als dann Kaiser Julian an die Regierung kam — Julian, der Apostat —, gestattete er überall den verbannten rechtmäßigen Bischöfen die Rückkehr; er hoffte, die Christen würden sich durch »ihre absurden Streitigkeiten« gegenseitig zerstören. In Alexandrien wurde der arianische Gegenbischof am Mithrasfest vom Pöbel ermordet. Athanasius kehrte wieder auf seinen Stuhl zurück. Sofort veranstaltete er eine Synode zur Wiederherstellung des Glaubens (362). Die »antitrinitarischen Irrlehren« wurden verworfen, aber die Formel für die Trinität so vorsichtig ausgedrückt (homoios), daß alle Gutwilligen — »die im Grunde dasselbe gemeint hatten, nur mit anderen Worten« — ihre Zustimmung nicht versagten. Und bald gaben auch andere Synoden in Italien, Gallien, Spanien und Griechenland ihre Zustimmung zur neuen Formel des Athanasius — die im Grunde doch nur die ursprüngliche Formel des Konzils von Nizäa war: Einheit und Frieden waren endlich wiederhergestellt.

Aber damit hatte Kaiser Julian am allerwenigsten gerechnet. Und so wurde Athanasius aufs neue angegriffen, beschuldigt und zum vierten Mal verbannt. Wieder suchte er Zuflucht bei den Mönchen in der Wüste — doch nur kurz, denn Kaiser Julian starb schon 343, und sein Nachfolger Jovinian war rechtgläubiger Katholik. Athanasius kehrte also nach Alexandrien zurück — um schon im nächsten Jahr vor Jovinians Nachfolger Valens, einem fanatischen Arianer, zum fünften Mal fliehen zu müssen. Jetzt empörten sich Klerus und Volk seiner Diözese, empörten sich seine Suffraganbischöfe, erzwangen seine Rückkehr... und so ging es noch einige Male hin und her, bis zum Tode dieses Patriarchen (im Mai 373), der eine geistige Großmacht im kirchlichen Leben seiner Zeit gewesen war.

Freilich eine sehr schreibselige Großmacht. Wir müssen es der streitbaren Unruhe und Unstetigkeit seines ganzen Lebens zugute halten, wenn wir gezwungen sind, seine tiefen Gedanken und entscheidenden Formulierungen von Trinität und Logoslehre immer wieder aus einer kaum enden wollenden Flut lose hindiktierter Exkurse und Wiederholungen, Nebengedanken, Einfälle, Angriffe, Beispiele, Abschweifungen zusammensuchen zu müssen. Es ging freilich immer wieder gegen die Arianer. Denn das göttliche Wort ist nicht etwas Vorübergehendes, wie das menschliche Wort — es ist Licht von Gottes Licht, es ist wesensgleich, es ist Wesen.

AUS DEN REDEN GEGEN DIE ARIANER

I., 1. Alle Häresien, die durch Abkehr von der Wahrheit entstanden sind, haben sich offenbar um Wahngebilde herumkristallisiert... eine von diesen Irrlehren, die jüngste, die sogenannte arianische... sucht sich heuchlerisch mit Aussprüchen aus der Schrift zu decken... um unter der Maske des Christentums zu einer falschen Vorstellung von Christus zu verleiten...

I., 11. Ihr habt also gesagt — wie jener, der es euch beigebracht hat —, daß eimal eine Zeit war, da der Sohn nicht war... Was war also einmal, da der Sohn nicht war? Redet, ihr gottlosen Lästerzungen! Denn wenn ihr jetzt den Vater nennt, dann ist eure Blasphemie noch ärger... Wie, war Er selbst und war zugleich nicht? War einmal eine Zeit, da das Wort nicht war? Und der Sohn war also einmal nicht? Das hieße doch, daß die Zeit vor dem Wort gewesen? Wo habt ihr dies ausfindig gemacht?... an keiner Stelle der Schrift ist so etwas vom Erlöser ausgesagt, sondern vielmehr das »immer«, das »ewig«, das »ewige Sein mit dem Vater« — denn »im Anfang war das Wort, und das Wort war bei Gott, und Gott war das Wort«. Und in der Apokalypse: »der ist, der war, der kommen wird.« Wer aber könnte von dem, der ist und war, den Ewigen trennen?

I., 12. ... Wenn aber nach dem Wort des Heilands »niemand den Vater kennt als der Sohn und der Sohn Ihn offenbart« und wenn Er auf die Worte des Philippus: »Zeige uns den Vater«, nicht sprach: »Schaut auf die Schöpfung«, sondern: »Wer mich gesehen hat, der hat den Vater gesehen«... und wenn die Heiligen sagen »der vor den Zeiten besteht«, und »durch den Er die Zeiten gemacht hat« — dann verkündet doch alles dies das ewige Sein des Sohnes über der Zeit, womit Er auch als Gott bezeichnet ist...

I., 13. Aus dem Gesagten erhellt, daß die Schrift mit ihren Worten die Ewigkeit des Sohnes lehrt...

I., 14. ... Denn nie war die Wesenheit des Vaters unvollkommen, so daß ein ihr Eigentümliches erst hinzugekommen wäre. Auch ist der Sohn nicht wie ein Mensch aus einem Menschen erzeugt worden, so daß Er später wäre als die väterliche Existenz, sondern Er ist eine Zeugung Gottes, und als des ewigen Gottes eigener Sohn existiert Er von Ewigkeit her. Nur den Menschen ist es eigen, in der Zeit zu zeugen, weil ihre ganze Natur unvollkommen ist und in der Zeit abläuft. Die Zeugung Gottes aber ist ewig und außer der Zeit, weil Seine Natur außer der Zeit und unendlich vollkommen ist... Wenn aber der Sohn, die Zeugung des Vaters, Sein Wort, Seine Weisheit, Sein Abglanz ist, dann behaupten jene also, daß Gott einmal ohne Sein eigenes Wort und ohne Seine eigene Weisheit existierte und daß das Licht eimal ohne Glanz und die Quelle unfruchtbar und trocken war?...

I., 16. ... Was also aus dem Wesen des Vaters stammt, ist durchaus dessen eigener Sohn... Am Sohne selbst nimmt alles Anteil, gemäß der von Ihm stammenden

Gnade des Geistes, denn das, woran am Vater Anteil genommen wird, ist der Sohn... eben das meint Petrus, wenn er sagt: »Damit ihr teilhaft werdet der göttlichen Natur«, oder wie der Apostel sagt: »Wißt ihr nicht, daß ihr ein Tempel Gottes seid?« Und indem wir den Sohn selbst sehen, sehen wir den Vater...

I., 17. Das allein wäre schon eine hinreichende Widerlegung der arianischen Häresie. Doch auch noch aus Weiterem wird ihre Fremdgläubigkeit ersichtlich. Wenn Gott der Schöpfer und der Bildner ist, Seine Geschöpfe aber durch den Sohn erschafft, und wenn man nichts in anderer Weise entstehen sehen kann als eben durch das Wort Gottes, ist es dann nicht gotteslästerlich – wenn Gott doch Schöpfer ist –, zu behaupten, daß Sein schöpferisches Wort und Seine schöpferische Weisheit einmal nicht gewesen wären?... Und weiter, wenn der Sohn nicht die eigene Zeugung aus der ewigen Wesenheit des Vaters, sondern aus Nichtseiendem geworden wäre, dann würde sich die Dreiheit – Vater, Sohn, Heiliger Geist – aus Nichtseiendem zusammensetzen, es hätte vor der Dreiheit eine Einheit gegeben oder sie wäre einmal mangelhaft gewesen und dann erst vollständig – mangelhaft, ehe der Sohn wurde, vollständig, nachdem Er geworden wäre... es heißt dies nichts anderes, als ein allmähliches Entstehen der Dreiheit innerhalb der Zeit annehmen!...

I., 22. ...Wie der Vater immer Vater ist und niemals Sohn werden kann, so ist auch der Sohn immer Sohn und wird niemals Vater. Gerade darin zeigt sich noch deutlicher, daß Er das Bild des Vaters ist und bleibt und sich nicht ändert, denn vom Vater her hat Er die Unveränderlichkeit des göttlichen Wesens... Vergebens wollen die Unverständigen das Abbild des Vaters von Gott loslösen, um den Sohn der Kreatur gleichzustellen... Umsonst also belästigen jene auch noch die ahnungslosen Weiblein mit ihren unziemlichen Reden: »Hattest du einen Sohn, bevor du gebarst? Nein? – Nun, so, wie du vordem keinen Sohn hattest, so war auch der Sohn Gottes nicht, bevor Er geboren wurde.« Mit solchen Phrasen scherzen die Ehrlosen und wollen Gott den Menschen gleichmachen!...

I., 25. ...Doch sie mögen zu ihren Fragen zugleich

auch noch als Antwort vernehmen, daß der ewigseiende Vater den ewigseienden Sohn »gemacht« hat — denn »das Wort ist Fleisch geworden«, und so machte Gott den Gottessohn, als die Fülle der Zeiten gekommen war, auch zum Menschensohn in der Zeit... falls sie nicht gar mit dem Samosatener behaupten wollen, daß Er vor Seiner Menschwerdung überhaupt nicht gewesen sei...

I., 26. Arianer, erinnert euch doch eurer eigenen Aussprüche, saget nun selbst: Bedurfte der Seiende zur Erschaffung aller Dinge des Nichtseienden, oder bedurfte Er seiner, als dieser bereits war? Ihr habt doch gesagt, als Werkzeug habe Er sich den Sohn aus dem Nichtseienden bereitet, um durch Ihn alles zu machen. Was ist nun besser, das, was Bedürfnisse hat, oder das, was Bedürfnissen abhilft? Oder stillen etwa beide die gegenseitigen Bedürfnisse?... etwa wie Zimmerleute oder Schiffbaumeister, die ohne Beil und Säge nicht arbeiten können?...

I., 53. Umsonst berufen sie sich auf die Schrift... so sagen sie, in den Sprichwörtern stehe geschrieben: »Der Herr erschuf mich als Anfang Seiner Wege für Seine Werke« (Spr. 8, 22). Und im Brief an die Hebräer sagt der Apostel: »Um so erhabener ist Er geworden als die Engel, je ausgezeichneter der Name ist, den Er vor ihnen ererbt hat« (Hebr. 1, 4). Und kurz darauf: »Darum, heilige Brüder, die ihr der himmlischen Berufung teilhaftig seid, sehet auf den Gesandten und Hohenpriester unseres Bekenntnisses, Jesus, der treu ist dem, der Ihn dazu gemacht hat!« (Hebr. 3, 1.) Und in der Apostelgeschichte: »Es soll euch allen bekannt sein, dem ganzen Haus Israel, daß Gott diesen Jesus, den ihr gekreuzigt habt, zum Herrn und Christus gemacht hat« (Apg. 2, 36).

Diese Stellen also bringen sie vor — aber sie verfehlen deren Sinn, wenn sie glauben, daraus schließen zu können, daß das Wort Gottes ein Gebilde, ein Geschöpf, kurz eines von den geschaffenen Wesen sei. Und so täuschen sie die Unverständigen, indem sie diese Schriftstellen als Vorwand benützen und dazu das eigene Gift der Häresie als Auslegung daruntermischen, anstatt des wahren Sinnes ansichtig zu werden... Wenn sie nicht das Herz haben, zu bestreiten, daß das Wort Fleisch geworden ist — da es ja geschrieben steht —, so sollen sie entweder die zitierten Schriftworte richtig auf die leibliche Ankunft des Erlösers beziehen — oder wenn sie diesen Sinn leugnen, dann sollen sie auch leugnen, daß der Herr auch Mensch geworden ist! ...

I., 63. ... Wenn nun einer von denen, die Gutes empfangen haben, etwa sagen würde, jener ist mir ein Helfer geworden oder meine Zuflucht geworden, oder mein Ernährer geworden, dann würde ein solcher doch auch mit diesen Worten nicht den Anfang, die Entstehung, die Substanz der Wohltäter meinen, sondern den Anfang der von ihnen empfangenen Wohltat ...

I., 64. So auch ergibt sich für den Sohn, daß — wie immer und sooft man von Ihm sagen mag, Er wurde oder Er werde — dies denselben Sinn hat. »Vorzüglicher geworden als die Engel« und »Er wurde« heißt also nicht, daß es beim Worte Gottes irgendeinen Anfang des Seins gebe. Nie dürfen wir das Wort Gottes als entstanden wähnen, sondern — wie Paulus sagt — als das Ewige, das Mensch geworden ist. Denn damals, als das Wort Fleisch wurde und unter uns wohnte und kam, um zu dienen und allen die Rettung zu bringen, damals wurde Es uns Heil und Leben und Versöhnung. Damals ist Seine Heilsordnung für uns vorzüglicher »geworden« als die der Engel, und Es wurde Weg und Auferstehung. Und wie das »Werde mir zu einem schirmenden Gott« nicht die Entstehung der Substanz Gottes selbst, sondern Seine Menschenliebe bezeichnet, so zeigt auch hier das »vorzüglicher geworden als die Engel« ... nicht die Substanz des Wortes als geworden an — das sei fern —, sondern die aus Seiner Menschwerdung uns zuteil gewordene Wohltat ...

II., 6. Ihr seht also, wie groß der Irrtum ist, wenn jemand behaupten will, das Wort Gottes sei ein Geschöpf. Salomo sagt irgendwo im Ekklesiastes: »Jedes geschaffene Wesen wird vom Ewigen vor Gericht gezogen wegen all des Verborgenen (Endlichen), sei es gut oder böse[1]« (Eccl. 12, 14). Wenn also das Wort Gottes ein Geschöpf ist, wird es dann nach eurer Ansicht auch vor Gericht gezogen werden? Und wo ist dann das Gericht, wenn der Richter selbst gerichtet wird? ...

II., 22. Wenn man von Gott annehmen wollte, Er schaffe

---

[1] Daraus wurde in der griechischen Welt das geflügelte Wort Anaximanders: »... Alles Endliche muß Buße zahlen für seine Endlichkeit: es ist vergänglich nach der Ordnung der Zeit.«

und bilde aus vorhandenem Stoff, so wäre dies eine heidnische Auffassung, Gott wäre dann ein Künstler und nicht ein Schöpfer. Trotzdem meinen sie, das Wort bearbeite in dieser Weise den Stoff im Auftrage Gottes, also in dienender Stellung. Wenn Er aber das Nichtseiende durch Sein Wort ins Dasein ruft, so gehört das Wort nicht zu dem, was nicht ist und ins Dasein gerufen wird — sonst müßten wir nach einem zweiten Wort vor dem Wort suchen, wodurch auch dieses ins Dasein gerufen würde, denn Nichtseiendes entsteht ja nur durch das Wort Gottes... dieses ist im Vater, und der Vater in Ihm, und wer es gesehen, hat den Vater gesehen, weil der Sohn dem Vater wesensgleich ist...

II., 35.... Das Wort Gottes ist aber auch nicht — wie man sich vielleicht ausdrücken könnte — eine Verlautbarung, auch nicht ein Wortgeräusch, und der Sohn ist auch nicht ein Befehl Gottes, sondern eine vollkommene Zeugung aus Vollkommenem, so wie der Strahl des Lichtes... Die Worte des Menschen vermögen nichts zu schaffen. Deshalb arbeitet der Mensch auch nicht mit Worten, sondern mit seinen Händen, weil diese existieren, sein Wort aber keinen Bestand hat. Dagegen das Wort Gottes! Es ist — wie der Apostel gesagt hat — »lebendig und wirksam, schärfer als jedes zweischneidige Schwert, Es dringt durch, bis Es Seele und Geist, Gelenke und Mark durchschneidet, ein Richter der Gedanken und der Gesinnungen des Herzens. Und kein Geschöpf ist vor Seinem Angesicht verborgen, alles ist bloß und offenbar vor den Augen dessen, dem wir Rechenschaft zu geben haben« (Hebr. 4, 12 f.). Kurz, das Wort Gottes ist Schöpfer, ohne dasselbe ist nichts entstanden, und nichts kann ohne dasselbe entstehen...

II., 62. Wird der Sohn auch Erstgeborener der Schöpfung genannt, so ist das doch nicht so zu verstehen, als ob Er den Geschöpfen gleich und nur der Zeit nach vor ihnen wäre. Wie könnte dies auch sein, da Er doch auch der Eingeborene genannt wird? Wiederum heißt man Ihn den Erstgeborenen nur wegen Seiner Herabkunft zu den Geschöpfen, wodurch das Wort Gottes zum Bruder vieler Geschöpfe geworden ist. Denn der Eingeborene ist einzig, weil es andere nicht geben kann, die Seine Brüder wären...

II., 66. Und wenn Er wegen der Auferstehung der Toten selbst Anfang genannt wird, damals aber die Auferstehung verwirklicht wurde, als Er sich mit unserem Fleische für uns dem Tode preisgegeben hatte, so bezeichnet doch wohl auch Sein Wort »Er schuf mich als Anfang Seiner Wege« nicht Seine ewige Substanz, sondern Seine leibliche Erscheinung. Denn dem Leibe war der Tod eigen. Und wie dem Leibe der Tod eigen ist, so paßt wohl auch auf die leibliche Erscheinung das Wort »Der Herr schuf mich als Anfang Seiner Wege« .. Denn der Heiland war auf diese Weise dem Fleische nach geschaffen, und der Anfang von dem, was erneuert werden sollte ...

II., 72. ... Da die Häretiker auch den Vers, in welchem geschrieben steht: »Vor der Zeit gründete Er mich« (Spr. 8, 23), unrichtig auffassen — sie meinen, es sei auch das in bezug auf die Gottheit des Wortes und nicht im Hinblick auf Seine Erscheinung im Fleische gesagt —, so muß man auch noch diesen Vers erklären ....

II., 75. Die Worte »vor der Zeit« und »bevor Er die Erde machte« und »bevor die Berge befestigt wurden« sollen niemanden verwirren ... Es berührt auch das wieder die Heilsordnung im Fleische. Denn die uns vom Erlöser gebrachte Gnade ist zwar erst jüngst erschienen ... sie war aber schon vorbereitet, ehe wir wurden, oder vielmehr schon vor Grundlegung der Welt. Denn es ziemte nicht, daß Gott später unseretwegen zu Rate gegangen wäre, damit es nicht scheine, als ob Ihm unsere Verhältnisse bis dahin unbekannt geblieben wären ...

II., 77. Und es ging auch nicht an, daß unser Leben in einem anderen gegründet würde als in dem Herrn, der vor allen Zeiten ist und durch den auch die Zeiten entstanden sind: damit auch wir ewiges Leben ernten könnten, so wie es in Ihm ist — denn Gott ist gut. Da Er immer gut ist, hat Er es gewollt, ehe Er noch unsere ohnmächtige Natur Seiner Hilfe und Rettung bedürftig fand.

BASILIUS DER GROSSE

Man kann das Dreigestirn der großen kappadokischen Kirchenväter, Basilius, Gregor von Nyssa, Gregor von Nazianz nicht trennen, und so sollte man sowohl ihren Lebenslauf wie auch ihre Werke gemeinsam betrachten. Zwei von ihnen waren Brüder, und der dritte war deren gemeinsamer Jugendfreund; nicht nur gleiche Herkunft verband sie, sondern auch gleiche Gesinnung, denn sie stammten aus »heiligen« Häusern von katholischen Bischöfen und Kämpfern gegen die arianische Verirrung. Gleichaltrig, knapp vier bis fünf Jahre nach dem großen Konzil von Nizäa geboren, wurden sie alle drei zu wertvollsten Helfern des Athanasius in seinem Kampf gegen die fressende Häresie und die von ihr schon beeinflußte Staatsgewalt. Sie waren die neue Generation, die das Werk des alternden Patriarchen von Alexandrien rechtzeitig übernehmen und weiterführen sollte.

Alle drei hatten nach einer streng religiösen Erziehung schließlich doch noch eine weltlich orientierte, durch Reisen und Studienfahrten bunt bewegte Jugend, alle drei kehrten nach gründlichem Studium — das wenigstens den ältesten der Brüder, Basilius, erfahren und weltoffen und weltgewandt gemacht hat — zur Kirche zurück.

Die Familie des Basilius hatte aus der Zeit der grausamsten Christenverfolgungen ein ansehnliches Vermögen aus dem kappadokischen Cäsarea herübergerettet, weil sie so vorsichtig gewesen war, es in ausgedehnten Liegenschaften am Pontus anzulegen, über deren landschaftliche Schönheit die drei bald schwärmten, bald spotteten. Materiell jedenfalls gab ihnen das eine sehr solide Basis für ihre weitausgedehnte Wohltätigkeit, für Klostergründungen, Spitals- und Armenhäusergründungen und für ihre eigene Zurückgezogenheit. Denn sie liebten es, in größter freiwilliger Bescheidenheit zu leben, ja in freiwilliger Not — die unfreiwillige Not der anderen kannten die drei Freunde nicht, sie wußten nur, wie süß es ist, mönchisch zu leben und auf alles freiwillig zu verzichten, was man auf bloßen Wink hin so leicht haben kann. Und um so schärfer wetterten sie gegen die Reichen.

Basilius besuchte — immer in enger Verbindung mit seinem Freund und Altersgenossen Gregor — die hohen Rhetorenschulen von Cäsarea, wo er Eustathius von Sebaste kennenlernte, dann die von Byzanz, wo er den damals

berühmten Sophisten Liberius hörte, und von Athen, wo
er fünf Jahre blieb. Athen war zu jener Zeit wieder eine
ausgesprochene Künstler- und Studentenstadt. Basilius
und Gregor scheinen unter dem ziemlich rüden Studentenvolk bald eine respektvolle Ausnahmsstellung eingenommen zu haben. Beide waren hervorragende Redner, hinreißend, viel bewundert, reich — und verachteten doch
Reichtum und Bewunderung, zogen sich zu schlichtem
Studium zurück.

Als Basilius heimkehrte, wollte ihm der Magistrat von
Cäsarea glänzende Ämter übertragen — er aber ging auf
seine Familiengüter am Pontus, studierte dort, zusammen mit Mutter und Schwester, die Evangelien, gründete
schließlich eine Eremitenklause und bald eine ganze Siedlung solcher weitverstreuten Klausen für Mönche auf
seinem eigenen Grund. Erst um 357 wurde er vom Bischof Dianius getauft. Dann besuchte er die einsamen
Mönchsklöster und Einsiedeleien Ägyptens, der libyschen,
der sketischen Wüste. Zurückgekehrt, gründete er »in
romantischer Einsamkeit«[1] ein Kloster zwischen Berg
und Tal, nahe am Irisfluß, gegenüber der Klosterkolonie,
in welche seine Schwester Marina inzwischen die Reste
des Familienguts verwandelt hatte. Er wußte Einsiedelei
und Zönobitentum, Mönchsregel der absoluten Einsamkeit und des Zusammenlebens und Aufeinanderangewiesenseins klug zu vereinen, seine Gemeinschaft trennte
nicht, sondern verband, jedoch immer so, daß die Selbständigkeit eines jeden gewahrt blieb. Das hat ihn »in
der Mönchsgeschichte des Orients unsterblich gemacht«
(Stegmann). »Bis zur Stunde waren und sind die Basilianer der eine große Orden des christlichen Ostens.«

Im Jahre 362, nach dem Tode des Dianius, wurde ein
schlichter Mann auf den bedeutenden Bischofsstuhl von
Cäsarea berufen — über sechzig Suffraganbistümer hingen von ihm ab —, und dieser holte sich sofort Basilius als
Mitarbeiter, Berater, Generalvikar herbei, und damit begann alsbald die großartige organisatorische, diplomatische, kirchenpolitische Kämpfer- und Predigertätigkeit
des bisherigen Einsiedlers. Abwehr der Übergriffe des
arianischen Kaisers Valens, Abwehr der Folgen einer
furchtbaren Hungersnot (268), Nachfolge auf dem Pa-

[1] Stegmann, Basilius d. Gr., München, 1925.

BASILIUS DER GROSSE

triarchenstuhl (370), Gründung der sogenannten »Basilias« — einer riesigen Stiftung zur Versorgung der Armen und zur Krankenpflege, die sich bald zu einer ganzen »Stadt der Karitas« entfaltete —, glückliche Abwehr neuer arianischer Übergriffe, Reden, Predigten, Hirtenbriefe, praktisch-politische Stellungnahmen und Entscheidungen im immer wieder aufflammenden Dogmenstreit — das sind die weiteren Etappen dieses großangelegten Lebens. Immer blieb Basilius dem Nizänum und dem Vermächtnis des Athanasius treu. Doch überlebte er ihn nicht lange — er starb schon 379.

BRIEF AN EUSTATHIUS VON SEBASTE

Epist. 223, 2. ... Nachdem ich viele Zeit an Torheiten verschwendet und fast meine ganze Jugend mit eitlen Arbeiten vergeudet hatte, da ich auf Erlernung von Wissenschaften und Weisheiten erpicht gewesen war, die vor Gott doch nur eitel sind, erwachte ich endlich wie aus einem tiefen Schlaf. Voll Staunen richtete ich meinen Blick auf das wunderbare Licht des Evangeliums, auf das Licht der Wahrheit. Ich erkannte das Unnütze der Weisheit aller Großen dieser Welt, die zu Staub werden.

Ich beweinte meine Vergangenheit voller Wirrnisse und wünschte mir eine Anleitung zum wirklich religiösen Leben. Mir lag vor allem daran, die eigene Lebensführung zu bessern, die durch den Umgang mit eitlen Menschen verderbt worden war. Da ich nun das Evangelium las, fand ich darin als das beste Mittel zur Vervollkommnung immer wieder den Verkauf der Güter angepriesen, das Mitteilen dessen, was man besitzt, an ärmere Brüder, und Abkehr von allen Sorgen um das irdische, vergängliche Leben und um alle nur zeitlichen Dinge ... Ich wünschte mir, Brüder zu finden, die diesen Lebensweg gewählt hatten ... und ich fand auch wirklich viele in Alexandrien, viele auch im übrigen Ägypten und wieder andere in Palästina, Coelesyrien, Mesopotamien. Ich bewunderte ihre enthaltsame Lebensweise, bewunderte ihre Energie bei der Arbeit, staunte ob ihrer Ausdauer im Gebet, wie sie über den Schlaf Herr geworden waren, sich nie von den natürlichsten Bedürfnissen überwinden ließen, wie sie immer, auch bei Hunger, Durst, Kälte, Blöße ihre freie Gesinnung und Haltung bewahrten.

Als ich zur Leitung der Kirche berufen wurde, merkte ich bald, daß mir unter dem Schein des Beistands und der liebevollen Teilnahme Wächter und Beobachter jedes Schrittes beigegeben wurden — doch davon schweige ich besser, damit es nicht den Anschein erwecke, als sagte ich etwas Unglaubliches ... oder als wollte ich mit der Mitteilung von Glaubhaftem den Gläubigen eine Neigung zur Misanthropie einpflanzen. Beinahe wäre ich allerdings so weit gekommen.

223, 4. ... Oh, das neue Schauspiel! Dieser Mensch (Apollinaris von Laodicea), heißt es, hat in Syrien etwas geschrieben, das nicht dem Glauben entspricht. »Du aber hast ihm — vor zwanzig oder noch mehr Jahren — einen Brief geschrieben! Du stehst also mit diesem Menschen in Verbindung, und seine Vergehen müssen auch die deinigen sein!« Sage mir aber, Du, der Du die Wahrheit liebst und belehrt bist, daß die Lüge eine Erfindung des Teufels ist — wie bist Du zur Überzeugung gekommen, daß jener Brief von mir stammt? Du hast ja nicht zu mir geschickt, mich nicht gefragt, nichts von mir darüber erfahren, obwohl ich Dir doch die Wahrheit am besten hätte sagen können. Aber selbst wenn das Schreiben wirklich von mir wäre, woher weißt Du denn, daß die Schrift jenes Mannes, die Dir jetzt in die Hände fiel, wirklich so alt ist wie mein angeblicher Brief? Wer hat Dir gesagt, daß sie vor zwanzig Jahren geschrieben wurde und tatsächlich von dem herrührt, an den dieser Brief damals gerichtet war? Und selbst wenn sich das alles so verhielte — wo ist der Beweis, daß ich damals die Gesinnung dieser Schrift mit dem Schreibenden teilte und sie jetzt noch in meinem Innern trage?

Frage Dich selbst, wie oft hast Du uns im Kloster am Irisfluß besucht, da der gottliebende Bruder Gregor bei mir war und mit mir dieselbe Lebensweise teilte? Hast Du jemals etwas dergleichen von mir gehört oder auch nur eine mehr oder weniger entfernte Andeutung dahin bemerken können? Und wie viele Tage haben wir im Dorf jenseits des Flusses bei meiner Mutter zusammen verlebt, wo wir als Freunde miteinander vertrauten Verkehr pflegten und uns Tag und Nacht über alles besprachen!... und da Ihr mit mehreren Bischöfen nach Lampsakus reisen wolltet und mich dahin einludet, war da nicht auf den Wegen viel vom Glauben die Rede? Waren nicht diese ganze Zeit Deine Schnellschreiber bei mir, als ich gegen die Häresie diktierte? Waren nicht Deine getreuesten Schüler die ganze Zeit immer um mich her?... Wer hätte denn besser als Du ein Zeuge meiner Gesinnung sein können? Was wir zu Chalzedon als unseren Glauben bekannt haben, was oft zu Heraklea, was früher in der Vorstadt von Cäsarea, stimmt das nicht alles überein?...

BRIEF AN ATHANASIUS VON ALEXANDRIEN

Epist. 69, 1. Die Meinung, die wir seit langem von Deiner Ehrwürden gewonnen haben, befestigt sich immer mehr mit der Zeit. Sie wächst noch mit jedem neuen Ereignis. Die meisten anderen begnügen sich damit, für ihren eigenen Kirchensprengel zu sorgen. Dir aber genügt das nicht. Du trägst die Sorge für alle Kirchen der Christenheit — genau dieselbe Sorge wie für die, welche Dir von unserm gemeinsamen Herrn anvertraut worden ist. Keine Gelegenheit versäumst Du, zu besprechen, zu mahnen, zu schreiben und jedesmal Männer zu schicken, welche die besten Ratschläge erteilen. So haben wir auch jetzt den sehr ehrwürdigen Bruder Petrus, den Du aus der heiligen Zahl Deines Klerus abgesandt hast, mit größter Freude aufgenommen und den Zweck seiner Reise dankbar zu dem unsern gemacht...
Einige dahier verlangen aber auch — wie mir scheint, mit vollem Recht —, daß etwas getan werde, um die Häresie des Marcell von Ancyra auszurotten, denn sie ist verderblich und dem wahren Glauben fremd. Hüben und drüben wird in allen Briefen und Predigten der unselige Name des Arius mit Bann belegt und sein Anhang aus unseren Kirchen ausgeschlossen, gegen Marcell aber, der eine diametral entgegengesetzte Gotteslästerung aufbrachte und sogar gegen die Subsistenz der Gottheit des Eingeborenen frevelte und von der Bezeichnung »Logos« eine geradezu verrucht zu nennende Auffassung hat, scheint noch kein Tadel ausgesprochen worden zu sein... Dieser Mann gibt wohl zu, daß der Eingeborene Logos genannt

worden ist, als dieser zu Seiner Zeit und den Bedürfnissen entsprechend hervorgetreten war, aber weil Er zu dem wieder zurückgekehrt sei, von dem Er ausgegangen war, habe Er weder vor dem Hervortreten existiert, noch existiere Er nach Seiner Rückkehr weiter! Beweis dafür sind die bei uns verwahrten Bücher, die diese verruchte Darstellung enthalten...

BRIEF AN PAPST DAMASUS

Epist. 70. ... Die Bande der alten Liebe zu erneuern und den Frieden der Väter — diese himmlische Gabe Christi, die mit der Zeit verwelkte — wieder zum Blühen zu bringen, ist unsere Pflicht ... Die längst vom Feinde der Wahrheit, von Arius, überall ausgestreute Häresie schoß empor bis zu unverschämter Höhe, gleich einer bitteren Wurzel treibt sie ihre verderblichen Früchte, wird übermächtig, weil die Bannerträger der wahren Lehre in den einzelnen Pfarreien infolge von Verleumdung und Kränkung aus den Kirchen vertrieben worden sind und die Vollmacht ihrer Verwaltung Menschen übergeben wurde, die in den Herzen der Einfältigen Verheerungen anrichten... — Wir sind jetzt in einer traurigen Lage, die eine erhöhte Sorge erheischt, wir beklagen ja nicht die Zerstörung von profanen Gebäuden, sondern von Kirchen ... Wenn Ihr also nicht jetzt uns zu helfen eilet, dann könnte es sein, daß Ihr über kurz oder lang niemanden mehr hier findet, dem Ihr die Hand reichen könnt, weil dann alles hier im Banne der Häresie steht ...

BRIEF AN GREGOR VON NAZIANZ

Epist. 71, 1. Ich empfing den Brief Deiner Gottesfurcht durch die Hände des hochehrwürdigen Bruders Hellenius. Er hat auch in aller Offenheit persönlich erzählt, was Du nur andeutest; wie wir aber gestimmt wurden, als wir davon hörten, darüber bist Du sicherlich nicht im Zweifel ... Ich nahm es aber hin, fest entschlossen, der Liebe zu Dir jede Betrübnis hintanzusetzen ... Nun ja, der Umschwung der Verhältnisse hat uns gelehrt, uns über nichts zu ärgern. Schon längst sind wir an noch heftigere Schmähungen gewöhnt worden ... schuld daran ist — wovor ich schon längst gewarnt habe und worüber ich jetzt schweigen will — der Umstand, daß wir nicht miteinander zusammenkamen. Denn hätten wir, laut früherer Übereinkunft und entsprechend unserer pflichtschuldigen Fürsorge für die Kirche, den größeren Teil des Jahres beisammen verlebt, so hätten wir den Verleumdern jeden Zutritt verwehrt. Sage jetzt, bitte, jenen Lebewohl und lasse Dich ersuchen, gemeinsam mit uns den bevorstehenden Kampf zu wagen und gemeinsam mit uns denen zu begegnen, die gegen uns zu Felde ziehen...

BRIEF AN DIE BISCHÖFE ITALIENS UND GALLIENS

Epist. 243. An die wahrhaft gottgeliebten und ersehntesten Brüder und gleichgesinnten Mitarbeiter, die Bischöfe in Gallien und Italien — Basilius, Bischof von Cäsarea in Kappadokien.
Da unser Herr Jesus Christus sich herabgelassen hat, die ganze Kirche Gottes Seinen Leib zu nennen und uns einzeln zu Gliedern voneinander zu machen, so hat Er auch uns allen vergönnt, miteinander in vertrauten Verhältnissen zu wirken, wie eben Glieder eines Leibes zusammenarbeiten. Daher sind wir trotz weitester Entfernungen im Raum dennoch einander immer nahe... Eine Verfolgung ist über uns hereingebrochen, ehrwürdigste Brüder, — die heftigste aller bisherigen. Die Hirten werden heimgesucht, damit sich die Herden zerstreuen. Und das schlimmste ist, daß die Gequälten ihre Leiden nicht mit dem Bewußtsein eines Märtyrers ertragen und daß auch das Volk nicht die Kämpfer als Märtyrer verehrt, weil die Verfolger sich den Namen »Christen« beigelegt haben. Ein Verbrechen, das jetzt fürcherlich geahndet wird, ist die gewissenhafte Beobachtung der Überlieferungen unserer Väter. Deshalb werden jetzt die Gottesfürchtigen aus der Heimat verstoßen und in Einöden verbannt. Nicht das graue Haar wird von den Richtern der Ungerechtigkeit geachtet, nicht die Ausübung der Religion, nicht der Wandel nach dem Evangelium, dem man von Jugend an bis ins Greisenalter treu blieb. Kein Missetäter wird sonst ohne Prozeß verurteilt — die Bischöfe aber setzt man auf bloße Verleumdungen hin gefangen und überantwortet sie schweren Strafen, ohne irgendwelche Beweisführung

für die Anklagen auch nur zu versuchen. Einige sind sogar mitten in der Nacht fortgeschleppt und über die Grenze gejagt worden, sind infolge der Entbehrungen in der Einöde gestorben — ohne ihre Ankläger je kennengelernt noch Gerichtshöfe gesehen zu haben, ja ohne überhaupt verleumdet worden zu sein... Dies schreiben wir Euch, obwohl Ihr es sicherlich bereits wißt, denn es gibt keinen Fleck auf der Erde, wo unsere Heimsuchungen nicht schon bekannt wären. Ihr möget daher nicht meinen, ich sagte dies, um Euch hier darüber zu belehren oder Euch an diese Sorge zu erinnern. Wir wissen ja, daß Ihr uns niemals vergessen werdet, ebensowenig wie eine Mutter die Kinder ihres Schoßes je vergißt... Nun aber fürchten wir, das Unheil könnte wachsen und gleich einer Flamme, die den brennbaren Stoff weiterverzehrt, wenn sie das Naheliegende verbrannt hat, auch das Fernere erfassen und immer heller auflodern; das Übel der Ketzerei greift immer weiter um sich, und es steht zu befürchten, daß sie auch in Eure Diözesen übergreift, wenn sie hier unsere Kirchen verschlungen hat...

AUS DER PREDIGT ÜBER DIE HABSUCHT
Homilie zu Luk. 12, 18

1. Zweifacher Art sind die Versuchungen: Trübsal erprobt die Herzen, so wie das Gold im Feuer erprobt wird... andererseits werden gerade die glücklichsten Lebensumstände auch vielen Menschen zur ärgsten Versuchung. Es ist ja gleich schwer, in verzweifelten Lagen stark und aufrecht zu bleiben wie in glänzenden Verhältnissen nicht übermütig zu werden...

2... Doch du schaust auf das Gold, auf den Bruder siehst du nicht... der Glanz des Goldes freut dich, aber wie viele Seufzer von Armen du damit verschuldet hast, bedenkst du nicht. Wie soll ich dir die Leiden der Armen vor Augen führen? Überschaut der Arme seine Habe, so sieht er, daß er kein Geld hat, noch jemals welches bekommen wird, er sieht, wie sein Inventar und seine Kleider in dem Zustande sind, in welchem solche Dinge bei den Armen nun einmal sind... was jetzt? Nun blickt er auf seine Kinder, um sie auf den Markt zu führen und eines von ihnen zu verkaufen, damit die Gefahr des Hungertods für die anderen eine Weile lang beschwichtigt werde. Betrachte hier den Kampf der väterlichen Liebe mit der Hungersnot! Der jammervollste Tod droht, aber die Natur hält ihn zurück und rät ihm, lieber mit den Kindern zusammen zu sterben. Hin und her getrieben, erliegt er schließlich der unerbittlichen Not. Aber wie soll es der Vater nun angehen? Welches Kind zuerst verkaufen? Welches wird der Getreidehändler vielleicht gern sehen? Soll ich das älteste nehmen? Ich muß seine Rechte achten. Oder das jüngste? Mich erbarmt aber sein zartes Alter, das von Elend noch nichts weiß. Das eine Kind hat genau die Züge seiner Eltern, das andere wäre für ein Studium so gut befähigt! ... Behalte ich sie alle, so werde ich sie alle Hungers sterben sehen. Verkaufe ich eines, mit welchen Augen soll ich dann die anderen anschauen, da ich mich schon der Untreue an ihnen verdächtig gemacht habe? Wie kann ich noch dieses Haus bewohnen, wenn ich mich darin kinderlos mache? Schließlich kommt der Vater doch, um unter tausend Tränen sein liebstes Kind zu verkaufen. Dich aber rührt sein Leid nicht...

7. Wem tue ich unrecht, frägt der Geizige, wenn ich das Meinige zusammenhalte? Aber sage mir, was ist denn dein? Woher hast du es bekommen und in die Welt gebracht? Wie wenn einer im Theater bereits seinen Platz hat und nun die nach ihm Eintretenden fernhalten wollte und den allgemein zugänglichen Raum als sein Eigentum ansprechen wollte, so ähnlich gebärden sich die Reichen. Gemeinsame Güter nehmen sie zuerst in Beschlag und machen sie durch diese Vorwegnahme zu ihrem Privateigentum. Würde jeder nur so viel nehmen, als er zur Befriedigung seiner Lebensbedürfnisse braucht, das übrige aber unter die Bedürftigen verteilen, so gäbe es weder Reiche noch Arme. Bist du nicht nackt aus dem Mutterschoß gekommen? Wirst du nicht nackt wieder zur Erde zurückkehren? Woher hast du denn deine Güter? Sagst du, vom Zufall, so bist du gottlos, weil du den Schöpfer nicht erkennst und dem Geber nicht Dank sagst. Bekennst du aber, sie seien dir von Gott gegeben, dann nenne mir doch den Rechtstitel, auf den hin du sie erhalten hast! Ist Gott denn ungerecht, wenn er die Lebensgüter unter uns so ungleich verteilt? Warum bist du denn reich und jener andere arm? Doch nur deshalb, damit du

in deiner Verwaltung und Freigebigkeit erprobt werdest, der Arme aber mit dem Preis der Geduld bedacht werde...

AUS DER PREDIGT ÜBER DIE REICHEN
Homilie zu Matth. 19, 16

1. Erst jüngst haben wir über das Gleichnis vom reichen Jüngling gesprochen, und ein aufmerksamer Zuhörer erinnert sich jedenfalls noch an das, was damals gesagt wurde, vor allem daran, daß er nicht auf die gleiche Stufe zu stellen ist, auf welcher der Gesetzeslehrer bei Lukas steht. Denn der letztere war ein Versucher, der verfängliche Fragen stellte — der erstere aber fragte aufrichtig, allerdings ohne sich dann der Antwort völlig zu fügen. Er wäre doch sicher nicht betrübt ob der Antwort des Herrn hinweggegangen, wenn er Ihn nur sarkastisch gefragt hätte. So stand er vor uns gleichsam als ein gemischter Charakter, den die Schrift einerseits lobenswürdig zeichnet, andererseits als unglücklich und verloren schildert. Daß er den wahrhaften Lehrer erkannte und frei von der Überheblichkeit der Pharisäer, vom Dünkel der Gesetzeslehrer und vom Stolz der Schriftgelehrten allein auf den wahren und guten Lehrer hinsah, das war es, was gelobt wurde... Welch unerträgliches Wort hatte denn dieser Lehrer an ihn gerichtet? »Verkaufe alles, was du hast, und gib es den Armen!«... Hättest du nämlich den Nackten bekleidet, dem Armen Brot gegeben, wäre deine Tür jedem Fremden offengestanden, hättest du jedes Schwachen dich erbarmt und wärest du ein Vater der Waisen gewesen, über den Verlust welcher Schätze würdest du jetzt traurig werden? Wie könnte es dir jetzt schwerfallen, auch noch auf den letzten kleinen Rest zu verzichten, wenn du schon früher daran gedacht hättest, dein Vermögen an die Armen zu verteilen? Du aber bist traurig, wenn du Gold und Silber, also Steine und Staub, hingeben sollst, um das ewige Leben zu erlangen? Was willst du eigentlich mit deinem Reichtum anfangen? Ein kostbares Gewand willst du um dich werfen? Es genügt dir doch ein Rock von zwei Ellen und der Überwurf eines Mantels, damit ist dein ganzer Bedarf an Kleidung gedeckt. Oder soll dir dein Reichtum eine üppige Tafel verschaffen? Ein einziges Brot reicht hin, den Magen zu

füllen... Allein, nicht der Kleidung oder Nahrung wegen ist der Reichtum den meisten sehr begehrenswert. Es handelt sich vielmehr um eine vom Teufel ersonnene Taktik, die den Reichen vor tausend Gelegenheiten zum Aufwand stellt, so daß schließlich das Überflüssige und Unnötige als etwas Notwendiges angestrebt wird und gar nicht mehr genug Ansprüche an das Leben gestellt werden können...

3. ...Ich kenne viele, die beten, fasten, seufzen, alle Werke der Frömmigkeit tun — soweit sie mit keinen Kosten verbunden sind. Aber den Notleidenden geben sie nichts!...

4. Was wirst du dem Richter antworten, wenn du deine Wände bekleidest, aber einen Menschen nicht kleidest, deine Pferde schmückst, den in Lumpen gehüllten Bruder aber nicht ansiehst?...

5. Doch du nennst dich selbst arm, und ich gebe dir recht. Denn arm ist, wer viele Bedürfnisse hat. Die Unersättlichkeit der Begierde macht anspruchsvoll... Es ist wie bei Trunkenbolden: Je mehr Wein man ihnen gibt, desto stärker wird ihr Durst. So verlangen auch die reichen Emporkömmlinge, je mehr sie haben, nach noch mehr und nähren durch den jeweiligen Zuwachs nur ihre Krankheit... »Das Auge wird nicht satt vom Sehen und der Geldgierige nicht satt vom Nehmen. Der Habsüchtige sagt niemals: ‚Es ist genug' — Ebensowenig wie je die Hölle« (Spr. 27, 20).

8. Was ich bisher sagte, habe ich zu Vätern gesagt. Welchen annehmbaren Grund für ihre Sparsamkeit werden die beibringen, die keine Kinder haben?... Allein, du erwiderst, wenn ich die Güter mein ganzes Leben lang genossen habe, dann will ich die Armen als Erben meines ganzen Vermögens einsetzen und sie urkundlich zu Herren meiner ganzen Habe machen. Du willst also liebreich zu den Menschen sein, wenn du nicht mehr unter ihnen weilst?... Dank gebührt also dem Tode, nicht dir. Wärest du unsterblich, würdest du also an das Gebot überhaupt nicht denken. Aber täuschet euch nicht, Gott läßt Seiner nicht spotten. Totes führt man nicht zum Altar. Bring ein lebendiges Opfer! Wer nur vom Überfluß opfert, ist nicht willkommen. Du aber bringst deinem Wohltäter das, was dir nach dem ganzen Leben übrigbleibt.

Wenn du es nicht wagst, vornehme Gäste mit den Überresten deines Mahles zu bewirten, wie kannst du es dann wagen, Gott mit deinem Restvermögen versöhnen zu wollen?

AUS DER »PREDIGT ZUR ZEIT DER HUNGERSNOT«

2. ... Ich habe die Felder gesehen und ihre Unfruchtbarkeit schmerzlich beklagt. Ich vergoß Tränen, weil kein Regen auf uns herabströmte. Manche Samen sind vor dem Keimen verdorrt und genauso unter der Scholle geblieben, wie der Pflug sie bedeckt hat. Andere schossen ein wenig auf, grünten ein wenig, wurden dann elend von der Hitze versengt, so daß man den Ausspruch des Evangeliums umkehren und für diesmal sagen könnte, der Arbeiter sind viele, aber die Ernte ist noch nicht einmal gering. So sitzen die Landleute klagend auf ihren Feldern, umfassen die Knie mit den Händen — das ist die Haltung der Trauernden —, beweinen ihre umsonst gebrachten Opfer, schauen schmerzbewegt auf ihre kleinen Kinder, bejammern ihre Frauen, befühlen und betasten das ausgedörrte Kraut ihrer Saaten und wehklagen wie Väter, die ihre Söhne in der Blüte der Jahre verloren haben.

7. Das Leiden der Hungrigen, der Hunger, tut bitter weh. Der Hunger ist der Gipfel menschlicher Pein, der Hungertod schrecklicher als alle Todesarten. Wo sonst das Leben in Gefahr ist, beschleunigt entweder die Schärfe des Schwertes das Ende, oder die Wut des Feuers löscht bald das Leben aus, oder wilde Tiere zerfleischen mit ihren Zähnen lebenswichtige Teile und lassen uns nicht allzulange Qualen leiden. Der Hunger aber ist eine langsame Qual, eine lange Pein, ein inneres, verborgenes Leiden, ein immer drohender und immer zögernder Tod. ... Der Körper wird fahl und zeigt infolge des Leidens ein trauriges Gemisch von Blässe und Schwärze, schrumpft zusammen, verliert alle Kraft, die Knie tragen nicht mehr, schleppen sich nur mit Mühe fort. Die Stimme ist leise und dünn, die Augen liegen matt in den Höhlen, und gleich verdorrten Kernfrüchten in den Hülsen lösen sie sich aus dem Gewahrsam der schützenden Augenlider... Wer an einem solchen Leibe vorübergehen kann, welche Strafe verdient der? Was fehlt dem noch zur allergrößten

Grausamkeit? Verdient ein solcher nicht, unter die wildesten Tiere gezählt, als ein verruchter Mörder angesehen zu werden? Denn wer es im Bereich seiner Möglichkeiten weiß, diesem Elend abzuhelfen, und dennoch geflissentlich die Hilfe hinausschiebt aus Geiz, der wird doch wohl mit Recht einem Mörder gleichzustellen sein...

8. Ahmen wir die erste Versammlung der Christen nach, denen alles gemeinsam war: das Leben, die Seele, die Eintracht, gemeinschaftlich der Tisch, unzertrennlich die Bruderschaft, ungeheuchelt die Liebe, die viele Leiber zu einem verband und viele Seelen auf eine und dieselbe Gesinnung umstimmte. Viele Beispiele der Bruderliebe hast du aus dem Alten und Neuen Testament: Siehst du einen hungrigen Greis, so rufe ihn zu dir und ernähre ihn wie Joseph den Jakob. Findest du einen Feind in Not, so füge zum Zorn nicht auch noch die Rache, sondern speise ihn wie jener seine Brüder, die ihn verkauft hatten... Steure ein Jahr der Hungersnot, wie jener sieben Jahre lang! Laß nicht alles im Genuß aufgehen, gib auch der Seele etwas!...

9. ... Verlassen wird dich der Leib, der sichtbare Träger deines gegenwärtigen Lebens... ein scharfes Gericht über unsere Lebenstage wird folgen, bei dem es keine Zeugen gibt als nur das eigene zeugende Gewissen.

GREGOR VON NAZIANZ

Gregor von Nazianz, der Freund und Vertraute aus den Jugendtagen des glänzenden Studiums erst in Cäsarea in Kappadokien, dann in Alexandrien, dann in Athen, Mitkämpfer für die gefährdete Kirche, Schwärmer, Mönch, Dichter, Mystiker, Prediger und Bischof und zuletzt auch Patriarch — und wieder nur Mönch —, war genauso alt wie Basilius — er ist 329 geboren, in Arianz, einem Landgut bei Nazianz, wo seine Eltern ausgedehnte Ländereien besaßen und ausgedehnte Wohltätigkeit übten; der Vater wurde Priester, wurde Bischof von Nazianz, und die Mutter war ihrer Lebensführung nach eine Heilige. Aber auch darin erschöpfte sich nicht die Ähnlichkeit in Herkunft und Haltung der beiden Freunde. Ihre tiefe Katholizität, verbunden mit einer erfahrungsreichen klassischen Bildung, die das Arianertum der typisch Halbgebildeten verachtete, mündete bei ihnen beiden in eine gesellschaftskritische Stellungnahme, welche sich nicht im Wohltun, im Predigen gegen die Reichen und Willkürlichen und Habgierigen und in jener Demut und unglaublichen Genügsamkeit erschöpfte, die den Saturierten so leichtfällt — sie fühlten sich beide auch in der Welt des Befehlens und Sichbedienenlassens körperlich nicht wohl, und zwar nicht nur aus christlich-religiösen Gründen, nicht nur wegen eines mönchischen Ideals, das ihnen immer vorgeschwebt haben mag, sondern wegen ihrer Einsicht in jene gesellschaftlichen und politischen Zusammenhänge ihrer Zeit, die den einen Reichtum und Schuld, den anderen Armut und Schulden aufzwingen mußten. Hatte sich diese Grundhaltung bei Basilius zuletzt in kirchenpolitische Aktivität auf höchster Ebene umgesetzt, so wirkte sie bei dem Freunde Gregor von Nazianz immer stärker im Sinne von Abkehr, mystischer Einkehr, Verachtung dieser Welt und Wunsch nach Einsamkeit.

Erst als Gregor dreißigjährig aus Athen zurückkehrte, hat er die Taufe empfangen, verbrachte zwei Jahre als Einsiedler, wurde 362 von seinem Vater zum Priester geweiht, flüchtete aber noch einmal in die Einsamkeit, und erst als in Nazianz ein dogmatischer Streit über die Auslegung des Nizänums ausgebrochen war, kehrte er zurück, stiftete Frieden — und übernahm schließlich die Diözese als Bischof, nachdem ihm sein Freund Basilius

»*den üblen Streich*« *gespielt hatte, ihn zum Bischof des zwischen Nazianz und Tyana gelegenen Sasima zu machen. Aber schon um 375, nach dem Tode der Eltern, verließ er seinen Bischofsstuhl, um sich in Isaurien wieder dem mönchischen Leben zu weihen. Von dort holte ihn die von den Arianern bedrängte katholische Gemeinde von Konstantinopel in die Hauptstadt des Reiches. Es gelang ihm, den Arianern das Patriarchat wieder zu entreißen, und das bald darauf abgehaltene Konzil bestätigte ihn als Bischof von Konstantinopel, als Patriarch — aber das war ihm wieder zuviel, bereits einen Monat nach dieser feierlichen Inthronisation — im Juni 381 — verließ er Kathedrale und Patriarchat, das er doch fünf Jahre lang in den ärgsten Kämpfen geleitet hatte, nur eben unauffällig geleitet hatte, ohne Pomp. Er zog sich nach seinem »kleinen« Nazianz zurück — doch auch das war ihm nach weiteren zwei Jahren noch zu lärmend, und so verbrachte er seine letzten Lebensjahre bis zu seinem Tode (390) in mönchischer Einsamkeit und in der Stille des vom Vater geerbten Arianz. Seine Schriften sind uns in Form von Predigten, Briefen, Reden und Gedichten erhalten. Er wird von vielen als »Vater der christlichen Mystik« gepriesen.*

BRIEF AN BASILIUS

Epist. 4. ... Ich muß mich nur wundern über Deinen Pontus und den pontinischen Nebel, über diese Stätte, zum Exil wie geschaffen, mit den dräuenden Felsen über den Köpfen, und überhaupt, was ist das für ein Winkel am Ende der Welt! Ein Mauseloch ist es, das man mit so glänzenden Namen wie ‚Kloster' oder ‚Schule' beehrt, mit seinem Kranz von Bergen, von denen ihr mehr eingeschlossen als bekränzt werdet, mit seinem ganz klein wenig Luft und Sonne, die ihr nur wie durch einen Kamin dort hinunterbekommt! Loben muß ich mir den schmalen, gewundenen Zugang — man weiß nicht, führt er in ein Königreich oder in den Hades, Deinetwegen natürlich in ein Königreich... und diesen Fluß, der bei Tag und Nacht lärmt und stört, und dessen Wasser manchmal so schmutzig ist, daß man es nicht trinken kann...

5. ... Kommt man aber in das Innere: eine Hütte ohne Dach, ohne Tür, ein Herd ohne Feuer, ohne Rauch, dazu

feuchte Lehmwände, und dazu eine Hungerküche ... Ich muß immer noch an das Brot denken, das einem die Zähne ausbricht, an den sogenannten Nährbrei, darin sie wie in Leim steckenbleiben. Wäre da nicht Deine Mutter — wirklich, eine ‚Armenmutter' — immer wieder nach Möglichkeit rasch und hilfreich eingesprungen, wir wären alle längst nicht mehr am Leben ... Und soll ich vielleicht vom armseligen Garten schweigen, der überhaupt kein Gemüse trägt und den wir doch selbst so reichlich gedüngt hatten — und schließlich von dem Wagen, den wir selbst mit Hals und Händen gezogen haben, ich, der Gärtner, und Du, der feine Herr — mit Hä..den, die noch jetzt Spuren von der einstigen schweren Arbeit tragen, die wir aufwenden mußten, nur um das Terrain halbwegs zu ebnen ...

6. ... Doch im Ernst: Wer bringt mir jene schönen Tage wieder, an denen ich die Entbehrungen an Deiner Seite als Lust empfand? Wer gönnt mir jenen Psalmengesang wieder, jene Nachtwachen, die Erhebungen der Seele zu Gott im Gebet, jenes geistliche und vergeistigte Leben? Wer ersetzt mir die Herzensgemeinschaft mit den gottseligen Brüdern? Wer gibt mir den Ansporn zum tugendsamen Leben, das wir mit geschriebenen Normen und Regeln zuletzt festgelegt haben? Wer gibt mir meinen Eifer wieder, mit dem ich an das Studium der Heiligen Schriften heranging, und jenen leichten, sicheren Zugang zur Offenbarung unter der Leitung des Heiligen Geistes? ...

Und, um auch das weniger Wichtige und weniger Vollkommene zu erwähnen, unsere gewöhnliche Tagesarbeit! Holz tragen, Bausteine herbeikarren, Bäume pflanzen, die Saaten begießen! Wer läßt mich jene goldene Platane wiedersehen, unter welcher der Mönch selig ausruhen konnte — die Platane, die ich selbst gepflanzt habe, dies Lebenszeichen unserer gemeinsamen Arbeit? ...

BRIEF AN DEN JÜNGEREN GREGOR (VON NYSSA)

(Als dieser vom Studium zurückgekehrt, sich in Cäsarea als Rhetor und Anwalt niederlassen und heiraten wollte)

Epist. 11. ... Was für eine ruhmlose Ruhmesherrlichkeit! ... Wie konntest Du diese bittersalzigen, ungenießbaren Schriften gegen die heiligen, süßen Bücher eintauschen, die Du vordem den Brüdern vorgelesen hast? Wie kannst Du nur lieber den Titel eines Rhetors begehren als den eines Christen? ...

AUS DER ERSTEN REDE, ÜBER DAS OSTERFEST

Tag der Auferstehung! ... Gestern wurde ich mit Christus gekreuzigt, heute werde ich mit Ihm verherrlicht. Gestern wurde ich mit Ihm getötet, heute werde ich mit Ihm zum Leben gerufen. Gestern wurde ich mit Ihm begraben, heute werde ich mit Ihm auferweckt. So bringen wir denn unser Opfer dem, der für uns gelitten hat und auferstanden ist! Ihr denkt vielleicht an Gold oder Silber oder feines Gewebe und kostbare Steine ... woran immer die Bösen und die Diener der Erde und des Fürsten dieser Welt den größten Anteil haben! Nein — opfern wir uns selbst, den Gott teuersten und eigensten Besitz, dem, der sich selbst geopfert hat! Geben wir dem Bilde das, was nach dem Bilde geschaffen ist, erkennen wir unsere Würde, halten wir das Urbild in Ehren! ...
Werden wir wie Christus, da Christus gleich uns geworden ist! Werden wir um Seinetwegen Götter, da Er unseretwegen Mensch geworden ist; das Geringere nahm Er an, um das Bessere zu geben. Er wurde arm, damit wir durch Seine Armut reich würden. Er nahm die Gestalt eines Knechtes an, damit wir die Freiheit erhielten. Er stieg zur Erde herab, damit wir erhöht würden. Er ließ sich versuchen, damit wir siegen. Er ließ sich entehren, um uns zu ehren. Er starb, um zu retten. Er fuhr zum Himmel, um die, welche von der Sünde zu Boden gestreckt wurden, wieder an sich zu ziehen. Alles, alles soll man Ihm geben, alles Ihm opfern, der sich selbst als Lösegeld und als Sühne für uns hingegeben hat. Keine Gabe aber wird wertvoller als die eigene Person, sofern sie das Geheimnis erfaßt und um Christi willen alles geworden ist, was Er unseretwegen geworden war.
Der gute Hirte, der Sein Leben für Seine Schafe hingibt, schenkt euch, wie ihr seht, einen neuen Hirten[1]; Er gibt sich euch hin, in doppelter statt in einfacher Ge-

[1] Mit dieser Rede übernahm Gregor aus den Händen seines alten Vaters, Bischofs von Nazianz, die Führung der Diözese.

stalt[1]. Die Stütze des Alters macht Er zu einer Stütze im geistlichen Dienst. Dem leblosen Tempel gibt Er einen lebendigen bei... und all das Seinige gibt der Hirt euch hin...

GESANG AN GOTT

Jenseits aller Erscheinung — wie anders kann ich Dich
[nennen?
Wie soll ein Wort Dich preisen, Dich — jedem Worte
[unsagbar?
Wie soll ein Sinn Dich schauen, Dich — jedem Sinne
[unfaßbar?
Unbenannt Du allein; denn Du schufst alle Benennung,
unbekannt Du allein; denn Du schufst alle Gedanken;
alles bleibt in Dir, und von Dir wird alles vergöttlicht,
Du bist aller Ziel, Du Eins, Du Alles, Du Keines,
Du weder Eins noch All: Allnamiger, wie zu Dir rufen,
Einzig-Unbenannter? Und welcher Himmlische öffnet,
welcher Sinn, über Wolken, die Rätsel? O sei mir gnädig,
jenseits aller Erscheinung — wie anders kann ich Dich
[nennen?...

---

[1] Vater und Sohn.

GREGOR VON NAZIANZ

AN DIE EIGENE SEELE

Was willst du, daß dir werde?
        So frag ich meine Seele.
Was gilt dir groß, was kleiner
        an irdisch hohen Gaben?
Such dir ein glänzend Etwas,
        gern will ich dir es schenken:
Willst du, daß dir des Lyders,
        des Gyges Gabe werde?
Willst mit dem Finger herrschen,
        den Stein am Ringe drehend,
der birgt, wenn er verborgen,
        enthüllt, wenn er enthüllt wird?
Willst du das Gut des Midas,
        der starb an seinem Reichtum,
dem alles golden wurde,
        ihm goldene Fasten bringend,
maßlosen Wunsches Strafe?
        Willst du den Adamanten,
der Ebenen fette Erde
        und ungezählte Herden
an Rindern und Kamelen?

        Nicht dies will ich dir schenken:
Dir kann es nicht zu nehmen,
        mir nicht zu geben ziemen.
Ach, ich verwarf dies alles,
        seit ich zu Gott gefunden.

Begehrst du Macht der Throne?
        Willst du der Hochzeit Feste,
unheilige Zärtlichkeiten
        und Sporn und Gunst der Stunden?
Lockt dich, genannt zu werden
        in Reden und Theatern?
Willst du Gesetze stürzen
        mit ungerechten Finten?
Willst du die Lanzen schütteln
        mit kriegerischem Rufe,

des Kampfspiels Siegerbinden
           und Kraft, das Wild zu töten?
Den Beifall deiner Heimat,
           dein Bild, in Erz gegossen?
Schatten willst du von Träumen,
           Hauch, der vorüberrinnet...
Geh, schreite aus, mit Sohlen
           scharfschwingiger Begierde,
dich auf zur Höhe hebend...
           Ich reinige die Schwinge,
ich hebe sie mit Worten,
           wie ich den wohlbeschwingten
Vogel zum Äther sende.

           Doch sage mir, Verruchter,
du Leib von üblem Stoffe —
           da ich mit dir gejocht bin,
die Herrin mit dem Knechte —,
           was willst du, das dir werde
noch außer Atems Herrschaft?
           Mehr nicht ist mein Bedürfen,
so vieles du auch wünschest.
           Willst du den Tisch voll Düften,
voll ungemeiner Künste
           der Salber und der Köche?
Von Leiern und von Händen
           aufpeitschende Geräusche?
Beugungen weicher Knaben,
           die sich unmännlich wiegen?
Tanzwirbel junger Mädchen,
           die schamlos sich enthüllen?
Willst fließende Gewandung
           um unberührte Glieder?

Komm — wende dich zum Holze
           unwandelbaren Lebens!
Das ist — ich fand es endlich —
           Erkenntnis höchsten Gottes,
Der Ein-Drei-Strahligen Leuchte,
           vor der das All sich neigt.

So wird, wer weise wurde,
                        selbst zu sich selber sprechen.
Doch wen es nicht dahindrängt,
                        dem rinnt das Leben sinnlos,
und er rennt sinnlos weiter...

GREGOR VON NYSSA

Im Dreigestirn der großen Kappadokier war Basilius der Mann der Tat, ein geborener Fürst der Kirche, sein bevorzugter Jugendfreund Gregor von Nazianz ein — wenn auch weltabgewandter, so doch feuriger — Meister der Rede und geistsprühender Prediger, während der um fünf Jahre jüngere Bruder des Basilius, Gregor von Nyssa, schon frühzeitig eine ausgesprochen grüblerische Begabung zeigte, »eine philosophische, gottsucherisch-mystische Begabung. Er war der fünfte von den zehn Geschwistern dieser edlen, echt christlichen, strenggläubigen Familie, die am Pontus so ansehnliche Güter besaß und in der noch die Erinnerung an einen heiligen Gregor Thaumatungus, den Schüler des Origenes und Lehrer der heiligen Makrina — der Großmutter der zehn Kinder —, lebendig fortlebte. Der im Sturm der Verfolgung erstarkte heroische Geist des Glaubens ließ in dieser Familie eine Reihe von Heiligen heranreifen, eine heilige Mutter Emmelia, eine heilige Tochter Makrina und drei heilige Brüder, nebst den schon genannten älteren Brüdern Basilius und Gregor auch noch einen jüngeren Bruder Petrus[1].«

Gregor ist um 335 geboren.

»Wir hatten eine Schwester zur Lehrerin des Lebens, nach der leiblichen Mutter eine geistige Mutter, die in unmittelbarem Verkehr mit Gott wandelte... in menschlicher Verleiblichung ahmte sie das Leben der Engel nach...« (ep. 19).

Es scheint, Gregor habe zuerst weltliche Gelüste empfunden, wie sein älterer Bruder Basilius. So wurde auch er zunächst ein Weltreisender. Auch er studierte lange in Athen, aber von seiner Mutter zur Beisetzung der vierzig Märtyrer von Sebaste herbeigerufen, sei er tief beeindruckt und durch ein Gesicht zur Askese bekehrt worden. Er hat dann im Iriskloster lange Zeit »engelsgleich« gelebt, bis Basilius, auf den Metropolitenstuhl von Cäsarea berufen, alsbald auch den Bruder aus seiner geliebten Einsamkeit riß und zum Suffraganbischof von Nyssa machte (371).

Aber Gregor bewährte sich zunächst nicht als Bischof und ließ sich durch seine »weltfremde Torheit«, wie

---

[1] Vgl. die Einleitung Stiglmayrs zur Übersetzung seiner Werke, München 1927.

der Bruder klagte, zu weltlichen wie zu kirchlichen Intrigen ahnungslos mißbrauchen, auf diesem allzeit heißen Boden, wo überall die Anhänger der arianischen Irrlehren lauerten. Doch nach dem Intermezzo mit dem kaiserlichen Vikar Demosthenes, der — selbst Arianer — einer arianischen Verleumdung geglaubt und Gregor wegen angeblicher Veruntreuung von Kirchengeldern festgenommen hatte — wurde Gregor vorsichtiger und wußte sich besser zu hüten. Im Jahre 375 sollte Gregor eine Gesandtschaft nach Rom zu Papst Damasus übernehmen, aber der ältere Bruder lehnte ihn als »gar zu unerfahren und ungeschickt« ab.

Schon 379 mußte Gregor dem geliebten Bruder in Cäsarea die Leichen- und Trauerrede halten. 381 treffen wir Gregor von Nyssa als »autoritativen Theologen« (Bardenhewer) des zweiten ökumenischen Konzils zu Konstantinopel, wo er entscheidend zur feierlichen Inthronisation Gregors von Nazianz beitrug. Dann übernahm er Aufträge zu Visitationen in Pontus und in Arabien, um dort maßgebend über die Orthodoxie zu richten. Wiederholt wurde er jetzt nach Konstantinopel eingeladen, zum letzten Mal in Jahre 394. Bald darauf scheint er gestorben zu sein.

GIB UNS HEUTE UNSER TÄGLICHES BROT

Aus der vierten Rede über das Gebet des Herrn

...Flüchtig wie die Welle ist menschliche Natur, vergänglich in ihrer ganzen Anlage, und für das Verbrauchte muß sie immer Ergänzung suchen. Wer bloß den Fortbestand seines Wesens ermöglicht und nicht Unnötiges anhäuft, weil ihn törichte Sorgen dazu verleiten, der bleibt nicht weit hinter dem Leben der Engel zurück, denn er eifert ihrer wirklichen Bedürfnislosigkeit durch sein Sichbescheiden nach. Darum wird uns auch aufgetragen, zu Gott zu sprechen: »Gib uns unser Brot!« — um auf diese Weise lediglich das zu erbitten, was zur Erhaltung des leiblichen Daseins unbedingt notwendig ist, und nicht nach Üppigkeit oder gar nach Reichtum zu trachten, nicht nach farbenprächtigen Purpurgewändern, nicht nach Goldgeschmeide, glitzernden Edelsteinen oder Silbergeschirr, nicht nach Überfluß an

Landbesitz, nicht nach dem Oberbefehl über Heerhaufen, nicht nach Herrschaft über Städte und Völker, nicht nach Herden von Pferden und Rindern oder nach großen Mengen von anderem Vieh, nicht nach Überfluß an Sklaven, nicht nach glanzvollem Auftreten auf öffentlichen Plätzen, nicht nach Gedenksäulen, nicht nach Seidengeweben, nicht nach musikalischem Ohrenschmaus oder nach sonst irgend etwas Derartigem, wodurch die Seele von dem ungleich wichtigeren Streben zu Gott hin abgezogen wird — sondern bloß nach unserem täglichen Brot[1].

Sieh die Tiefe der Weisheit und die Fülle von Lehren, welche diese kurze Bitte um Brot in sich birgt! Ganz offen ruft der Herr auf solche Weise allen denen zu, die es verstehen wollen: Höret doch endlich auf, ihr Menschen, euch in Begierden nach törichten Dingen zu verlieren, höret auf, euch selbst noch mehr Quellen von Sorgen zu schaffen — wenig nur ist es, was ihr im Hinblick auf eure Menschennatur wirklich nötig habt. Freilich, Nahrung seid ihr eurem armseligen Fleisch schuldig, aber das ist eine Kleinigkeit und leicht zu beschaffen, wenn ihr im Ernst nur auf das wirkliche Bedürfnis schauet. Warum vermehrt ihr freiwillig den Tribut, den ihr eurem Leibe schuldet? Warum beladet ihr euch mit so vielen Verpflichtungen dem Fleisch gegenüber, mit so schweren Lasten, zu deren Abtragung ihr dann Silber ausgraben müßt, Gold aus den Tiefen herbeiholet und nach allem ausspähen müßt, was glänzt? Nur damit durch solcherlei Dinge der nimmersatte Abgabenforderer, der Bauch, euch in Überfluß schwelge? Ach, er bedarf ja doch nur des Brotes, das dem Leib alles bietet, was er zu seinem Fortbestehen wirklich braucht! Ihr aber ziehet bis zu den Indern, setzet euch auf weiten Meeren allen Gefahren aus, begebt euch jahraus, jahrein auf Seefahrten, um mit den aus großer Ferne bezogenen Waren eure Nahrung zu würzen, ohne zu bedenken, daß solch Gefühl des Wohlgeschmacks sich überhaupt nur bis auf den Gaumen erstreckt. Und genauso gewährt euch alles, was schön aussieht, angenehm riecht und köstlich mundet, nur ein

---

[1] Vgl. zu dieser Aufzählung das Gedicht Gregors von Nazianz: An die eigene Seele! (S. 257-259).

recht hinfälliges, recht flüchtiges Behagen. Vom Gaumen angefangen, läßt sich kein Unterschied der genossenen Speisen mehr feststellen — denn die Natur verwandelt doch das alles in ganz gleicher Weise immer nur in eine übelriechende Masse. Bedenkt ihr das Ende aller Kochkünste? Seht ihr den schließlichen Ausgang der ganzen Zauberei, mit der man Leckerbissen bereitet? Um euer tägliches Brot bittet, weil ihr es zum Leben braucht!

AUS DEM GESPRÄCH MIT MAKRINA ÜBER SEELE UND AUFERSTEHUNG.

Die Einwände gegen die Auferstehung, § 17

Auf Grund der Schriftbeweise und der bereits gegebenen Erwägungen dürfte die Tatsache, daß die Auferstehung dereinst erfolgen werde und die Menschen alle vor einem unbestechlichen Gerichtshof erscheinen müssen, wohl bei den meisten Anerkennung finden, die diese Beweise und Erwägungen hörten. Dagegen sollte jetzt noch die Frage untersucht werden, ob das Leben, auf das wir für die Zukunft hoffen, dem jetzigen ähnlich sein werde, ähnlich sein kann. Wäre dies der Fall, dann möchte ich allerdings raten, daß die Menschen alle Hoffnung auf eine Auferstehung lieber gleich von sich werfen. Wenn nämlich die menschlichen Leiber in demselben Zustand, in welchem sie sich am Ende ihres Lebens gerade befanden, wieder ins Leben zurückgerufen werden, so würde durch die Auferstehung ein namenloses Unglück ohne Ende für die meisten Menschen in Aussicht stehen. Welch kläglicherer Anblick könnte erfunden werden als das Sichwiederaufrecken der von hohem Alter geschwächten und verkrümmten Leiber, wenn sie sich auferstehend in all ihrer Häßlichkeit und Ungestalt wiederfänden wie vordem, mit einem Fleisch, das durch das Alter zusammenschrumpfte, und mit einer Haut, die runzlig geworden und bis an die Knochen verdorrt ist? ...Und wie sind die Leiber von Menschen beschaffen, die durch langwierige Krankheiten aufgezehrt wurden?... und die Leiber der von Wassersucht Angeschwollenen? Und gar die von Aussatz Befallenen — wer könnte ihre schreckliche Verwüstung schildern, wenn die immer mehr um sich greifende Fäulnis allmählich alle Glieder und Sinneswerkzeuge zerfressen hat! Oder was soll man von denen sagen, die durch Erdbeben, im Krieg oder durch sonst einen widrigen Zufall verstümmelt wurden und nachher noch eine lange Zeit in ihrem Elend weiterlebten? Was von denen halten, die etwa von Geburt aus an dem einen oder anderen Glied verkrüppelt oder verunstaltet waren und so hatten aufwachsen und leben müssen? Und welche Vorstellung sollen wir uns dann von den Kindern machen, die ausgesetzt oder erstickt wurden oder die sonst vorzeitig sterben mußten? Werden sie bei ihrer Auferstehung nun in ewiger Kindheit verbleiben — was wäre trauriger als so etwas —, oder aber werden sie flugs in ein höheres Alter versetzt? Mit welcher Milch wird sie die Natur alsdann ernähren?

Mithin stellt sich unsere Hoffnung als ein Elend dar, falls wir mit genau demselben Leib auferstehen sollten, mit dem wir starben — oder aber, wenn es doch nicht der nämliche Leib ist, so wird der Auferstandene also ein anderer sein als der Tote. Denn wenn jemand als Kind stirbt und als Erwachsener aufersteht oder umgekehrt, wie kann man dann noch sagen, es sei der nämliche auferweckt worden, der starb, da sich doch schon durch sein Alter der Auferstandene von dem Verstorbenen so sehr unterscheidet? Wenn wir statt eines Greises plötzlich einen Jüngling vor uns sehen oder anstatt eines Kindes den ausgereiften Mann — dann ist das doch eben ein ganz anderer an Stelle dessen, den wir kannten. Ebenso verhält es sich, wenn wir an Stelle eines Gekrümmten einen aufrecht Stehenden vor uns haben oder statt eines Ausgezehrten einen Wohlbeleibten usw. ...Wir müssen also zugeben: Wenn der Leib nicht so aufersteht, wie er beschaffen war, als er mit der Erde vermischt wurde, dann ist es eben nicht der Verstorbene, der wiederaufersteht, sondern die Erde wird wiederum vom Schöpfer zu einem neuen Menschen gebildet! Aber was kümmert mich dann die Auferstehung, wenn statt meiner ein anderer auferstehen wird? Und wie soll ich mich noch als mich selbst anerkennen, wenn ich mich nicht mehr in mir selbst wiedersehe? Denn ich bin dann tatsächlich nicht mehr ich, sobald ich nicht mehr in allen Stücken mit mir selbst identisch bin. Hätte ich z.B. das Bild eines Menschen im Gedächtnis, der dünnhaarig, dicklippig, stumpfnasig, blaßfarben, blauäugig, dazu weißköpfig und voll Runzeln war, und ich träfe nun bei meiner Suche nach dem soeben solcherart Beschriebenen etwa einen Jüngling mit vollem Haar, mit Adlernase, dunkler Hautfarbe und so weiter in allen übrigen Eigenschaften von dem Gesuchten verschieden — werde ich dann diesen für jenen ansehen können?

Aber wir halten uns bei diesen eher untergeordnet zu nennenden Bedenken nur unnütz auf, denn wir haben gerade das ernsteste noch gar nicht genannt: Wer wüßte nicht, daß die ·Natur des Menschen einem Strome gleicht? Von der Geburt bis zum Tode befindet sie sich in steter Bewegung, und sie stellt dieselbe erst ein, wenn sie ihr Sein aufgibt. Diese Bewegung ist keine solche von einem Ort zu einem anderen — denn die Natur geht nicht aus sich selbst heraus —, sondern sie besteht in einer Veränderung, die sich beständig an ihr selbst vollzieht. Während seiner gesamten Existenz läßt dieser Veränderungsprozeß den lebenden Körper niemals auf derselben Stufe verharren — denn wie könnte etwas, dessen Wesen in steter Veränderung besteht, jemals stillstehen und sich selbst gleich bleiben? Auch die Flamme einer Lampe scheint uns zwar dem Aussehen nach immer dieselbe zu sein (nur die Stetigkeit ihrer Bewegung ruft den Eindruck hervor, als ob sie immer die nämliche wäre, ohne je zu wechseln), in Wirklichkeit bleibt sie aber niemals die gleiche, denn sie ist ja ein immerwährendes Fließen der einander ablösenden Teile (sobald das Brennöl durch die Hitze aufgesogen ist, verwandelt es sich zwar in eine Flamme, aber zugleich auch, beim Brennen, in einen Dampf, der entweicht, und so wird durch die Kraft dieser Umwandlung das Emporzüngeln der Flamme bewirkt, welche dann ihrerseits allen verbrennbaren Stoff sofort in einen Dampf umsetzt). Genauso, wie man nun eine Flamme nicht zweimal an derselben Stelle berühren kann (denn der ununterbrochene Verwandlungsprozeß der Flamme setzt nie aus, um eine zweite Berührung zu ermöglichen, auch wenn sie noch so rasch nach der ersten erfolgen sollte), weil die Flamme immer erneut und verjüngt wird, stets neu geboren, stets sich selbst ablösend, so daß sie niemals auf demselben Punkt zu verharren vermag — genauso ist es mit dem Vorgang, der auf natürliche Weise stets in unserem Körper stattfindet. Der stete Zu- und Abfluß, der durch den Verwandlungsprozeß unseres Körpers unterhalten wird, ruht niemals und wird erst stillstehen, wenn das Leben erlischt. Solange aber das Leben andauert, kennt die Natur unseres Leibes keinerlei Stillstand. Fortwährend füllt oder entleert sich etwas, oder vielmehr, beide Prozesse vollziehen sich fortwährend zugleich. Wenn man also nicht einmal heute derjenige noch ist, der man gestern war, sondern immerfort in einen anderen sich verwandeln muß, so wird jeder einzelne von uns sozusagen zu einem ganzen Volk von verschiedenen Menschen, sobald die Auferstehung unseren Leib zum Leben zurückführt: Kein Volksteil fehlt, nicht der Embryo, nicht der Säugling, nicht der Knabe, der Jüngling, der Mann, nicht der Vater, nicht der Greis darf fehlen — überhaupt keine der menschlichen Altersstufen (denn auf jeder waren wir ja ein anderer)! Aber noch weiter! Wenn doch sowohl Keuschheit als auch Unkeuschheit im selben Fleische geübt wird und wenn sowohl jene, welche des Glaubens wegen heftige Schmerzen aushielten, als auch jene, die hierfür nicht tapfer genug waren, bei der Auferstehung ihren Körper wiedererhalten sollen, die Handlungweise sowohl der einen wie der anderen aber einst auf das innigste mit sehr heftigen Sinnesempfindungen verbunden gewesen ist — in welcher Weise soll die Auferstehung dann erfolgen, damit der Gerechtigkeit zum Siege verholfen werden kann? Oder nimm an, ein Mensch sündigt zwar jetzt, später aber reinigt er sich wieder durch tätige Reue — und dann fällt er wieder in Sünde zurück. Nach dem Laufe der Natur verwandelt sich der unbefleckte Leib in den befleckten, und auch dieser kann sich wieder in einen unbefleckten verwandeln, jedenfalls steht die Natur niemals still, keiner kann je in seinem Zustand verharren. Was für ein Leib wird dann auferstehen und mit dem Zuchtlosen gezüchtigt werden? Etwa der, den er hatte, als er schon dem Tode nahe war, und der im Alter zuzammenschrumpfte? Das wäre aber ein anderer, nur sehr anderer Empfindungen fähig als jener, der gesündigt hatte. Oder aber der, den die Leidenschaft glühend schändete? Wo aber bliebe dann der mild gewordene Greis? Entweder wird dieser nicht auferstehen, und somit wäre die Auferstehung wertlos für ihn, oder aber er wird auferstehen — dann würde also der wirklich schuldige Leib der Strafe gänzlich entgehen.

Darf ich dir schließlich noch einen anderen Einwand unterbreiten, einen Einwand nach dem Sinne derer, die erklären, die Lehre von der Auferstehung nicht annehmen zu können?

Jedem Glied unseres Körpers ist von Natur aus eine ganz bestimmte Tätigkeit zugewiesen — das wird allgemein zugegeben. Es gibt da Organe, die haben den Körper am Leben zu erhalten, oder in seiner Kraft, so daß wir ohne sie überhaupt nicht weiterleben könnten, wie Herz, Lunge, Leber, Gehirn, Magen und ähnliche Eingeweide. Andere sind für die Sinnestätigkeiten bestimmt, wieder andere für die Arbeit, noch andere zur Fortbewegung, während wieder andere zur Weitergabe des Lebens an die Nachkommen nötig sind. Wenn nun das zukünftige Leben mit Hilfe dieser Körperteile geführt werden muß, dann hat die Auferstehung keinen Zweck. Sagt aber die Schriftstelle tatsächlich die Wahrheit — so wie dies unanzweifelbar der Fall ist —, wodurch wir belehrt werden, daß im Leben nach der Auferstehung weder Ehen geschlossen noch Speisen oder Trank genossen werden — ja wozu braucht man denn dann die betreffenden Glieder noch, da die Aufgaben, denen sie jetzt dienen, in jenem Leben gänzlich fortgefallen sein werden? Denn wenn dann immer noch die zu Zwecken der Ehe bestimmten Glieder vorhanden wären, so hätten wir sie dennoch überhaupt nicht mehr nötig, da es doch dann keine Ehen mehr gibt. Genauso werden die Hände zur Arbeit, die Füße zum Gehen, der Mund zur Aufnahme von Speisen, die Zähne zum Kauen, die Eingeweide zur Verdauung, die abführenden Kanäle zum Wegschaffen der verbrauchten Stoffe und so weiter absolut überflüssig, sobald es doch diese Verrichtungen alle gar nicht mehr gibt. Wozu sollen uns dann die dafür in Betracht kommenden Körperteile überhaupt noch nützen, ja warum hätten wir sie dann noch immer? Wenn aber der Körper keines von diesen Gliedern mehr besitzt, weil sie zur Führung des dortigen Lebens durchaus überflüssig und unnütz wären — dann folgt doch daraus, daß wir keines von den Gliedern mehr haben werden, welche hienieden den Körper in seiner Vollständigkeit bilden, denn dort verläuft das Leben ganz anders.

Niemand wird aber so etwas Wiederauferstehung und Unsterblichkeit nennen wollen, wenn sämtliche Glieder — weil für jenes Leben völlig unbrauchbar — mit dem Körper nicht mehr auferstehen. Wenn dagegen die Kraft der Auferstehung sich dennoch auf alle diese Glieder mit erstreckt, dann müssen wir also von Gott, der solche Auferstehung bewirkt, schlechthin annehmen, daß er uns bei der Auferstehung mit ganz überflüssigen und für jenes Leben völlig unbrauchbaren Dingen ausstattet!

Trotz alledem sind wir verpflichtet, zu glauben, daß die Auferstehung erfolgen werde. Und ebenso, daß sie nicht unnütz sei.

Wir müssen darum unsern ganzen Fleiß dieser Erörterung widmen. Denn wir müssen ja dafür eintreten können, daß der Glaubenssatz von der Auferstehung in allen Stücken unangreifbar fest begründet sei.

Die Widerlegung, § 18

Auf alle diese von mir vorgebrachten Einwände antwortete Makrina ruhig: Da hast du nun nach allen Regeln der rhetorischen Künste einen kräftigen Angriff auf die Lehre von der Auferstehung unternommen, hast sie mit Gegengründen bestürmt, welche wohl scheinbar die Wahrheit ganz niederzuschmettern drohen. Weniger gut Unterrichtete könnten dadurch sicherlich in Zweifel gestürzt werden und hinsichtlich des Geheimnisses sogar zur Überzeugung kommen, diese Einreden seien unwiderlegbar.

Allein, in Wirklichkeit verhält sich die Sache ganz anders. Die echten Offenbarungen der Lehre werden dadurch überhaupt nicht gefährdet. Auch dann nicht, wenn wir nicht imstande sind, mit gleicher Gewandtheit zu antworten. Denn die Wahrheit über diese Dinge liegt viel zu gut in den verborgenen Schatzkammern der Schrift, des Glaubens, der Weisheit verwahrt, als daß wir straucheln könnten. Und wenn uns dann die tatsächlich vollzogene Auferstehung selbst ihre Geheimnisse enthüllt, dann werden wir keine Worte mehr nötig haben, um die Berechtigung unserer Hoffnung zu erweisen. Es wird uns dann ähnlich ergehen wie den Schlaflosen, die sich nächtlicherweile herumwälzen und dabei über die Pracht des Sonnenglanzes ohnmächtig hin und her reden mögen — das morgendliche Aufleuchten der Strahlenpracht wird dann doch jedes Wort jeder möglichen Schilderung sofort überflüssig machen. Genauso wird es auch uns ergehen — im Augenblick, da wir die Auferstehung am eigenen Leib erfahren, werden uns alle Mutmaßungen lächerlich und vergeblich erscheinen, auch wenn wir jetzt noch so klug und noch so ausführlich über die Möglichkeiten und Unmöglichkeiten unserer Wiederherstellung herumgrübeln. Dennoch dürfen wir die vorgebrachten Einwände nicht unerörtert lassen . . .

Die Auferstehung, so wie sie uns durch die Heilige Schrift verkündet wird, bezweckt doch die Zurückführung unserer Natur in jenen Zustand, der ihr vormals zu eigen war. In diesem ursprünglichen Zustand, dessen Schöpfer Gott selbst war, gab es aber weder Greisenalter noch Kindheit, weder Krankheiten noch Schwachheiten, noch sonstwie körperliches Elend — nur billig scheint es uns, daß Gott dergleichen nicht schuf. Ein göttlich Ding war da die Menschennatur, ehe das Menschengeschlecht sich zum Bösen verleiten ließ. Aber als die Sünde ihren Einzug hielt, brachen alle jene Übel über uns herein. Darum sollte ein Leben, das sich frei von Sünde hält, auch den Folgen der Sünde nicht unterworfen sein . . . Infolgedessen liegt kein vernünftiger Grund zur Furcht vor, in jenem Leben etwas von den Übeln anzutreffen, welche uns hier der Sünde wegen heimgesucht haben. So, wie jemand seinen zerrissenen Rock auszieht und dann nichts mehr von den durch dieses Kleidungsstück verursacht gewesenen Verunstaltungen an sich erblicken kann, genauso wird, wenn wir erst dieses häßliche Totengewand ausgezogen haben, das aus Tierfellen gefertigt ist und uns nur wegen unserer Sünden angelegt wurde — denn unter diesem Tierfell verstehe ich die Gestalt unserer unvernünftigen, ja tierischen Natur, mit welcher wir seit unserer Hingabe an tierische Leidenschaften umkleidet worden sind —, dann wird, so behaupte ich, jedes Stück dieses uns einhüllenden Tierfells zugleich mit dem Ablegen des Ganzen von uns auch gänzlich fortgenommen. Was wir mit diesem Tierfell übernommen haben, das ist die Begattung, die Empfängnis, die Geburt, der Schmutz, die Mutterbrust, die Nahrung, die Entleerung, das bis zur Reife fortschreitende Wachstum, die Vollkraft, das Alter, die Krankheit, der Tod. Wenn wir nun aber dieses Tierfell nicht mehr tragen müssen, wie könnte dann noch etwas von dem an uns haften, das von jenem herrührte? Gerade deshalb, weil wir in jenem Leben einen ganz anderen Zustand erhoffen dürfen, deshalb ist es nutzlos, solche Dinge, wie sie für jenes andersartige Leben gar nicht mehr in Betracht kommen, gegen die Lehre von der Auferstehung anzuführen. Was haben denn Magerkeit und Dickleibigkeit, Auszehrung und Säfteüberfluß und dergleichen Eigenschaften des vergänglichen Menschenkörpers mit jenem Leben zu tun, das von dem flußartig vorübereilenden Verlauf des irdischen Daseins so völlig verschieden ist? ...Wer einmal angefangen hat zu leben, muß notwendigerweise fortleben, und ebenso notwendig muß die Auflösung, welcher der Körper durch den Tod anheimfällt, in der Auferstehung wieder aufgehoben und wiedergutgemacht werden...

Wenn Gott die Natur des Menschen durch die Auferstehung zu ihrer ursprünglichen Natur zurückführen will, so dürfte es müßig sein, zu meinen, die Allmacht könnte durch Hindernisse der vorgebrachten Art aufgehalten werden oder gar gehindert werden, ihr Ziel zu erreichen. Dieses Ziel geht ganz gewiß dahin: Wenn einmal die Menschennatur in allen einzelnen Menschen ihre Vollendung fände, bei den einen dadurch, daß sie sich bereits in diesem Leben von Sünden reinigten, bei den anderen dadurch, daß sie nach diesem Leben in entsprechenden Zeiträumen durch Feuer geläutert wurden, während noch andere die Unterscheidung von guten und bösen Handlungen noch gar nicht kennenlernten, — dann will Gott allen ohne Ausnahme den Zutritt zu Seinen Gütern gestatten: zu Gütern, die — wie die Schrift sagt — noch kein Auge gesehen, kein Ohr gehört, kein Verstand je erfaßt hat. Dies bedeutet aber, wie mir scheint, nichts anderes als ein Eingehen in Gott selbst.

Noch leichter werden wir die Nichtigkeit der vorgebrachten Einwände erkennen, wenn wir einen Blick in die Tiefe der apostolischen Weisheit werfen. Den Korinthern, die ihm vielleicht ähnliche Bedenken entgegenhielten, um unseren Glaubenssatz von der Auferstehung zu Fall zu bringen, entgegnete Paulus: »Du willst mich fragen, wie die Toten auferstehen können und mit welchen Leibern? Du Tor! Was du säest, wird nicht lebendig, es sei denn, daß es zuvor abstirbt; und was du auch säest, du säest nie schon den zukünftigen Leib, sondern nur ein Korn, wie etwa Weizen, oder ein anderes Samenkorn. Gott aber gibt ihm einen Leib, wie es Ihm gefällt!« (1. Kor. 15, 35 ff.) Hier scheint mir der Apostel jene zu zügeln, die den Umfang der göttlichen Macht nach ihrer eigenen beurteilen und wähnen, Gott vermöge nur so viel, wie sich unser Menschenverstand jeweils vorstellen kann ...

Doch auch in jeder anderen Hinsicht will mir das Wort des Apostels so scheinen, als ob es für unseren Versuch spräche, Gottes Absicht mit unserer Auferstehung vielleicht richtig gedeutet zu haben, wenn wir sie als Wiederherstellung unserer Natur in ihrem ursprünglichen Zustand beschreiben. Wir wissen ja aus der Geschichte der Welterschaffung durch die Heilige Schrift, daß die Erde zuerst Gras hervorbrachte – wie es dort in der Erzählung heißt – und daß dieses Gras Samen trug, der sich über die ganze Erde hin verstreute und dann die nämliche Art wie die Anfangspflanze erzeugte. Nach den Worten des Apostels wird es genauso auch bei der Auferstehung sein. Wir hören aber von ihm nicht nur, daß die menschliche Natur eine größere Herrlichkeit empfangen werde, sondern auch, daß diese Herrlichkeit, auf die wir hoffen dürfen, genau jener gleichen werde, welche wir im Anfang der Schöpfung hatten. Denn da im Anfang nicht die Ähre vom Samen, sondern der Samen von der Ähre kam, nachher aber umgekehrt die Ähre aus dem Samen hervorwächst, so gibt uns dieses Vorbild – falls wir es folgerichtig auslegten – einen deutlichen Fingerzeig dafür, daß alle Glückseligkeit, die uns aus der

Auferstehung erblühen wird, uns zur Gnade der ursprünglichen Ausstattung zurückführen soll. Denn auch wir waren zuerst reine Ähren, die jedoch durch den häßlichen Brand der Sünde dahinwelkten. Nun soll uns, wenn der Tod uns auflöst, die Erde in ihren Schoß aufnehmen. Dann aber wird dieses armselige Samenkorn des Leibes im Frühling der Auferstehung wieder zur vollkommenen Ähre werden, schlank, voll, aufrecht, zum Himmel emporstrebend, und statt mit Halm oder Stengel ist sie mit Unverweslichkeit und mit den übrigen göttlichen Eigenschaften des Himmels geschmückt...

Bei Gregor von Nyssa wie bei Gregor von Nazianz — übrigens auch bei Basilius — fällt die liebevolle Farbigkeit auf, die impulsive Überfülle der Argumente und Ausmalungen, die aus ihnen hervorsprudelt, sobald sie die Annehmlichkeiten der Reichtümer dieser Welt und die Vielfalt irdischer Freuden beschreiben, denen sie freiwillig entsagen, oder wenn sie die Einwände gegen die Auferstehung aufzählen oder die Unmöglichkeit erwähnen, daß ein Geschöpf, dessen Anfang in der Zeit lag und dessen Leben wesentlich nur als Veränderung und Prozeß in der Zeit fortbesteht, jemals zu einem Sein in der Ewigkeit »werden« könne. Und ihre Erwiderung, ihre Widerlegung solcher Irrtümer fällt dann zwar stets sehr bestimmt, aber doch oft so karg und kurz aus, daß tatsächlich vermutet worden ist (so z.B. von dem Übersetzer ihrer Hymnen, Friedrich Wolters), diese Kirchenväter wären zuweilen selbst von Zweifeln geplagt worden...

Aber dem ist entgegenzuhalten, daß diese Männer tatsächlich den Armen ungeheure Reichtümer und Ländereien geschenkt und tatsächlich in freigewählter Armut und mit Freuden ein unglaublich entbehrungsreiches Heiligenleben geführt und bewährt haben — und daß in allen Nöten und Schaurigkeiten der frei gewählten Lebenshärte und Kargheit ihr Glaube niemals wankend geworden ist. Freilich, von außen ihnen aufgezwungene Not haben sie kaum gekannt, es sei denn, man hielte die politischen Verfolgungen durch die damals übermächtigen Arianer für Prüfungen dieser Art, obwohl ein Aufsichnehmen von körperlichen Nöten aus geistigen

Gründen niemals mit der inneren Sinnlosigkeit eines rein äußerlichen Zwanges verglichen werden sollte.

Auch die abendländische — erst in jüngster Zeit selbstverständlich und auch schon wieder nicht mehr selbstverständlich gewordene — wissenschaftliche Methode, die uns gebietet, stets das Maximum aller möglichen Einwände einem absolut gesicherten Minimum von positiv unangreifbaren Argumenten gegenüberzustellen, spricht keineswegs aus dieser ungleichen Behandlung des Für und Wider durch diese heiligen Kirchenväter. Wie ist sie also zu erklären?

Aus der großen Frömmigkeit ihrer Seelen, und nicht aus ihren Zweifeln. Sie waren freilich stets bemüht, alle erdenklichen Argumente ihrer Gegner vorwegzunehmen, aufzugreifen, auszubreiten — um sie zu widerlegen. Und sie kannten wirklich — im Gegensatz zu vielen anderen heiligen Männern ihrer Zeit — jenes Leben, dem sie entsagten. Aber sie waren gewiß nicht so eitel, dies immer wieder in ihren Argumenten zu betonen. Für ihre Widerlegungen und für ihre Entsagung genügte ihnen dann immer ein einfaches Wort: die schlichte Berufung auf das, was für sie die einzige tägliche Gewißheit war und blieb, die Kraft, die Liebe, die Gnade, das allein wahre Leben in Gott.

Ebendadurch sind sie die Väter der christlichen Mystik geworden: sie haben einem sehr irdischen Aberglauben den Sinnbezug des rechten Glaubens gewiesen und dessen universale Bedeutung aufgezeigt. Sie wurden niemals müde, einen nur irdischen Sinn dieses Glaubens als unmöglich zu schildern, seinen göttlichen Sinn als dennoch wahr zu erweisen und ihn — mit den Worten des Evangeliums und der Apostel — als allein vor Gott gültig über alle Zweifel zu sichern. Sie haben die Heilswürde des christlichen Erlösungswunders zur inneren Gewißheit des allumfassenden Sinns der Schöpfung Gottes gemacht. Nur dieser universale Sinn bewahrt die nachtwandlerisch auf dem schwindelerregenden Grat des Allbezugs zwischen Glauben und Aberglauben fromm sich weitertastenden christlichen Mystiker vor dem Absturz.

HILARIUS VON POITIERS

Dieser zu Menschen des Morgenlands verschlagene, rein abendländisch empfindende Mann — der erste Verfasser christlicher Hymnen im Abendland — ist eine der liebenswertesten Gestalten unter den Kirchenvätern und Streitern des vierten Jahrhunderts. Er wurde etwa zwischen 310 und 315 in Pictavium (Poitiers) geboren, in Aquitanien, im südlichen Gallien. Seinem Horizont und ganzen Gehaben nach zu urteilen, muß er wohl in antiker, also heidnischer Tradition aufgewachsen sein und aus recht vornehmem, recht kultiviertem Geschlecht stammen, etwa aus einer reichen galloromanischen Familie. Der heilige Hieronymus sagte von ihm: »Hilarius schreitet hoch einher, auf gallischem Kothurn, er schmückt sich mit den Blumen Griechenlands und verwickelt sich bisweilen in lange Perioden . . .«

Hilarius kam verhältnismäßig spät — wie er selbst schreibt — zum christlichen Glauben, ähnlich wie nach ihm Ambrosius, der Bischof von Mailand. Er war jedenfalls schon Bischof zur Zeit der Kirchenversammlung von Arles, welche in Gegenwart des Kaisers Konstantius 353 stattfand und wo alsbald erneut die Verbannung des Athanasius ausgesprochen wurde — er hat ihr aber nicht beigewohnt, ebensowenig wie der Kirchenversammlung von Mailand (355), welche andere antiarianische Bischöfe verbannte, darunter Eusebius von Vercellae, einen Freund des Hilarius. Und bald darauf beginnt für diesen die aktive Kampfeszeit.

Hilarius brachte eine Versammlung der rechtgläubigen Bischöfe Galliens zustande, die dem arianischen Metropoliten von Arles, Saturnin — einem mächtigen Kirchenfürsten —, die Kirchengemeinschaft aufsagte und mit ihm einer ganzen Reihe anderer führender Arianer. Darauf kehrte Saturnin den Spieß um, verurteilte Hilarius und ließ ihn auf einer Arianersynode zu Bitterrae (Béziers) durch den Kaiser nach Kleinasien verbannen.

»Viel Gutes sah er dort nicht«, meint sein Übersetzer, Anton Antweiler (München, 1933). Hilarius selbst schrieb darüber in »De synodes«: »Abgesehen vom Bischof Eleutherius und einigen wenigen Gefährten . . . kennen sie Gott nicht in Wirklichkeit. Aber wenn sie Ihn doch wenigstens von Grund auf nicht kennten, dann

HILARIUS VON POITIERS

würde man immerhin noch ihr Nichtwissen eher verzeihen können als ihre Angriffe« (cap. 63).

Dort, in der Verbannung, verfaßte er seine Schrift über den Glauben (»De Trinitate«). Er selbst meint bescheiden, er sei für theologische Streitfragen und Spitzfindigkeiten keineswegs vorgebildet oder auch nur geeignet, es fehle ihm die systematische Kenntnis der einschlägigen Schriften — er habe noch nicht einmal etwas vom Nizänum gewußt, als er sein Bischofsamt in Gallien ausübte, und die Gegenüberstellung der Worte »wesensgleich« und »wesensähnlich« als Ursache des Kampfes stimme ihn eher traurig. Darum sprechen auch moderne Theologen manchmal von der liebenswürdigen Naivität des Hilarius, obwohl schließlich ein Kirchenvater von der Bedeutung des heiligen Augustinus gerade die Erklärungen der Dreifaltigkeit aus dem Glaubensbuch des Hilarius zur Grundlage für seine eigenen Ausführungen über die Heilige Dreifaltigkeit zu wählen für würdig befunden hat. Und mit Recht. Der Leser mag selbst urteilen: Diese Art von Naivität ist abendländisch, ist auch die unsere — gleich nah und gleich fern von Anschauungstreue und Buchstabentreue, sucht sie immer, den Sinn zu erfassen.

Auf der Kirchenversammlung von Seleucia (359) trachtete Hilarius zu vermitteln, erbat vom Kaiser, den er hierauf in Konstantinopel besuchte, eine Aussprache mit seinem Feinde Saturnin — die ihm allerdings verweigert wurde. Aber die Rückkehr über Rom nach Gallien und nach seinem Bischofssitz wurde ihm überraschender weise gewährt. Freilich, mit dem Kaiser verstand er sich — wie seine geharnischte Streitschrift bald erwies — deswegen doch nicht besser. Denn der hatte ihn ja doch nur »als Störenfried des Orients« zurück nach dem »wilden« Westen geschickt.

Schon auf der Kirchenversammlung von Paris (361) finden wir ihn wieder: Hilarius wirkte dort tatkräftig — »ein Athanasius des Westens« — für die Niederwerfung der Arianer und trug wesentlich zur neuerlichen Ausstoßung Saturnins bei. Nun konnte auch Eusebius von Vercellae nach Italien zurückkehren.

Das Arianertum war dadurch keineswegs schon gebrochen, aber doch hatte Hilarius wenigstens den Fort-

bestand des rechtmäßigen Glaubens auf den Bischofssitzen überall in Gallien tatkräftig sichern können, und die noch folgenden arianischen Angriffswellen konnten dagegen nie mehr etwas Ernstliches ausrichten. Überall wurde nun das Bekenntnis von Nizäa gelehrt; Hilarius versuchte noch, dasselbe auch in Mailand zu erreichen (367), doch dort gelang es ihm nicht — dieser Erfolg war erst dem heiligen Ambrosius beschieden.
Nach seiner überaus scharfen Streitschrift gegen den Kaiser schrieb Hilarius nun noch in Muße an seinen Erklärungen zu den Psalmen. Bald nach 367 scheint er gestorben zu sein.

AUS DEN ZWÖLF BÜCHERN ÜBER DIE DREIEINIGKEIT

Das Werk wird erst seit Cassiodor so benannt, Rufinus, der dem Verfasser am nächsten stand, nannte es »Vom Glauben«, und der Herausgeber und Übersetzer der schönen Ausgabe von 1933, Anton Antweiler, meint, es müßte eigentlich heißen, »Von der Einzigkeit Gottes«. Es ist »eine Kampfschrift, fern von der Heimat geschrieben, in einer andersartigen Umwelt des Leibes und Geistes«. Antweiler findet auch in seiner Einleitung (S. 9) den prägnanten Satz, der für die Gesamtbemühung der vorliegenden Stellenauswahl aus dem reichen Erbe aller von den Vätern der Kirche auf uns gekommenen Werke den hier eingenommenen Standpunkt wunderbar deutlich macht: »Der Beweis dafür, daß man das Rechte wenigstens wollte, liegt darin, daß innerhalb des Glaubensguts alle diejenigen Möglichkeiten erschöpft wurden, die zu einem Irrtum hätten Anlaß geben können, und zwar auch in solcher Reihenfolge, daß die geschichtliche Abfolge der dogmatischen Kämpfe und Entscheidungen zugleich die beste Einführung in die überzeitlich geltenden Zusammenhänge der Glaubenswirklichkeit ist.«

I., 1. Auf die Suche ging ich nach der Aufgabe, die dem Menschenleben an sich und gemäß dem ihm von Gott verliehenen Sinn am würdigsten angemessen wäre und die sich uns entweder von Natur oder aus den Bemühungen des Geistes darböte; es sollte... etwas darin zum Ausdruck kommen, das der uns von Gott gewährten Gnade der Erkenntnis wenigstens durch die gute Absicht entspräche. Zwar bot sich vieles an, was nach landläufiger Meinung das Leben erstrebenswert und scheinbar auch nutzbringend machen könnte — besonders dasjenige, was auch heute wie einst und stets als das Wichtigste für alle Sterblichen gilt: Muße bei schönem Überfluß... Aber wenn auch Muße und Reichtum die höchsten und besten Annehmlichkeiten des Lebens umschließen, so unterscheiden sie sich doch nicht sehr sichtlich vom gewöhnlichen Genügen der Tiere, die auf waldigen und besonders futterreichen Plätzen umherschweifen, um Sicherheit vor Bedrängnis und Sättigung aus unerschöpflichen Vorräten zu genießen. Wenn wirklich nur dies als höchste und vollkommenste Nutzung des Lebens betrachtet wird, müßig zu sein und Überfluß zu haben — dann ist uns solches, je nach den Bedürfnissen der verschiedenen Arten, mit den Tieren notwendig gemeinsam... Doch mir und, wie es scheint, auch den meisten Menschen gilt solch müßige und tierisch-sorgenlose Lebensweise als verächtlich, und wir haben sie schon immer bei anderen getadelt, gewiß nur darum, weil wir — von unseren Naturanlagen selbst veranlaßt — es für menschenunwürdig halten, uns nur für den Dienst am Leib und für die Tatenlosigkeit bestimmt zu glauben. Im Gegenteil, wir wünschen, in dieses Leben wegen irgendwelcher Bemühungen um hervorragende Taten oder um einen sinnvollen Beruf eingeführt worden zu sein; anders ausgedrückt: Wir möchten dieses Leben schon als Weg zur Ewigkeit gewährt wissen...

I., 9. ...Es würde keinen Gewinn bedeuten, von Gott recht zu denken, wenn uns der Tod jede Empfindung raubte und der Zusammenbruch versagender natürlicher Lebenskraft alles endgültig vernichtete. Auch schon die natürliche Einsicht hielt es stets für unwürdig, daß Gott den Menschen in ein der Einsicht und Klugheit teilhabendes Leben eingeführt haben könnte unter der sicheren Gewißheit, dieses Leben zu verlieren und hierauf in aller Ewigkeit tot zu bleiben. Wir würden dann, als wir noch nicht existierten, nur dazu in die Existenz von Gott gerufen worden sein, um — einmal eingeführt — darin doch nicht Bestand zu erhalten, während wir als Sinn unserer Erschaffung allein dies zu erkennen vermögen, daß ein Beginn des Seins gegeben werde, wo vordem noch nichts war, nicht aber, daß dieses Sein dem fortgenommen werde, der es auf Gottes Geheiß schon begann...

I., 17. Dem Wahn der Irrlehrer will ich entgegentreten in der Erwägung, daß es zum Heile dienlich sei, nicht bloß an Gott geglaubt zu haben, sondern an Gott den Vater; nicht nur auf Christus unsere Hoffnung gegründet zu haben, sondern auf Christus als den Sohn Gottes; und nicht auf ein Geschöpf, sondern auf Gott den Schöpfer, der aus Gott geboren ist. Deswegen kommt es uns besonders dringend darauf an, aus den Offenbarungen der Propheten und Evangelisten zu erweisen, wie wahnsinnig und unwissend jene sind, die — unter Verkündigung des nur einen Gottes, die allein wirklich heilbringend sei und allein den Namen »Glauben« verdiene, — entweder leugnen, daß Christus der in Ewigkeit geborene Gott sei, oder aber behaupten, Er sei gar kein wahrer Gott.

II., 1. ...Urheber von allem ist nur Einer. Denn Einer ist Gottvater, aus dem alles Geschaffene seinen Ursprung und sein Dasein nimmt; und Einer ist unser Herr Jesus Christus, durch den alles Geschaffene geschaffen ist, und Einer ist der Heilige Geist... Alles ist also geordnet: eine Macht, aus der alles stammt, ein Sproß, durch den alles ist, ein Geschenk vollkommener Hoffnung...

II., 6. Vater ist der, aus dem alles, was ist, sein Dasein und seinen Ursprung nahm. Er ist in Christus, und durch Christus ist Er Ursprung von allem, Sein Sein beruht in sich selbst...

II., 7. ...Es entgeht mir nicht, daß jedes Wort zu schwach ist, um Sein Wesen und Seine Eigenschaften aussprechen zu können. Wer hier erkannt werden soll, ist unsichtbar, unfaßbar, ewig. Indes, gerade in dieser unfaßbaren Unendlichkeit besteht nur... eine Art Umgrenzung unseres Ahnens — vor der Überfülle Seines Wesens erliegt jede menschliche Ausdrucksfähigkeit —, Worte erklären Ihn nicht, erreichen nicht den Sachverhalt, wie er wirklich ist... Das Bekenntnis versagt also bei der Bezeichnung, und wie immer jene Bezeichnungen angepaßt werden mögen, das Wesen Gottes, die Größe Gottes werden sie nie angemessen aussagen können. Das vollkommenste Wissen ist noch dies, Gott zwar nicht als Unkennbaren, wohl aber als den Unaussprechlichen zu wissen...

II., 8. ... Der Vater ist, wie Er ist — und daß Er so auch Dasein habe, wie Sein Wesen ist, das eben ist zu glauben.

Den Sohn durch Erkenntnis zu erreichen, erschrickt der Geist, und jedes Wort zittert davor, sich darzubieten. Denn Er ist der echte Sproß des Ungeborenen, der Eine vom Einen, der Wahre vom Wahren, der Lebendige vom Lebendigen, der Vollkommene vom Vollkommenen, Kraft der Kraft, Weisheit der Weisheit, Herrlichkeit aller Herrlichkeiten, Bild des unsichtbaren Gottes, Gestalt des ungewordenen Vaters.

VI., 29. ...Bei allem, was aus dem Nichts herstammt, kann man gar nicht in Unwissenheit über seinen Ursprung sein... Wer aber den Ursprung Christi nicht kennt, kann Christus überhaupt nicht erkennen und vermag auch nicht, den Sohn zu bekennen, da er dessen Geburt aus Gott leugnet und meint, Gott habe Ihn aus dem Nichts heraus erschaffen wie die Geschöpfe alle. Aber Christus stammt nicht aus dem Nichts — so daß die Ungläubigen nicht einmal Seinen Ursprung kennen können.

VI., 30. ...Eine solche Glaubenslosigkeit liebt den Sohn nicht, und ein solch ungläubiges Bekenntnis (zu Gott als Vater aller Menschen) nimmt nicht in ehrfürchtiger Weise Gott als Vater für sich in Anspruch; wenn Gott ihnen wirklich Vater wäre, dann müßten sie gerade deswegen auch Christus lieben, der von Gott unmittelbar Seinen Ausgang genommen hat... Denn von Gott her hat der Sohn Sein Dasein, nicht durch das Kommen in der Menschwerdung, sondern durch das Geborenwerden in der Ewigkeit — und Liebe zum Vater wird nur da ungeschmälert sein, wo man an den Ursprung des Sohnes aus Ihm glaubt.

VIII., 4. Wir aber haben den Glauben der Evangelien und Apostel in unserer geistlichen Lehre überliefert erhalten; durch das Bekenntnis des Vaters und des Sohnes erstreben wir die Hoffnung auf ewige Seligkeit... Wir lehren die wahre Geburt des Eingeborenen Gottes aus Gott dem Vater, weil Er dadurch einerseits wahrer Gott und andererseits vom Wesen des einen wahren Gottes nicht verschieden ist und *weil Er nur so als Gott weder geleugnet noch als ein anderer Gott genannt werden kann,* denn die Geburt stellt die Gottwesenheit sicher und das Ihm aus Gott überkommene Wesen des einen Gottes trennt ihn nicht als einen anderen, als einen zweiten Gott von diesem ab ...

VIII., 15. Wie sehr wir in Ihm sind — durch das Geheimnis der Teilnahme an Seinem Fleisch und an Seinem Blut —, das hat Er selbst mit Seinem Wort bezeugt: »Und diese Welt sieht mich bald nicht mehr, ihr aber werdet mich sehen, da ich lebe und auch ihr leben werdet, denn ich bin in meinem Vater, und ihr seid in mir, und ich bin in euch« (Joh. 14, 19 f.) ... Die durch den Mittler bewirkte vollkommene Einheit sollte hiermit gelehrt werden in der Weise, daß wir in ihm seien (durch Seine körperliche Geburt) und Er im Vater bleibe (vermöge des Wesens der Göttlichkeit) und dennoch auch in uns (durch das Geheimnis Seiner Sakramente); und wir sollten so zur Einheit mit dem Vater hingelangen, da wir ebenso wesensgemäß im Sohn inne seien (durch den Glauben) und Er in uns wesensgemäß inne bleibe (durch die Eucharistie), wie Er vermöge der Geburt wesensmäßig im Vater ist ... »Wer mein Fleisch ißt und mein Blut trinkt, der bleibt in mir und ich in ihm.« Es wird also keiner in Ihm sein, es wäre denn, in wem Er selbst gewesen sei; nur wer Sein Fleisch in sich aufgenommen hat, dessen Fleisch wird auch Er in sich aufgenommen halten ...

VIII., 26. ... Denn Christus wohnt in uns, und wenn Christus in uns wohnt, dann auch Gottvater. Es ist ja Christi Geist, der uns innewohnt, und dies ist kein anderer Geist als Gottes Geist; wenn man weiß, daß Christus durch den Heiligen Geist in uns wohnt, so muß man doch auch wissen, daß dies ebenso der Geist Gottvaters ist als der Geist Christi. Und da durch das Wesen der Sache das Wesen selbst in uns wohnt, so wird man es für glaubenswahr halten müssen, daß das Wesen des Sohnes vom Vater nicht verschieden sei ... Es ist der Geist dessen, der Christus von den Toten auferweckte — aber derselbe Geist ist auch Christus zu eigen, der von den Toten auferweckt wurde ...

VIII., 52. Gott hat also in gnädiger Rücksicht auf die

menschliche Schwachheit die Glaubenslehre nicht etwa nur mit dürren oder schwerverständlichen Wort verkündet. Auch wenn allein schon die Geltung des Herrenworts für uns die Notwendigkeit des Glaubens verbürgt, so hat Er doch unsere Fassungskraft noch eigens durch die Erkenntnis des bekanntgegebenen Grundes befähigt, damit wir durch den inneren Grund des dargelegten Einsseins verstehen lernen, was Sein Wort bedeutet: »Ich und der Vater sind eins« ... Nichts fehlt nämlich demjenigen am Gottsein, durch dessen Handeln und Sprechen und Gesehenwerden Gott selbst wirkt und auch spricht und auch gesehen wird. Es sind nicht zwei Wesensverschiedene ... Das erkennt die Kirche, das glaubt nicht die Synagoge, das versteht die Weltweisheit nicht: daß Einer vom Einen, das Ganze vom Ganzen stammt, daß der Sohn auch Gott ist und daß Er durch Seine Geburt weder dem Vater die Ganzheit genommen noch auch diese selbe Ganzheit nicht als Vollbesitz durch die Geburt erlangt habe.

IX., 14. ...Wir müssen uns dessen immer bewußt bleiben, daß in unserem Herrn Jesus Christus eine einzige Person mit zweifacher Wesenheit wirkt. Derjenige, der in der Gestalt und Wesenheit Gottes blieb, nahm die Gestalt und Wesenheit des Knechtes an und blieb darin gehorsam bis zum Tode. Der Gehorsam des Todes ist nämlich nicht in der Gestalt Gottes, wie auch die Gestalt Gottes nicht in der Gestalt des Knechtes ist... Darauf also zielt die Entäußerung ab, daß die Gestalt des Knechtes hervorkomme, nicht aber darauf, daß Christus, der in der Gestalt Gottes ist, als Christus nicht mehr fortdauere. Denn die Gestalt des Knechtes hat ja niemand anderer als Christus selbst angenommen. Als Er sich entäußert hatte, um Christus als noch fortbestehender Geist und derselbe Christus als Mensch zu sein, da hat die Änderung des Zustands in der Annahme der Körperlichkeit bestanden, aber diese Annahme des menschlichen Wesens hat das Wesen der bleibenden Göttlichkeit keineswegs zunichte gemacht — denn der eine selbe Christus ist es, der den Zustand ändert und annimmt ...

X., 7. Wir haben zwar die zeitlose und unsagbare und jegliche menschliche Fassungskraft übersteigende Zeugung des Sohnes verkündet. Wir haben aber auch das Geheimnis der Menschwerdung Gottes durch die Geburt aus der Jungfrau gelehrt. Wir haben auch darauf hingewiesen, daß die Schwachheit des menschlichen Standes keineswegs Gottes Wesen geschwächt habe, sondern — gemäß der Entschließung zur Fleischesannahme — durch die Erniedrigung aus Gottes Gestalt und Annahme der Knechtesgestalt die göttliche Macht noch zu der menschlichen hinzugekommen sei, unbeschadet der Kraft Gottes im Menschen. Denn da Gott als Mensch geboren wurde, geschah es nicht deswegen, um als Gott nicht fortzudauern, sondern um unter dem Fortbestehen Gottes den Menschen zu Gott hin geboren werden zu lassen. Sein Name heißt ja auch Emmanuel — und das bedeutet, Gott-mit-uns, so daß es also keine Herabminderung Gottes zum Menschen hin gibt, sondern einen Aufstieg des Menschen zu Gott hin. Oder, wenn Er um Seine Verherrlichung bittet, so kommt dies nicht dem Wesen Gottes, sondern der angenommenen Menschlichkeit zugute. Denn Er erbittet ja diejenige Herrlichkeit, die Er vor der Begründung der Welt bei Gott gehabt hat.

X., 16. ...Das fleischgewordene Wort hat also Sein Fortdauern als Wort nicht verloren, sofern Es Wort ist, bleibt Es im Himmel, sofern Es Fleisch geworden ist, besteht Es als Menschensohn und stammt vom Himmel... Denn die Kraft des Wortes ist nicht körperlicher Art... und das Fleisch hatte nicht anderswoher Seinen Ursprung genommen als aus dem Wort, und das fleischgewordene Wort war trotz Seines Fleischseins dennoch sehr wohl das Wort.

X., 18. Der Herr selbst hat das Geheimnis dieser Seiner Geburt offenbar gemacht mit den Worten: »Ich bin das lebendige Brot, da ich vom Himmel herabgestiegen bin; wenn jemand von meinem Brot gegessen hat, wird er in Ewigkeit leben.« ...

X., 29-31. Aber aus töricht verstocktem Falschglauben leitet man vielleicht die Behauptung her, Sein Wesen habe sich schwach gezeigt, da Seine Seele traurig war bis zum Tode... Vielleicht mag man auch meinen, Er habe so sehr Furcht gehabt, daß Er gebeten habe, der Kelch möge an Ihm vorübergehen; »Abba, Vater, alles ist dir möglich, trage diesen Kelch an mir vorüber.« ...

Und zum Verfechten deines Falschglaubens wirst du dich gewiß auch noch mit diesem Herrenwort wappnen wollen: »Gott, mein Gott, warum hast du mich verlassen!« ...

X., 60. Aber das ist die Einsicht in das göttliche Geheimnis: Wir sollen über die Gottheit dessen nicht in Unkenntnis sein, dessen Menschsein wir sehr wohl wissen — und nicht in Unwissenheit über die Menschheit dessen, von dem wir erkannt haben, es ist Gott. Wir sollen Jesus Christus nicht teilen, weil das Wort Fleisch geworden ist, und denjenigen nicht als begraben ansehen, dessen Erweckung wir kennen — ebensowenig wie wir über dessen Erweckung im Zweifel sind, von dem wir nicht wagen möchten zu leugnen, daß Er nicht begraben worden sei. Jesus Christus ist begraben worden: weil Er auch wirklich gestorben ist. Gestorben ist aber, wer kurz vor Seinem Tode gesprochen hat: »Gott, mein Gott, warum hast du mich verlassen!« Und derselbe, der das gesagt hat, tat auch den Ausspruch: »Wahrlich, ich sage dir, heute noch wirst du bei mir im Paradiese sein!« Derselbe, der nach dem Versprechen des Paradieses auch ausgerufen hat: »Vater, in deine Hände befehle ich meinen Geist!« Und der mit diesen Worten den Geist aufgab.

X., 62. Einer und derselbe ist unser Herr Jesus Christus, das fleischgewordene Wort. Sich selbst bezeichnet Er durch alles dies: Er ist Mensch, sofern Er Seine Todverlassenheit kennzeichnet — aber während Seines Menschseins herrscht Er im Paradies als Gott, und während Seines Herrschens im Paradies als Sohn Gottes empfiehlt Er dem Vater Seinen Geist — und als Menschensohn gibt Er diesen dem Vater anbefohlenen Geist zum Tode hin. Mit welchem Recht erheben wir Schmähungen wegen des Geheimnisses dieser Gottmenschlichkeit? Darin, daß Er Seine Todverlassenheit beklagt, ist Er Mensch; darin, daß der Sterbende Sein Königtum im Paradies bekundet, ist Er Gott ...

XII, 47. Die Leibesannahme liegt innerhalb des Zeitablaufs, die unendliche Geburt aber liegt außerhalb aller Zeit ...

DER HEILIGE AMBROSIUS

Ambrosius, Bischof von Mailand (374-379), geb. um 330 zu Trier, Sohn des Präfectus Prätorio für Gallien, nach Augustin (conf: V, 13) »best- und weltbekannt«, denn Augustin hatte »voll Spannung am Wort des Ambrosius gehangen, sich oft an den Süßigkeiten seines Vortrags ergötzt, ja er verdankte seinem Mund allererst die Bekehrung« (Epist. 147).

Der Bildungsgang des Ambrosius begann in Rom, dort wurde er Konsul (370) und dann Konsular für Ämilia und Ligurien (374), eilte auf seinen neuen Amtssitz nach Mailand, um dort gegen die Umtriebe der Arianer Ordnung zu stiften — und wurde »durch den Volkswillen« (durch die allgemeine Begeisterung über eine Kinderstimme, die plötzlich aus der Menge gerufen hatte: »Ambrosius, Bischof!«) Kirchenfürst, noch ehe er die Taufe empfangen hatte. Er sträubte sich zuerst gegen diese Wahl, schützte Sündhaftigkeit vor, suchte sogar sich durch wiederholte Flucht der ehrenvollen, aber schweren Bürde zu entziehen, »doch alles blieb vergebens, Volkes Stimme ist Gottes Stimme: Als Ambrosius den Willen Gottes und die Vergeblichkeit seines Widerstrebens erkannt hatte, verlangte er nach der Taufe aus der Hand eines katholischen Bischofs, denn ängstlich mied er den Irrglauben der Arianer... Nach der Taufe erfüllte er sämtliche Weihevorschriften der Kirche und empfing die Bischofsweihe zur höchsten Befriedigung und Freude aller... und auch der Kaiser Valentinian I. nahm mit größter Freude auf, daß man für das Priesteramt einen von ihm selbst bestellten Richter begehrt hatte« (Paulinus, c. 6-9).

Ambrosius war der Berater des Kaisers Gratian, der unter seinem Einfluß die letzten Staatsbeiträge für den antiken Götterkult abschaffte, die heidnischen Privilegien und Tempelgüter einzog, schließlich das letzte Wahrzeichen der alten Götter beseitigen ließ: die Bildsäule der Siegesgöttin, die der Kaiser Augustus im Sitzungssaal des Senats hatte errichten lassen. Es war auch der Einfluß des Ambrosius, der im Jahre 381 auf dem Konzil zu Aquileia überwog und zur endgültigen Verurteilung der Arianer führte. Die literarischen Meisterwerke des Ambrosius sind vornehmlich der christlichen Einverleibung des Alten Testamentes gewidmet, so vor allem das »Hexameron«, ein Kommentar zu den sechs Schöpfungstagen der Genesis, ferner »Kain und Abel«, »Über Abraham« usw.[1]

AUS DEM HEXAMERON

I., 1. Erstaunlichem Wahn konnten Menschen verfallen; einige von ihnen stellten drei Ursprünge für alles Seiende auf, Gott, die Ideen, die Materie. So Platon und seine Schule. Diese drei Urprinzipien seien, so versicherten sie, ungeschaffen, anfangslos, unvergänglich. Gott habe also nicht als Schöpfer der Materie, sondern nur als Bildner, dem eine Idee vorschwebt, die Welt aus der Materie gemacht. Andere gibt es, die halten sogar die Welt selbst für unvergänglich, also nicht für geschaffen. Wieder andere — so Aristoteles und seine Schule — nehmen zwei Urprinzipien an, Materie und Form, und in Verbindung damit ein drittes, das sie »das Bewirken« nennen ... Pythagoras nahm nur eine einzige Welt an, wogegen andere, wie Demokrit, das Dasein zahlloser verschiedener Welten behaupten ... Wie ließe sich bei so widersprechenden Ansichten der wahre Sachverhalt ermitteln? ...

I., 1, 5. Da der heilige Moses im göttlichen Geiste voraussah, daß solche menschlichen Irrtümer begangen werden könnten, vielleicht sogar schon zu seiner eigenen Zeit auch begangen worden waren, stellte er den folgenden Satz an den Anfang seines Berichtes: »Im Anfang hat Gott den Himmel und die Erde erschaffen.« Er spricht zugleich damit aus, daß jedes Ding einen Anfang, die Welt einen Urheber, die Materie einen Schöpfer habe. Man sollte daraus erkennen: Gott ist der Anfang des Alls, gemäß der Antwort, die das Evangelium vom Sohne Gottes berichtet, der auf die Frage »Wer bist du?« erwiderte: »Der Anfang!« (Joh. 8, 25.) Nur Gott hat allen Dingen den Anfang ihres Entstehens gegeben, Gott allein ist der Schöpfer der Welt. Nicht nur an Hand einer Idee, gleichsam als ein Nachformer der Materie, der nur nach irgendwie gegebenen Mustern seine Werke gestaltet, sondern aus dem Nichts, nach Seinem freien Ermessen. Zutreffend also gebrauchte Moses die Wen-

[1] Übersetzung I. E. Niederhuber, München, 1914.

dung »Im Anfang hat Er geschaffen«; damit wollte er bekunden, daß gleich das Ergebnis der vollendeten Schöpfung den nachfolgenden Aufzeigungen der Einzelheiten in seiner Darstellung vorangestellt sei, um die unbegreifliche Schnelligkeit des Schöpfungsvorgangs auszudrücken.

I., 6, 1. Wir müssen beachten, wer dies ausspricht. Es ist Moses, der mit allen Weisheiten der Ägypter so wohlvertraut war, Moses, den die Tochter des Pharao aus dem Nil hatte heben lassen und der von ihr wie ein eigenes Kind behandelt worden war, Moses, den sie liebgewonnen und in allen Lehren und Geheimnissen damaliger Weltweisheit hatte unterrichten und ausbilden lassen. Obwohl sein Name Moses »der aus dem Wasser Gerettete« bedeutete, glaubte er trotzdem nicht, wie Thales, daß alles aus dem Wasser komme. Und obwohl er auf dem Königshof herangewachsen und an Genuß gewöhnt war, zog er es trotzdem vor — aus Gerechtigkeitsliebe —, das bittere Brot freiwilliger Verbannung zu essen, statt in Üppigkeit als hoher Würdenträger der pharaonischen Gewaltherrschaft seine Dienste der Ungerechtigkeit und der Sünde zu widmen... Ihm stellt die Schrift das Zeugnis aus, daß »kein Prophet nach Moses aufstand, der — ihm gleich — den Herrn gekannt hätte von Angesicht zu Angesicht« (Deut. 34, 10). Nicht in Visionen oder in Träumen, sondern von Mund zu Mund hat er mit Gott sprechen dürfen, er ist vom Allerhöchsten der Gnade gewürdigt worden, Gottes Gegenwart nicht nur im Bild oder in Rätseln und Parabeln zu schauen, sondern in der klaren Helle des Tages und der Wahrheit.

Dieser Mann ist es, der die Worte weiterleitete, welche durch den Herrn in ihm laut wurden, so wie verheißen worden war, als Gott ihn zum Pharao sandte: »Ziehe hin, und ich werde deinen Mund öffnen und dich lehren, was du sprechen sollst« (Exod. 4, 12). Und wenn er schon die Worte, die zur Entlassung seines Volkes aus der Knechtschaft gesprochen werden mußten, von Gott selbst empfangen hat — um wieviel mehr muß dies für jene Worte zutreffen, die über den Himmel auszusagen ihm aufgetragen worden war! Nicht in Überredung durch menschliche Weisheit (1. Kor. 2, 4), nicht durch

Trugschlüsse der Philosophen, sondern in Erweisung von Geist und Kraft, als Zeuge gleichsam der göttlichen Schöpfung, hat er es auszusprechen gewagt: »Im Anfang schuf Gott Himmel und Erde.« Moses wartete also nicht erst die Ergebnisse eines langwierigen Prozesses ab, ließ nicht erst vielleicht vergeblich bleibende Versuche anstellen, ob sich diese Welt allmählich aus Atomverbindungen etwa Schritt für Schritt zusammengefügt haben könnte, er wartete auch nicht auf Schüler der Materie, um durch diese erst einmal solche Eigenschaften der Materie erproben zu lassen, durch welche sie die Welt vielleicht geformt haben könnte, sondern er glaubte, es gleich vorweg aussprechen zu müssen, daß Gott der alleinige Urheber des Alls sei. Ein Mann voll Weisheit, begriff er, daß nur in Gottes Geist alles Sein und Dasein, alles Wesen und Sosein, aller Grund der sichtbaren und unsichtbaren Dinge beruhen kann und daß nicht erst, wie die Philosophen immer noch lehren, die Verbindung der Atome deren stetige Fortdauer ermögliche. Ihm kam es vor, als spännen alle diese Gelehrten nur ein Spinnengewebe und daß sie immer wieder zu kleine, unzureichende, wesenlose Prinzipien für das Dasein von Himmel und Erde ansetzten. Hätten diese Prinzipien nicht in der göttlichen Macht ihres göttlichen Lenkers einen festen Bestand und wären diese Elemente nur wie zufällig miteinander verbunden, so müßten sie sich längst wieder aufs Geratewohl aufgelöst haben. Kein Wunder übrigens, daß die, welche Gott nicht kennen, auch nichts vom Schöpfer der Welt wissen, der doch alles bestimmt und alles regiert. Lassen wir uns darum nicht von bloßen Meinungen anführen, und folgen wir lieber dem, der die Allgegenwart sowohl des Schöpfers als auch des Lenkers an sich selbst wirklich erfahren hat.

I., 8. »Im Anfang« — so hat Moses also begonnen. Eine treffliche Anordnung! Er betont vor allem gerade das, was man in der griechischen und römischen Welt zu leugnen pflegt: Der Mensch soll erkennen, daß diese Welt einen Anfang hat — wir sollen sie nicht länger für anfangslos halten... und dazu das treffliche »Er hat geschaffen« — womit nämlich die Anmaßung einer ungeschaffenen ewigen Welt widerlegt und auch der Annahme eines zeitlichen Verlaufs des Schöpfungsakts von vornherein vorgebeugt werden soll. Die Menschen müssen einsehen, wie unvergleichlich der Schöpfer ist; die Ausführung Seiner Willenstat geht jedem merklichen Zeitablauf voraus. Niemand sah Ihn schöpfen und schaffen, und auch Er sieht nur das geschaffene Werk vor sich. Wie könnte auch von einem Zeitablauf die Rede sein, wenn wir da lesen: »Er sprach, und es wurde, Er befahl, und es war erschaffen« (Ps. 32, 9). Nicht also bedurfte es eines Kunstaufwands oder einer Kraftanstrengung für den, der mit Seinem Willensakt die majestätische Pracht eines so gewaltigen Werkes vollendet — so daß Er das Nichtseiende auf einmal ins Dasein versetzt. So plötzlich, daß weder die Schöpfung Seinem Willensakt nachkommt oder vorangeht, noch Sein Willensakt der Schöpfung zuvorkommen kann.

Wir staunen noch über das Werk, wir fragen nach dem Meister, der einer so gewaltigen Schöpfung ihren Anfang hat geben können, der es so plötzlich ins Dasein gerufen hat — da fügt Moses auch schon die Antwort hinzu: »Den Himmel und die Erde«, die also hat Gott geschaffen. So haben wir den Schöpfer selbst vernommen und dürfen nicht zweifeln: Dieser ist es, in welchem Melchisedek den Abraham gesegnet hat, den Stammvater so vieler Völker, mit den Worten: »Gesegnet sei Abraham vor Gott dem Höchsten, der den Himmel und die Erde erschaffen hat.« ...

Auch Jeremias ruft aus: Die Götter, welche den Himmel und die Erde nicht geschaffen haben, sollen verschwinden, fort von der Erde, fort vom Himmel dort — der Herr ist's, der die Erde geschaffen hat, in Seiner Macht den ganzen Erdkreis geordnet hat, in Seiner Weisheit den Himmel darüber ausgespannt hat und in Seiner Einsicht die Menge des Wassers am Himmel hinzugefügt hat (Jer. 10, 11) ...

I., 12. ... »Anfang« kann aber entweder auf die Zeit bezogen werden oder auf die Zahl oder auf das Grundsätzliche — so wie auch bei einem Hausbau das Fundament den Anfang bildet. Daß man auch vom Anfang einer Bekehrung, einer Entartung oder Entwertung reden kann, wissen wir ebenfalls aus der Schrift. Desgleichen hat jede Kunst ihren Anfang im Können ... Ebenso haben die guten Werke einen Anfang, nämlich den vorgestellten Endzweck. Und der Anfang der Barmherzigkeit kann einfach im Wunsch bestehen, solches Tun möge Gott gefallen. Und ist Ehrfurcht vor Gottes Schöpfertat nicht der stärkste Beweggrund zu Hilfeleistungen gegenüber anderen Menschen?

I., 15. ...Es gibt auch einen mystischen Anfang. So etwa, wenn es in der Schrift heißt: »Ich bin der Erste und der Letzte, der Anfang und das Ende« (Off. 1, 17). Besonders aber, wenn im Evangelium der Herr auf die Frage, wer Er sei, die Antwort gibt: »Ich bin der Anfang, so wie ich auch zu euch rede« (Joh. 8, 25). Denn Christus ist in Wahrheit der Anfang von allem, Seiner Gottheit nach, weil niemand vor Ihm ist, und auch das Ende, weil niemand nach Ihm ist. Gemäß dem Evangelium ist Er »der Anfang aller Wege Gottes zur Vollbringung Seiner Werke« (Luk. 20, 21), denn durch Ihn soll das Menschengeschlecht die Wege des Herrn gehen, die Werke Gottes vollführen lernen. In diesem Anfang also, und das heißt, in Christus, hat Gott Himmel und Erde erschaffen, denn durch Ihn ist alles geworden, und ohne Ihn ist nichts geschaffen, von allem, was je geschaffen wurde. Aber auch in Ihm — weil alles in Ihm besteht (Kol. 1, 17). Er ist der Erst- und Eingeborene der ganzen Schöpfung, sei es, weil Er vor aller Schöpfung ist, sei es, weil Er der Heilige ist, denn die Erstgeborenen sind heilig seit je. So ist auch Israel der »Erstgeborene« (Exod. 4, 22), nicht weil Israel vor allen anderen Völkern gewesen wäre, sondern weil es vor allen übrigen heilig war. Der Herr aber ist heilig vor jedem Geschöpf, auch Seiner Menschheit nach, die Er angenommen hat, denn Er allein ist sündenlos, Er allein unvergänglich, die ganze Schöpfung aber der Vergänglichkeit unterworfen (Röm. 8, 2).

I., 16. Wir können es aber auch so verstehen: »Im Anfang hat Gott Himmel und Erde erschaffen, das heißt, vor der Erschaffung der Zeit ...«

I., 17. Diese Welt ist also ein Spiegelbild des göttlichen Schaffens: Das Schauen des Werkes führt zum Lobe des Meisters ... Gar manche Heiden, welche die Welt gern als den Schatten der göttlichen Kraft begreifen möchten, sie also gleichewig mit Gott glauben möchten, behaupten darum, sie subsistiere von selbst.

Wiewohl sie eingestehen, daß die Welt nur ihren Grund in Gott haben kann, wollen sie doch diesen Grund nicht aus Gottes Willen und Walten hergeleitet wissen, sondern nur nach Analogie des Schattens, der seinen Grund in einem Körperding hat. Der Schatten aber folgt dem Körper, wie der Strahl dem Licht, gemäß natürlicher Zugehörigkeit, nicht aus freier Willensbestimmung. Mit feiner Berechnung betonte Moses darum, Gott hat Himmel und Erde erschaffen, er sagte nicht, Gott habe sie subsistieren gemacht, er sagte auch nicht, Gott habe der Welt die Ursache des Seins gewährt — sondern Gott schuf, als der Gütige, was da frommte, als der Weise, was Ihm als das Beste dünkte, als der Allmächtige, was Er als das Erhabenste voraussah.
Wie also hätte die Welt ein Schattenwurf sein können, da doch vordem überhaupt kein Körperding da war? Von der Unkörperlichkeit Gottes kann doch kein Schatten fallen. Oder könnte etwa von einem immateriellen Licht ein materieller Glanz ausstrahlen?
I., 18. ...Doch wenn du nach dem Abglanz Gottes fragst, so wisse: Der Sohn ist das Abbild des ewig unsichtbaren Gottes. Wie also Gott, so auch das Bild. Es ist nämlich der Sohn aller Abglanz der Herrlichkeit des Vaters und das Bild Seiner Wesenheit (Hebr. I, 3).

Was bedeutet dies, daß Ambrosius, zu einer Zeit, da die Gnosis, die Arianer, die Wundersekten des Ostens von überallher gegen das rechtgläubige Christentum einstürmen, noch einmal so eindringlich an die Schöpfungsgeschichte des Alten Testament — also an die »Alte Erbschaft« — anknüpft? Es ist ein hochbedeutsames Beginnen; es ist, weil er den Angelpunkt gefunden hat, von wo er beide Welten, die kühle der rationalistischen Haarspalter und die schwüle des magischen Zaubers und mystischen Wunders, die Welt des Westens und die des Ostens, beide zugleich aus ihren Angeln heben kann: ein einziger Schöpfer — also keine Äonen, keine Geister, Götter, beschwörbare Wesen irgendwelcher Art, und eine einzige, von Ihm allein geschaffene Welt — das heißt, Wunder wirkt in ihr nur der Schöpfer selbst, der aber gegenüber Seinem Werk, der Schöpfung von Sein und Zeit, notwendig immer außerhalb, immer unend-

lich, immer unkennbar bleibt, so daß wir der Brücke nicht entraten können und des Mittlers bedürfen, durch den allein — weil ganz und gar Gott und ganz und gar Mensch — wir Zugang zu Gott erhalten können. Dies erhellt auch aus dem Folgenden:

VI., 40. Betrachten wir uns nun den Bericht über unsere eigene Erschaffung etwas näher: »Laßt uns«, so heißt es dort, »den Menschen machen, nach unserem Bilde und Gleichnis.« Wer spricht das aus? Doch wohl Gott, der den Menschen erschaffen hat. Ist Gott aber Fleisch oder Geist? Doch wohl nicht Fleisch, sondern Geist, dem das Fleisch niemals ähneln kann. Denn Geist ist unkörperlich, nicht sinnlich wahrzunehmen, Fleisch aber ist tastbar und kann gesehen werden. Und zu wem spricht Gott? Offenbar nicht zu sich, denn Er sagt ja nicht, laßt mich machen, sondern laßt uns machen. Auch nicht zu den Engeln, denn die sind Seine Diener, und zwischen Knecht und Herr, zwischen Geschöpf und Schöpfer, ist keine Gemeinschaft des Wirkens möglich...

VI., 41. Doch nehmen wir einmal an, es habe Gott wirklich, wie ihr meinet, die Mithilfe der Engel zur Erschaffung des Menschen gebraucht: Selbst wenn Gott das Wirken mit den Engeln überhaupt teilen könnte — ist Gott und den Engeln auch etwa das Vorbild gemeinsam? Würde Gott zu den Engeln gesprochen haben, »Laßt uns den Menschen machen nach unserm Bild und Gleichnis«? Wer das Bild und Gleichnis Gottes ist, kündet uns aber die Antwort des Apostels: »Der uns aus der Gewalt der Finsternis befreit und in das Reich des Sohnes Seiner Herrlichkeit versetzt hat, wo wir dann die Erlösung und die Vergebung unserer Sünden finden können, weil Er das Bild Gottes ist, des Unsichtbaren, und der Erstgeborene vor aller Schöpfung« (Kol. 1, 13 — 15). Der allein ist das Bild des Vaters, welcher immer ist und im Anfang war — der ist es, der da spricht: »Philippus, wer mich sieht, sieht auch den Vater...« und »Wie darfst du (da du das lebendige Bild des Vaters vor Augen hast) sagen, zeige uns den Vater? Glaubst du nicht, daß ich im Vater bin und daß der Vater in mir ist?« (Joh. 14, 9 f.) Das Bild Gottes ist Kraft, nicht Schwachheit, das Bild Gottes ist Weisheit und Gerechtigkeit — göttliche Weisheit, ewige Gerechtigkeit! —, und nur jener allein kann Gottes Bild sein, der es ausgesprochen hat: »Ich und der Vater sind eins.« Nur Er ist so dem Vater ähnlich, daß Er die Einheit besitzt, die Gottheit, die Fülle.

Wenn Gott also spricht: »Laßt uns machen«, wie sollte daraus eine Unähnlichkeit sprechen? Und wenn Er sogar noch hinzufügt, »nach unserem Bild und Gleichnis« — wo kann da noch von einer Ungleichheit die Rede sein? Ebenso, wenn Christus im Evangelium es ausspricht: »Ich und der Vater«, dann ist eine Einheit der Person ausgeschlossen — und wenn Er fortfährt, »sind eins«, dann ist aller Unterschied im göttlichen Sein und Wirken ausgeschlossen. Nicht also eine Person ist beiden gemeinsam, wohl aber eine Wesenheit. Und dazu kommt noch das bezeichnende »sind« eins: ein zeitlos-ewiges Sein, das ist nur Gottes ...

VI., 43. So ist also unsere Seele — und sie allein — das Nachbild Gottes. In ihr ruht das ganze Sein des Menschen, ohne sie bist du nichts, nur Erde, aus der du kamst und in die du wieder aufgelöst wirst. Und damit du begreifen magst, daß ohne die Seele auch der Leib nichts mehr ist, heißt es auch noch in der Schrift: »Fürchtet euch nicht vor denen, die den Leib töten; denn die Seele töten, das können sie nicht« (Matth. 10, 28) ... Die Seele ist es, durch die wir über alle Wesen der Tier- und Vogelwelt unsere Herrschaft ausüben können, sie ist das Nachbild Gottes, und der Leib ist dem Tier nachgeformt. Sie allein trägt das heilige Siegel der Gottähnlichkeit — der Körper aber teilt die niederen Züge mit Tieren und Ungetümen ...

VI., 47. Bild also bist du, o Mensch, ein Bild aus der Hand des Herrn, deines Gottes. Du hast einen guten Bildner gehabt, einen großen Künstler. Zerstöre nicht dieses schöne Bild, es erstrahlt nicht vom Schein, auch nicht von bloßem Widerschein, sondern von der Wahrheit. Es ist nicht aus Wachs geprägt, sondern durch Gottes Gnade so geformt! Darum wird das Bild zerstört, wenn ein Weib sich das Gesicht mit Schminksalben bestreicht, sich mit stofflicher Röte anmalt, sich etwa künstlich überglänzt ... ein Trugbild ist das, ein sehr vergängliches Bild, das von Regen oder von Schweiß verwischt werden kann — es ist eine Lüge ... Schlimm wäre es, wenn Gott von dir sagen müßte: Das sind nicht meine Farben, die ich sehe, nicht mein Bild, das ich schaue, nicht das Antlitz, das ich geformt habe ... hinweg damit, es ist nicht mein! Geh hin zu dem, der dich gemalt hat ...

VI., 48. Wenn es schon eine schwere Sünde ist, Gottes Werk zu verfälschen, was sollen wir erst von denen sagen, die Gottes Werk töten, Menschenblut vergießen und das Leben, das Gott geschenkt hat, vernichten? ...

VI., 49. Als Gott die Ungeheuer geschaffen hatte, als Er die vielen Gattungen der wilden Tiere und Bestien geschaffen hatte, da ruhte Er nicht. Er ruhte aber, nachdem Er den Menschen nach Seinem Bilde geschaffen hatte ...

In welchem Menschen aber Gott ausruhen wollte, darüber höre die Worte, die Er dem Propheten eingab: »In wem werde ich ruhen, wenn nicht in dem Demütigen und Friedsamen, und in dem, der vor meinen Weisungen Ehrfurcht empfindet?« (Jes. 66, 2.)

VI., 52. Hab acht auf dich, denn deine Seele ist kostbar. Mag dein Leib sterblich sein, deine Seele ist nicht sterblich. Mag es dir an Geld und Gut mangeln — es mangelt dir nicht an Gnade ...

EPIPHANIOS VON SALAMIS

Geboren von frommen und wohlhabenden Eltern auf einem Gut bei Eleutheropolis in Judäa, einige Jahre vor Erlaß des Konstantinischen Toleranzedikts, als an Stelle des Märtyrertums die freiwillige Askese der orientalischen Mönche den Zeitgeist zu beherrschen begann, scheint sich Epiphanios sehr frühzeitig dem frommen Einsiedlertum gewidmet zu haben. Den »heiligen Antonius von Palästina« — so wurde Hilarion von Gaza genannt — wählte er zum Vorbild und gewann ihn sich zum vertrauten Freund. Die Welt außerhalb der Askese und des Einsiedlerdaseins hat er kaum kennengelernt. Seit er Mönch geworden, habe er niemals mehr Fleisch gegessen, warf dieser Hilarion in einem Gespräch einmal leise hin. »Und ich bin noch niemals im Streit mit jemandem zur Ruhe gegangen«, erwiderte ihm Epiphanios. Darauf antwortete der heilige Einsiedler: »Bruder, da hast du dir die bessere Philosophie erwählt.« Mit dieser Anekdote, zitiert aus den »Vitae Patrum« V, 4. 15 (Antwerpen, 1615), leitete J. Hörlimann seine Übersetzung der Werke des Epiphanios ein (München, 1919).

Epiphanios hat ein ganzes langes Menschenalter in frommer, friedlicher Stille verbracht, als Eremit zuerst, dann später als Archimandrit des von ihm selbst gegründeten Klosters seiner Schüler, nahe bei seiner Vaterstadt Eleutheropolis, denn ein Bedürfnis nach Ortsveränderung kannte Epiphanios auch nicht. Da — im Jahre 367, als er schon sein sechstes Jahrzehnt beendet hatte — wählten ihn die Bischöfe Zyperns zu ihrem Metropoliten, zum Erzbischof von Salamis! Und nun wurde aus dem friedfertigen Archimandriten ein wild begeistert kämpfender Verteidiger der Orthodoxie; er schaltete sich in jeden Kirchenstreit seiner Zeit ein, sein Einfluß wuchs, wurde entscheidend. Seine sehr umfangreichen Schriften stammen alle aus diesen weiteren drei Jahrzehnten, die ihm zu leben noch vergönnt waren, denn er starb erst um 400, weit über neunzigjährig, auf der Rückfahrt aus Konstantinopel nach Zypern, nach einer äußerst streitbaren Intervention gegen Chrysostomus, den er völlig zu Unrecht beschuldigt hatte.

Seine geharnischten Hauptwerke heißen bezeichnenderweise »Der Festgeankerte« (er behandelt darin die ganze

damalige kirchliche Dogmatik, vor allem aber die Trinitätslehre, zeigte dabei ungeheure Belesenheit, wütete darin vor allem gegen Origenes, dessen Auslegungen ihm freilich viel zu frei erscheinen mußten) und »Der Arzneikasten« (Panarion) ein äußerst umfangreicher Bericht über achtzig verschiedene Häresien — von denen wir die meisten überhaupt nur durch diesen Bericht und durch seine Zitate kennen. Dazu die jeweils daraufhin zu verabreichenden »geistigen Gegengifte« — daher der Namen des ganzen Werkes.
Eine dieser Häresien — die achtundsiebzigste — ist die der »Antidikomarioniten« (Migne, P. G. 42, 700 ff.), gegen welche Epiphanios die Jungfräulichkeit Mariens verteidigt. Die folgende Stelle wurde hier nur als Kuriosum aufgenommen, um einmal auch jenen wohlgemeinten blinden Eifer zu zeigen, der in all seiner unanzweifelbaren Frömmigkeit nur schaden konnte; unter der streitbaren Feder des gealterten Epiphanios — und um die Jungfräulichkeit Mariens, die von den Rechtgläubigen ohnehin niemand anzweifelte, wirklich gegen jeden möglichen Verdacht zu verteidigen — wurde aus dem rüstigen Zimmermann, der den heranwachsenden Sohn Mariens in sein Handwerk eingeführt hat, ein schon bei der Übernahme Mariens in seine Obhut reichlich hinfälliger Witwer im neunten Jahrzehnt seines Lebens!

§ 7. Ich hörte von jemand, daß einige sich unterfangen hätten, von der heiligen Maria zu behaupten, sie habe nach der Geburt des Erlösers mit einem Manne ehelich verkehrt... Als Joseph die Jungfrau angetraut erhielt, auf Grund des Loses, das sie zu jenem Schritte gezwungen hatte, da wurde sie ihm nämlich nicht etwa zu ehelicher Verbindung übergeben — wenn ich sagen soll, was wahr ist —, weil er ein Witwer war. Nur gesetzmäßig sollte er ihr Mann heißen, doch schon aus der Konsequenz der jüdischen Sitte ergibt sich, daß ihm die Jungfrau nicht zu ehelicher Verbindung übergeben worden sein konnte, sondern nur zum Schutz. Und auch, damit er aufbewahrt würde, um zeugen zu können für das, was da kommen sollte, und damit das Heilswerk der Menschheit nicht dem Volk in falschem Licht erscheine, sondern in Wahrheit als vom Heiligen Geist gewirkt, ohne Mannessamen. Denn wie konnte ein so hochbetagter Greis die Jungfrau zum Weibe haben — da er schon von seiner ersten Frau her ein Witwer war so reich an Jahren? ... Es hatte unser Joseph seine erste Frau aus dem Stamme Juda, und diese hat ihm auch Kinder geboren, sechs an der Zahl, vier Söhne und zwei Töchter, wie das Evangelium nach Markus und Johannes deutlich zu verstehen gibt. Sein Erstgeborener war Jakobus, zubenannt Oblias, was soviel wie »Mauer« bedeutet — man nannte ihn wohl auch den Gerechten. Er war ein Nazaräer, und das hieß »ein Heiliger«. Dieser erhielt als erster den bischöflichen Sitz — er war somit der, dem der Herr zuallererst Seinen Thron auf Erden anvertraut hat. Er wurde auch »Bruder des Herrn« genannt, wie ja auch der Apostel dies bezeugt hat, indem er berichtete: »Einen anderen der Apostel aber sah ich nicht außer Jakobus, den Bruder des Herrn.« Bruder des Herrn aber wurde er genannt, weil er mit Ihm aufgezogen worden war *(wenige Zeilen darauf wird von Epiphanios ein Altersunterschied von über vierzig Jahren zwischen ihnen errechnet),* also nicht der Natur, sondern der Gnade nach ... Joseph hat den genannten Jakob gezeugt, als er so um die vierzig Jahre herum alt war. Darnach wurde ihm ein zweiter Sohn geboren, der den Namen Josua erhielt, dann nach ihm Simeon, hierauf Judas, und noch zwei Töchter, von denen die eine Maria, die andere Salome genannt wurde. Dann starb sein Weib. Und nach vielen Jahren nahm er dann die Jungfrau Maria, als Witwer, zu sich ins Haus, als ein Mann von achtzig Jahren und darüber! ...

V

DIE ERLÖSUNG

Nun, da der Kampf so gut wie entschieden ist, wird erst — nach Festlegung der dogmatischen Fragen der Welt-Erschaffung durch das Wort Gottes, der Sohnschaft, der Wesensgleichheit und der Trinität, des ewigen Lebens durch Gott — das menschliche Bild des fleischgewordenen Wortes, des Erlösers, wieder gesehen, die göttliche Gegenwart wieder empfunden, Seine Liebe wieder gesucht, die Aufforderung zur Nachfolge Christi wieder gehört und verstanden. Johannes Chrysostomus steht auf als christlicher Anwalt der Armen, fast als erster »wissenschaftlicher Sozialist«, der nicht gegen die Reichen als angebliche oder wirkliche Bösewichter wettert, sondern in Christi Namen gegen eine Gesellschaftsordnung spricht, welche die einen ohne ihr Zutun übermäßig reich werden läßt, die anderen ohne ihr Zutun sehr arm macht.

Und der heilige Hieronymus legt nach dem Willen seines Papstes — und gemäß seinen eigenen Forschungsergebnissen — den lateinischen Wortlaut der Heiligen Schrift fest in neuer Übertragung aus dem Urtext, erklärt das Apokryphe für apokryph, das Echte für echt, und demgemäß verwischen sich wieder alle Unterschiede in der Überlieferung vom Messias und in der vom Erlöser, wie sie aus manchen überkommenen Lesarten von Übereifrigen herausgespürt worden waren.

Nun erst wird die Zeit für den großen Augustinus reif, der die ganze Ernte einzubringen berufen ist ...

DER HEILIGE HIERONYMUS

Als Verfasser unseres Vulgata-Bibeltextes, und das heißt als verantwortlicher Übersetzer des Alten Testaments aus dem hebräischen Original und aus dem griechischen Text der Septuaginta ins Lateinische, und noch stärker verantwortlich für den »endgültigen« Wortlaut der lateinischen Fassung des Neuen Testaments, lebt der heilige Hieronymus — das »Vorbild aller Übersetzer« — heute im Bewußtsein der Gebildeten fort und gilt nächst Augustin als der bedeutendste unter den alten Kirchenvätern. Den Theologen ist er außerdem als unheimlicher Vielschreiber bekannt: Hieronymus hat in seinem langen Leben Hunderte von Büchern teils selbst geschrieben, teils an Stenographen diktiert, er beherrschte vier Sprachen, Latein — seine Muttersprache als Dalmatiner —, Griechisch, Hebräisch und Koptisch. Allein seine Briefe, Lobreden, Berichte, Kommentare, Predigten füllen schon sehr viele Bände. Gelesen hatte er, was ihm erreichbar war, und in seinem langen Leben wurde ihm außerondentlich vieles erreichbar. Sein Einfluß als Papstsekretär, Abgesandter, Einsiedler, Mönch, Organisator und vor allem als Forscher ist gar nicht hoch genug einzuschätzen.

Was aber die Zeitgenossen des Hieronymus an ihm bemerkten und fürchteten, das war vor allem — sein »schlechter Charakter«, seine Streitsucht, seine Heftigkeit, seine unstete Fahrigkeit, seine grundsätzliche Ablehnung von Kompromissen.

Sophronius Eusebius Hieronymus wurde 342 zu Stridon geboren, in der römischen Provinz Dalmatien, als Sohn reicher, schon lange christlicher Güter- und Weinbergbesitzer, und wurde von Hauslehrern erzogen. Später kam er nach Rom, wo er als Rhetor — also Anwalt — und Philosoph ein »sehr lockeres Leben« geführt haben soll. Dann bereiste er Gallien, besuchte auch die »halb barbarischen Ufer des Rheins« und den einstigen Exilaufenthalt des Athanasius, Trier. Dort faßte er plötzlich den Entschluß, Mönch zu werden, und das hieß damals, als Eremit im Orient zu leben.

Er verwirklichte diesen Plan, besuchte den Bischof von Cäsarea, Basilius, als dort gerade Aufträge des Papstes Damasus eintrafen, die den weiteren Lebenslauf unseres Einsiedlers entscheidend beeinflussen sollten; es handelte sich um den Auftrag zur Festlegung eines authentischen lateinischen Bibeltextes. Hieronymus griff den Gedanken sofort auf und arbeitete zunächst fünf Jahre in der nur von Mönchen bewohnten Wüste Chalkis an der Ostgrenze Syriens. Dann kehrte er in den Streit der Parteien zurück, ließ sich in Antiochia zum Priester weihen, aber nur, um desto wirksamer gegen die Arianer vorgehen zu können, zog dann mit Gregor von Nazianz nach Konstantinopel (380) und wurde von dort durch einen Brief des Papstes Damasus eilig nach Rom berufen, wurde dort dessen Sekretär — man erwartete ganz allgemein, auch dessen Nachfolger. Aber er zerstritt sich durch seine heftige Art mit dem gesamten römischen Klerus, so daß er nach dem Tode des Papstes (384) Rom wieder verlassen mußte. Doch diese wenigen Jahre seines Wirkens in Rom haben genügt, um für Plan und Bedeutung und Durchschlagskraft seines Lebenswerks — die Festlegung eines authentischen lateinischen Bibeltextes, ein für allemal — die organisatorischen Grundlagen zu schaffen.

Zu Anfang 386 tauchte er in Jerusalem auf, unternahm mit dem Bischof Paulinus eine Pilgerreise zu allen heiligen Stätten, wählte Bethlehem als geeigneten Ort, um dort ein Mönchs- und auch ein Nonnenkloster zu errichten, und während sich die römischen Matronen Paula und deren Tochter Eustachia — seine zwei größten Bewunderinnen, die ihm nicht von der Seite wichen und die ihm aus Rom nachgezogen waren — dort um die Überwachung des Baues und um die Einrichtung kümmerten, bereiste er Ägypten, die Libysche Wüste auf den Spuren des Makarios und der nitrischen und sketischen Mönche. Über Gaza kehrte er ins Heilige Land zurück und bezog seine inzwischen fertig gewordene Klause in Bethlehem, die er nun dreißig Jahre lang nicht mehr verließ. Er arbeitete dort ohne Unterlaß, und doch oft unstet und fahrig, diktierte täglich über tausend Zeilen, verfaßte ganze Traktate in einer Nacht, wurde krank, wurde wieder gesund, arbeitete wieder ohne Unterlaß, ohne Pause, wehrte nur von Zeit zu Zeit — Raubüberfälle von seinem Kloster ab, so im Jahre 402 einen »Hunnen«-Überfall, 405 einen Überfall isqurischer Bergvölker, 410 einen Raubzug arabischer Nomaden oder

»Sarazenen« — *416 waren es gar brandstiftende Rudel* »guter Christen«, *nämlich seiner arianischen Gegner —, und dazwischen las, schrieb, diktierte, predigte, fastete, betete er, gab in nichts nach — und starb im Jahre 420. Hieronymus ist unstet, aber nur im Sinne stetiger Offenheit: Er wechselt seine Pläne, Ansichten, Arbeiten mit der Luft des Tages — aber niemals seine Grundsätze. Ambrosius von Mailand gilt ihm bald als* »ein heiliger Mann voll göttlicher Inspirationen«, *bald als* »eine häßliche, abscheulich krächzende Krähe«. *Er übertreibt gern. Aber Kritik an seinen Worten gestattete er nicht. Und wer nicht genau die gleiche Meinung vertritt wie er, ist eine* »Ausgeburt des Satans«. *Ein Glück für Hieronymus, daß seine eigene Meinung stets genau die der katholischen Kirche war — oder doch geworden ist*[1]*. Sehr erklärlich, daß Hieronymus zu seinen Lebzeiten so viele Bewunderer — und so wenig Freunde hatte.*
Erhalten sind von seinen umfangreichen Schriften:
A. *Übersetzungen: 1. die Vulgata, der von ihm stammende Wortlaut des Alten und Neuen Testaments in lateinischer Sprache, 2. seine Übersetzung der Chronik des Eusebius und seine selbständige Fortsetzung dieser Kirchengeschichte für die Jahre 325-378, 3. Übertragungen alttestamentarischer Homilien zu Jeremias, Ezechiel, Jesaias aus dem Griechischen des Origenes ins Lateinische und 35 Homilien zu Lukas, 4. noch viele andere Übertragungen von Mönchsgeschichten, der Schriften Didymus des Blinden über den Heiligen Geist, umfangreicher Traktate und Korrespondenzen und Akten über die origenistischen Streitigkeiten usw.*
B. *Dogmatische Streitschriften: 1. Dialog zwischen einem Luziferianer und einem Orthodoxen (gegen die Arianer gerichtet), 2. gegen Helvidius (Verteidigung der Jungfräulichkeit Mariens), 3. gegen Jovinian und gegen*

---

[1] Grützmacher (Hieronymus, Leipzig, 1901) sagte von ihm, und Schade (Hieronymus, München, 1913) nahm diese Worte mit Recht wieder auf: »Er ist ein Stimmungsmensch, in welchem bald leidenschaftlicher Haß, bald das Bedürfnis nach Frieden die Oberhand bekommt. Der Christ, der vergeben möchte, und der Mensch, der sich um jeden Preis rächen will, ringen seltsam in ihm fort, und als ausgebildeter Rhetoriker — und Dalmatiner — weiß er beiden Stimmungen jeweils einen zugespitzten Ausdruck zu verleihen.«

Vigilantius (Verteidigung des Mönchslebens), 4. gegen Johannes von Jerusalem und drei Bücher gegen Rufinus (Auseinandersetzungen mit den Anhängern des Origenes), 5. Dialoge gegen die Pelagianer (über die Gnadenlehre der Kirche).
C. Geschichtliche Werke: 1. die Fortsetzung der Kirchengeschichte des Eusebius, 2. Mönchsbiographien, 3. De Viris Illustris (die »erste Patrologie« mit 134 Lebens- und Werkbeschreibungen, auch »Katholischer Schriftstellerkatalog« genannt).
D. Homilien, Exegesen, Kommentare, Erklärungen, Traktate, Predigten — und 120 sehr lange, ausführliche, oft ganze Bücher enthaltende »Briefe«.

EINLEITUNG ZUM LEBEN DES HEILIGEN PAULUS, DES ERSTEN EINSIEDLERS

Wer der erste war, der sich in der Wüste niederließ und da ein heiliges Einsiedlerleben geführt hat, darüber wird immer noch gestritten. Manche greifen gar zu tief in die alten Zeiten zurück und nennen Johannes, ja sogar Elias in solchem Zusammenhang. Aber Elias war wohl mehr als ein Mönch, und Johannes ist ein Prophet gewesen, schon von Geburt an. Nach der landläufigen Meinung ist es Antonius, der sich als erster die mönchische Lebensführung erwählt hat — aber auch das ist nur zum Teil richtig. Denn wohl sind die anderen durch ihn zuerst zu ihrem Eifer angeregt worden, aber er selbst war nicht der erste von allen, die solches ausführten. Amathas und Makarios, zwei Schüler des Antonius — Amathas ist jener, der den Leichnam des Meisters mit seinen Händen begrub —, behaupten noch heute, wenn auch nicht die Bezeichnung als heiliger Anachoret, so doch die Sache, die Idee, sei auf einen gewissen Paulus aus Theben zurückzuführen, und auch wir folgen dieser Angabe... Über Antonius liegen in griechischer wie in lateinischer Sprache genug Zeugnisse vor. Deshalb habe ich mich entschlossen, einiges, über die ersten und über die letzten Tage des Paulus hier niederzuschreiben, weniger im Vertrauen auf meine Fähigkeiten als Erzähler als aus dem Grunde, weil das Thema bisher ohne Bearbeitung geblieben ist...

DER HEILIGE HIERONYMUS

AUS DER »BESTÄNDIGEN JUNGFRAUSCHAFT MARIENS«
cap. 7

In der Genesis spricht das göttliche Wort: »Und dem Jakob gaben sie die fremden Götter, die in ihrem Besitz waren, und die Ohrringe an ihren Ohren. Und Jakob verbarg sie unter der Terebinthe, die in Sichem war, und sie sind verloren bis auf den heutigen Tag« (Gen. 35, 4). Ähnlich heißt es am Schluß des Deuteronomiums: »Und es starb Moses, der Knecht des Herrn, in Moab gemäß dem Worte Gottes, und man begrub ihn zu Geth, nahe beim Hause Phlegors, und niemand weiß sein Grab bis auf den heutigen Tag.« Unter dem »heutigen Tag« ist beide Male sicherlich jener Zeitpunkt zu verstehen, an welchem diese Worte niedergeschrieben worden sind – wobei es gleichgültig ist, ob man hierbei an die Zeit des Moses denkt, des Verfassers der fünf heiligen Bücher, oder an die Zeit des Esdras, des Wiederherstellers ihres Textes... Nun möge uns Helvidius den Nachweis erbringen, der Ausdruck »bis auf den heutigen Tag« bedeute nur bis zum Zeitpunkt der Aussage und nicht weiter. So als ob man seit jenen Tagen, von denen an bis auf uns auch weiterhin so viel Zeit verflossen ist, die unter der Terebinthe vergrabenen Götzenbilder oder das Grab des Moses wiederaufgefunden hätte... Er täte gut daran, besser auf die Ausdrucksweise der Heiligen Schrift zu achten... Denn wenn zu einer Zeit, da die Erinnerung noch lebendig war und die Zeitgenossen des Moses noch lebten, die Kenntnis seiner Begräbnisstätte verlorengehen konnte, dann muß dies erst recht der Fall sein, nachdem so viele Jahrhunderte weiterhin darüber verflossen sind.

Genauso ist auch die Schriftstelle zu verstehen, die den heiligen Joseph betrifft. Der Evangelist hat auf einen Umstand hingewiesen, der zum Anstoß hätte werden können. Darum betonte er, Maria sei von ihrem Manne bis zur Geburt des Heilands nicht erkannt worden. Daraus können wir entnehmen, daß sie nach der Geburt erst recht nicht erkannt worden ist – da Joseph Enthaltsamkeit geübt hat, schon zur Zeit, als er noch Zweifel in seiner Seele über das ihm erschienene Gesicht hätte hegen können...

DER HEILIGE HIERONYMUS

AUS DEM DIALOG GEGEN DIE PELAGIANER

I., 1. ...Dem Origenes blieb die Behauptung vorbehalten, einerseits sei es ausgeschlossen, daß der Mensch vom Anfang seines Lebens bis zu seinem Tode sündlos bleiben könne, andererseits sei es möglich, daß sich jemand nach erfolgter Bekehrung zu einer sittlichen Kraft aufschwinge, die groß genug wäre, um ihn in Hinkunft niemals mehr sündigen zu lassen... Es wäre freilich eine manichäische Lehre, die menschliche Natur so weit herabzusetzen, daß ihr der freie Wille abgesprochen und die göttliche Mithilfe geleugnet würde. Andererseits ist es offenkundiger Wahnsinn, den Menschen etwas zusprechen zu wollen, was nur Gottes sein kann...

II., 13. ...(Ende) Und wenn wir auch noch so frei von allen anderen Fehlern wären — es gibt doch kaum einen einzigen Menschen, dem es gegeben sein könnte, ganz ohne Heuchelei zu sein.

II., 14. »Vater«, so sprach Christus, »wenn es möglich ist, so lasse diesen Kelch an mir vorübergehen. Doch nicht wie ich will, sondern wie du es willst.« Der Sohn Gottes, auf dessen Wort hin alles gemacht wurde, auf dessen Geheiß alles erschaffen worden ist, mildert in Seiner Eigenschaft als Gottmensch seine Bitte: »Vater, wenn es möglich ist... doch nicht wie ich will, sondern wie du es willst.« Doch mein Diskussionsgegner Critobolus weiß es besser; der nimmt all seinen Ernst zusammen und behauptet: »Der Mensch kann, falls er es will, ohne Sünde sein«..... An die Apostel richtete Christus das Wort: »So konntet ihr nicht einmal eine Stunde mit mir wachen!« Die Apostel bringen es also nicht fertig, von Schlaf, Trauer, Gebrechlichkeit des Fleisches übermannt, auch nur eine Stunde auszuharren — und du willst während eines langen Zeitraums alle Sünden insgesamt überwinden können? Der Evangelist Markus berichtet vom Herrn: »Und Er konnte dortselbst nicht einmal ein Wunder erwirken. Nur wenige Kranke, denen Er die Hände auflegte, heilte Er und wunderte sich über ihren Unglauben.« Vom Herrn wird also ausgesagt, daß Er in Nazareth nicht einmal ein einziges Wunder wirken konnte, behindert durch den Unglauben der anderen und durch Sein Staunen darüber. Du aber vermagst alles, was du willst? Aber noch weiter. Es steht auch geschrieben: »Er begab sich in das Gebiet von Sidon und Tyrus, betrat dort ein Haus und wollte, daß es niemand erfahren sollte. Aber Er konnte nicht verborgen bleiben.« Wie? Sicherlich wollte Er doch verborgen bleiben! Warum konnte Er dann Seinen Wunsch nicht zur Ausführung bringen, Seine Ankunft vor allen zu verheimlichen? Du fragst nach den Gründen? ... Bedenke, daß Er die menschliche Natur angenommen hat, und du wirst keinen Anstoß mehr an dieser Textesstelle nehmen können. Wenn aber vom Sohne Gottes berichtet wird, daß Er im Fleisch oder wegen des Fleisches eine Sache nicht zu vollbringen vermochte, werden wir dann, die wir ganz fleischlich gesinnt sind und täglich den Werken des Geistes widerstreben, entgegen dem Worte des Apostels alles zur Ausführung bringen können, was wir wollen? ... Du aber behauptest, es sei möglich, für alle Zeit die Sünde zu meiden!

III., 19. Vor einiger Zeit hat ein heiliger und sehr sprachgewandter Mann, der Bischof Augustinus, an jenen Marcellinus, der später von den Häretikern unschuldig getötet worden ist — als Opfer der Eifersucht zur Zeit der Heraklianischen Empörung — zwei Bücher über die Kindertaufe geschrieben, gegen eure Irrlehre, welche dartun will, daß die Kinder nicht zum Zweck der Sündenvergebung getauft werden, sondern für das Himmelreich. Die folgenden Worte des Evangeliums sollen das nämlich bezeugen: »Wenn jemand nicht wiedergeboren wird aus dem Wasser und aus dem Heiligen Geist, so kann er nicht in das Himmelreich eingehen.« Auch noch ein drittes Buch schrieb Augustinus an den Genannten, gegen jene, die behaupten, der Mensch könne, wenn er wolle, sündlos sein ohne besondere göttliche Gnade. Und neulich hat er sich noch in einem vierten Buch an Hilarius gegen deine Lehre gewandt, die so viele falsche Ansichten ausgebildet hat. Er soll auch noch andere Schriften gegen dich unter seiner Feder haben... Deshalb glaube ich, diese Arbeit hier abbrechen zu können, damit nicht der Horazische Spruch eines Tages auf mich Anwendung finde: »Trage kein Holz in den Wald!«

AUGUSTINUS

»*Du hast uns zu Dir hin geschaffen, o Herr, und unser Herz ist ruhelos, solange es nicht bei Dir seine Ruhe gefunden hat...*« (Conf. I., 1)

Der »Doctor Gratiae«, der »andere Paulus«, der »größte aller Kirchenväter — eine weltgeschichtliche Persönlichkeit in ähnlichem Sinne wie Platon und Aristoteles«, ein Mann, »der den Jahrtausenden die Wege gewiesen hat« — so wird Augustin immer wieder genannt. »Von seinen Gedanken über Gott und Gottes Verhältnis zur Welt, über die göttliche Dreieinigkeit, über Vorsehung, Freiheit und Gnade, und von seinen geschichtsphilosophischen Ideen zehrt die ganze folgende Zeit« (nv. Hertling). Augustinus wurde »an den Iden des November« geboren, am 13. XI. 354, zu Tagaste in Numidien. Seine Eltern waren die fromme Christin Monika und der »vornehme, edle Heide« Patricius. Der Sohn sollte Redner, Anwalt, Politiker werden, wurde in den großen Rhetorenschulen ausgebildet, erst zu Madaura, dann in Karthago. Er trat 374 zur Sekte der Manichäer über, erkannte aber in der Folgezeit deren Lehren durch eigenes Studium — vor allem der Astronomie — für falsch. Auch stießen ihn ihre Sitten bald ab. Ihren Bischof Faustus mußte er schließlich als »einen ganz unwissenden Menschen« ansehen, »der die einfachsten Fragen nicht zu beantworten verstand.« Augustin wandte sich hierauf nach Rom und erhielt durch Vermittlung des römischen Stadtpräfekten Symmachus einen Lehrstuhl für Rhetorik in Mailand, wo gerade Ambrosius wirkte. Dessen Predigten machten einen tiefen Eindruck auf ihn. Er wurde schließlich durch Ambrosius selbst getauft.

Im Jahre 388 kehrte er nach Karthago zurück, nachdem seine Mutter, die ihn überallhin begleitet hatte, in Ostia in seinen Armen gestorben war. Drei Jahre lang hielt er sich nun von allem weltlichen Tun zurück, um auf seinem kleinen Erbgut bei Tagaste nur der religiösen Betrachtung zu leben. Von dort aus besuchte er die Hafenstadt Hippo, deren Bischof — der greise Valerius — ihn trotz seines anfänglichen Sträubens zum Priester weihte. Kaum drei Jahre später wurde er Mitbischof und bereits 395 Nachfolger des Valerius als Bischof von Hippo.

Predigt, Armenfürsorge, Studium und eine umfangreiche schriftstellerische Tätigkeit füllten alle seine Tage und Nächte. Es gab viele Manichäer in Hippo. Er suchte sie nicht zu strafen, sondern der katholischen Kirche zu gewinnen. »Diejenigen mögen gegen euch wüten, die nicht wissen, wieviel Mühe es kostet, die Wahrheit zu finden, und wie schwer es ist, sich von Irrtümern freizuhalten ... ich aber muß euch die gleiche Geduld entgegenbringen, die meine Freunde mir entgegenbrachten, als ich selbst in euren Anschauungen toll und blind herumirrte ...« Ebenso geduldig bemühte er sich um die Reste der starrsinnigen Montanisten, um die donatistische Spaltung zu beenden und um auch die Pelagianer zum rechten Glauben zurückzuführen. In diesem Kampf entwickelte er sein theologisches Wissen, reifte seine spekulative Begabung, zeigte sich die ganze Tiefe seiner inneren Erfahrung[1].

Gegen das Ende seines Lebens sollte Augustinus noch durch Unruhen, Waffenlärm und unsägliches Elend geprüft werden: Die Vandalen überfielen und plünderten das Land. Im dritten Monat der Belagerung von Hippo ist Augustinus sechsundsiebzigjährig am 28. VIII. 430 gestorben.

Augustinus pflegte zu diktieren, nicht selbst zu schreiben. Ihm war es »eine Erholung« — und sein hinterlassenes Werk ist so umfangreich geworden, daß sein Biograph Possidius meinte, er habe so viel diktiert, daß ein ganzes Menschenleben kaum hinreiche, um alles das auch wirklich zu lesen, was er verfaßt hat.

Noch im Jahre 417 schrieb Augustin selbst seine »Retractationes«, in denen er sein ganzes erstaunliches Werk durchsehen und kritisieren wollte, um etwaige Irrtümer richtigzustellen. So besitzen wir ein authentisches Instrument der Kontrolle und Beglaubigung seiner Schriften und wissen: Alle 232 darin angeführten Bücher sind echt und wirklich von ihm. Nur bezüglich der darin nicht behandelten Predigten und Briefe sind Zweifel

---

[1] »Seinen Ausführungen über die Notwendigkeit und die Gnade lauschte bald die ganze Kirche des Abendlands ... Er hat nirgendwo überzeugender und überzeugter, schlichter, großartiger gesprochen, als wo er die Gnade preist, die den Menschen aus dem Sündenstande herausreißt« (Bardenhewer).

möglich. Von allen in den Retractationes besprochenen Schriften werden heute nur zehn vermißt; es sind die gegen die Donatisten, die zur Zeit seines Todes bereits viel an Bedeutung verloren hatten. Sonst ist das Werk des Vielbewunderten und Vielgepriesenen — dieses vollendeten Meisters des geschriebenen wie des gesprochenen Wortes — vollzählig auf uns gekommen.

Seine Sprache hat denselben Entwicklungsprozeß durchlaufen, den er am Beispiel des früheren Rhetors und späteren Bischofs Zyprianus nachweist: »Die schlichte, gesunde Lehre des Christentums hat die Sprache von allen Irrwegen rhetorischer Überschwenglichkeiten sanft zurückgerufen, unter ihre strenge Zucht genommen und so zu ernsterer, eindringlicherer, maßvollerer Beredsamkeit geführt.«

Seine Hauptwerke sind die »Bekenntnisse«, der »Gottesstaat«, die »Dreieinigkeit«, »Von Gnade und Freiheit« und »Die christliche Lehre«.

ÜBER DIE DREIEINIGKEIT GOTTES

I., 14. ...Der Sohn Gottes ist Gott dem Vater durch Seine Natur gleich, aber durch Sein Äußeres ist Er geringer als der Vater. Und zwar in der Knechtsgestalt, die Er annahm — in der ist Er geringer als der Vater. In der Gottesgestalt aber, welche die Seine war, schon immer, ehe Er die Knechtsgestalt angenommen hatte, ist Er dem Vater gleich. In der Gottesgestalt ist Er ja das Wort, durch das alles geworden ist. Nur in der Knechtsgestalt ist Er aus dem Weibe geworden, dem Gesetz unterworfen, damit Er die, welche unter dem Gesetze stehen, erlösen könne. In der Gottesgestalt schuf Er den Menschen, in der Knechtsgestalt wurde Er Mensch.

II., 1. Wenn die Menschen Gott suchen und wenn sie ihren Geist anspannen, um ein Verständnis der Dreieinigkeit zu gewinnen, das der Fassungskraft unserer menschlichen Schwäche entspräche — dann werden sie mühevolle Schwierigkeiten erfahren, einerlei, ob diese in der Sehkraft des Geistes liegen, der in unzugängliches Licht zu schauen versucht, oder in den vielfältigen Aussagen der heiligen Schriften...

II., 12. ...»Als aber die Fülle der Zeiten kam, sandte Gott Seinen Sohn, geboren aus dem Weibe« — wo Er doch schon lange vorher gesandt wurde, damals schon, als Er durch jene wandelbaren geschöpflichen Gestalten den Vätern erschien. Oder darf man Ihn vielleicht nur deshalb als »gesandt« bezeichnen, weil das Wort Fleisch geworden ist? Aber warum sagt man dann vom Heiligen Geist auch, daß Er gesandt wurde, wo doch bei Ihm keine derartige Einkörperung stattfand? Wenn aber durch jene sichtbaren, sowohl im Gesetz als auch in den Propheten berichteten Erscheinungen weder der Vater noch der Sohn, sondern nur der Heilige Geist kundgetan werden sollte, warum heißt es auch von Ihm erst jetzt, daß Er gesandt wird, da Er doch durch jene Erscheinungsweisen schon früher gesandt worden war?

II., 13. Angesichts einer so verwickelten Sachlage möchte ich mit der Hilfe Gottes zuerst die Frage stellen, ob der Vater oder der Sohn oder der Heilige Geist oder ob bald der Vater, bald der Sohn, bald der Heilige Geist — oder ob der eine und alleinige Gott, das heißt, die Dreieinigkeit selbst ohne Unterschied der Personen durch jene geschöpflichen Formen den Vätern erschienen ist. Und wenn sich dann eine von diesen Möglichkeiten als wirklich erweisen sollte, dann will ich untersuchen, ob vielleicht ein geschöpfliches Gebilde nur für diesen Zweck gestaltet wurde, darin sich Gott so, wie er es für zweckmäßig fand, menschlichen Blicken kundtat, oder ob die Engel, die schon Dasein hatten, mit dem Auftrag gesandt wurden, im Namen Gottes zu reden...

II., 17. In der Genesis wird da zunächst berichtet, daß Gott mit dem Menschen, den Er aus Staub gebildet hatte, von Angesicht zu Angesicht geredet habe. Wenn wir diesen solcherart berichteten Vorgang nicht nur symbolisch deuten wollen, sondern am Wortlaut festhalten, dann hat Gott — wie man sieht — mit dem Menschen damals in Gestalt eines Menschen gesprochen. Das steht nicht ausdrücklich in der Genesis. Aber es klingt doch deutlich aus der Schilderung der Umstände heraus, von denen der Leser erfährt — besonders aus der Erzählung, daß Adam die Stimme des im Garten gegen Abend gemächlich einherschreitenden Gottés gehört habe und darauf erschrocken sei, geflohen sei, sich unter den Bäumen des Gartens verborgen haltend. Auf Gottes Frage, »Adam, wo bist du?«, habe er geantwortet: »Ich hörte deine Stimme und verbarg mich vor deinem Antlitz, denn ich bin nackt.« Wie dieses Wandeln und Sprechen Gottes wörtlich verstanden werden könnte, wenn Gott nicht in menschlicher Gestalt dem Adam erschienen wäre, vermag ich nicht einzusehen...

II., 19. ...Unter der Eiche von Mamre sah Abraham drei Männer auf sich zukommen, lud sie zu sich ein und nahm sie in Gastfreundschaft auf, bewirtete und bediente sie. Wo jedoch die Schrift diese Erzählung beginnt, sagt sie nicht, es sind ihm drei Männer erschienen, sondern: »Es erschien ihm der Herr.« Nur wenn sie dann näher zu beschreiben beginnt, wie ihm der Herr erschien, bringt sie die Erzählung von den drei Männern, die von Abraham in der Mehrzahl angeredet und eingeladen werden, seine Gäste zu sein. Aber gleich darauf redet er sie wieder in der Einzahl an, als ob es nur einer wäre. Und ebenso, wie wenn es ein einziger Gast wäre, verspricht dieser, Abraham werde von Sarah einen Sohn bekommen. Und die Schrift nennt diesen Sprecher den Herrn, wie zu Beginn der Erzählung. Abraham lädt also jedenfalls ein, wäscht die Füße und gibt beim Weggang das Geleite, so wie wenn es sich um Menschen handelte. Er spricht aber mit ihnen dann wieder wie mit Gott dem Herrn... und von keinem der drei Männer wird erzählt, daß er etwa an Gestalt, an Alter oder Macht die beiden anderen überragt habe. Warum sollte man da nicht annehmen, daß hier durch sichtbare, geschöpfliche Gebilde die Gleichheit der Dreieinigkeit und die Gleichheit und Dieselbigkeit der Substanz in drei Personen angedeutet und veranschaulicht werden soll?

II., 35. ...Denn die Natur selbst oder die Substanz oder das Wesen — oder wie immer man die in sich ruhende Wirklichkeit Gottes nennen mag — kann mit den Leibessinnen nicht gesehen werden. Durch das Medium eines Geschöpfes jedoch konnte — so lehrt uns der Glaube — nicht nur der Sohn oder der Heilige Geist, sondern auch der Vater in einem körperlichen Bild oder Symbol den sterblichen Sinnen ein Gleichnis seiner selbst geben.

VIII., 1. Wir sagen also, daß in dieser Dreieinigkeit zwei oder drei Personen nicht etwas Größeres sind als eine von ihnen. Die menschliche Gewohnheit kann das nicht fassen, aus keinem anderen Grund als deshalb, weil sie eben nur die Wahrheit des Geschaffenen wahrnehmen kann, dagegen die Wahrheit selbst, durch die es geschaffen wurde, niemals zu erblicken vermöchte ...

XV., 6. Und nun wollen wir uns den ewigen Dingen selbst zuwenden, den unkörperlichen und unwandelbaren, in deren vollkommener Beschauung das selige Leben besteht — denn dieses kann ja nicht anders als ewig sein, wie es uns verheißen ist. Und nur in den ewigen Dingen können wir ja die Dreieinigkeit Gottes, die wir suchen, zu finden hoffen. Nicht bloß das Gewicht der göttlichen Bücher verkündet uns, daß Gott ist, sondern die ganze uns umgebende Natur des Alls, zu der auch wir gehören, ruft es uns zu, daß sie einen allüberragenden Schöpfer habe ...

XV., 9. Wenn wir nun sagen, Gott ist ewig, weise, selig, bilden dann diese drei etwa die Dreieinigkeit, die Gott genannt wird? ...

XV., 18. Manches Denken ist aber ein Sprechen des Herzens ...

XV., 19. Wer das Wort einsehen kann, nicht nur bevor es erklingt, sondern auch noch bevor die Bilder seines Klanglauts im Denken angekommen sind und dort hin und her gewendet werden — wer, sage ich, das einsehen kann, der mag in diesem Rätselbild schon eine ferne Ähnlichkeit mit jenem Wort erahnen, von dem es heißt: »Im Anfang war das Wort« ... Wenn wir die Wahrheit sprechen, das heißt, wenn wir sprechen, was wir wirklich wissen, dann muß nämlich aus ebendiesem Wissen, welches unser Gedächtnis enthält, das Wort geboren werden — und dieses Wort ist durchaus von jener Art, von der auch das Wissen und das Wirken ist, daraus erst das menschliche Wort geboren wird. Der vom gewußten Gegenstand her geformte Gedanke ist nämlich das Wort, das wir im Herzen sprechen. Und dies ist nicht griechisch, nicht lateinisch, und überhaupt keiner Sprache zugehörig.

XV., 20. Mithin ist das Wort, das draußen erklingt, ein Zeichen des Wortes, das drinnen leuchtet — ihm kommt mit größerem Recht die Bezeichnung »das Wort« zu... Und wie unser Wort zum Laut wird und sich doch nicht einfach in den Laut verwandelt, sondern Sinn bleibt, so ist das Wort Gottes zwar Fleisch geworden — aber fern sei es, zu sagen, daß es in Fleisch verwandelt wurde. Durch Annahme also, nicht etwa durch Aufgabe seiner selbst, wurde dieses unser Wort zum Laut, wurde jenes Wort Gottes zu Fleisch.

Wer immer eine Ähnlichkeit mit dem Worte Gottes aufzufinden sucht — und sei es auch nur eine sehr ferne und in vielem ganz unähnliche Ähnlichkeit —, der höre nicht auf unsere menschlichen Worte, so wie sie in Lauten vorgebracht werden und uns in den Ohren des Leibes erklingen, sei es laut, sei es leise, in der Verschwiegenheit des Geheimnisses... Es werden ja doch alle menschlichen Worte, in welcher Sprache auch immer sie erklingen mögen, auch schweigend gedacht, in der Wirklichkeit des Herzens. Und Lieder ziehen durch die Seele, auch wenn der Mund des Leibes in Schweigen verharrt. Und trotzdem sind uns nicht nur die Rhythmen der Silben, sondern auch die Sangweisen der Melodien unmittelbar durch eine Art unkörperlicher Bilder gegenwärtig, obgleich sie körperlich sind und zum Bereich jenes Leibessinns gehören, der dem Ohr untertan ist. Sie sind da, sobald man sie denkt und sie schweigend hin und her wendet... Doch wir wollen über diese Dinge hinweg zu jenem wirklichen Worte des Menschen gelangen, durch dessen wie immer geartete Ähnlichkeit das Wort Gottes, wenn auch nur von fern, wie in einem Rätsel, erahnt werden kann...

So wie es vom göttlichen Wort heißt: »Alles ist durch Es geworden« — da Gott nach unserem Bekenntnis das gesamte All durch sein Eingeborenes Wort geschaffen hat —, ebenso gibt es ja auch keine menschlichen Werke, die nicht vorher im menschlichen Herzen gesprochen werden. Darum steht geschrieben: »Der Anfang eines jeglichen Werkes ist das Wort.« Wenn das Wort wahr ist, so bildet es den Anfang eines guten Werkes... In dem Abbildhaften unseres Wortes findet sich weiterhin auch das Abbildhafte des Göttlichen Wortes wieder: Unser Wort kann bestehen, ohne daß ihm ein Werk folgt, kein Werk aber kann geschehen, wenn ihm nicht zuvor ein Wort vorausgegangen ist. So auch konnte das Wort Gottes bestehen, ohne daß schon Geschöpfe existierten, aber kein Geschöpf kann existieren ohne das Wort, durch das alles geworden ist. So ist nicht Gottvater, nicht der Heilige Geist, nicht die Dreieinigkeit selbst Fleisch geworden, sondern nur der Sohn allein, der das Wort Gottes ist — obgleich die ganze Dreieinigkeit dies wirkte. Und darum soll auch unser Wort Seinem Beispiel nachfolgen, damit wir recht leben, und das heißt, damit wir in der Schau und im Werk unseres Wortes keinerlei Lüge haben ...

XV., 28. Gott also ist die Liebe. Ob aber der Vater oder der Sohn oder der Heilige Geist von uns vorzugsweise »die Liebe« genannt werden soll oder die ganze Dreieinigkeit — sie besagt ja auch nicht drei Götter, sondern den einen Gott —, das soll jetzt die Frage sein. Aber ich habe ja schon weiter oben in diesem selben Buch (XV., 9) dargelegt, daß man die Dreieinigkeit, die Gott ist, nicht nach jenen dreien auffassen dürfe, die wir in der Dreiheit unseres Geistes aufgewiesen haben ... als ob der Vater weder Einsicht noch Liebe hätte ... als ob der Sohn keine Erinnerung und keine Liebe hätte ... als ob der Heilige Geist keine Erinnerung und keine Einsicht hätte, sondern der Vater für Ihn die Erinnerung und der Sohn für Ihn die Einsicht, Er selbst aber nur Liebe wäre ... Nicht dieses fällt bei ihnen zur Dreiheit auseinander, wie bei uns ... sondern es ist eine einzige ungeteilte Wirklichkeit, die alle diese drei Tätigkeiten in sich schließt wie etwa die Weisheit ...

XV., 31. ... Wo aber der Heilige Geist Liebe genannt wurde, das finden wir, sobald wir sorgfältig einem Wort des Apostels Johannes nachspüren. Der hat einmal gesagt: »Geliebte, wir wollen uns gegenseitig lieben, weil die Liebe aus Gott ist.« Und dann hat er hinzugefügt: »Jeder, der liebt, ist aus Gott geboren — und wer nicht liebt, der kennt Gott nicht, weil Gott die Liebe ist« (Joh. 4, 8). Hier offenbarte er also, daß Gott jene Liebe genannt wird, von der er sagt, sie komme aus Gott. Gott aus Gott ist demnach diese Liebe. Weil aber auch der Sohn von Gottvater geboren ist und der Heilige Geist aus Gottvater hervorgeht, so fragt man mit Recht, welcher von ihnen nach unserer Annahme hier eher die

Liebe genannt worden ist. Der Vater allein ist ja in solcher Weise Gott, daß Er allein nicht »aus« Gott ist — und deshalb ist die Liebe, die nach dem Wort des Apostels so Gott ist, daß sie »aus Gott« ist, entweder der Sohn oder der Heilige Geist. Im folgenden sagt er aber wieder — nachdem er die Liebe Gottes erwähnt hat (nicht jene, durch die wir Ihn lieben, sondern jene andere, durch die »Er uns liebt und in der Er Seinen Sohn als Lösegeld für unsere Sünden sandte«) und nachdem er uns deshalb die Mahnung gegeben hat, daß auch wir einander lieben sollen, »damit Gott in uns bleibe« (und er wollte das sicherlich gleich anschließend noch weiter verdeutlichen) —, im folgenden also sagt er noch: »Daran erkennen wir, daß wir in Ihm bleiben und Er in uns, nur daran — daß Er uns von Seinem Geiste gab.«

Der Heilige Geist also, von dem Er uns gab, bewirkt, daß wir in Gott bleiben und daß Gott in uns bleibt. Das aber bewirkt die Liebe.
Es ist also Gott — die Liebe.

AUS EINER PREDIGT AUGUSTINS[1]

...Und darum sagte Er: »Wenn ihr mich liebtet, würdet ihr euch freuen, daß ich zum Vater gehe, denn der Vater ist größer als ich.« Gemäß dem Menschen ist Er größer — gemäß Gott ist Er gleich groß... So wie einer, der ein Gewand anzieht, sich nicht in das Gewand verwandelt, sondern innen der unversehrte Mensch bleibt — auch wenn ein Senator ein Sklavengewand anzieht, da er vielleicht mit dem Senatorengewand nicht in den Kerker eintreten kann, um einen Gefangenen zu trösten, sondern sich in ein Gefängnisgewand hüllt, und er scheint in seiner Herablassung schmutzig einherzukommen, innen aber bleibt die Senatorenwürde um so unversehrter, je größer das Erbarmen war, das ihn zum Anlegen des niedrigen Gewandes bewog —, so ist auch der Herr bleibend Gott, bleibend Wort, bleibend Weisheit, bleibend göttliche Macht, bleibend in der Lenkung des Himmels, bleibend in der Verwaltung der Erde,

[1] Serm. 264, 3-4, vgl. Urs von Balthasar, »Augustinus, Antlitz der Kirche«, S. 167.

erfüllend die Engel, ganz allenthalben, ganz in der Welt, ganz in den Patriarchen, ganz in den Propheten, ganz in allen Heiligen, ganz im Schoße der Jungfrau, um sich mit Fleisch zu bekleiden, sich das Fleisch wie eine Braut anzutrauen, um aus seinem Brautgemach wie ein Bräutigam hervorzugehen und sich der Kirche, der reinen Jungfrau, anzuverloben. Dazu ist Er als Mensch geringer als der Vater, dem Vater aber gleich als Gott.

(Serm. 21, 2) Was mag wohl Gott sein? Wie wird Er wohl aussehen? Was immer du dir einbildest, Er ist es nicht. Denn wenn Er es wäre, so könnte Er vom Gedanken nicht eingefaßt sein. Und doch, damit du einen Vorgeschmack habest: Gott ist die Liebe...

Serm. 90, 6-7) ...»Und hätte ich die Liebe nicht, so wäre ich nichts.« Versteht ihr? Nichts!... Hab' ich die Liebe nicht und spende Almosen, und gehe im Bekenntnis des Namens Christi bis zum Blut, bis zum Feuer, so kann dies alles auch aus eitler Ruhmsucht geschehen sein und ist umsonst... Zwei sind in jedem Menschen, die Liebe und die Begehrlichkeit... Im Maße die Begehrlichkeit in uns ist, in dem Maße sind wir nicht ohne Sünde: es wachse die Liebe, es schwinde die Begehrlichkeit, damit sich die Liebe dereinst vollende, die Begehrlichkeit ende...

(Serm. 99, 5-6.) »Es werden ihr viele Sünden vergeben, weil sie viel geliebt hat. Wem aber wenig vergeben wird, der liebt auch wenig«... Ja, gewiß, wem wenig verziehen wird. Aber, o du, der du behauptest, nicht viel begangen zu haben: Warum denn — durch wessen Lenkung? Jener hat vieles begangen und wurde ein Schuldner von Großem — dieser hat durch Gottes Fügung wenig begangen. Wem jener es zuschrieb, daß Er es ihm erlassen, dem schreibe dieser es zu, daß Er es nicht zugelassen... So anerkenne die Gnade dessen, dem du auch dies verdankst, was du nicht begingst... Denn es gibt keine Sünde, die ein Mensch beging und die nicht auch ein anderer Mensch begehen könnte, wenn jener Lenker fehlte, welcher den Menschen schuf.

AUSKLANG

Mit Augustinus ist der große Wendepunkt der christlichen Zeit und Geisteswelt erreicht — ein Wendepunkt, der zuweilen mit der »kopernikanischen Drehung« in der Philosophie durch Kant verglichen wurde. Denn wie Kant von der Beschaffenheit dieser Welt zur Untersuchung des Beobachters dieser Welt und seiner Auffassungsmöglichkeiten hinlenkte, ebenso führte Augustin von der Frage fort, was Gott sei und wie Gott sei und welchen menschlich überhaupt denkbaren Sinn es haben könne, vom »Sohne Gottes« zu sprechen (nicht im heidnischen Verstand eines Dämonen, sondern als Sohn des alttestamentarischen Allschöpfergottes, als das zeugende Wort), wobei der Mensch das Gegebene ist — und führte hinüber zur Frage, was denn die Seele des Menschen vor Gott sei — wobei Gott das Gegebene ist. Augustins Bekenntnisse und Augustins Gottesstaat sind deshalb schon Dokumente einer anderen, einer neueren Zeit. Sie sind heute in unzähligen Ausgaben überall verbreitet, fast an jedem Bahnhofskiosk kann man sie um Pfennige erstehen, viel leichter als etwa die Bibel. Es kann daher überflüssig scheinen, sie in den ohnehin allzu engen Raum dieser Auswahl der frühen Kirchenväter mit aufzunehmen. Wir mußten uns hier auf die Proben aus den fünfzehn Büchern über die Dreieinigkeit Gottes beschränken, in denen Augustinus noch durchaus in der alten Kirchenväterwelt der Dogmenbegründer steht und sie vollendet. Nach ihm trägt eigentlich nur noch Zyrill von Alexandrien einiges wenige zur Schlichtung des Dogmenstreits bei, indem er durch seine Schrift über die »Gottesgebärerin« alte Argumente wiederaufnimmt, sie ausbaut und so das spätere Mariendogma vorbereiten hilft. Dann — tritt nur noch der große Pseudoareopagite auf, Dionysios der Geheimnisvolle — aber der gehört bereits in die Geisteswelt der christlichen Mystiker, wie Theodoret, wie Ephraim der Syrer, wie die späteren, die östlicheren Kirchenväter. Und die Späteren sind nur noch Sammler, Zitatoren, Auszügemacher, Asketen, Verächter des eigenen Fleisches bis zur völligen Auflösung in Schmutz und Fäulnis und Litaneienabschreiber oder, wie Johannes von Damaskus im besten Sinn, eifernde Wächter über das allein echte Vermächtnis und seinen allein echten Wortlaut.

AUSKLANG

Bis zum Neubeginn einer fruchtbaren christlichen Geisteswelt unter den irischen, schottischen, italienischen Mönchen — dann unter denen am Bodensee und in Limoges — vergehen viele grausame Jahrhunderte der Wanderungen, Plünderungen und Kämpfe der Völker. Im Osten freilich lebte noch die alte Welt der Dogmen-Eiferer fort: Noch tausend Jahre später, während die Handwerker fromm an ihren heiligen Fresken malten, stritt man auf dem Berg Athos laut um das Jota Gottes.[1]

---

[1] Freilich nicht mehr um das Jota zwischen »wesensgleich« und »wesensähnlich«. Die All-Einheit des Pantokrators wurde nie mehr angezweifelt. Aber ob eine plötzlich aufleuchtende Vision vom Strahl des Unerschaffenen Lichtes herrühre oder im Gegenteil nur dem Gaukelspiel der Verführungen Luzifers zuzuschreiben sei — wie sollte ein frommer Mönch nach vielen Kasteiungen und nächtelangen Gebeten das noch wissen? Und seine Mitbrüder wußten es meistens auch nicht... So mußten sie doch wieder nach der unendlichen, ewigen Wesenheit Gottes weiterforschen — während es die Aufgabe der Unsrigen im Westen blieb, aus der endlichen Wesenheit der sterblichen Menschen, trotz Sündenfall, Begierde und Endlichkeit, dennoch Ebenbilder der Unendlichen Liebe zurückzugewinnen.

ANHANG
Stellen-Angaben und bibliographische Hinweise

ANHANG

ZUR EINLEITUNG

Der axiomatische Satz des Anaximander, durch den die christliche Lehre von der Dreifaltigkeit – oder Drei-Einigkeit – einen den Griechen jener Zeit verständlichen Ausdruck annahm, findet sich als Originaltext in der bekannten Vorsokratiker-Ausgabe von Diels – und pflegt an der Spitze jeder Philosophiegeschichte zitiert zu werden. Er würde in der Ausdrucksweise der frühchristlichen Theologie etwa folgende Form angenommen haben: »Im Anfang war das NICHTS-NICHT (Apeiron). Jedes Etwas kommt aus ihm in die Zeit und begründet dadurch erst die Zeit und muß für sein Endlich-Gewordensein büßen nach der Ordnung der Zeit.« Die alttestamentarische Formulierung dieses selben Satzes findet sich etwa im Ekklesiastes (12, 14), so wie Athanasius diese Stelle auslegt (Rede gegen Arius, I, 64, hier auf Seite 236).

Der axiomatische Satz aus Hesiod's Theogonie (Ausgabe Peppmüller), daß das Schicksal »Herr und Diener zugleich« sei (also daß – christlich ausgedrückt – unser Tun niemals bedeutungslos und ohne Verantwortung vor Gott sein kann, und daß alle Gnade und alle Vorsehung nicht Zwang, nichts Vorgegebenes, sondern immer nur ein göttliches Vorauswissen unserer eigenen freien Entscheidungen ist, da wir in der Zeit leben, Gott aber jenseits von aller Zeit verbleibt), findet seinen klarsten Ausdruck in der Auslegung, die Origenes der Vorsehungslehre des Buches Hiob und der Rechtfertigungslehre des Apostels Paulus (Ephes. I, 3-5 und Röm. 8, 29), durch seine Schrift »Vom Gebet« gegeben hat (VI., 3, und XXIX, 13, 14; hier auf Seite 140 und 161): »Jede Seele hat immer die freie Selbstbestimmung.«

Dies, und die Lehren des Hilarius von Poitiers (»Wir möchten dieses Leben als Weg zur Ewigkeit gewährt wissen«, De Trinitate, I. 1, hier auf Seite 277) und Augustins »Gott ist die Liebe« (De Trin. XV, 28-31, hier auf Seite 314, f.) sind die Pforten, die aus den antiken, jüdischen, östlichen Geisteswelten mitten in jenes Christentum einführen, das uns die Kirchenväter erschlossen haben.

Die Grundlagen für ihr Studium liefern uns:
O. Bardenhewer, Geschichte der altkirchlichen Literatur, 5 Bände, I., 1902; II., 1903; III., 1912; IV., 1924; V., 1932; Freiburg, und die Bibliographie von *B. Altaner,* Patrologie, 3. Aufl. Freiburg 1951.
Originaltexte in der Pariser Ausgabe von *Migne,* Patrologia Graeca, Paris 1856 ff., und Patrologia Latina, Paris 1846 ff., in der Wiener Ausgabe der lateinischen und griechischen Kirchenschriftsteller, Wien 1866 ff.,
in der Berliner Ausgabe der Kirchenväter-Kommission, im Auftrage der preußischen Akademie der Wissenschaften, Berlin u. Leipzig 1890 ff.
(In manchen Fällen empfehlen sich auch Vergleiche mit der alten Mauriner Ausgabe, Paris 1676 ff., oder mit der Oxforder oder mit der neuen Vatikanischen Ausgabe der Kirchenvätertexte, der Patrologia Orientalis *[R. Griffin]* und dem Corpus scriptorum Christianorum orientalium *[Chabot, Braguet],* Paris 1894 ff., ferner mit den Cambridge patristic texts *[Mason],* 1899 ff.)
Deutsche Texte, Einleitungen und Hinweise in der »Bibliothek der Kirchenväter« des Verlages Kösel und Pustet, München, alte Folge Kempten 1830-1853, neuere Folge München 1903-1931, neue Folge ab 1931 ff. Daneben viele andere Übersetzungen.

Allgemeine Literatur über den Gegenstand:
Boehringer, Die Alte Kirche, Stuttgart 1872,
Th. Zahn, Forschungen zur Geschichte des neutestamentarischen Canons, Erlangen 1881,
G. Krüger, Geschichte der altchristlichen Literatur, Leipzig 1898,
A. Harnack, Texte und Untersuchungen zur Geschichte der altchristlichen Literatur, Leipzig 1882 ff.,
A. Harnack, Mission und Ausbreitung des Christentums in den ersten drei Jahrhunderten, Leipzig 1924,
A. Harnack, Geschichte der altchristlichen Literatur, Leipzig 1904,
A. Harnack, Dogmengeschichte, Tübingen 1910,
A. Harnack, Entstehung der christlichen Theologie und des christlichen Dogmas, Gotha 1927,
H. Jordan, Geschichte der altchristlichen Literatur, Leipzig 1911,

K. Gronau, Theodizee in altchristlicher Auffassung, Tübingen 1922,
O. Stählin, Altchristliche Literatur, München 1924,
F. X. Funk, Kirchengeschichtliche Abhandlungen und Untersuchungen, 3 Bde, Paderborn 1897, 1899, 1907, fortgesetzt durch *K. Billmeyer's* »Neue Untersuchungen«, I., 1940 u. II., 1955, Paderborn,
A. Drews, Christentum und Gnostizismus, Jena 1924,
H. Achelis, Das Christentum in den ersten drei Jahrhunderten, Leipzig 1925,
W. Classen, Der Eintritt des Christentums in die Welt, Gotha 1930,
G. La Piana, Roman church at the end of second century, Harvard 1925,
L. Duchesne, Origines du culte chrétien, Paris 1925,
I. P. Kirsch, Kirchengeschichte, 1930,
G. Krüger's Kirchengeschichte neu bearbeitet, 1932,
G. Kittel, Religionsgeschichte des Urchristentums, 1932,
K. Prüm, Christlicher Glaube und altheidnische Welt, Leipzig 1935,
A. Fliche et *V. Martin,* Histoire de l'Eglise, Paris 1935 ff.,
B. Steidle, Patrologia, Freiburg 1935,
H. Lietzmann, Geschichte der alten Kirche, 1937 ff., neue Bearbeitung I — IV Berlin 1955,
W. Köhler, Dogmengeschichte als Geschichte des christlichen Selbstbewußtseins, 1938,
K. Kastner, Patrologie, Paderborn 1940,
N. A. Dahl, Untersuchungen zum Kirchenbewußtsein des Urchristentums, 1941,
M. Werner, Entstehung des christlichen Dogmas, 1941,
K. Müller's Kirchengeschichte neu bearbeitet von H. v. Campenhausen, 1941,
W. G. Kümmel, Kirchenbegriff und Geschichtsbewußtsein in der Urgemeinde, 1943,
F. Cayré, Patrologie, Paris 1945,
P. Althaus, Die christliche Wahrheit, Gütersloh 1947,
J. A. Jungmann S. J., Genetische Erklärung der röm. Messe, Wien 1949,
Ch. Moeller, Sagesse grecque et paradoxe chrétien, Paris 1948,
H. J. Schoeps, Judenchristentum, Tübingen 1949,
H. J. Schoeps, Die frühchristliche Zeit, Tübingen 1950,

F. Loofs, Leitfaden zum Studium der Dogmengeschichte, Halle 1950,

C. O. Cullman et *Ph. H. Menoud,* Aux sources de la tradition chrétienne, Paris 1950,

O. Perler, Patrist. Philosophie, Bibliograph. Einführung, Bern 1950,

B. Altaner, Patrologie, 2. Aufl. Freiburg 1950,

A. Benoit, Baptême chrétien au second siècle, Paris 1951,

W. Kamlah, Christentum und Geschichtlichkeit, Stuttgart 1951,

K. Hörmann, Dogma und Sitte bei den apostolischen Vätern, Wien 1952,

O. Heggelbacher, Christliche Taufe nach dem Zeugnis des Frühchristentums, Fribourg 1953,

K. Schneider, Geistesgeschichte des antiken Christentums, München 1954,

J. A. Fischer, Studien zum Todesgedanken in der alten Kirche, 1954,

H. Jonas, Gnosis und spätantiker Geist, Göttingen 1954,

H. v. Campenhausen, die griechischen Kirchenväter, Stuttgart 1955.

I. DIE LOSLÖSUNG AUS DER UMWELT DER ANTIKE

DIE DIDACHÉ

Text: *F. X. Funk,* Patres Apostolici, Tübingen 1901.

Handschrift: Lehre der zwölf Apostel, in der Jerusalemer Handschrift d. J. 1056.

Erste deutsche Übersetzung: *F. Zeller,* München 1908.

Literatur: *E. Hennecke,* Neutestamentl. Apokryphen, Tübingen 1904,

Th. Schermann, Frühchristliche Liturgien und kirchliche Überlieferungen des zweiten Jahrhunderts, 3 Bde, Paderborn 1914/16,

O. Cullman, Les premières confessions de foi chrétienne, (Pr. Univ. Fr.) Paris 1948,

Petersen, Einige Gedanken der Didaché-Überlieferung, (Riv. Arch. Chr. 27), 1951.

F. Kattenbusch, Altkirchliche Taufsymbole, 3 Bde, Leipzig 1894/97/1900,

A. Harnack, Apostellehre und die jüdischen »zwei Wege«, Leipzig 1886,

Th. Zahn, Apostolische Symbole, Erlangen 1893,

J. Hansleitner, Vorgeschichte des Apostolischen Glaubensbekenntnisses, München 1893,

A. Völker, Die Agape in der alten Kirche, Gotha 1927,

A. Stuiber, Untersuchungen zur Entstehung des Sacramentarium, Bonn 1950,

Zeitschriftenbeiträge zur Didaché vgl. *Altaner,* a.a.O. S. 39 f.

DER BRIEF DES KLEMENS VON ROM

Text: *F. X. Funk,* Patres Apostolici, Tübingen 1901.

Handschrift: Codex Alexandrinus, fünftes Jahrhundert, Abdruck *Tischendorf.*

Viele Ausgaben und Übersetzungen, vgl. Literaturangabe bei *Bardenhewer,* I., S. 129-130.

R. Knopf, Der erste Klemensbrief, Leipzig 1899,

W. Scherer, Der erste Klemensbrief, 1902,

A. v. Harnack, Der Klemensbrief, Leipzig 1929,

Chr. Eggenberger, Quellen der politischen Ethik des ersten Klemensbriefs, Zürich 1951.

DER BRIEF DES IGNATIUS VON ANTIOCHIA

Text: *F. X. Funk,* II, 25-38, *Migne* P. G. 5,

Handschriften: Griechische codices Florenz und Paris, Codex Monacensis, elftes Jahrhundert.

Beglaubigt durch Briefe des Polykarp, deren Echtheit nicht angezweifelt wird (sie sind hier leider einer Kürzung zum Opfer gefallen) und durch Zitate bei Eusebius, Hist. Eccl. III., 36, 5 ff.

Deutsche Übersetzungen: *F. Zeller,* München 1908.

Literatur: *H. W. Bartsch:* Gemeindetradition bei Ignatius v. A., Gütersloh 1940,

H. Schlier, Religionsgeschichtliche Untersuchungen zu den Ignatiusbriefen, Gießen 1928,

Th. Zahn, Ignatius v. Antiochia, Gotha 1873,

F. X. Funk, Die Echtheit des Ignatiusbriefes, 1883,

D. Völter, Die Ignatiusbriefe, ihr Ursprung, Tübingen 1892,

A. Stahl, Ignatius-Untersuchungen, I. Greifswald 1899, II. Leipzig 1901.

AUS DEN MÄRTYRER-AKTEN

Text: Acta Sanctorum, Analecta Bollandiana 14, Antwerpen 1643,

Acta primorum martyrum sincera et selecta, Paris 1689,
und *E. Amelineau,* Actus coptes du martyre de S. Polyc.,
So. Bibl. Arch X., 1888,
Migne, P. L. 3 (vgl. auch die Akten der hl. Perpetua
und Felicitas).
Diverse Handschriften,
Viele Übersetzungen, darunter: *Th. Ruinart,* Wien 1831,
und *G. Rauschen,* München 1931,
Siehe ferner: *H. Müller,* Überlieferungsgeschichte des
Polykarpmartyriums, Paderborn 1908,
R. Knopf und *G. Krüger,* Ausgewählte Märtyrer-Akten,
Tübingen 1929,
Erz-Abtei Beuron: Das römische Martyriologium, Regensburg 1935,
W. Nigg, Große Heilige, Zürich 1946,
E. Kalb, Märtyrer der alten Kirche, 1903,
A. Ehrhard, Die Kirche der Märtyrer, München 1932,
H. v. Campenhausen, Die Idee des Martyriums in der
alten Kirche, Göttigen, 1936.

II. DIE WIEDERAUFNAHME DER ALTEN ERBSCHAFT

IRENÄUS, BISCHOF VON LYON

Text: *Migne,* P. G. 7. vgl. auch *Manucci,* Rom 1907.
Handschriften, darunter die lateinische des Codex Claramontanus aus dem neunten Jahrhundert.
Übersetzungen: *H. Hayd,* Kempten 1872, und *E. Klebba,*
München 1912.
Literatur: *F. Loofs,* Die Handschriften des Irenäus,
Leipzig 1890,
G. N. Bonwetsch, Die Theologie des hl. Irenäus, 1925,
J. Garçon, La mariologie de S. Irénée, Lyon 1932,
E. Scharl, der Rekapitulationsbegriff des hl. Irenäus,
1941.

TERTULLIANUS

Text: *Migne,* P. L. 1-2, und Wiener Ausgabe (*Reifferscheid*) 1890 ff.
Handschrift: Codex Agobardinus (8407, Paris, Vgl.
Klußmann, Gotha 1887)
Übersetzungen: *H. Kellner,* Köln 1882 und München
1912, ferner *M. Haidenthaller,* Paderborn 1942.

Siehe ferner: *F. Oehler*, Tertullian, Leipzig 1853,

W. v. Hartel, Patristische Studien, Wien 1890,

G. Esser, Die Seelenlehre Tertullians, Paderborn 1893,

H. Hoppe, Stil des Tertullian, Leipzig 1903,

Josef Lortz, Tertullian als Apologet, München 1927/28,

F. C. A. Schwengler, Montanismus, Tübingen 1841,

A. Hauck, Leben Tertullians, Erlangen 1887,

N. Bonwetsch, Die Schriften Tertullians, Bonn 1878,

W. Schepelern, Montanismus, Tübingen 1929,

G. Zimmermann, Die hermeneut. Prinzipien Tertullians, 1937,

H. Pétré, L'exemplum chez Tert., Dijon 1940.

E. Dekkers, Tert. en de Geschiedenis der Liturgie, Bruxelles 1947.

KLEMENS VON ALEXANDRIEN

Text: *Migne*, P. G. 8-9, vgl. auch *Potters*, Oxford 1715 u. *Dindorf*, Oxford 1869, ferner Berliner Kirchenväterausgabe (*Stählin*), 1905, 1906, 1909.

Handschrift: Apologetencodex Paris, geschrieben für Arethas, Erzbischof von Caesarea i. J. 914.

Übersetzungen: *L. Hopfenmüller* und *J. Wimmer*, Kempten 1875 und *O. Stählin*, München 1934.

Siehe auch: *E. Bratke*, Stellung des Klemens Alexandrinus zum antiken Mysterienwesen, (theol. Stud. 60), 1887,

K. Ernesti, Ethik des Klemens v. Al., Paderborn 1900,

A. Deiber, Clément d'Al., Paris 1905,

Eugène de Faye, Clément d'Al., Paris 1906 (Bibl. Haut. Etud., 12 et 38),

J. Gabrielson, die Quellen des Kl. Al., Upsala 1909,

H. v. Meyboom, Clemes Al., Leiden 1912,

J. Patrick, Clement of Al., Edinburgh 1914,

R. B. Tollington, Clement of Al., London 1914,

W. Bousset, Jüd. u. christ. Schulbetrieb in Alexandrien, Göttingen 1915,

Jean Hering, Etude sur la doctrine de Cl. d'Al., Paris 1923,

G. Bardy, Clément d'Alexandrie, Paris 1926,

J. Munck, Untersuchungen über Klemens v. A., Stuttgart 1933,

F. Buri, Clemens v. A. und der Paulinische Freiheitsbegriff, 1939.

ORIGENES

Text: *Migne*, P.G. 11-17, u. Berliner Ausgabe (*Koetschau*) 1899.
Handschrift: Codex Cantabrigensis Coll. S. Trinitatis.
Übersetzungen: J. *Kohlhofer*, Kempten 1874, P. *Koetschau*, München 1926.
Siehe auch P. *Koetschau*, Des Gregorius Thamaturgus Dankrede an Origenes, Krügers Sammlung, Freiburg 1894,
E. R. *Redepenning*, Origenes Leben und Lehre, Bonn 1841 u. 1846,
Eugène de Faye, Origène et son oeuvre, Paris 1923,
H. *Koch*, Origenes und der Platonismus, 1932,
R. *Cadiau*, Introduction au système d'Origène, Paris 1932.
J. *Daniélou*, Origène, Paris 1948,
H. *de Lubac*, L'Intelligence de l'Ecriture d'après Origène, Paris 1950,
F. *Bertrand*, Mystique de Jésus chez Origène, Paris 1951.

III. KAMPF GEGEN RÜCKFÄLLE IN MAGISCHES DENKEN

HIPPOLYT VON ROM

Text: *Migne*, P. G. 10 (ein Lateiner, der griechisch schrieb!) und Berliner Kirchenväterkommission (*P. Wendland*), 1916.
Handschrift: Athosmanuskript Mynoides Minas, (1842).
Übersetzung: *Graf K. Preysing*, München 1922.
Literatur: *Döllinger*, Hippolyt und Kallist, Regensburg 1853,
G. *Ficker*, Studien zur Hippolytfrage, Leipzig 1893,
K. J. *Neumann*, Hippolyt v. Rom, Leipzig 1902,
d'Alès, La théologie de Saint Hippolyte, Paris 1906,
Gf. *K. Preysing*, Hippolyts Ausscheiden aus der Kirche, München 1918 u.
Gf. *K. Preysing*, Das Bußedikt Kallist's, München 1919,
A. *d'Alès*, La théologie de S. H., Paris 1929,
L. *Mariès*, H. de Rome, sur les bénédictions de Jacob et de Moïse, Paris 1935.
G. *Bovini*, San Ippolito, Dottore e martire, Città del Vaticano 1943.

ZYPRIANUS

Handschriftenverzeichnis Cheltenham saec. X, ed. *Th. Mo:nmsen*.

Text: *Migne*, P. L. 4 u. Wiener Sammlung (*Hartel*)
1868/71, darin auch Sententiae episcop. num. 87 de
haereticis baptisandis (das Sitzungsprotokoll der Synode
von Karthago v. 1. IX. 256).
Übersetzungen: *G. Krabinger*, Augsburg 1848, *U. Uhl*,
Kempten 1869 u. *J. Baer*, München 1918.
Prokonsularische Akten: siehe Märtyrer-Akten.
Über den Diakon Pontius, Biopgraph Cyprians, vgl.
Harnack, Texte und Untersuchungen, 393, Leipzig 1913,
und *H. Dessau*, Hermes 51, 1916,
K. Goetz, Geschichte der Cyprianischen Literatur, Basel
1891,
P. Monceaux, St. Cyprien et son temps, Paris 1902,
L. Bayard, Le latin de Saint Cyprien, Paris 1902,
J. Ernst, Neuere Untersuchungen über Zyprian und den
Ketzertaufstreit, (theol. Quartal. 93, 1911),
P. v. Hoensbroech, Auffassung Cyprians von der Ketzer-
taufe (Ztschr. f. kathol. Theol. 1915),
H. Koch, Kathedra Petri, 1930,
F. Bilabel u. *A. Grohmann*, Über Zyprian den Magier ...
1934.

LAKTANTIUS

Text: *Migne*, P. L. 6-7 und codex Bononiensis saec. VI,
Corpus script. eccles. lat. 9 u. 18, Wiener Ausgabe 1890
u. 1897 (*Brand* und *Laubmann*).
Handschrift: Codex Colbertinus, Paris.
Übersetzungen: *A. Hartl* und *A. Knappitsch*, München
1919.
Literatur: *Ch. Leullier*, Etudes sur Lactance, Caën, 1846,
R. Pichon, Lactance, Paris 1901,
K. Vilhelmson, Laktantius und die Kosmogonien des
spätantiken Synkretismus, Tartu 1940,
E. Rapisarda, Il carme de ave Phoenix, 1946

EUSEBIUS VON CAESAREA

Text: *Migne*, P. G. 19-24 und Berliner Ausgabe der
Kirchenväter, *E. Schwartz* und *Th. Mommsen*, IX, Leip-
zig 1908.
E. Grapin, Eusèbe de Césarée, texte et traduction,
Paris 1911 et 1913.
Handschriften: Florenz, Laurentiana, zehntes Jahrhun-

dert; Paris, Bibl. Nat. Nr. 1430, elftes Jahrhundert; Venedig, Marciana, zwölftes Jahrhundert.

Übersetzungen: *M. Stigloher*, Kempten 1870, und *Ph. Haeuser*, München 1932, und *J. Karst*, Leipzig 1911.

Eusebius Kirchengeschichte »Kleine Ausgabe«, Leipzig 1952 (!)

Literatur: *H. S. Lawlor*, Eusebius, bishop of Caesarea, London 1927/28.

R. Laqueur, Eusebius als Historiker seiner Zeit, Berlin 1929,

M. Weis, die Stellung des Eusebius im Arianischen Streit, 1920,

W. Nigg, die Kirchengeschichtschreibung, Bern 1934.

DIONYSIOS VON ALEXANDRIEN

Literatur: *Ch. L. Feltoe*, Remains of Dionys of Alexandria, Cambridge 1904,

J. Burel, Denis d'Alexandrie, Paris 1910.

IV. DIE EPIPHANIE

ATHANASIUS

Text: *Migne*, P. G. 25-28, Mauriner Ausgabe *J. Lopin* et *B. de Montfaucon*, Paris 1698, und neue Berliner Ausgabe 1934 ff.

Handschriften: *Wright*, Syriac manuscripts in the Brit. Mus., 2, London 1871.

Übersetzungen: *J. Fisch* und *A. Richard*, Kempten 1875, und *A. Stegmann*, München 1913.

Literatur: *H. Sträter*, die Erlösungslehre des hl. Athanas., Freiburg 1894,

F. Lauchert, Lehre des hl. Athanasios, Leipzig 1895,

F. Lauchert, Leben des hl. Athanasios, Köln 1911,

F. Cavallera, Saint Athanase, Paris 1908,

S. Rogala, Anfänge des Arianerstreits, Paderborn 1907,

K. F. Hagel, Kirche und Kaisertum in Lehre und Leben des hl. Athanasius, 1933,

E. Weigl, Untersuchungen zur Christologie des hl. Athanasius 1914,

L. Bouyer, L'Incarnation et l'Eglise dans la théologie de S. Athanase, Paris 1943,

Bernard, L'image de Dieu d'après Saint Athanase, Paris 1952.

ANHANG

BASILIUS DER GROSSE

Text: *Migne*, P. G. 29-32, vgl. Mauriner Ausgabe (*Garnier* et *Maran*, Paris 1730).

Handschriften: Codex Coislininianus 237, cod. Medicaeus, Vaticanus, etc.

Übersetzungen: V. *Gröne*, Kempten 1875-81, und A. *Stegmann*, München 1927.

Literatur: F. *Boehringer*, Die Kirche Christi und ihre Zeugen: Bd. 7, Die drei Kappadokier, Stuttgart 1875,

E. *Fialon*, Etude historique et littéraire sur St. Basile, Paris 1869,

F. *Loofs*, Eustathius von Sebaste, Halle 1898,

P. *Allard*, Saint Basile, Paris 1903,

F. *Nager*, Trinitätslehre d. hl. Basilius, Paderborn 1912,

E. F. *Morison*, St. Basil and his rule, London 1913,

J. *Schäfer*, Basilius des Großen Beziehungen zum Abendland, Münster 1908,

F. X. *Eggesdorfer*, Die Griechischen Kirchenväter des 4. Jahrhunderts (theol. pr. Monatsschrift 13) 1903,

K. *Kirch*, Helden des Christentums: Basilius, Paderborn 1919,

J. *Wittig*, Leben und Weisheit des hl. Basilius, Freiburg 1920,

J. *Rivière*, Saint Basile, Paris 1925,

A. *Cavallin*, Studien zu den Briefen des hl. Basilius, Lund 1944,

D. *Amand*, L'ascèse monastique de S. Basile, Paris 1949.

GREGOR VON NAZIANZ

Text: *Migne*, P. G. 35-38

Handschrift: Codex Vaticanus-Palatinus.

Übersetzungen: *Joh. Röhm*, Kempten 1876 und *Ph. Haeuser*, München 1928.

Hymnen-Übersetzung vgl. Lobgesänge und Psalmen übers. v. *Friedrich Wolters*, Berlin 1921.

Literatur: C. *Ullmann*, Gregor v. Nazianz, Gotha 1867,

H. *Weiß*, Die großen Kappadokier, Braunsberg 1872,

J. *Draeseke*, Quaestiones Nazinzenae, Wandsbeck 1872,

J. *Hergenröther*, Die Lehre von der göttlichen Drei-Einigkeit, Regensburg 1885,

A. *Benoît*, Saint Grégoire de Naziance, Paris, 1884,

F. H. *Hümmer,* Gregor von Nazianz und die Lehre von der Gnade, Kempten 1890,

M. *Guignet,* Saint Grégoire de Naziance, Paris 1912,

H. *Pinault,* Platonisme de Saint Grégoire de Naziance, Paris 1923,

O. *Stählin,* Altchristliche griechische Literatur, München 1924,

E. *Weigl,* Christologie nach dem Tode des Athanasios, München 1925,

L. *Stephan,* Die Soteriologie des hl. Gregor von Nazianz, Wien 1938.

GREGOR VON NYSSA

Text: *Migne,* P. G. 44-46 und Berliner Kirchenväterausgabe (*W. Jaeger*) 1921.

Übersetzungen: *K. Weiß* und *E. Stolz,* München 1927.

Literatur: *W. Meyer,* Götterlehre des hl. Greg. v. Nyssa, Leipzig 1894,

Hugo Ball, Byzantinisches Christentum, Leipzig 1923,

H. U. von Balthasar, Présence et pensée, Paris 1942,

W. Völker, Gregor v. Nyssa als Mystiker, Wiesbaden 1955,

J. Daniélou, Platonisme et théologie mystique chez G. de N., Paris 1944,

Werner Jaeger, Grogorius v. Nyssa, Harvard 1955,

J. Muckle, The doctrine of St. G. of N., on man as the image of God, Toronto 1945,

R. Leys, L'image de Dieu chez Grégoire de Nysse, Bruxelles 1951,

W. Völker, Die Ontologie Gregors von Nyssa, Grünstadt 1952,

H. Merkl, Gottähnlichkeit bei Gregor von Nyssa, Fribourg 1952.

HILARIUS VON POITIERS

Text: *Migne,* P. L. 9-10, vgl. auch Kritische Gesamtausgabe durch *Erasmus,* Basel 1523, *Maffei,* Verona 1730, und Vatikanische Ausgabe De Trinitate, Rom 1922.

Übersetzungen: *J. Fisch,* Kempten 1878, und *A. Antweiler,* München 1933.

Literatur: *A. Viehauser,* Hilarius gegen die Arianer, Klagenfurt 1860,

H. J. Reinkens, Hilarius von Poitiers, Schaffhausen 1864,

A. Beck, Die Trinitätslehre des hl. Hilarius von Poitiers, Forschungen zur christlichen Dogmengeschichte III, Mainz 1903,

A. L. Feder, S. J., Epilegomena zu Hilarius v. P., Wiener Studien 41, 1919,

J. P. Brisson, Tractatus mysteriorum (texte et traduction), Paris 1947,

B. Lorscheid, Verhältnis der Freiheit des Menschen zur Barmherzigkeit Gottes, nach Hilarius, Roma 1940.

AMBROSIUS VON MAILAND

Text: *Migne* P. L. 14-17 (Mauriner Ausgabe *du Frische et Le Nourry*, Paris 1686-1690), Wiener Ausgabe (*Schenkl*) 1897.

Übersetzungen: *F. X. Schulte*, Kempten 1871, und *J. E. Niederhuber*, München 1914.

Literatur: *Th. Föster*, Ambrosius von Mailand, Halle 1884,

J. B. Kellner, Ambrosius von Mailand als Erklärer des alten Testaments, Regensburg 1893,

E. Niederhuber, Die Lehre des A. v. M. vom Reiche Gottes auf Erden, Mainz 1904,

R. Wietz, Ambrosius und seine Zeit 1924,

P. de Labriolle, Saint Ambroise, Paris 1908,

J. Huhn, Ambrosius, ein sozialer Bischof, Fulda 1946.

JOHANNES CHRYSOSTOMUS

Text: Mauriner Ausgabe, *B. de Montfaucon*, 1718, und *Migne* P. G. 47-67.

Übersetzungen *Ch. Baur, J. Jatsch, A. Naegle, V. Stoderl,* München 1915-1936.

Die »hinreißende« Stimme des Chrysostomus kommt in dieser Auswahl der Kirchenväter nicht zu Wort: der Geist seiner Predigten, in denen er höllisch gegen die Verderbtheit der Reichen wetterte und den schönsten Himmelslohn für die Armen in so greifbare Nähe zu rücken verstand, daß alles Volk ihn liebte, ärgerte nicht nur die Kaiserin Eudoxa, machte ihn nicht nur zuletzt zum Märtyrer, sondern entfernte ihn auch von jenen Fragen, die — wie unsere Auswahl gerade zeigen soll — den anderen Kirchenvätern stets so wesentlich blieben. So sehr wesentlich, daß sie ein ganzes Leben ihrer Klärung widmeten: sie wollten die Vorsehung, die Gnade, die Liebe aus den Fängen des östlichen Fatalismus befreien und den Menschen stets und unter allen Umständen vor Gott verantwortlich wissen. Der heilige Chrysostomus empfand offenbar kein so starkes Bedürfnis, den Glauben an die Vorsehung aus solchen Fängen zu befreien – sein Blick blieb ja gerade auf die soziale, also unpersönliche Verstrickung der unfreiwillig Armen gebannt. Jedenfalls, hinreißend beredt oder nicht, unanzweifelbar rechtgläubig, bescheiden, opferbereit oder nicht, rührend selbstlos und gottergeben oder nicht – der heilige Chrysostomus steht für unseren Betrachtungsort auf dem anderen Ufer.

Literatur: *Ch. Baur*, Saint Jean Chrysostome, Louvain 1907,

M. v. Bonnsorf, Biographische Studien zu Johannes Chrysostomos, Helsinfors 1922,

A. Neander, Der heilige Chrysostomus, Berlin 1948.

EPIPHANIOS VON SALAMIS

Text: *Migne*, P. G. 41-43, und Berliner Kirchenväterkommission (*K. Holl*), Leipzig 1915.

Handschrift: Codex Vaticanus gr. 503.

Übersetzungen: *K. Wolfsgruber*, Kempten 1880, und *J. Hörmann*, München 1919.

Literatur: *K. Holl*, Die handschriftliche Überlieferung des Epiphanios, Leipzig 1910,

J. Martin, Saint Epiphane (Annales de philosophie chrétienne), 1907-08.

V. DIE ERLÖSUNG

DER HEILIGE HIERONYMUS

Text: *Migne* P. L. 22-30, Mauriner Ausgabe, Paris 1706, Wiener Ausgabe 1910 ff., vgl. auch Novum Testamentum Domini Nostri, secundum editionem Sancti Hieronymi, Oxford 1899-1905.

Handschrift: Codex Amiatinus, vgl. *Tischendorf*, Leipzig 1854,

C. P. Caspari, Das Buch Hiob in der Übersetzung Sancti Hieronymi, nach einer Sankt Gallener Handschrift, Christiania 1893,

P. de Lagarde, Psalterium iuxta Hebraeos Sancti Hieronymi, Leipzig 1874.

Übersetzungen: *Leipelt,* Kempten 1872, und *L. Schade,* München 1914.

Literatur: *Zöckler,* Hieronymus, Gotha 1865,

F. Kaulen, Geschichte der Vulgata, Mainz 1868,

Schöne, Die Weltchronik des Eusebius in Bearbeitung durch S. Hieronym., Berlin 1900.

Grützmacher, Hieronymus, I-III, Leipzig 1901, Berlin 1906 und 1908,

C. A. Bernoulli, Der Schriftstellerkatalog des hl. Hieron., Freiburg 1895,

Morin, Etudes sur Saint Jérôme, Paris 1903,

Turmel, Saint Jérôme, Paris 1906,

Brochet, Saint Jérôme et ses ennemis, Paris 1905,

K. Waldis, Hieronymi Fragmenta, Münster 1908,

P. Asslaber, Persönliche Beziehungen zwischen Ambrosius und Hieronymus und Augustinus, Wien 1908,

Trczinsky, Die dogmatischen Schriften des hl. Hieronymus, Posen 1912,

Schiwietz, Das morgenländische Mönchstum, Mainz 1913,

L. Schade, Der heilige Hieronymus, München 1914, schreibt (S. 334), es sei der Kampf gegen die Lehre vom Bösen als eine über den Menschen stehende Naturgewalt, wie sie die Gnostiker verbreiteten (und nicht das alte griechische und jüdische Erbe von der Verantwortung des Menschen und vom freien Willen im Kampf gegen den östlichen Fatalismus: also der abendländische Grundgedanke, daß unser Handeln niemals bedeutungslos sein könne, das Schicksal daher Herr und Diener zugleich und die Gnade immer nur ein Vorauswissen Gottes und nicht eine Vorausbestimmung des Menschen sei, wodurch der heilige Hieronymus sich gezwungen gefühlt habe, in seiner Schrift gegen die Pelagianer »die persönliche, im freien Willen wurzelnde Verantwortlichkeit des Menschen mit aller Anstrengung aufrecht zu erhalten«.

W. Bousset, Studien zur Geschichte des ältesten Mönchstums, Tübingen 1923,

K. Heussi, Ursprung des Mönchstums, Tübingen 1936,

E. Schwarzbauer, Die Kirche als Corpus Christi Mysticum beim hl. Hieronymus, Rom 1939,

Antin, Le monachisme selon S. Jérôme (Mélanges bénédictins), Paris 1947.

AUGUSTINUS

Text: *Migne*, P. L. 32-47 und Text Mauriner Ausgabe 1-11, 1679-1700.

Der Abschnitt, in welchem Augustin auf Hilarius von Poitiers ausdrücklich hinweist, befindet sich in De Trinitate VI., 10, 11-12.

Übersetzung von De Trinitate: *M. Schmaus*, München 1935.

Augustins Bekenntnisse, latein. und deutsch, *J. Bernhart*, München 1955.

Literatur: *Th. Regnon*, Etudes de théologie sur la Sainte Trinité, Paris 1892.

M. Grabmann, Göttlicher Grund menschlicher Wahrheitserkenntnis nach Augustin, Münster 1924,

M. Grabmann, Grundgedanken des hl. Augustin über Seele und Gott, Köln 1929,

E. Gilson, Der heilige Bonaventura, Hellerau 1930,

F. R. Gayré, Contemplations Augustiniennes, Paris 1927,

F. R. Cayré, Divine présence d'après Saint Augustin, Paris 1934,

M. Schmaus, Trinitätslehre des heiligen Augustinus, Münster 1927,

H. Arendt, Der Liebesbegriff bei Augustin, Berlin 1929,

Schurr, Die Trinitätslehre bei Boëthius und Augustinus, Paderborn 1935,

E. Dinkler, Die Anthropologie Augustins, Stuttgart 1934,

R. Guardini, Die Bekehrung Augustinus, München 1935,

E. Longpré, Saint Augustin et la pensée franciscaine, Paris 1932,

H. J. Marrou, S. Augustin et la fin de la culture antique, Paris 1938,

M. Zepf, Augustins Confessiones, 1927,

E. Salin, Civitas Dei, 1926,

C. Ljunggren, Geschichte der christl. Heilsgewißheit,

R. Schneider, Das wandelbare Sein bei A., Freiburg 1938,

N. Merlin, S. A. et la vie monastique, Albi 1933,

R. Potter, Saint Augustin, Paris 1945,

J. P. Maher, S. A.'s defense of the Hexaëmeron against the Manicheans, Roma 1946,

Urs von Balthasar, Die großen Ordensregeln, Einsiedeln 1948,

J. Fischer, Die Völkerwanderung im Urteil d. zeitgenöss. Schriftsteller, Heidelberg 1948,
E. Gilson, Philosophie et incarnation selon S. A., Paris 1947,
Le Blond, La conversion de S. Augustin, Paris 1950,
P. Courcelle, Recherches sur St. Augustin, Paris 1950,
T. S. van Bavel, Recherches sur la christologie de S. Augustin, Frib. 1954.

CYRILL VON ALEXANDRIEN

Text: *Migne*, P. L. 75-76.
Übersetzung: *O. Bardenhewer*, München 1935.
Literatur: *E. Weigl*, Heilslehre des hl. Cyrill v. A., Mainz 1905,
A. Eberle, Mariologie des hl. Cyrill v. A. (theol. Stud. 27) Freibg. 1921,
J. Rucker, das Dogma von der Persönlichkeit Christi (Studien zum Konzil von Ephesus, 4), Oxenbronn 1934,
J. Liebaert, Doctrine christologique de S. Cyrille avant la Querelle Nestorienne, Lille 1951.